《企业文案一本通》系列丛书　　　　　　　　　李　笑 ◎ 主编

广告文案一本通

经济管理出版社

图书在版编目（CIP）数据

广告文案一本通/李笑主编 . —北京：经济管理出版社，2014.3
ISBN 978-7-5096-2961-1

Ⅰ.①广… Ⅱ.①李… Ⅲ.①广告—写作 Ⅳ.①F 713.8

中国版本图书馆 CIP 数据核字（2014）第 026967 号

组稿编辑：谭　伟
责任编辑：张巧梅
责任印制：黄章平
责任校对：超　凡　王纪慧

出版发行：经济管理出版社
（北京市海淀区北蜂窝 8 号中雅大厦 A 座 11 层　100038）
网　　址：www.E-mp.com.cn
电　　话：（010）51915602
印　　刷：三河市延风印装厂
经　　销：新华书店
开　　本：720mm×1000mm/16
印　　张：20
字　　数：370 千字
版　　次：2014 年 5 月第 1 版　2014 年 5 月第 1 次印刷
书　　号：ISBN 978-7-5096-2961-1
定　　价：58.00 元

·版权所有　翻印必究·
凡购本社图书，如有印装错误，由本社读者服务部负责调换。
联系地址：北京阜外月坛北小街 2 号
电话：（010）68022974　邮编：100836

本书编委会

主　编：李　笑
副主编：朱玉侠　谭　伟
编　委：李正乐　林　侠
　　　　朱玉侠　李全超
　　　　安玉超

前 言

广告属于信息传播活动的一种，有商业广告和非商业广告。商业广告出于商业目的，是广告主自行或委托广告经营者策划、设计、制作，然后通过传播媒介发布企业、商品、劳务或观念等信息，影响受众的心理和行为，从而达成广告主特定利益和目的的活动。非商业广告，是指为了达到某种宣传的目的而做的广告，不获取盈利，如政治的、法律的、文化的广泛宣传。

广告最基本的职能，是通过传播媒体向消费者传递有关商品、劳务、观念等方面的信息，以促进商品的销售。随着广告活动的日益发展，广告已深入到社会经济生活的各个方面，由经济领域扩展到了社会、文化等领域，产生的影响和作用也越来越大。

现代广告的艺术表现形式是多种多样的，在目前运用最广泛的报纸、杂志、广播、电视、互联网五大广告媒介上，文字、声音和图像是传递广告信息的重要工具，广告已成为当代重要的社会组成部分。无论何种形式的广告都离不开前期广告文案的策划与撰写。在这个竞争激烈、广告满天飞、产品日益同质化的社会，文案在广告中的地位也是越来越重要，那么，什么是广告文案？所谓广告文案是以语辞进行广告信息内容表现的形式。只有好文案的广告才容易激发人们购买的欲望，才能更好地促进商品的销售，好的广告文案更成为企业创名牌、迎战市场的决胜利器，它决定公司的前途和命运，因此，能否准确而具有针对性地撰写广告文案对于公司的发展起着至关重要的作用。

那么，怎样才能撰写出好的广告文案呢？为此，我们搜寻、筛选了多方面的资料，精心挑选了国内外各种企业的经典广告文案，立足中国企业实际，披沙拣金，数易书稿，终于编辑完成了《广告文案一本通》，为公司广大广告人员提供了最实用、最完备的广告文案写作

广告文案一本通

参考。

《广告文案一本通》以企业广告文案为切入点,突出了在企业经营过程中常遇到的广告事项,是全面、高效解决广告问题的实用工具和文案大全。全书分为十四章,详细阐述了企业广告文案写作、广播广告文案写作、报刊广告文案写作、网络广告文案写作、电视广告文案写作、软文广告文案写作、企业广告文案与策略、广告文案测试与提案等内容。

《广告文案一本通》精选大量实用范本,语言通俗易懂,内容全面规范,结构明晰严谨,融理论性与实用性于一体,集创新性与指导性于一身。它具有以下几个特点:一是前瞻性和现代性。内容新颖,贴近现实,具有超强的时代感。二是系统性和全面性。篇章组织结构系统科学,丰富全面,突出重点。三是标准性和实用性。编写规范,简洁实用,可操作性强。

总之,它涉及广告文案写作的方方面面,具有很好的借鉴性和参考价值,是广告人员案头必备的文案写作指导用书。

本书在编写过程中,作用参考了大量的书刊、报纸、网站,为广告文案撰写起到了借鉴和帮助,给本书增加了分量,作为编者,我们在此深表谢意。

目 录

第一章　企业广告文案概述

一、广告文案的含义 …………………………………………（ 1 ）
二、广告文案的本质 …………………………………………（ 5 ）
三、广告文案的分类 …………………………………………（ 6 ）
四、广告文案与其他文种的比较 ……………………………（ 9 ）

第二章　企业广告文案写作

一、广告文案写作的特点 ……………………………………（ 16 ）
二、广告文案写作的过程 ……………………………………（ 23 ）
三、广告文案结构的把握 ……………………………………（ 27 ）
四、广告文案语言与修辞 ……………………………………（ 38 ）

第三章　广告撰写人与创意

一、广告撰写人的主体地位 …………………………………（ 58 ）
二、广告撰写人的知识结构 …………………………………（ 63 ）
三、广告撰写人的能力结构 …………………………………（ 68 ）
四、广告撰写人的创意表达 …………………………………（ 73 ）

第四章　广播广告文案写作

一、广播广告文案概述 ………………………………………（ 94 ）
二、广播广告文案类型 ………………………………………（101）

三、广播广告文案写作 ……………………………………（108）

第五章　报刊广告文案写作

一、广告文案的结构 …………………………………………（115）
二、广告标题的写作 …………………………………………（119）
三、广告正文的写作 …………………………………………（128）
四、广告口号的写作 …………………………………………（152）
五、图案配置与编排 …………………………………………（158）

第六章　网络广告文案写作

一、网络广告文案概述 ………………………………………（165）
二、网络广告文案特点 ………………………………………（171）
三、网络广告文案撰写 ………………………………………（172）

第七章　电视广告文案写作

一、电视广告文案概述 ………………………………………（178）
二、电视广告文案的特殊性 …………………………………（186）
三、电视广告文案表现类型 …………………………………（187）
四、电视广告文案写作要点 …………………………………（192）

第八章　软文广告文案写作

一、软文广告概述 ……………………………………………（198）
二、软文广告的分类 …………………………………………（203）
三、软文广告的特点 …………………………………………（205）
四、软文广告文案写作 ………………………………………（207）

第九章　长文案、短文案和系列广告文案

一、短文案及其写作 …………………………………………（214）
二、长文案及其写作 …………………………………………（216）

三、系列广告文案及其写作 ……………………………………… (227)

第十章　路牌、招贴、直接邮寄、售点广告文案写作

一、路牌广告文案写作 …………………………………………… (234)
二、招贴广告文案写作 …………………………………………… (237)
三、售点广告文案写作 …………………………………………… (242)
四、直邮广告文案写作 …………………………………………… (243)

第十一章　组织形象、公共事务与公益广告文案写作

一、组织形象广告文案写作 ……………………………………… (246)
二、公共事务广告文案写作 ……………………………………… (258)
三、公益广告文案写作 …………………………………………… (260)

第十二章　不同行业内容广告文案写作

一、房地产行业广告文案 ………………………………………… (263)
二、酒业广告文案 ………………………………………………… (278)
三、餐饮业广告文案 ……………………………………………… (280)
四、食品业广告文案 ……………………………………………… (282)
五、医药业广告文案 ……………………………………………… (286)

第十三章　企业广告文案与策略

一、广告传播模式与广告策略 …………………………………… (289)
二、品牌传播策略与文案 ………………………………………… (292)
三、消费者策略与文案 …………………………………………… (294)
四、广告策略与创意策略单的撰写 ……………………………… (298)

第十四章　广告文案测试与提案简介

一、广告文案测试概述 …………………………………………… (301)

二、广告文案测试分类与标准 ……………………………………（302）
三、广告测试的方法 ………………………………………………（303）
四、广告提案简介 …………………………………………………（307）

参考文献 ……………………………………………………………（310）

第一章　企业广告文案概述

一、广告文案的含义

广告，随着社会经济的发展和科学技术的提高，已经成为现代人消费生活中的一种社会文化行为，也是现代社会特定的文化与传播现象之一。从广告的初始阶段起就有了广告语言，甚至在其初始阶段，广告语言就是广告本身。但是广告文案这一名称，却是近代才出现的一个针对广告语言文字部分的专门术语。从1880年开始，Advertising Copy"广告文案"（简称"文案"）一词开始在美国使用，同时出现了专门的 Copy Writer"广告文案撰稿人"（简称"文案人员"或"撰文"）。

（一）广告文案概念的发展

广告作为一种信息传播活动，依靠传播者与受众共同理解的语言符号和非语言符号完成，广告作品就是这些符号的载体，广告中的语言符号就是文案。广告文案是伴随着广告的诞生而诞生的，但广告文案概念的提出、界定与广告文案产生的时间并不同步。在我国，人们对广告文案的认识，是在对广告行业的认识过程中逐渐成熟和完整起来的。在现代，"广告文案"这一名称出现以前，曾有很多不同的表达方式，人们使用更多的一个概念是"广告写作"。

随着广告业的迅猛发展，人们对广告从策划、创意到整合营销的要求越来越高，因而对广告运用语言文字来传播广告信息的形式和手段也提出了更多的要求。广告发展的程度愈高，广告文案与广告文案人员在广告活动中的作用就愈加重要。于是，广告文案这一概念逐步为中国广告界所接受，彼此的理解也就越来越一致。

（二）广告文案的定义

我们可以对广告文案做这样的定义："广告文案是指已经定稿的广告作品中的全部语言文字部分。它与非语言符号共同构成有效传达信息的广告作品。"具体地说，包括以下要点：

（1）广告文案是广告作品中的语言文字部分，而不包括图片、视像等其他

广告文案一本通

的要素，这也是区别广义广告文案和狭义广告文案概念的关键。

（2）广告文案是广告作品中全部的语言文字部分，而不仅仅是其中的某一部分，除了广告中出现的产品包装上的文字、广告场景中出现的非创意性文字（如车站、公共指示用语等）外，广告中的语言符号都包括在文案的范畴中，包括一些常常被忽视的部分，如广告中可能需要出现的信函、网络聊天语言等，都应该纳入文案人员的考虑范围。

（3）广告文案是已经定稿的、不再更改的、可以与受众直接见面的广告作品中的一部分；而处于制作过程的"草稿"、"讨论稿"，至多属于"前文本"，还不能称为广告文案。

（4）广告文案包括广告作品中的语言和文字两个部分。其中，语言指有声语言或口头语言，而文字指书面语言（包括电视广告中的字幕等）。

（5）广告文案是广告作品中的，而不是广告运作流程中的所有的文字资料和文本形式。广告文案的创作，是创意的一个环节，在广告文案形成的过程中，有大量关于市场调研、营销战略、广告目标等方面的文本，都不属于广告文案。

广告文案的内在构成包括广告标题、广告正文、广告口号（广告语）、广告附文以及广告准口号，表现结构独特而完善。广告文案是广告创意策略和表现策略的执行和深化，它与广告的其他表现形式一起，传达信息、促进沟通，是广告主与受众之间的直接中介。

所以，综合对已有的一些广告文案定义的理解，我们把广告文案的本质归纳为如下几点，这几点对于我们树立良好的广告创作观非常重要。

第一，广告文案是传达，是受到策略和创意限定的戏剧化传达。广告文案本身不是广告活动的终极目标，广告文案只是广告活动的一个阶段性环节，其目的是传播产品信息或者与品牌有关的某些观念、事件等。广告文案成了一种传达的工具，我们认为工具是否好用，能否发挥最大的作用是非常关键的。那什么样的工具才管用呢？无疑是要吸引人。所以对于优秀的广告文案人员来说，他们希望能够充分发挥想象力和创造性，跳出简单套话的语言藩篱，写出一些新鲜的、独特的、能够让诉求对象耳目一新，同时又具有强烈的吸引力和说服力的广告文案。

但是广告文案毕竟是传达商品的工具，无论工具如何漂亮，实用的要求还是非常关键的，所以广告文案的想象力和创造性的发挥不能是毫无边界的。它不是独立的创意工作，而是将创意从概念变为具体作品的一个表现，文案的传达方式要由创意限定，而不是由文案人员自由选择。文案人员的任务就是将创意概念融入文案之中，并且充分借助语言文字的力量，让广告找到的创造性传达方式最大限度地发挥作用。

第二，广告文案是工具，是沟通商品与消费者的工具。广告文案的工具性自不必多言，虽然我们在欣赏一些优秀广告作品，尤其是台湾的某些广告作品时，总是被广告文案里所透露出来的那些散发着浓浓书香之气的语言所震撼与感动，但评价一个广告优劣的最终标准毕竟不能仅依靠这些表面的东西，一个广告是否有效最终还是看它吸引了多少消费者关注，促使了多少购买行为发生。所以广告文案不可能只作"漂亮的鲜花"，而应该既可远观又可细品！

所以，广告文案这一工具绝不是撑场面，而是可以真真正正发挥作用的，这个作用就是沟通品牌与其消费者或潜在消费者，也就是广告的诉求对象。诉求对象的身份、年龄、性别、生活方式、消费心理、消费行为等特征常常得到非常充分的描述，但这个概念化的术语也往往使得文案人员忘掉广告是在对人说话，而写出一些根本无法深入消费者内心、纯粹是"销售说辞"的文案。广告的诉求对象从本质上说就是和大家没有什么不同的、有血有肉、有情感、有好恶的"人"。广告与消费者的沟通，就是与人的沟通，能和人沟通的广告才是真正有效的广告。

第三，广告文案是手段，是传达信息的手段。首先，广告文案不是广告的最终目的，而是为了实现某种目的采取的一种艺术化的手段。广告使用文案，不是为了给诉求对象看一些漂亮的文字，听一些动听美妙的话，更不是为了给广告文案人员施展文学才华的。广告文案的目的是为了将消费者和诉求对象的注意力吸引到产品那一方来，同时有效地传达产品的信息，促进产品的销售。所以有人说，广告文案是为别人陪嫁而非自己出嫁。著名广告人阿尔弗雷德·伯利兹曾有个很有意思的陈述，大体意思是，假设在一个有大窗户、看出去是一片美丽的乡间景色的房间里，在窗户的对面墙上装着三面镜子。第一面镜子表面不平，有污点，看起来很脏；第二面镜子清洁精巧，并装有雕刻精美的镜框；第三面镜子没有框子也没有装饰，是一面清楚的、完美无瑕的镜子。那么这三面镜子哪面才最适宜作为广告文案的喻体呢？我们先来看参观者的说法。对于这三面镜子，一位参观者分别从里面看到了什么呢？第一次，参观者看到了一面不好的镜子，第二次，参观者看到了一面漂亮的镜子，而最后一次，参观者说："我从开着的窗户里看到了一片美丽的景色。"广告文案就是那第三面镜子，诉求对象从中看到的不应该是镜子本身，而是镜子里透露出来的美丽风景。

其次，广告文案是手段，进一步讲是传递商品和服务信息的手段。广告通过信息的传播活动可以达到说服消费者的目的，文案则是其中至为关键的信息载体，当然这些信息可能是产品独有的优势和产品购买的利益，也可能是品牌所代表的某种格调和氛围，还有可能是消费者使用产品过程中同产品发生的各式各样的故事，不管信息的内容如何，这些信息最终都可以帮助品牌形成良好的消费者印象，从而带动销售额的增长。所以，广告文案人员在文案撰写时，绝不能像文学创作一样陷入对语言和文字一味的雕琢中去，想表达什么内容比怎样表达更重要，信息内容比语言技巧更为广告文案所看重。

第四，广告文案是环节，是创意符号化的重要环节。如果把广告文案放到广告运作的整个过程来看，广告文案写作应该属于广告表现环节，是确定广告策略和广告创意之后的创意执行环节。广告表现和创意执行环节的任务就是根据策略为广告信息寻找创造性的传达方式，并最终形成广告作品。广告表现的最终源头是广告策略思考，即首先将广告策略中关于如何诉求、如何表现的内容概括出来，形成明确的创意策略。这包括广告诉求对象、诉求重点、广告中将要出现的形象、广告诉求的态度、广告的格调等。它是广告创意的思考框架，确定了广告策略之后才进行创意概念的设想，即在创意策略的指导下，创意人员思考用怎样戏剧化和创造性的方式将广告信息传达给诉求对象，这个过程的结果就是明确的创意概念。

当然，所谓的创意概念是关于信息如何传达的笼统想法，抽象而不明确，更不生动。它必须要借助各种传播符号，如文字、语言、画面、声音等才能有效传达。广告表现的过程就是将创意通过以上符号具象出来的过程。那么用语言符号来具象的任务就是文案人员的工作，用线条、色彩、形态等非语言符号来具象的任务就由设计人员来完成。所以，广告文案是广告运作中广告信息符号化的重要环节。

第五，广告文案是符号，是有声语言和文字传播符号。我们把广告文案归结为符号，尤其是归结为传播符号，是因为我们更清晰地认识到广告文案的本质是一种传播现象，而不应仅仅关注如何遣词造句。

广告文案这一符号，起码包括两个部分，一是有声语言的符号，是声音形式的符号，比如演员所说的每一句对白、画外音、独白等都属于广告文案的有声语言的范畴，尤其是在电视、广播以及网络等其他新媒介日益发达的今天，越来越多的文案在广告中以有声语言而不是文字来表现。有声文案不应该仅是文字文案的有声版，而应该适应不同媒介的传播特点，拥有自己的个性和生命。

除了有声语言，文字更是广告文案的重要组成部分，它的范围非常广泛，除了最基本的广告标题、口号、征文与附文外，广告中出现的产品包装上的文字、广告场景中出现的文字，其他一些在广告中出现的语言符号，如广告中可能需要出现的一张纸条或一封短信，上面的内容也应该纳入到广告文案的范围中来。

广告文案是使用语言和文字的传播符号，一则广告中最重要的信息，往往都是通过文案来准确传达的。一般认为，广告效果的50%~70%来自广告中的语言文字。作为一种信息传播符号，语言文字在文案中将变幻出丰富多彩的形态，或朴素、或华美、或幽默、或凝重，但无论风格如何变化，广告文案只有一个目的，那就是让信息传达更加有效。广告文案人员的职责就是灵活而艺术地驾驭这一语言符号，有效地传达商品的信息。

二、广告文案的本质

与文学作品、新闻报道等不同的是，广告文案承担着传播产品、品牌信息或企业形象信息的任务，评价一则广告的文案是否成功，并不在于文字本身有多么优美动人、工整押韵，而是要看它能否促进产品的销售、品牌资产价值的提升和企业形象的建立，能否有效地与受众沟通，并获得他们的信赖。因此，广告文案的核心本质是信息传达，它具备以下几个明显的特性：

（一）创意为灵魂

创意是广告文案的灵魂，是广告有效的核心推动力。在大众传媒和商品经济十分发达的今天，各种信息泛滥成灾，广告面临嘈杂的传播环境，如何吸引受众的注意力成为一则广告能否成功的关键。广告文案的创意性如同拨动消费者心弦的妙手，它将产品和服务与消费者巧妙联系起来，充分吸引受众的注意力，并引发受众的共鸣。有创意的广告文案通常是"意料之外，情理之中"的，只有意料之外，才能吸引受众的眼球；也只有情理之中，才能达到最佳的沟通效果。

（二）促销为导向

广告本质上是一种经济活动。它作为营销的重要手段，旨在为广告主推介他们的产品、服务或观念，去刺激、影响消费者，劝导后者采取消费行为。所以，商业性是广告文案与生俱来的特性。广告文案不能简单地用好、坏来区分，只有有效、无效之分。广告文案的创作是手段而非目的，它是给商业化的销售说辞一种更隐蔽的包装，将目标对象的注意力引向产品或服务，有效传达广告中包含着的物质或情感利益的信息，使目标对象在解读这些信息后，将产品、品牌与自己的需要、生活联系起来，从而起到促进销售的作用。促销才是广告文案的最终目的。

（三）形象为归依

广告文案能够有效地塑造品牌形象或企业形象，为产品的长期销售奠定基础。品牌形象的建立，要求广告文案能准确、有效地展示产品或企业的独特个性，通过长期的传播，将这种个性升华为品牌的内涵。

（四）文化为载体

广告文案的沟通对象是"消费者"，他们的教育背景、身份、地位、生活方式、对待工作和家庭的态度等文化背景，都是广告文案所必须关注的内容。准确地说，广告文案和文化是相互影响、一体共存的。就像万宝路代表了美国西部牛仔粗犷、勇敢的精神，象征美国开拓西部的豪迈气概；麦当劳展现了美国式的快餐文化。而月饼品牌则代表着中国传统中"人月两团圆"、"千里共婵娟"的美好祝愿；金六福酒充分体现了中国福文化的精髓；广东省广告股份有限公司在水井坊的广告中，运用风、雅、颂和狮子、红墙等中国高尚生活的元素，这些都是广告以文化为载体的例证。同时，广告文案并不是寄生在文化上的藤蔓，它在不同程度上也推动着文化的发展和变迁。例如情人节和圣诞节在中国的风行，就得力于商家的炒作和广告文案的渲染。牛仔裤、咖啡等流行文化，也都源于广告文案的推动。

三、广告文案的分类

对广告文案进行分类是一件比较困难的事情，不同的人有不同的分类标准，很难有一个统一的说法。由于个人所取角度以及广告目的的不同，我们会有很多的分类结果。

（一）根据不同的诉求方式而形成的广告文案写作分类

1. 感性诉求广告文案写作

以感性诉求方式，对受众的情感与情绪因素进行对应性诉求的广告文案写作。这类写作试图通过对受众的情感和情绪系统的作用，使他们产生情感倾向和情绪的正向变化，接受广告信息并产生相应的消费行为。感性诉求方式一般运用于注重情感因素和附加价值、消费情绪化的受众，适合对于用消费品、化妆品以及时尚或流行产品类型的文案表现。

2. 理性诉求广告文案写作

以理性诉求方式，对受众的理性进行对应性诉求的广告文案写作。这类写作以对企业、产品或服务的客观、理性、重实证的诉求，来说服受众成为产品的消费者。它的写作特点是论据充分、说理明晰，有很强的逻辑性和理性力量。

3. 情理结合广告文案写作

将感性和理性两种诉求方式进行有机结合以及表现的广告文案写作。感性诉求与理性诉求方式基础上的文案写作各有利弊。这类写作的目的，是为了排除感性方式在说理性和实证性上的不足、理性方式在情感性和附加价值体现上的不足而产生的。这种写作能够避开两种方式在单一状态中的不足，而将两者的优势结合起来，最大限度地加强广告信息的趣味性和说服力。

（二）根据不同的信息因素而形成的广告文案写作分类

1. 企业广告文案写作

（1）企业形象广告文案写作。其直接目的是建立一个被公众所称赞的良好企业形象。在写作中，以传达企业正面的信息，有效地建树和表现企业的良好形象为主要工作。

（2）企业认知广告文案写作。企业通过广告向受众传达某些基本的信息，其目的是希望受众能够对这些信息有所了解。

（3）企业公关广告文案写作。企业通过它向外界传达企业自身的某种理念、对社会问题的意见和看法、对公众的关怀，传达企业自身在公众问题上所做的一切努力。建立企业与公众及其相关者之间的和谐关系。

（4）企业事务广告文案写作。以企业的事务性信息作为传达的主要信息。其内容为企业的招聘、迁址、更名等企业日常发生的、需让外界知晓的信息。它是企业事务处理中的一个重要组成部分，同时也是企业塑造自身形象的好机会。

2. 产品广告文案写作

（1）消费品与工业品广告文案写作。

消费品广告文案的信息主体是产品中的消费品，所面对的广告受众是消费品的消费者。

工业品广告文案的信息主体是工业用原料或产品等，其诉求对象一般是生产性或经营性机构和企业的主管人员。

（2）产品处于不同阶段的广告文案写作。

①产品市场导入期广告文案写作。是为导入期的产品打开市场而进行的写作。其目的是使本来默默无闻的产品成为目标消费者所熟悉的，并在较短的时间之内产生好感和购买行为的产品，写作时着重于对新信息的侧重表现。

②产品市场成长期广告文案写作。此类广告侧重于对信息的进一步深化表现，巩固和发展前期广告在消费者心目中所建立的产品形象和产品的利益诉求。同时，又根据产品的发展情况，为潜在的消费者提供新的有效信息，以加深产品印象，进一步扩大产品的知名度和好感度，提升产品市场占有率。

③产品市场成熟期广告文案写作。主要目的是提醒消费者重复消费。因此，在延续前面两个阶段的广告形式和广告特点的基础上，发展广告形式的变化性，以新颖的形式来对受众产生有效刺激。

3. 服务广告文案写作

其所传播的信息主体是服务。由于服务所具有的即时性特征，服务广告文案写作的难题是，它必须为无形的产品塑造出一个有形的形象来，它要在人们尚未接受真正的服务之前，就进入一种特定的服务氛围之中，它要将一种不能留存的感觉留存下来，并且对目标消费者产生一种渗透性的诱惑。

4. 公益事务广告文案写作

其所传播的信息主体是公共事务。公共事务广告的发布者和前面三种状况均不同，这类广告文案写作的内容范围非常广泛，上至国家政府，下至公益组织。

只要是有关的社会问题、要引起公众注意的问题都可成为它的内容。

(三) 根据不同的广告发布媒介而形成的广告文案写作分类

1. 印刷媒体广告文案写作

主要是指为通过印刷媒体传播的广告文案所进行的写作。根据印刷媒体本身的特点，又分为大众印刷媒体和其他印刷媒体广告文案写作两种类型。

大众印刷媒体广告文案写作包括报纸、杂志广告文案写作两种，而且占的分量最多。

其他印刷媒体广告文案写作包括直邮、招贴、产品介绍手册、企业介绍样本、产品样本等文案写作。

2. 电波媒体广告文案写作

主要是指为通过电波媒体传播的广告文案所进行的写作。在目前的情况下，电波媒体广告文案写作包括广播、电视广告文案写作，虽同属于电波媒体，但两者有重要区别。广播广告文案写作以声音作为文案写作的研究对象，电视广告文案写作以声画合一、语言和文字作为双重的研究对象。

3. 户外广告文案写作

主要是指为通过户外广告媒体（包括霓虹灯、路牌等广告媒体）传播的广告文案所进行的写作。

4. 展示广告文案写作

主要是指为通过展示媒体传播的广告文案所进行的写作。展示广告媒体主要指的是那些供展览会、交易会等场所使用的看板、展示板等。

5. 销售现场广告文案写作

主要是指为通过销售现场媒体传播的广告文案所进行的写作。销售现场广告媒体包括商店的装饰、现场展示橱窗、售货柜台等。

6. 网络广告文案写作

主要是指为在网络上发布的广告文案所进行的写作。在目前阶段，网络广告多为旗帜广告、图标广告及简介体广告形式。

(四) 根据广告目的的不同对广告文案进行分类

根据不同的终极目的，广告可分为商业广告和非商业广告。商业广告是以盈利为主要目的的广告运作。非商业广告是不以盈利为目的，而是为了说服公众关注某一社会问题、公益事业或者政治问题等内容的广告运作。根据不同的直接目的，广告可分为观念广告、产品促销广告和形象广告。观念广告分为两种情形，一种是指通过对某种消费观念和社会观念的传达，在目标受众心目中建立或改变某种观念，借此促进商品销售的商业广告；另一种是非商业广告，用观念的建立和改变来向受众传播观念和思想。产品促销广告，是指直接向消费者推销产品或服务的广告形式。运用各种途径和方式,将产品的质量、性能、特点、给消费者的方便性等进行诉求,唤起消费者的消费欲望,从而达到广告目的。形象广告,是指并不直接地促销产品或服务,而是以建立企业或品牌形象为直接目的的广告形式。这种广告形式是一种间接的说服和劝诱,是一种间接的促销活动。

据此,我们可将广告文案分类为:商业广告文案和非商业广告文案,产品促销广告文案、形象广告文案和观念广告文案,也可将广告文案写作分类为:

1. 商业广告文案写作

即关于商业广告作品中全部语言文字部分的写作。是为了达到商业性的盈利目的而进行的广告运作中的一部分。它包括产品促销广告文案写作、形象广告文案写作和观念广告文案写作。

2. 非商业广告文案写作

即为了说服公众关注某一社会问题、公益问题或政治问题等而进行的广告文案写作。非商业广告文案的目的不是盈利,是将某一观念向受众进行传播以改变或消除某种不良观念。

(五) 根据广告文案自身结构的不同而形成的广告文案写作分类

1. 单则广告文案写作

单则广告文案写作的主要特点是,运用一则广告作品的反复表现和重复诉求,来达到一个相对阶段的广告目的。

2. 系列广告文案写作

系列广告由多个单则广告组合而成。在一般情况下,我们将由两则单则广告以上组合起来的广告序列,称为系列广告作品。因此,系列广告文案是由两则以上的单则广告文案的组合。

四、广告文案与其他文种的比较

(一) 与文学创作比较

广告文案的写作不同于文学创作,作家写的文案缺乏销售观念,没有广告创意,更可能绕着弯子说话,让人读不懂,没有广告效果。但是,一个不擅长文字写作的人也很难写出一篇优秀的广告文案。广告人的文学知识及创作技巧对撰写广告文案会大有益处,威廉·伯恩巴克的经历充分说明了这个道理。他回忆道:"我过去对写作有兴趣,我也对艺术有兴趣,当有机会从事广告写作时,我就把握住这个机会。"可见,广告文案创作与文学创作紧密相连,而且有很多相似之处,但它们还是有区别的。

1. 写作目的不同

文学是以语言文字塑造形象,对社会生活做出审美反映的特殊的意识形态。

广告文案一本通

而广告是一种商业活动,广告文案则是以语言文字来传递商品或服务的信息,劝导消费者,促进销量。它们各自所承担的功能是不同的。广告文案主要通过艺术的形态传递商业信息,但它不等于就是文学。广告文案在属性上具有文学性,只是说明广告文案是使用了文学的表现艺术和语言的表现技巧。

例如,英国大文豪萧伯纳在他的文学作品中对自己的故乡赞美道——

在爱尔兰,我怅然失去了我的梦境,一个人在这样的一个长期和平的环境里是无法工作的,这就是我为什么不赞成人们到这个天堂去工作的道理。

后来英国一家航空公司为了宣传他们的航线,特意聘请萧伯纳为其广告撰写广告文案,这时有人认为搬用萧伯纳在以上散文中的那段话便可以了,但萧伯纳不同意,他认为为广告写文案,不应该是这样的。广告就应该是推销,并为商业服务。于是他苦心思索后,为航空公司撰写了如下充满诗意又带公开诱导性的商业性广告文案——

没有一个地方像爱尔兰那样美妙,
没有一处天空像爱尔兰那样明朗,
在爱尔兰的空气中逗留,
将使一颗晦涩的心变得活泼,
欢迎您到爱尔兰游览。

比较一下就不难发现,前者更侧重于认知与审美的文学性,后者更侧重于信息与诱导的商业性,作为作家的萧伯纳是谙熟这个区别的。

历史上曾经有些非常优秀的文学家尝试过写广告文案,但他们失败了。例如美国小说家马匡德、美国诗人班奈、1954年诺贝尔文学奖获得者海明威等,他们都认为自己难以写好广告文案。英国人赫胥黎,世界著名的生物学家,也是诗人、散文家和小说家,曾经感叹:"写一首过得去的十四行诗,比写一个过得去的广告要容易得多。"他得出的经验教训是:"广告中任何文学痕迹都是妨碍广告成功的致命因素。文案员可能不需要那么有诗情,文字也不那么高深奥秘。"

2. 诉求策略不同

广告文案为了说服消费者,既可以使用感性诉求,也可以使用理性诉求;而文学作品是以艺术形象来表现生活的,艺术形象是具体、生动、可感的,是形象性的东西,也是排斥纯理性诉求的。

3. 创作过程不同

首先，广告文案写作受到商业制约。广告文案推销的商品或服务要投放市场，要面对消费者，要为广告主盈利，这就要求广告文案去满足市场、消费者、广告主的需要。而文学创作也有适应读者的问题，但纯文学的创作是不应受商业性制约的。其次，广告文案的写作受广告策划的制约。广告文案是广告策划所决定、引导的，是根据广告策划拟定的广告主题、广告战略、广告目的、广告策略和诉求对象去写作的。而文学创作绝不会受这种限制，"主题先行"的创作，是违反文学创作的规律的。文学只会按作家对生活的认识、对生活规律的把握去反映生活和表现生活。

4. 创作成果不同

广告文案的完成体现出广告作品中某一元素创作的成功。广告作品的创作是集体的活动。一件广告作品的形成是集体劳动的结晶，它需要相关部门做出大量工作，如市场调查、产品分析、目标确定、广告策划就是与广告文案配合的图形、影像、音乐等出现在广告作品中的其他元素的创作，也都是集体性的共同劳动成果。

而文学创作通常是一种独立完成的工作。作家就是个体劳动者，他的作品就是他独创的产品。

（二）与新闻写作比较

广告文案的写法与新闻有互通的地方，例如广告标题便有"新闻型"的写法，但两者是不能混同的。具体来说，广告文案写作与新闻写作的区别表现在以下方面。

1. 写作角度不同

新闻写作必须是客观的，而广告文案的写作很大程度上可以是主观的。新闻就是最新发生的事情的报道，是社会生活存在的客观事实。新闻写作内容不得主观意识地干预，必须客观地反映。而广告文案的撰写是为广告主传播其商品或服务信息，对该商品或服务的认识，大多是根据广告主和广告人的判断而表达的，这是允许由他们从主观出发去评价的。而受众也大都明白，广告文案中的表达带有广告主与广告人的主观意志、认识与评价。

2. 真实性要求不同

新闻写作都是真实的，而广告文案写作可以夸张，也可以虚构。任何新闻记者采访的都应是完全的真实。时间、地点、人物、事件，甚至一个数字、一个细节，都是经过反复核对的真正事实，读者绝对不能容忍不真实的新闻。而在广告文案写作中，虽然商品或服务信息许诺要真实，但在写作和表达的方法与技巧方面，从修辞上可以夸张，从情节性、戏剧性上可以虚构，只要合乎生活的逻辑，只要符合艺术的真实，便是允许的。而广告受众要求的是商品信息的真实，理解并容许甚至欢迎广告文案中艺术手法的创造性运用。

广告可以借用新闻严格实录的手法，甚至在被允许的前提下，可以借用新闻人物，但是广告写作并不仅仅局限于实录，即使使用新闻人物，广告文案也往往着力挖掘他们身上或他们的生活中并非一般意义上的新闻要素。

如下面两则 IBM 公司 ThinkPad 笔记本电脑的广告文案。

其一：

标题：美国著名作家约翰·格里沙姆的笔记本

正文：无论是在密西西比家中的后阳台饮冰茶，还是在车库上面幽静的写字间奋笔疾书，甚至在球场上执教爱子的小小棒球队时，畅销小说《公司》的作者约翰·格里沙姆都不会忘记带上他心爱的新型 IBM ThinkPad 300 系列笔记本电脑，只要构思成熟，他就可以立即投入创作他的新小说。

该广告文案中叙述的事情不一定确有其事，但如果是新闻则必须确有其事。

其二：

标题：《教父》导演科波拉的办公室

正文：曾获奥斯卡金像奖、执导《教父》电影的导演科波拉，素以独特的剧本构思与绝妙的电影处理手法称誉世界。

科波拉的私人农场坐落在美国加利福尼亚州绵亘的酿酒山区，在这里他得以陶冶性情，激发灵感。同样启迪科波拉的，是一台 IBM ThinkPad 笔记本电脑。与一般的笔记本电脑相比，IBM ThinkPad 755CD 除了能满足对文字、图像的处理要求外，还能提供多媒体功能。在悦耳的高质量数码立体声中，它将动态画面活灵活现地显示在屏幕上，激发艺术家以至企业家无穷无尽的创造力。

这两则广告文案都借用了新闻人物，同时也注重了每一个细节的真实，但是在写作的笔法上却与新闻完全不同，它们是感性的、注重氛围营造的，而同样的内容写入新闻中，则可能是纯客观的、不包含任何感情色彩的。

3. 表达方法不同

新闻写作是用记录、陈述、说服甚至是征服的方法来写作的。而广告文案写作往往是用暗示、劝说的方法诉求的。前者是用正确的观点、翔实的材料、合理的逻辑来征服读者，后者则是用含蓄、隐蔽或幽默的语言文字来诱导受众。

4. 传播媒介不同

虽然广播、电视、报纸、杂志、网络大众传媒被称为广告的五大媒介，但是广告的传播媒介并不止于此。在法律允许的范围内，广告可以利用大众传媒以外的各种各样的媒介来做有效的传播，如户外路牌、公共汽车车体等。而新闻则主要依靠五大媒介来传播，在传播媒介的种类、数量上远远少于广告。

5. 受众和诉求对象不同

新闻的受众是非专门化的社会上最广泛的公众群体，追求最大的覆盖面，虽然不同的受众对不同类型、不同内容的新闻会有选择上的偏好，但是从新闻本身来说，并不是事先就确定要重点向哪种类型的受众传播。广告虽然表面上也是面对最广泛的受众，其实任何一则广告都不可能也不允许针对所有的受众，每一则广告都有其特定的诉求对象群体，与新闻的受众相比，广告的诉求对象呈现出一种专门化的趋势。

6. 时效性不同

新闻追求最强的时效性，追求对新闻事件报道的"第一时间"，它是一次性的，同样的内容一般不需要也不可能做第二次报道。但是广告却不追求时效性，新产品可以做广告，已经为受众所熟悉的产品也需要广告持续的支持，因此广告信息的传播是多次性的，它可以在同一媒介或多种媒介上经年累月地反复传播，以使广告诉求对象对广告信息产生深刻的印象。

（三）与商用公文写作比较

市场经济的发展使我们有越来越多的机会接触和使用商用公文，在广告业，合同、协议、提案、启事、通知、声明等商用公文更是被使用频繁。虽然表面上看来广告文案和商用公文没有任何相似之处，但是实际上，我们日常接触的许多广告文案都带有浓厚的公文色彩，如下面两则招聘广告文案。

其一：北京市××广告公司招聘广告文案。

北京市××广告公司隶属《××报》，因公司发展需要，经北京市人才市场管理办公室批准，招聘以下人员：

1. 广告业务部经理4人，具有较强的广告策划、组织能力和经营管理经验，从事过本行业者优先。

2. 广告业务员15人，热爱广告事业，具有较强的公关能力。

有意应聘者，请将本人简历、身份证影印件、一寸照片寄到报社。谢绝来访，专函通知面试。

其二：台湾地区相互广告公司征才广告文案。

标题：一只蚊子

正文：1994年12月20日晚，我彻夜未能成眠。不是为了第二天的客户提案，也不是为了下午的两个重要会议，更不是为了那只一直在我周边飞来飞去的蚊子。仅短短的两个礼拜，"相互"有幸在业绩稳定成长下，竟能从1995年开始服务。两个在业界极具代表性的客户服务总监告诉我，业务部必须增加5~6人；创意总监告诉我，希望能增加4个工作伙伴；制作总监说他要3个人；媒体总监也表示TV Buyer必须增加一位。身为"相互"总经理，我答应在1995年1月10日前给他们满意的答复。1994年12月21日凌晨5点，蚊子依然飞来飞去，我也还真的睡不着。无论你什么时候看到这个信息，如果你也因此睡不着，请随时与我联络。

同是招聘广告，而且是广告公司的招聘广告，前者不但没有任何创意，而且使用了诸如"因……需要"、"谢绝"、"专函通知"等郑重的公文词汇，虽然语言简洁，表达明确，但是在广告受众看来，好像还没有进入公司，就先看到一位刻板的人事主管。而后者的创意完全出人意料，语言机智活泼，富于感染力和亲和力，虽然是以老板的口吻表达，却可以使人感受到整个公司的风格和个性。再如某知名广告公司招聘广告文案。

寻剑

十年炼一剑。
铿锵龙吟，
是你不屑与俗子相伴的宣言，
逼人气场，
是你不凡之处的深刻体现。
我们希望你够锋利，出鞘之时有耀眼光华；
我们也希望你不张扬，收势之际有大家风范。
你要年轻，有剑的锐气，
你也要成熟，明了四两拨千斤的含义，
并且可能愉快地融于一个优秀的团队之中。
最后，我们希望你已经是一把利剑，
而不是仍旧需要我们磨砺的一块顽石。
自古宝剑配豪杰，
待拂晓，
自当（仗剑）临绝顶，越巅峰，

把盏一樽。共话天下英雄！

该广告文案反映了公司对人才的要求，但并没有直接讲明需要什么样的人才，而是用比喻方法巧妙地表明了公司所希望的人才标准。语言大气磅礴，有英雄之气，折射了用人单位海纳百川的气势。

商用公文虽然有很多种类，各种文体的要求也不尽相同，但是所有的商用公文都呈现出以下几个特点：整体的逻辑性、信息的条理性、语言的严谨性、风格的严肃性、传达的正式性、行文的简明性。这几个方面的要求，使商用公文呈现出一种特定的风格，而且由于它们的风格和形式已经约定俗成，所以可以依据某种制式进行写作。

但广告文案的写作却并非如此，广告文案的风格是多样的、语言是丰富的，而且根据广告策略和广告创意表现的要求，需要有多种不同的表现方式。如果广告文案的写作陷入公文写作的误区，不但会影响广告信息的传达，而且可能会使广告受众对企业、产品或服务产生不良的印象。因此，广告文案的写作应力避"公文气"。

第二章 企业广告文案写作

一、广告文案写作的特点

作为一种为市场营销服务又具有文学艺术属性的文种,广告文案具有多方面的特点。下面从几个方面进行介绍。

（一）广告文案写作的目的性

1. 首先要明确的基本问题

广告文案写作,事先一定要有明确的目的,一定要明确受众是什么样的人。

对广告文案写作的要求,来自广告主、广告信息本身、广告发布的媒介,更来自广告运作的客观规律。因此,在开始写作广告文案之前,首先应明确以下几点。

（1）广告文案为什么而写——广告主通过广告要达到什么样的目的？广告活动要达到哪些目标？广告作品要产生什么样的效果？

（2）广告文案的主角是什么——是企业？是商品？还是服务？它们具有什么优势？它们有哪些特点？

（3）广告文案写给什么人看——广告的诉求对象是谁？他们通常从事什么职业？他们的受教育程度如何？他们的收入如何？他们的消费方式具有什么样的特点？他们有什么样的心理需求？

（4）广告文案要写什么——将要完成的广告作品要传达哪些信息？哪些信息是最重要的？哪些信息是次要的？哪些信息是消费者最感兴趣的？哪些信息是广告主最想传达的？

（5）广告文案怎么写——广告的诉求策略是什么？广告文案应该采用什么样的主题？应该采用什么样的风格？应该使用什么样的语言？

（6）广告文案是写来听的,还是写来读的？——将要完成的广告作品要经过印刷媒介发布,还是要通过广播或电视媒介发布？

（7）广告文案要写多长——广告活动的媒体计划中规定的广告发布的版面、时间能够允许多大篇幅的广告文案？多长的文案才能收到最好的诉求效果？

（8）广告文案需要写多久——内部运作流程中规定什么时候交稿？

这些要求看似过于具体烦琐，实际上，对任何一点的忽视都可能导致广告文案写作的失败。

2. 广告文案的目的性

广告文案写作的目的性是很强的，可以从多方面来表现广告主体的意图。

（1）表现广告创意。广告作品的核心是广告创意。广告创意必须表现出来才能影响公众。有多种形式可以表现广告创意，文字是很重要的表现手段。因此，广告文案写作的目的之一，就是对广告创意进行语言文字的表现。

（2）反映广告信息。广告主希望发布的产品、服务或观念的信息很多，但是在一则广告中，不可能包含那么多的内容。所以在广告文案写作时，写作者应该根据广告主题，对广告信息进行分析、整理，使广告信息符合广告策略的要求。

（3）确定表达方式。不同内容的广告作品有不同的表达方式和风格，如语气、音韵、句式、语言等方面。写作目的就是要根据广告内容，选择恰当的方式和风格，更好地传达广告信息。

（4）提供理想文本。广告文案写作的结果，就是提供一个符合广告策略、反映广告主题、体现广告创意、表达广告内容的广告文案文本。

（二）广告文案写作的原则性

广告文案写作的原则有两个：一是宏观的方向性原则，即文案写作的基本原则；二是微观的针对性原则，即文案写作的具体原则。在这里我们只讨论一般性的基本原则。

1. 真实性原则

广告大师说，诚实是广告的生命。无论是商品广告、服务广告还是观念广告，传达的信息一定是真实的。如果传达虚假信息，不仅破坏了广告业的形象，也会给企业带来不可弥补的损失。因此大卫·奥格威告诫说，"广告必须提供事实……切忌夸大和不实之词"，"绝对不要制作不愿意让自己的太太和儿子看的广告"。

2. 效益性原则

成功的广告文案不仅是艺术作品，而且应该带来经济和社会效益。如果只追求艺术创造，而忽略广告的营销作用，则失去广告本身的价值。有一个关于广告效果的著名比喻很能说明这个道理。一面镜子装在一个非常漂亮的镜框里，看到它的人说："我看到一面精美的镜子。"另一面镜子没有任何装饰，但本身非常洁净，看到它的人说："我从镜子里看到窗外优美的风景。"那么，哪一面镜子发挥了它应有的作用呢？当然是后者。好的广告文案也应如此，它的效果是帮助广告主推销产品或服务，而不是仅提供一篇精美的文案。

3. 独创性原则

"广告拒绝平庸"。由于经济繁荣市场发达，使各种产品都出现了明显的同质化倾向，产品之间的差别越来越小。如果广告还停留在一般的简单介绍水平上，就很难使商品脱颖而出。另外，各种广告越来越多，平淡无奇的广告就难以引起受众兴趣。因此广告文案必须新颖奇特，必须具有独创性。广告文案的独创性表现在广告信息的独创性和表现手法的独创性上。

广告文案的独创性，主要是指从文案的内容到形式、从思想到艺术、从意念到创意都应具有突破与出新。从广告文案的内容上来说，它能提供的信息是独特的、个性化的。所谓独特，是指它展示的是某一商品或服务的独有信息，在商品同质化市场中，它仍然能体现出广告的商品和服务的独特性，特别是区别于同类商品或服务的竞争者的信息，从而脱颖而出。所谓个性，是指它能揭示出某一商品或服务的个性化信息，这种个性化就是产品的闪光点。

从广告文案的形式上来说，它使用的构思和手法也应该是标新立异、与众不同的，广告文案的写作确实是要"语不惊人死不休"。在文学写作上有这样的说法："第一个把女孩的脸比作成熟苹果的人是天才，第二个把女孩的脸比作成熟苹果的人是庸才，第三个把女孩的脸比作成熟苹果的人是蠢材。"而在广告文案写作中，甚至把一切重复别人东西的作者都看作蠢材。广告讲究创意。广告文案写作在构思和手法上永远都追求最新的、最富刺激的东西。威廉·伯恩巴克曾坦率地指出，其实市场上"85%的广告是没有人看的"，这其中的一个很直接很重要的因素就是它们的"文案没有人看"，而原因就是没有创造性。所以他以自己一生的艰苦写作，反复证明这么一点："我认为广告上最主要的东西就是独创性与新奇性。"

4. 生动性原则

广告文案必须生动活泼，给人愉悦和快感，并应避免枯燥无味的风格、冗长复杂的句子、过于专业化的术语、没有吸引力的形象，如宁波有时发展总公司招聘广告。

新的一年，宁波有时广告在成立十周年之际正式进入房地产行销、广告代理，我们深信不一样的组合会产生不一样的作用和不一样的意义。

我们需要以下英才。

资深房地产策划：如果你有点土成金之能，有化腐朽为神奇之功。

房地产市场调研：如果你能见人家之所见，闻人家之所闻。

COPYWRITE：如果你能一句话让人跳，一句话让人笑。

AD：如果你能把图画变成图话。
CD：如果你能把简单问题复杂化，把复杂问题简单化。

如果你恰好心情不爽想领略江南的风情和细腻，如果你心情很 High 想尝试一种全新的生活和挑战，请联系我们，带上你的得意作品、个人简介和一颗不羁的心。

这则广告把本来平实朴素的文案写得生动形象，让人首先看到了一群思想活跃、才思敏捷、敢于挑战、不安现状的广告人，令年轻人倍加向往。

5. 简明性原则

广告目标受众不可能像阅读文学著作那样来阅读一篇广告文案，因此广告文案必须简洁明了，在最短时间内让受众了解文案内容，在最短时间内影响目标受众，使他们对广告信息有所了解，达到最佳传播效果。例如，牙疼是很难治的病，"牙疼不是病，疼起来真要命"。针对这种情况，某熊胆牙疼药用简明的方式传达了该药疗效。

正文：谨以此献给曾经牙疼、现在牙疼、将来不想牙疼的人们。
广告口号：熊胆止疼，三天见效。

寥寥数字，说到了目标受众的心里去，牙疼的病人必然会对该药产生兴趣。

6. 符合产品自身的归属特点

不同的产品属性，其广告文案的写作方法和特点不同。广告文案写作风格要与产品的属性相一致。如凯撒大饭店杂志广告文案。

上班、下班，这样的生活好像少那么一点点刺激、一点点兴奋。结伴参加凯撒的黄金假期，在清澈碧透的游泳池里，与家人打水仗；在牛羊成群的山坡上，与三五好友大字一躺无比逍遥；在海边，成堆的沙堡，建构着每个人对家的想象；在蜿蜒的山路，彼此追逐着，爽朗的笑声不绝于耳……到了这里，太多的客人，不是陶醉在全家福的欢乐中，就是徜徉在三剑客的世界里……

再如康柏 Contura 410 笔记本电脑报纸广告文案。

标题：全新 Contura 410 表现八面玲珑，助您威风八面
正文：无论地处何方，如果身边总有部八面玲珑、挥洒自如的笔记本电脑相辅佐，必然让您无往不胜。而功能完备、表现超群的全新 Contura 410 正是您梦

寐以求的工作良伴。它的人性化机身设计概念,充分体现在其提手、内置轨迹球及键盘等细节上,处处使您感到作为主人的从容洒脱……

第一则是饭店的杂志宣传广告,体现了饭店本身的休闲娱乐特点。第二则是笔记本电脑的广告,体现了高科技的严谨科学风格。

(三)广告文案写作的文体性

广告文案具有独特的完整的结构,可以运用一切可以运用的表现手法,融合叙事、论述、说明、抒情等一般文体特征,使用易于理解、风格多样的语言文字,是一种以传达广告信息为目的的特殊文体。

1. 独特的结构

完整的广告文案包括标题、正文、广告口号、附文四个部分,每个部分都承担不同的职能,构成广告文案独特的结构。短短的广告中,应包含广告文案的全部要素,即标题、正文、广告口号、附文。

2. 丰富的表现

广告文案可以运用人类所有的表现技巧,包括文学、曲艺、影视、网络等形式,人们在其他文体中所能见到的和不能见到的表现方法都可以在这里找到。因此可以说,广告文案是最具有表现力的文体,也是最能体现撰稿人写作能力的活动。

3. 多样的风格

广告文案风格多种多样,它打破了各种文体界限,凡是能够吸引受众、有助于传达广告信息、收到理想效果的风格都可以使用,形成了灵活多样、丰富多彩的文体特性。

(四)广告文案写作的商业性

广告本质上是一种经济活动,它作为一种营销的重要手段,旨在为广告主推介他们的商品和服务的信息,去刺激、影响消费者,劝导消费者采取消费的行为,购买广告主的商品和使用广告主的服务。商业性既是广告文案的特性,也是广告文案的一个标志。外国广告界有句著名的论断:"广告就是印在纸上的推销术。"

1. 盈利性

广告文案的最终目的是为了盈利,对受众起到告知、说服作用,使他们能在广告的指导下,购买广告主生产的商品和使用广告主提供的服务,以此提高广告主的销售量,让广告主争取最大的利润。不能为广告主盈利的广告文案,就不是成功的广告文案。

广告文案要为广告带来影响力,要使广告成为广告主促销的有效手段。广告产生了效果,特别是实现了经济效益,广告主才有回报。不讲效益性的广告文案,不管写得多么美,都是没有用处的。

任何一个广告文案的撰写过程,其实都是经济效益的创作过程。实现经济效益,应该是广告文员专业工作的出发点和归宿。广告文案大师威廉·伯恩巴克在谈到广告文员的"教条"时强调:"我所求的,就是有一构想,能把我们的商品的优点传达给人们,并且让他们记住。"他进一步说明广告文案写作离不开商品,离不开对商品的推介以及对其需求的创造与销售量的提高,并一针见血地指出:"写作广告最重要的成功因素就是商品本身。"

因此,盈利性是广告文案商业性最明显的特征。

2. 告知性

广告本身就是告知信息,广告的信息在很大程度上是通过广告文案传递出来的。广告文案的信息既要完整饱满,又要精练含蓄,但无论怎样,它都是通过语言和文字把商业内容传递给受众。

3. 说服性

广告文案要有足够的刺激性,在诉求之中起到指导说服的作用,最终能影响消费者的行为。但这种说服是有技巧性的,所以有人称出色的广告文案员是最杰出的"说服高手"。例如美国著名的广告文案员、杰出的广告人——威廉·伯恩巴克、大卫·奥格威、詹姆斯·韦伯·扬等,就是极负盛名的人物。而优秀的广告文案都被喻为"最隐蔽的劝说语言与文字"。

4. 沟通性

广告文案是广告作品的主要元素,也是广告信息传递最直接的途径。广告可以通过各种媒介去发布,各种媒介使用的物质工具和形式、手段都各有不同,而绝大部分的广告信息最终都要经过受众的视听来完成传递的接收。我们对广告的接受,不外乎通过眼睛所看到的画面、图形、影像、造型和广告作品中的文字以及耳朵所听到的声响、音乐、歌曲、效果声和广告作品中的语言得以完成的。我们可能对某一广告的画面、影像不理解或有多种理解,也可能对某一广告的音乐、效果声听不懂或作不同的想象,但是我们对广告中看到的文字和听到的语言是明白无误的。比较于广告作品中的其他元素,由语言和文字构成的广告文案,能对广告信息的传递起到最直接、最准确、最完整也是最有效的作用。

广告能否产生好的效果,其沟通作用很重要。广告文案要写得简洁易懂、生动活泼、诙谐幽默,富有可读性和吸引力,这样才能引起读者注意并留下深刻印象。

(五)广告文案写作的审美性

广告文案也具有文学特性,因此具有审美性。一则好的广告文案应该给人以美感，让人能够从中有美的享受。随着我国人民生活水平和欣赏水平的提高，人们用越来越高的审美的眼光去看待商业文化，看待广告作品。广告文案的审美效应将会起到越来越重要的作用。

广告文案的审美效应应该体现在以下方面：

1. 格调美

格调美是内容和形式的完美统一，而内容又是格调美不可或缺的方面。美的东西应该与真的东西和善的东西统一在一起，没有真与善，也就没有美。如"老娘豆腐，又白又嫩，男的挡不住，女的受不了"就是因为不符合中国人的道德准则而失去美，成为丑的东西。这样的广告口号，自然不会有格调美。

2. 意境美

意境，简单地说是一种情景交融的艺术境界。诗评家李元洛认为，意境就其内涵而言，是内情与外景在以形传神的形象之中的水乳交融，是情、理、形、神的统一……可见，内情与外景是意境的两个重要元素。融于意境是一种比较高的艺术境界，因而我们不可能要求每一篇广告文案都能达到这个境界，但是一些优秀的广告文案的确能创造一种意境美，让人在接受产品或品牌信息的同时，获得一种美的享受。如白菊牌洗衣机广告文案。

圣洁如梦的诗，
怒放在秋日。
天生花为媒，
携手在何时？
想你分分秒秒，
念你刻刻时时。
浪迹天涯几多爱，
独采白菊这一枝。

这篇文案将对白菊的形象描绘与想念白菊的炽热情感融为一体，可谓情中有景，景中有情，创造出一种令人向往的艺术境界。诗中虽然没有表现出洗衣机的功能，但却表现出了"白菊"的品牌内涵。作为品牌形象的广告，它是非常合适的。又如荷塘月色房产广告文案。

自然不是远离文明，而是远离喧嚣。

繁华不等于喧嚣，在城市中央一样能找到心灵的净土。在白云新城的中心，一个叫荷塘月色的地方，有如朱自清笔下的美景。月色、荷花、清风、蛙鸣。在这里,什么都可以想,什么都可以不想,其实生活真的可以这样,简简单单,真实自然,只遵循自己内心的决定。

不刻意,不勉强,一切自自然然地发生,我也乐于自自然然地接受。

荷塘月色,倡导自然生活哲学,美轮美奂的苏州园林风格,白云青山的自然生态环境,用大自然呼唤你回归自然新天地,生活由复杂变得简单,情绪从刻意变得自然。我们热爱这样的生活,简单,却真实。

这篇荷塘月色房产广告文案,把朱自清笔下月色中的荷塘美景和自然的生活哲学巧妙地连接在一起,情景交融、意境深邃,让人不由产生置身于那美景中去感受真实简单的生活的冲动。此外,广告文案还有谐趣美和韵律美等特性。

二、广告文案写作的过程

广告文案的写作是个系统化的过程,遵循循序渐进的原则,在充分占有各种资料的基础上,调动广告文案人员的创造性智慧创作而成。我们把广告文案的写作过程分为案头准备、文案构思、自我检测、发前测试四个阶段,分别陈述如下:

(一)广告文案写作前的案头准备工作

1. 熟悉广告战略

每一个广告活动都是为广告战略的实施服务的。广告文案人员需首先了解和熟悉广告主的广告战略,并将广告战略中的一些问题的把握与广告主的企业、产品、服务等因素联系起来统一考虑。广告战略的有关部分我们在前面的章节中已经有过详细的论述,在此不多讲述。

2. 把握广告策略

(1)广告活动和广告表现的目的。通过明确广告活动和广告表现的目的,明确文案写作的目的性。广告文案写作活动自始至终都要围绕广告活动和广告的表现目的。

(2)广告活动和广告表现的主题。广告文案的写作要在明确的主题下,进行符合该主题的具体表现,并将主题深化。把握应表现的主题才能按照策略中的主题要求去实施文案的写作,文案也才能真正符合策略要求,展现策略的智慧。

(3)广告活动和广告表现的诉求对象和诉求策略。明确广告文案将面对的、将诉求的对象,使文案在表现风格、语言特征、诉求角度、诉求方式等方面能真正对应目标受众和目标消费者。

(4)广告表现的媒介策略。文案写作者要针对广告表现的媒介策略,针对某种媒介或者媒介组合,在一定的媒介版面和时间的限制下进行广告文案的长短、表达的词性的确定。只有符合媒介策略、与媒介特性相对应的文案才能不折不扣地执行策略和创意。

3. 研究广告创意

广告文案写作就是对广告创意策略的具体表现，它是一个与广告创意前后相继的表现、发展、深化的过程。因此，必须研究广告创意：

（1）广告创意的目的是表现什么？创意与广告所要传递的信息之间的关系如何？创意在哪一方面原创而有效地表现了广告信息？

（2）创意中界定的产品或品牌概念是什么？创意希望作品如何表现这一概念？具体的手法和突出点在哪里？

（3）创意中是否运用了人物形象或其他一些需要特别注意的内容？如果运用了名人形象，文案写作就必须在语言风格、表达特征等方面与人物之间达到统一。如果创意中采用了其他一些需要特别注意的内容，文案人员就需要掌握体现其特别内容的表现力，在创意的要求下，进行富有特色的具体表现。

（4）创意中的表现概念和表现设定，用语言文字来表达时，需要怎样的努力，才能表现其目标效果？是否可以在创意的基础上，借助语言文字的特殊性对其进行深化和发展？怎样深化和发展？

（二）广告文案构思

1. 构思的过程

构思的过程，是广告文案写作的深化和发展创意的过程。在构思过程中，我们要运用一些创意的方式进行文案的结构构成、语言的排列、语言的意境营造。在构思过程中，我们的文案在头脑中大致形成一个雏形：标题该怎么写？可以用怎样的语言风格和语言排列？正文中要表现哪一些信息？这些信息的表达次序怎样？是用短文还是用长文？如果用长文，要不要用小标题？小标题可分哪几个？小标题之间的承接关系该怎样……雏形形成以后，才真正可以开始提笔写作。

2. 构思的方式

（1）直觉构思法。指文案写作时是以广告策略中的创意概念为中心，将广告信息进行直接的而不是间接的、复杂的表达。以直觉构思法产生的文案容易写、容易懂，在广告信息本身就很吸引人的前提下，是一种简单明了的表达方式。但因为太直接，可能会失去一些吸引力。

（2）头脑风暴法。是一种集体性的创作活动。各相关人员共同思考、共同产生创意的碰撞，发展出广告文案的写作和处理方法。在多种不同的文案表达方式和文案风格中，选取或嫁接出一种独特的文案表现形式。

（3）联想构思法。这是利用联想能力进行的构思活动。丰富的联想是文案人员写作的必备条件，运用联想可产生出生动而有效的文案。联想构思法可以运用接近联想（由一个意象联想到与它在时间和空间上较为接近的意象，并运用此接近意象表现广告信息）、相似联想（由一个意象联想到另一个与它相似的意象，并运用此相似意象进行广告信息的表现）、对比联想（由一个意象联想到另一个与它相对立的意象，并运用此对立意象表现广告信息）等几种联想方式实施构思。

（4）反向构思法。不是对广告信息进行正面的构思，而是以反向构思来表达广告信息。将通过构思而获得的文案写作的方式和风格进行界定，将语言形诸于文字，文本就出现了。在用语言形诸于文字的过程中，富于表现力的语言排列技巧和表达技巧，既是一个文案人员的基本功，也是其特色所在。

（三）广告文案初稿的自我检测

在前述两个步骤的铺垫下，写作的冲动会在一个神秘的时刻突然来临，一切的一切都在这一刻化作文字倾泻而出，广告文案文本就这样产生了。

广告文案文本的出现，并不意味着文案写作过程的结束，还需要一个逐项的自我检测过程。在逐项检测过程中，检测的主体除了文案人员之外，还需要美工设计、文案主任、创意总监、项目主管等一起进行。

文案人员要根据文案写作与广告信息、广告主题、广告表现概念、目标受众、发布的媒体，以及发布的时段、版面等各个方面之间的有效配合，进行文案的自我检测。

（四）广告文案发布前的文本测试

完稿并不是文案写作过程的结束。完稿之后，还要对文案进行发布前的文本测试。发布前的文本测试是广告文案写作和其他写作过程的一个重要区别。典型的发布前文本测试方式有如下几种：

1. 使用广告公司内部的文案检核表

此表格或条例虽属于广告公司的内部测试，但在意义上代表受众方向。其主要内容如下：

（1）是否充分了解商品及其哲学？

（2）是否明白竞争商品正在做的是什么广告？

（3）是否彻底了解广告商品的分配状况及其销售方法等市场营销情况？

（4）在战术方面使用热烈的调子还是柔和的手法？

（5）是否充分了解广告主题？

（6）是否考虑了消费者的利益问题？

（7）是否考虑了广告目的？

（8）标题是否有吸引受众注意的力量？

（9）标题是否有引入正文的力量？

（10）引人注意的文句是否使受众能够在顷刻之间了解？
（11）引人注意的文句与画面之间有无矛盾？
（12）字数是否过多？
（13）逗句点正确吗？
（14）另起一行不难念吗？
（15）第一行有引起受众关心的力量吗？
（16）是否有加副标题的必要？
（17）是否使用直接的现代时态？
（18）是否使用受众的语汇？
（19）是否简洁、自然、亲切？
（20）从头到尾流畅吗？
（21）有未删除的冗赘的文字吗？

2. 撰写有效的文案检测表

除了按照广告公司的一套问题来进行提问外，我们还可以通过建立检测表来进行多人评价，一个完整而有效的文案检测表大概包括以下这些内容：

（1）让读者容易看懂——运用简短的句子，使用亲切易懂的字句。

（2）不要浪费文字，说你必须说的——不要填塞文字，也不要太空洞。如果的确需要 1000 字，就写 1000 字，只要没有任何文字是多余无用的。

（3）固守现代时态和主动时态——这样比较有活力。避免使用过去时态和被动时态——这些形式趋于迟缓、拖拉。例外情形应深思熟虑，以达到特殊效果。

（4）对于人称代词或名词不必犹豫。记住，你正试着告诉某个人某些信息，你应当像对朋友说话那样，使用"你"或者"你的"。

（5）不要陈词滥调。明快而令人惊讶的文句或片语，会使读者精神大振，继续读下去。

（6）标点符号将阻碍文案的流畅，过多的逗点是主要的致命伤。不要让读者找到任何借口放弃阅读。

（7）尽可能地运用简略语，这些字较快速、自然而且个人化。

（8）不要自夸或吹嘘。每个人都厌恶无聊的人。说明让你引以为傲的产品特质及能带给消费者的利益，这对读者较有成效。要以读者的立场来撰文，而不是以自己的主观意见，避免使用"我"或"我们的"。

（9）表达单一的概念，不要试着表达太多。如果你贪得无厌，你将一无所得。

（10）多写几种文案。

3. 佛莱齐公式

佛莱齐公式是较有代表性的可读性测试公式，其主要内容有：

（1）文案中所有语句的平均长度；

（2）广告文案中所用词汇的音节的平均长度；

（3）广告文案中使用的涉及人称的文字占文案中所有文字的百分比；

（4）在100字长的广告文案中涉及人称的语句占语句总数的百分比。

在此公式中指出，最容易读的广告文案为每句有14个字、每100个字有140个音节、10个涉及人称的文字、总计有43%的涉及人称的语句的文案。

4. 受众访问检测法

受众访问法，是受众测试的一种方式，它由面对面的访问形式和间接的文本邮寄访问形式展开。面对面的现场访问，可以在各种年龄、各种层次、各种场合进行，主要视是否是目标受众的情况而定。在测试中，就文案检测表中的一些问题，对受众进行访问，让受众对文案的效果做出评定，这个评定可以是五级评定标准，也可以是其他更细致的标准。

文本邮寄访问形式是指将广告文案以邮寄的方式，邮寄到认定的目标受众的单位或家中去，并请他们提出相应的意见。这种方法常常是将广告文案和标准的评定条例一起邮寄给目标受众。过一段时间，广告人员通过通信或电话问询的方法了解受众的评判和修正意见。这种文本邮寄访问方式效果明显，但执行难度较大。

5. 模拟发行检测法

模拟发行检测法，是指在报纸、杂志等平面广告文案的测试中，事先印刷包含被测试文案的特制报纸或杂志，将它分发给报纸或杂志的固定订户，过一段时间之后，通过问卷调查、电话调查或以标准化测试条例测试订户对文案的反应。这种测试方法的测试成本价格高。

三、广告文案结构的把握

广告文案的构成，是广告人必须掌握的基本理论知识。但是，对文案的本质认识以及文案形态的复杂，造成了对文案构成的认识困难，文案是制作广告成品之前有艺术性的说明文底稿。人们一般常常称呼的文案，是报刊平面印刷广告的文案，这些文案内容往往原封不动地成为平面广告，此类广告文案的构成是常规明晰的。而另外一些广告的文案则呈现不同状态，如影视广告的文案，常常称为故事板或者故事画纲，其构成比较特殊，有画面、道具、时间、音响、解说等因素。又如广播广告的文案，常称脚本，有音乐、音响和声音三种必要成分。然而，对绝大多数文案进行解析和比较，我们概括了一个共识：文案的构成有四个要素，即标题、正文、标语和随文。以下对文案的四要素进行简要地解说。

（一）广告文案的标题

广告文案的标题，用来吸引消费者，反映广告的主题，是区分不同广告的标志。人们常常把标题比喻为画龙点睛的睛，或者广告的旗帜、窗口。这里必须说明，个别广告文案如影视广告文案的标题，有的不会出现在广告中，有的常常与广告标语同一。

1. 广告文案标题概述

标题及与主题的区别。

①标题及其功能。标题，是广告文案的题目。标题的位置一般在广告文案最前面。而在最终成为广告成品后，标题可能不再需要。

广告文案标题的功能有四个：

一是画龙点睛，反映广告的主题内容——有标题本身又是标语，如"可口可乐，真正的快乐"、"金利来领带，男人的世界"和"梁新记牙刷，一毛不拔"等。

二是吸引消费者的注意力。

三是为制作广告之便而写在文案中（这是在广告成品中不出现的文案标题）。

四是广告文案的标题常常作为区别不同产品广告的标志以及同一产品广告的标志。

②标题和主题的区别。标题和主题的关系是十分密切的。有的标题直接表达主题，可以说是"主题＝标题＝标语"。有的标题反映主题内容。一种标题反映广告主题、内容和范围，如"耐克鞋"。另一种标题暗示性地反映主题内容，如象征性标题，将鞋子当作"飞舟"。有的标题提示了内容的部分线索，如"飞人刘易斯穿的鞋子"。

总的来说，标题服务于主题，标题可以更换，主题不能随意更换。标题和标语的区别是非常重要的，特别是在人们常常将二者混为一谈，而两者也确实常常合二为一（被称为"标题式标语"）的情况下。

标题不是标语的时候，两者的区别有以下几个方面：

一是作用。标题只是广告文案的题目，用以引起注意，便于制作广告；而标语则建立一种观念，强调印象，指导消费行为，是较为稳定的商业用语，一经确定后一般不轻易改动。

二是表达。标题可以是一句话，也可以是一个词语词组；而标语必须是一句话（后面有标点符号）。

三是变化。标题都在文案中出现，可以变化；而标语在同一商品的一系列广告中长期、反复使用。

四是重心。标题重在吸引人的注意；而标语重在鼓动、号召，往往落实到长期的印象以及文化和行为的劝导影响上。

五是位置。标题一般在文案和印刷广告的前面，标语一般置于后面，也可以反复出现在一个广告中，还可以单独使用。

2. 标题的类型

（1）标准型。在全部广告标题中，大约占23.8%。这种类型的标题，特点是平铺直叙、信息可靠，简要说明事件，可以称为"宜事型"。如《紫禁城牌羊毛衫》、《嘉陵牌摩托车广告》等。再如《中华牌牙膏》、《九月份新影片预告》等。

（2）新闻型。在全部广告标题中大约占18.9%。这种类型的标题，特点是简单明白，用于发布新产品的消息，常常有"新"、"最新"之类字眼。如《1994新光办公用具上海订货会》、《中国迅达电梯有限公司蝉联五届全国十大合资企业称号》、《专治肠胃弱新药问世》（三黄制药广告）和《您希望减少花费吗？BURMS有新法》等。

（3）暗示型。在全部广告标题中大约占12.2%。这种类型的标题，特点是婉转多义，可以称为"寓意型"。如《肉价与车价》（福斯汽车广告）、《今年二十，明年十八》（上海白丽香皂广告）和《忘不掉的母爱》（白云山乌鸡白凤丸广告）等。

暗示型标题属于间接标题类型，以标题与主题的关系为主要标准，标题分直接标题和间接标题两种。直接标题直接诉求，表明主题和商品好处，如上海无线电四厂系列广告标题《亚运在我心中，凯歌为您服务》。直接标题还有商品化的直接标题和艺术化的直接标题之分，前者如《嘉士利薄饼真酥脆》，后者如《星星知我心，爱华暖人心》。而间接标题不直接点明主题和宗旨，有的使用艺术手法如《韵》，有的使消费者注意力转向正文和图片，迂回曲折地去诱发消费者，如《今后50英里没有加油站》。

（4）语调型。在全部广告标题中大约占12.4%。这种类型的标题，特点是以情动人，直接诉说，常常带有感叹词和感叹号，可以称为"祈求型"、"抒情型"。如《不会让您一路挤到美国》（西北航空公司广告）、《你也试试看！》（花王美丽洗发乳广告）、《讲究仪表，浪琴不可少》（浪琴表文告）和《不在乎天长地久，只在乎曾经拥有》（铁达时表广告）等。再如《红梅——献上颗颗爱心，洒下一片深情》、《在时光的流逝中，女人呼唤着爱；在时光的流逝中，男人呼唤着人生》（日本星辰表广告）、《黑妹牙膏，洁齿皇后》、《嘉士利薄饼真酥脆》、《味道好极了！》等。

（5）思考型。在全部广告标题中大约占20.8%。这种类型的标题，特点是提出问题，引起兴趣或者发人深思，可以称为"悬念型"和"提问型"。如《为什么不从现在就始用金牌面粉？》、《它的颈项可能拯救你的心脏》（长颈鹿研究广告）、《从12月23日起，大西洋将缩短20%》（航空公司广告）、《贵庚如何？》（保险公司广告）、《您的孩子瘦小，怎么办？》（药品广告）、《您想用尽可能少的时间获得尽可能多的知识吗？》（书籍广告）、《你想知道写作的奥秘吗？》、《如何叫35岁的女士看来更年轻》（荷尔蒙面霜广告）、《教你如何当作家》、《使用英语时你犯了这些错误吗？》等。

（6）对比型。在广告中巧妙地将自己的商品与对方的商品作对比，但按照我国广告法规，不要指名道姓，更不能盛气凌人。如《唯一完全自动式洗衣机》、《山外青山楼外楼，江南酒家第一流》、《食在广州，饮在亚洲》、《看楼看尽全港九，太古城更胜一筹》（太古地产公司广告）和《IBM意味着最佳服务》等。

（7）演出型。在全部文告标题中大约占11.9%。这种类型的标题，配合图片、画面等形象道具背景。如《身处闹市，享受自然》（活力啤酒广告）。

（8）复合型。这种标题广告文案一般少用。复合型标题也就是多重标题，犹如新闻标题。如某洗发精的广告文案标题——

现在可以从头发上洗刷掉岁月的痕迹了
——母女俩有同样的头发、相似的容貌

再如西凤酒广告文案的标题：

西凤酒（正题）
送客亭子头，蜂醉蝶不舞，三阳开国泰，美哉柳林酒（副题）

3. 标题的写作

（1）写作法则。可将标题的写作诀窍归纳为利、奇、知三个字，就是说标题要透露出消费者的利益，要奇特新颖，要传播商品或者服务信息以及品牌商标，让受众知晓。具体法则如下：

①突出主题。写作标题要时时想着主题，或者直接表达主题，或者反映主题。

②简明精练。一般来说，标题要短，一个词或者词组包可以作为标题。

③醒目诱人。标题要在视觉和听觉上给人以冲击力，这就要有所突出，抓住特点。

④新颖独创。标题不要人云亦云，要新颖独到。

（2）写作注意。

①反问式标题要慎用。这种标题有时很有效，如《不让家里人参加生命保险，是好父亲吗?》（日本保险公司广告）。有时会产生误会，使人想入非非，犹豫不决或止步不前。如《难道我们的盐里含砒霜吗?》。

②竞争性标题要够胆色，也要合法，如在热水器产品的一场竞争中，"万家乐"和"神州"的广告文案，标题就显示出针锋相对。《万家乐热水器精美华贵，独具"人无我有，人有我优"十大特点》、《神州款款万家乐》、《款款神州，万家追求》。再如一个既有大将风度而又潜藏竞争力的标题《有我这样靓，无我这样长命；有我这样长命，无我这样干净》（香港吸尘器广告）等。

（3）写作技能。

广告大师都十分重视写作技能，这些技能很多，以下选择若干供参考。

①先写下，再完善。

②遴选后，再加工。要从几个角度多拟标题，然后进行选择加工。如推销退休金保险的文告文案标题《退休后可以天天享受假日气氛》，改为《保证终生有收入》。

③务必把新信息注入。

④在品牌商标上一打主意。如标题《万家乐，乐万家》、《健力宝，健力之宝》、《家有凯歌，幸福欢乐》（电视广告）等，可以说都是在品牌商标上一打主意。

⑤多用委婉语，少用否定词。委婉语也可以说是讲究语言艺术手法，如《对"痘"下药》和《"闲"妻良母》（洗衣机广告）等。

（二）广告文案的正文

写作正文，要有一定的写作基础。具体地说，要有写作基本功，也就是语言文字功夫。从根本上说，广告人应当提高自身素养，尤其是思想道德水平。所有的广告大师都是优秀的人文主义者。广告文案的写作，也需要文案人员有突出的写作才能，从一定意义上说，广告文案文本是广告人生命的对应表现，是经济、文化、美学、哲学、历史、文学、政治等的融合生命体。

1. 正文及其特点

（1）概念。正文指广告文案的中心部分，即除标题、标语、随文以外的说明文字。正文是针对广告主题的集中、细致的说明。

广告文案属于说明文体，正文当然有自己的特点。

①说明性。正文的目的是为了说明广告内容，传播信息，说服消费者，促进销售。

②真实性。正文是商品与服务信息的准确传达，是给予消费者利益的真实许诺，所以一定要给消费者以真实感。

③艺术性。正文要恰当地采用艺术手法，引起受众的兴趣，使其产生欲望。正文中可以使用画面，给人以形象。不但语言要美，而且要争取产生意境美。

（2）功能。正文的功能较多，要说明广告信息，使消费者产生兴趣、确信、欲望和行动。

2. 正文的写作

（1）法则。正文的写作法则，广告学专著和教材提出了不少，如 Aida 法则（开头就引起注意，目的是促使动作）、五"I"法则（Idea——设想；Impact——冲击力；Interesting——兴趣；Information——信息；Impulsion——冲动）、四"F"法则（Fresh——新鲜；Fun——有趣；Faithful——忠诚；Free——自由）、D—D—P—C 法则（Dramatic——惹人注目；Desceriptive——描写商品或劳务；Persuasive——进行劝诱说明购买后的好处；Climching——决定交易）。

Aida 法则，有些教材称为"爱达公式"，比较符合消费者心理接受过程。我们以这个法则来具体指导正文的写作。正文可以按一般的结构认识分为三个部分：开头、中间和结尾。具体到写作中，文案主要是正文应当体现一个心理接受过程，模式如下：

标语：改变或者强化消费者的思想观念。

标题：使消费者产生注意（Attention）。

正文开头：使消费者产生兴趣（Interesting），因此应当采用艺术手法，力求奇特新颖。

正文中间：使消费者产生确信和欲望（Desire），因此应当客观、真实地说明，多用证据，少用艺术手法；只要能产生确信和欲望的心理作用，完全可以不厌其烦，最好写得长一些，读不下去也不要紧。

正文结尾：使消费者产生购买行动（Action），因此要采用号召、刺激的办法，简短有力。

（2）方式。前面我们知道，广告文案有不同的种类，这里要对文案的正文方式进行选择，争取选择最为恰当、最有表现力的正文写法。可以将正文的方式分为以下三大类：

①应用体裁的正文。这是基本的正文写作方式，有说明体（包括证言体）、公文体（包括报告体、纪要体、通知体）、书信体、声明体、自述体、新闻体等。

②文学体裁的正文。有小说体、诗歌体（包括对联体和歌曲体）、散文体、戏曲体（包括相声体、戏剧体、快板体和对话体等）。

③议论体裁的正文。这种方式比较少见，有推理体、论说体、演讲体等。

(3) 结构。

①开头（或称导语、前言、引言）。上接标题，下启主体。概括性地介绍主题，争取采用新颖奇特的方法，如有趣动人的幽默。开头的心理作用是使人产生兴趣。常用以下几种：

一是概括式：概括说明性能、质量等特性。如桑普空调："别人有的我都有，别人没有的我也有。"

二是提问式：如"您想去北京游览吗？""唉，又睡不着！失眠了？"

三是声明式：说明服务宗旨。

四是陈述式：介绍背景、理由。如"经人事部全国人才流动中心批准，唐山市高新技术开发区和高新技术企业面向全国招聘新材料、微电子、机电一体化、生物医学工程……等专业技术人员……""为答谢……"

五是奇特式：如"放屁放屁，真正岂有此理……吴稚晖先生的著作《何典》出版预告"（见《语丝》）。白马广告公司的招聘广告，突出了四个小标题：招、兵、买、马。房地产系列广告的标题各自突出一个字，分别是风、水、宝、地。它们的广告正文分别围绕这四个小标题去做文章。

其他开头方式有祝谢式、描写式、承题式、介绍式、对话式、悬念式等，不一一列举。

②中间（或称主体）。紧扣主题，精选事实，点面结合，层次分明。心理作用是使人确信并产生欲望，为此，不怕人烦，只要人信。中间最好是规范的说明，多用证据，一般来说要言简意赅。但是，长的正文往往能产生好的效果。美国广告有长达 6450 个字的，Schlitz 啤酒广告长达 5 页，效果都好。据说，800 字的壳牌石油公司广告，男性读者有 20% 的人认真读完。可以说，人们喜欢长的正文，要运用科学的解说。中间常用以下方式：

一是时序式。从前到后写。

二是主次式。先主后次，主次结合。

三是逻辑式。按照信息的特性分成几个方面来写。

四是文学式。采用各种各样的文学手法。

③结尾。结尾的心理作用是催促消费者采取行动，不宜长，要有力。常用以下方式：

一是祈使式。如"数量有限，欲租从速"、"竭诚欢迎"。

二是许诺式。如许诺效果、优惠等。

三是利益式。如"常用夏士莲，常葆娇艳"。

四是树立形象式。如"彩电当然是 Panasonnic"。

五是归纳式。如"维护全家人的身体健康，无论居家外出，吃喝旅游，香港

广告文案一本通

保济丸随时用得着!"

六是设问式。如"此生不游阳朔和桂林,岂不是枉来人间一场吗?"

还有抒情式、展望式、祝谢式、服务式、描摹式等。

(4) 技巧。写作正文有不少技巧,这里仅作简要介绍。正文在整体上的写作可以采用如下方式:

聚焦法:标语就是焦点,全文围绕焦点来写,这是基本的方法。

文眼法:每一部分都用同一个关键字词来贯穿。

置换法:变换人称,第一人称和第二人称、第三人称根据需要变换。

各种修辞手法的运用,是最常见的技巧。而采用文学体裁的正文,更是采用了繁体的技巧。

写成的广告文案正文,要认真修改。修改的程序是主题—结构—材料—语言,由大到小。

(三) 广告文案的标语

广告文案的标语,又称广告语、口号等,其实质就是主题。准确地说,标语是主题的艺术化、口语化。

标语的提炼在广告文案写作和广告制作中是最为重要的事情,是第一位的事情。一句话,标语是广告的心脏。弄不清标语是主题的艺术表达,还是一个理论和实践的历史中的问题。然而,广告理论的发展远远没有达到科学化、规范化的高度,其中突出的一点是主题的认识十分模糊。在广告专著教材中,主题在创意部分中或者被一笔带过,或者被片面地模糊地称为概念、观念、理念等,而在广告文案的写作中却又令人不解地只字不提。因而,这样的主题认识导致读者抓不住广告核心,进而严重影响广告发挥作用以至于形成广告水平难以提高的普遍问题。

1. 主题的产生

主题,应当在创意构思阶段产生,这是创意的一个首要任务。创意的"意",主要是指主题。主题的产生基本上是科学提炼的成果,大多情况是这样的。据说,20 世纪 50 年代速溶咖啡投入市场后不受欢迎,经过问卷调查,得到主要消费者群体的反映是"味道不好"。仪器证明,速溶咖啡和传统咖啡的味道没有什么不同。这就又要进行科学调查和思考分析。新的问卷采用心理投射法,发现美国家庭妇女认为购买速溶咖啡的都是像梦露那样的时尚女性,而作为第二次世界大战后勤劳的传统妇女是宁愿早起熬制老式咖啡的,这就找到了消费者不愿购买的心里深处的症因,于是,针对美国妇女购买主体心理问题的新主题产生了,抓住了味道这一中心认识并写出了"味道好极了"这一经典的标语。有时,在科学思维的过程中,会忽然产生出现主题的灵感。

2. 主题的概念

主题，是广告人通过全部材料所要表达的一个中心认识。而标语就是主题，是为了有利于消费大众接受的艺术化、口语化的主题，也就是常常简单明了地说明的：标语是为了改变或者强化消费者观念和行为而反复、长期使用的口号性语句。

3. 主题的作用

主题，是广告文案的核心。如果说文章——广告文案是人类创造的精神生命，那么材料——广告产品及其他对象是血肉，结构是骨骼，语言是细胞，表达方式是皮肤，线索是脉络，而主题则是核心。进而还应该认识到，在作为说明文体的广告文案的写作要素中，材料、语言和结构都是客观存在的，只要善于选择就可以了；唯有主题是广告人自己产生的，并且最为重要。

4. 主题的特性

主题具有明显的特性：

（1）客观性——主题以材料为前提（以商品为中心），是对材料特质的判断。在调查和策划的前提下，广告人进入广告创意阶段的时候，对广告内容进行抽象思维，联系社会实际，针对消费者的心理，找到一个明晰可见的判断认识。如雀巢咖啡的广告语就是这样得来的。

（2）主观性——主题是广告人产生的，对同一广告内容，不同的广告人会产生不同的中心认识，而且一个广告人也可以不断地提炼出不同层次的主题。主题的层次如下：

①客观特色层次。这种主题是最基本的层次，是对广告内容的质量和功能的认识，以鞋子的广告标语为例来说明，客观层次的标语有"××鞋最好（或者最耐用）的运动鞋"。

②时代科技层次。这种层次的主题强调广告内容的科技含量和新颖进步。如"符合人体工程学的鞋子"。

③民族文化层次。这种主题是在文化背景上的认识。如"步云靴风火轮出现了"。

④哲理意味层。这种主题带有普遍性和永久性的理趣。如"走向永恒的飞舟"。

⑤审美生命层次。这种主题带有新生命的审美色彩。黑格尔认为美学是哲学的高度发展，而哲学又是人类所有认识的精华。所谓美，其实就是促发人们积极向上的具有自由创造本质的个体生命及其表现。主题最高的层次应该是审美的生命认识。如"新新人类的标志"。

（3）抽象性——主题不是感受，是抽象的成果，也是逻辑判断，更是主题的本质特性。主题的抽象性更表现在它的具体表达形式是一个逻辑判断句。正确的主题写法是一个有主语（可以省略）、谓语和宾语（也可以单独省略）的判断句。

（4）社会性——广告的主题，不是只有少数人才接受的科学论文的发现，而是生活化的认识。同时为了接受者的方便，要求主题艺术化地表达为标语，要大众化、通俗化。

5. 主题的表达

首先，主题艺术化地表达为不同形式的标语——为改变或者强化消费者对商品的思想观念而长期反复使用的、艺术化的口号性主题用语。

其次，主题表现为一个陈述句或者判断句，这个句子往往只有一个动词，这个句子的字数按记忆规律要在7个字左右。也有的标语字数较多，这就要借作诗词的方法，如节奏、句式的整齐。如"车到山前必有路，有路必有丰田车"。

6. 主题的位置

标语是广告文案的核心，作为主导思想贯穿全文、指导全文，这是容易理解的。但是，究竟怎样立导，就有一些人不甚了了，尤其是对标语的位置更不能清楚地把握。标语在广告文案中的位置应是明晰的，模式如下：

标题。一般写成标语，也有的写商品名称。

开头。一般要在段尾写出标语。

中间。主要采用分析法——分出二三层来，说明主题为什么和怎么样，行文中兼用其他论证方法，如列举事实的例证法。在中间部分的靠后处突出标语。

结论。重申标语。

标语还有一个位置，就是独立运行，具有美感和独立性的标语。可以像优美的诗句一样单独来往，这是标语的一个特殊功能。

7. 主题的写作

（1）写作法则。

①短促有力。按照记忆规律，7±2个字最理想，好念、好记，有鼓动力。

②艺术性。要运用各种修辞手法，要有诗味和音乐性。

③通俗亲切。要口语化，不太规范也无妨。如"人头马一开，好事自然来"（XO红酒广告）。要有所建议，如"旭日东升，万马奔腾，这里是万宝路的世界"（万宝路香烟广告标语）。

（2）标语类型。

①颂扬型。直露，自豪。如饮料维佳的标语"100%新感觉"。

②煽情型。有人情味，祈使，愉悦，拉近关系。如"金利来领带，男人的世界！""眼镜是灵魂的窗户，为了保护你的灵魂，请给她装上玻璃吧！""与爱人

同行，永久最好！"（永久自行车广告）"让情人的体贴，温暖你整个严冬！"（围巾广告）"酸酸甜甜，就像少女的初恋"（樱桃制品广告）。

③鼓动型。"请认明999"，"万里之行始于足下"（南京皮鞋广告），"请接受太阳的恩赐！"（热水器广告）

④复合型。如"三洋常在我心间"。

⑤标题型。如"岂有此履"（鞋店广告）。又如，"AST电脑系统屡获殊荣"。

（3）写作手法。作为一句话的标语，采用的只能是最基本的艺术手法修辞。广告标语运用各种各样的修辞，以下略举数例。

①口语法。本来广告语言基本的要求就是口语化，标语更要讲究口语的亲切自然。"味道好极了！"（雀巢咖啡广告）"饭后一支烟，赛过活神仙"（南洋兄弟烟草公司"百万金"香烟广告）。

②排比法。使用3个以上相同结构的句子，形成一种气势。如"看新闻，听新画王，用新画王"（电视广告）。

③夸张法。这种夸张使人产生会心的微笑。如："今年二十，明年十八！""不老宣言！"（抗皱霜广告）

④对偶法。上下两句，结构相同，词义一般是相反的，但在广告中不必刻板。如"蓝蓝的火，浓浓的情"（热水器广告）。

⑤顶针法。前一句末尾一字，是第二句的第一字："佳佳走进家家，家家爱佳佳！"

⑥谐音法。如"心地善'良'（凉）！"（电风扇广告）"骑（其）乐无比"（摩托车广告），"大'石'化小，小'石'化了！"（胆结石药品广告）

⑦仿词法。如"一唱'喔喔'天下白"（喔喔食品公司广告）。

⑧比喻法。比喻是人们最常用的修辞方法。如"像妈妈的手一样温暖！"（童鞋广告）"犹如第二皮肤！"（牛仔裤广告）"八月十五的月亮"（松下灯泡），"把交响乐团带到家里来！"（音响广告）

⑨双关法。一语双关，巧妙自然。如"第一流产品，为足下增光"（鞋油广告），"头等生意，顶上生涯"（理发店广告）。

⑩反问法。如"我们宝贵的血液，为什么供臭虫果腹？"（杀虫剂广告）

⑪回环法。如"长城电扇，电扇长城"、"万家乐，乐万家"。

⑫演化法。对成语、谚语、歌谣、诗词等改动文字。如"欲穷千里目，常饮'视力健'！"

⑬重叠法。如"潇潇洒洒特丽雅，漂漂亮亮伴一生！"（皮鞋广告）

⑭押韵法。如"望皮欲'穿'，爱建服装"。

标语还有诚恳式、夸张式、提示式、幽默式、温情式、亲密式、含蓄式、借典法等。

（四）广告文案的随文

广告文案的随文，是正文之后必要的小说明，通常主要说明联系方式。随文一般包括购买商品或者获得服务的方法、权威机关证明、特别需要说明的内容等，有厂址、电话、网址、厂长姓名、联系人、代理商、售后服务等，要求绝对准确、清晰、易记。

随文可以有几种形式的写法，常见的是跟随正文以纯文字形式表示（字号一般比正文小，字体也常会区别于正文），有的随文前面写有"附"字，有的用一个方格框起来，也有的画成表格形式。

四、广告文案语言与修辞

广告的推销力源于构成广告的语言、画面、声响等元素，但最能使广告充满生机活力，最大限度发挥宣传效应的还是广告的语言。奥格威说"广告是词语的生涯"，一个广告可以没有画面、可以没有音响、可以没有色彩，但却不可以没有语言。李奥·贝纳也说过："文字是我们这行的利器，文字在意念表达中注入热情和灵魂。"精妙的构思，独特的创意，伟大的策略最后都要通过语言来展现。

（一）广告文案的语言

苏姗·朗格说："运用文字可以表达出那些不可触摸的和没有形体的东西，即被我们称之为观念的东西；还可以表达出我们所知觉的世界中那些隐蔽的、被我们称之为观念的东西。正是凭借文字，我们才能够思维、记忆、想象，才最终表达出由全部丰富的事实组成的整体；也正是有了文字，我们才能描绘事物，再现事物之间的关系，表现各种事物之间相互作用的规律，才能进行沉思、预言和推理（一种较长的符号变换过程）。更为重要的是，我们还可以运用文字进行交流，这就是要求将那些可听的或可见的词排成一种为大家所理解的式样，通过这种式样人们可以反映出自己各式各样的概念、知觉对象，以及种种概念和知觉对象之间的联系。"文字作为人类创造的最重要的符号形式，既有描绘事物和现象的再现功能，又有表现事物之间复杂关系的概括功能。

1. 汉语言文字的特殊表现及运用

（1）汉语言文字的特殊表现。广告大师韦伯·扬在其著作《产生创意的方法》中说："文字本身就是创意。"自古以来，语言就是人们表达各种感情最有效的媒介。曲赋歌词经过历史的积淀，形成了自己独特的表现方式。中国的汉字无论是在视觉意象还是语言表达上都具有简约、内敛、深刻等独特魅力。汉字在字形和字义之间，往往存在一种内在逻辑关系。通过汉字表意方式的特性，可以反映中华民族思维方式的形象性；从汉字方块构形特征，可以反映中国人喜爱平衡对称的审美情趣;从汉字的字义体系特征,我们还可以发现隐藏在汉字中的历史文化现象的凝聚过程。汉字的特征为塑造中国文学艺术,尤其是传统的文字艺术的个性提供了有利的文化条件。可以说,世界上没有任何文字能像汉字那样为广告创意提供巨大空间。基于汉语在一定的语境中可以产生联想义、引申义、比喻义的特征,把握目标受众特定的语言环境,并发展出具有特色的,使得文案与受众之间产生更生动、更有效联系的联想义、引申义和比喻义,这种方法在文案写作中经常运用。例如丰韵丹的广告语:"做女人挺好!"字面意强调了女人的幸福感,而暗含的意思则是丰韵丹能够使女性身材更加丰韵动人。

语言的表现力是分层次的——语音语调层、基本语义层、修辞层和意象层。语音语调层是需要通过音响来配合的,它留给人们直接的视觉和听觉感受;基本语义层,则是经过历史的积累和约定俗成,是人们对某一个词语所代表含义及其用法的确认;修辞层,就是在不同的修辞环境中,语言所具备的特殊含义;语言的意象层就是它的审美内涵。

另外,从美学形态角度看,方块字以象形文字为基础,由几百个象形字组织起几万个形声字或会意字,笔画的安排、结构的经营,以及书法艺术的意味,表达出一种生命与情态,如甲骨文的神秘原始、金文的苍雄古朴、小篆的圆软瘦劲、隶书的质朴典雅、魏碑的雄强苍劲、楷书的雅正平和、草书的飘逸飞扬,每种字体都有独特的表现力,都是很好的创意素材和表现手段。

运用恰当的语言还可以创造文案的意境美。我国是一个诗的国度,先人用智慧和情愁谱写了一行行情景交融、绮丽或朴实的文字,处处洋溢着意境美。借鉴意境深远的中国古典诗词、对联,可以寻找意境美的灵感。诗词体文案是指采用诗词或对联体的形式进行广告宣传的一种文体,在句式、排列、结构、韵脚上与古诗词的形式相似。特点是朗朗上口、易读易记、情感浓厚、联想丰富。例如:"何以解忧,唯有杜康。"又如中国平安保险公司的形象广告,将山高云远、雪色宁静的青海平安县,象征吉祥如意的中国平安符,相濡以沫、携手白头的一对平安老人,喜得爱子满面幸福的年轻夫妇和山清水秀、暮色浓归的广西平安乡等惬意平和的方方面面串联起来,最后打出主题"中国平安,平安中国",一气呵成,隐喻生活平安就是幸福,平安公司的服务贴心暖怀,与您相伴,无处不在。整篇广告流畅自然,文案处理简单,紧扣"平安"二字,让人对平安公司产生祥和稳定的可靠感。

(2)汉语言文字在不同广告媒介中的运用。在诉诸于受众听觉的媒体中,运用汉语言文字的表音部分,对语音、语调进行特殊处理,以产生不同的语言特点、语言风格、语言情感表现。采用押韵、平仄等方式,创造一种富于音韵美、节奏美、声调美的文案,令听众陶然其间。同时,还可以运用不同的语气,造就不同的语向、语境、语义：用祈使语气，向受众发出警戒、规劝，提出建议；用陈述语气，直截平实地进行产品推介；用疑问的语气，可以引起受众的特别注意，产生广告和听众之间不同的对应关系。在为听觉媒体写作文案时，要注意同音同义的情况，避免导致误听误解。

在诉诸于受众视觉系统的广告作品中，广告文案不仅可以运用不同的词语排列形成特定的组合效果，而且可以运用汉语的象形特色，在语形上发展出有意味的形式及它们之间的有意味组合，运用形式表现文字的深远内涵。

（3）书面语、口语和文学语言在广告中的运用。书面语言是用文字书写的视觉化的语言。它的特征是凝练、简洁生动、逻辑严密、优美典雅。运用书面语言，能使广告文案用最少的文字表现最深广的内容，创造严密的逻辑文理、简明凝练的用词造句特色，营建较高层次的文化氛围来展现理性的风采。因此，书面语言在平面媒介广告中被大量运用，建构着象征、思辨的世界，没有一定文化素养的受众就不能完全理解其含义，它需要相当程度的身心投入，会给希望在轻松愉快的感觉中获取信息的受众一种心理满足。在具体写作过程中，要避免过于书面化语言而产生呆板、滞重、生涩的文案文本；在针对文化素养较高的受众时，要用书面语言建构一个与他们在观点、信念上共通的世界；要找到艰深和平易之间的平衡点以飨读者。

口头语言是人们用说话的方式讲述出来的语言。它具有平易、简洁、明了、生活化，可以营造一种亲切的、生活化氛围的语言特点。这种语言特点更适合一般受众的接受心态和接受情景，人们在轻松的、生活化的氛围中倾听家长里短式的日常语言，会有一种轻松的、无距离的感觉。口头语言可以在各种媒体上发挥它的独特魅力，特别是在以声音为唯一传播载体的广播广告和视听并进的电视广告中，口头语言诉求更能发挥其亲切、生活化的特点。口头语言要避免拖沓、啰唆、不紧凑。不紧凑的文案会造成广告成本加高、诉求不简洁的后果。与书面语言相比，口头语言的优点还体现在多向传播中口头传播的方便性上。口头语言最利于口头传播，而更多的时候，广告需要利用人们的口头传播来扩散广告的影响面，形成正向的口碑效应。

2. 广告文案语言的特殊要求

（1）真实准确。广告文案语言文字的真实是信息内容的真实，它是广告文案写作的前提。广告文案最直接的与受众产生联系，因此，只有符合真实性原则的广告文案才是符合"以人为本"的广告理念的。广告文案人员诚实地表现真实的广告信息，是对受众最好的服务形式。准确指的是广告文案对广告信息的表述要准确、到位，它表现在：广告中用词、表达要准确，而没有可让人误解的歧义；词语组合要符合逻辑，符合客观存在；要避免不良的引申义；语句要围绕信息内容来准确无误地展开。出现歧义、不良引申义和远离广告信息本身的广告文案不仅不能准确地传达广告信息而且会产生一些消极后果。

①广告中商品的性能、产地、用途、质量、价格、生产者、有效期限、承诺或者对服务的内容、形式、质量、价格、承诺等内容，必须清楚、明白，不能含糊其词。

②在广告中表现商品购买后的服务提供和礼物赠送，应当标明赠送的品种和数量。

③在广告中使用有关数据、统计资料、调查结果、文摘、引用语等方式提供商品质量和功能保证的，其全部资料都必须真实、准确，表明出处。

④针对语言的模糊性和容易产生歧义的特点，在表述中不用模糊性语言，不用易造成误解的语言，而运用意义清楚、明了、表达准确的语言。

伯恩巴克指出，广告必须真实，杰出的广告既不是夸大，也不是虚饰，他为M&M巧克力所做的广告"只溶在口，不溶在手"极好地诠释了一种好产品的真实特性；李奥·贝纳无论怎样戏剧性，也逃不过"与生俱来"这一本质；奥格威的品牌形象一贯坚持"诚实"二字；电通广告公司吉田秀雄曾这样评价广告："广告是真与美的结合"；大师们以广告为生命，但是所有的大师都坚守职业自律和行业道德，形成独特的广告性格：奥格威曾经拒绝为劳斯莱斯汽车做广告，原因就是他认为产品不过关；伯恩巴克始终不肯为烟草做广告，并且说"为拙劣的产品做广告，只会加速它的一败涂地"。的确，大师们已经超越了创意的巅峰，把广告当作人生至高的境界来体验。尽管大师们各自持一番理论，但是在广告创作中有一点是相同的，那就是对广告事物的真实反映和对广告事业的执着追求。

我国《广告法》对广告信息内容的真实性问题有明确的规定，主要包括：

①广告应当真实合理，符合社会主义精神文明建设的要求。

②广告不得含有虚假的内容，不得欺骗和误导消费者。

③广告主、广告经营者、广告发布者从事广告活动，应当遵守法律、行政法规，遵循公平、诚实信用的原则。

④广告内容应当有利于人民的身心健康，促进商品和服务质量的提高，保护消费者的合法权益，遵守社会公德和职业道德，维护国家的尊严和利益。

⑤广告不得损害未成年人和残疾人的身心健康。

⑥广告中对商品的性能、产地、用途、质量、价格、生产者、有效期限、允诺或者对服务的内容、形式质量、价格、允诺有表示的，应当清楚、明白。广告中表明推销商品、提供服务、附带赠送礼品的，应当标明赠送的品种和数量。

⑦广告使用数据、统计资料、调查结果、文摘、引用语，应当真实、准确，并表明出处。

⑧广告涉及专利产品或者专利方法的,应当标有专利号和专利种类。未取得专利权的,不得在广告中谎称取得专利权。禁止使用未授予专利权的专利申请和已经终止、撤销、无效的专利做广告。

⑨广告不得贬低其他生产经营者的商品或者服务。

⑩广告应当具有可识别性,能够使消费者辨明其为广告。大众传播媒介不得以新闻报道形式发布广告。通过大众传播媒介发布的广告应当有广告标记,与其他非广告信息相区别,不得使消费者产生误解。

广告不得有下列情形:

①使用中华人民共和国国旗、国徽、国歌;

②使用国家机关和国家机关工作人员的名义;

③使用国家级、最高级、最佳等用语;

④妨碍社会安定和危害人身、财产安全,损害社会公共利益;

⑤妨碍社会公共秩序和违背社会良好风尚;

⑥含有淫秽、迷信、恐怖、暴力、丑恶的内容;

⑦含有民族、种族、宗教、性别歧视的内容;

⑧妨碍环境和自然资源保护;

⑨法律、行政法规规定禁止的其他情形。

如果违反了《广告法》中对有关信息的真实性要求,就是违法广告作品。但《广告法》对表现形式和表现风格上的真实性要求只是艺术真实尺度。在表现方法上,并不要求体现现实的、完全的真实,允许虚构。

(2) 坚持原创。原创又称原创力、独创性。广告文案要充分体现品牌的差异性,就必须根据品牌的核心理念去进行原创,既不能模仿,更不能抄袭。在高科技和信息化越来越发达的时代,产品的同质化程度越来越高,产品的差异主要通过与产品联系在一起的服务、理念的不同来体现。品牌广告语正是体现理念差异的主要形式,离开了原创性的原则,理念差异是难以体现的。

前所未有的、与众不同的才是原创;即使是新的表现、新的方式,不是独一无二的就不是原创。因此,新花样不是原创,跟风的更不是原创。原创的意义并不仅仅在于形式上的"想人所未想,发人所未发",而是包括两方面的内容:一是表现手法上的独创,即形式上的独创。为了使广告文案能更吸引人,产生新奇感,在众多的广告文案中脱颖而出;为了使文案形式成为品牌一种独特的标记,在众多的品牌中富于个性;为了使感性消费者因为喜爱文案中所体现的某种品牌情趣而发生购买行为,广告文案写作需要在形式上体现原创。这个原创可以是创造新的表现形式;可以是发掘前人创造的有意味的形式,而后运用现代的形式、现代的理解去重新组合起一种新的形式、赋予新的含义。广告文案的形式结构、语言风格、特殊排列组合，要体现与所表现的广告信息之间的独特组合和默契。二是信息内容的独创，广告文案寻找到独特的信息内容进行表现，寻找到能让产品在同类中跳出来吸引人的新信息，这就是信息的独创。信息的独创不仅表现在其产品无法替代的消费利益点、产品生产背景以及产品的附加价值，也表现在能诉求别人没有诉求的产品特点。信息的独创更表现在能发现同一产品和服务中的不同的特点和借助心理作用形成或创造出的不同价值。

所以，语言的原创性不仅要求形式上的原创，它同时也要求所传达的信息的原创；不仅要求是首创，更要求是在传递广告信息基础上的首创，形式和信息共同造就的原创、发掘形式中的内在力量的原创才是真正的原创。

（3）KISS原则。所谓KISS原则是Keep It Sweet and Simple的缩写，即广告语言最好都能够做到"甜美"和"简洁"。简洁不等于简单、单薄。它是要求在保证语言完整地表达出广告策略和创意的基础上，写作应力求简约，诉求重点明确突出，文字简练得像一首唐诗绝句，字斟句酌，多一字则繁，少一字则败其意，体现出简约之美。所谓"甜美"强调的是文字传达的感情应该是甜美而令人回味的，能够引起人们内心愉悦的。

①简洁。语言的简洁往往表现为"言有尽而意无穷"。美国画家安德鲁·怀斯说过："画家表现的东西越少，观众接受的东西就越多。"这句名言对广告也极为适宜。广告文案大师路克·苏利文在其《广告人的路克福音》中指出："简化！简化！这一度是我的座右铭，直到有一天我发现它还应缩短为'简化'。"之所以如此，首先，是因为文学型文案是一种商业文本，只负责向消费者提供有关的产品和服务信息，当然它也有情感和形象，但这些信息归根到底仍然不可能脱离销售，它没有反映社会现实生活、构造大量情节的任务，而只能是将商业信息传达完即止，这就决定了它的篇幅只能短小不能太长。其次，从广告的注意来看，95%以上的广告注意属于无意注意，即事先无预定目的也无须意志坚持的注意，这说明消费者并非积极主动地接受它们。最后，从广告的记忆来看，表达某种信息的符号越少就越易记忆。

质朴平易、不尚雕饰的语言，历来受到许多著名广告人的高度推崇。美国芝加哥广告学派代表人物李奥·贝纳一贯主张真诚、自然、温情，他说："得到注意的艺术要自然，不要使人惊愕，也不要使用欺诈手段。"以他为代表的芝加哥广告学派的信条就是："力求更加坦诚而不武断；力求热情而不感情用事。"奥格威对文案创作定下了一些原则，其中就有"要直截了当"、"向人们提供有用的咨询或服务"、"切忌华而不实"、"避免唱高调"、"通俗、用日常交谈语言写"、"不搞文字游戏"等。以质朴、平易、和蔼、亲切的语言，真诚、自然的情感气氛来感染消费者，这正是所谓"大朴不雕"的境界追求。有了对消费者的消费动机与底蕴的深刻把握,下足工夫,就能将"诚实"的说辞以"润物细无声"的方式送进消费者的心里。不要小看平易通俗,它实际上是返璞归真的高境界。

②甜美。一篇好文案不应是空洞、乏味的文字与数字的组合,要在完成文案基本功能上,尽可能给人以美的感受。意境是指一切艺术作品所表现出来的情趣和境界,是客观实体与主观情感彼此结合的产物,借由想象力的推动产生美感,即是意境。

广告作为一种商业艺术,应追求意境美。"鹤舞白沙,我心飞翔"在远天、青山、平湖、绿野之间,白鹤点水,振翅飞远,人手扮鹤,心随鹤翔,并配之"这一刻,我已经飞了起来!"此番意境美,打动了众多的消费者,让消费者再一次体会到道家淡泊无欲、超然志远的平和宁静境界。文案中的"意"具有某种非确定性——既能让消费者对它的审美价值有所领悟,又不能完全看透,这就证明它的"意"变成了一种半透明结构,因而这篇文案就创造出了一个高层次的艺术境界即意境。

凡是有意境的作品都表明它创造出了一种艺术美。意境并非只有一种,而是存在着多种不同的形态,如秀婉、崇高、阴柔之美、阳刚之美。文案要想以刚健雄浑之势来震撼消费者,就必须选择那些体积巨大、力量巨大的意象,只有这样才能创造出感人的崇高之美。

(4) 灵活多变。广告语言的灵活多变正是语言适应社会发展及人们认知水平不断提高的客观情况的。它表现在文案写作上就是:

①打乱了词语间正常的搭配和逻辑习惯。如"女性专属手写智能",其正常语序应是"专属女性的智能手写功能",打乱的语序突出了 TCL 手写智能手机专为女性设计的功能,表达同样含义,使用的文字量减少,受众依照已有经验仍然可以理解。

②在需要的时候改变词性。如:声情并茂,即时传递(中国联通 Uni),"声情并茂"的词性由形容词变为名词。

③夸张。如:不要对刚刚从我们这里出来的姑娘使眼色,她很可能是你的奶奶。(美容院)

④使用流行的语言。如:让生活 High 起来,Converse 更酷、更炫。

⑤节奏韵律。在自然界、人类社会和人的思维中出现的一种合规律性的反复,就是节奏。广告文案作为语言组合的形式,自然可以创造出感人的节奏美,如轻缓悠扬、明快急促、张弛有致等节奏。

轻缓悠扬的节奏往往是由于使用了较长句式,调式舒缓,适于表现一种恬静柔美、平和舒展的心绪,如乔治·格里宾为美国旅行者保险公司创作的著名广告文案，文案有效表现出女主人公对丈夫刻骨铭心的爱情与深深的怀念，选用了较长句式，体现出一种舒缓深沉、充溢淡淡哀伤的节奏，这种节奏与主人公心理极为吻合，取得了和谐统一，引起消费者强烈的情感共鸣，获得了好评。

明快急促的节奏则一般由较短的句式构成，多用动词。

（5）差异。不同媒介广告语言具有明显的差异性，差异性是指针对不同媒介和目标受众，广告文案语言的使用存在差异。其表现为：报纸广告多用书面语，广播电视多用口语，网络媒介多用网络流行语，户外广告常用口号式语言。下面，我们从同一产品在不同媒介上的文案表现来领会媒介不同带来的文案的写作差异。

（二）广告文案语言的诉求方式

人的意识有两个层面：情感层面和理性层面。据此，广告文案的诉求方式相应有情感诉求方式、理性诉求方式和情理配合方式三种基本类型。不同的诉求方式对语言的运用提出了不同要求。

1. 广告文案的感性诉求方式

感人心者，莫先乎情。情感诉求广告文案就是诉之于受众的感性认知，以情感表露与阐释为基础，以情感的价值意义或情感的内在需求为诱导，通过表现与企业、产品、服务相关的情绪与情感因素，使受众内心的情感积淀得以唤醒，使其情绪产生应答与共鸣，最终争取受众产生心理上的某种满足和认同，以情绪的支配而付诸行动的广告文案。

随着社会经济的发展，人们在物质生活水平不断提高的同时，对精神生活的需求也越来越强烈，情感诉求式广告恰恰是对人们精神生活的丰富和补充。另外，随着产品的同质化程度愈来愈高，产品的性能、质量和服务差异化程度变得愈来愈不明显，难以形成比较优势。因而品牌的情感诉求势必成为竞争的焦点而受到高度重视。产品（或服务）若想打开消费者的心扉，就必须提出自己的价值主张，让消费者在其中找到满足自己情感需求的归宿。感性诉求的广告文案较多运用于日常生活消费品，如化妆品、日用品、食品、服装、家具及陈列装饰品或时尚性中小商品广告中。因为此类产品与消费者的日常生活息息相关，较有可能使之心动。

（1）感性诉求方式的特点。感性诉求方式是通过表现与企业、产品或服务相关的情绪、情感因素来传达信息，以此对目标受众的情绪、情感带来冲击，唤起目标受众的情感认同，进而产生购买产品或接受服务的欲望和行动。

感性诉求特点主要有三点：
①诉求目标直逼消费者的内心世界。
②富有人情味。

③渲染气氛。

（2）感性诉求的形式。"天若有情天亦老"，情感是人类永恒的话题，也是维系人与人之间关系的基础，用真实的情感去写，能够感动自己的文字，也能感动别人。感性诉求广告文案的选材内容主要包括：

①亲情。亲情的力量是最容易引起更多人共鸣的。美国贝尔公司的一则广告，至今令人记忆犹新：一天傍晚，一对老夫妇正在进餐，这时电话铃声响起，老太太去另一间房接电话，回到餐桌后，老先生问她："是谁来的电话？"老太太回答："是女儿打来的。"老先生又问："有什么事吗？"老太太说："没有。"老先生惊讶地问："没事？几十里地打来电话？"老太太呜咽道："她说她爱我们！"两位老人相对无言，激动不已……这时，旁白道出："用电话传递你的爱吧！"此时，观众的心不禁要被这则广告流露的委婉、清澈的两代深情所触动。再看"孔府家酒"的电视广告文案："千万里，千万里我一定要回到我的家。我的家，永生永世不能忘记。孔府家酒，叫人想家。"这份呼唤让漂泊在外的游子不由地感叹！

②友情。诉诸友情，传达产品或服务是友情的催化剂，是沟通和强化友情的媒介等信息。希望消费者在传达友情的场合，使用和购买该产品，如"麦斯威尔咖啡，好东西和好朋友分享"。很多酒类的创意就是传达友情的方式，如贵州青酒的"喝杯青酒，交个朋友"，将品牌定位于男人间的朋友情义，朋友一生一起走，"好兄弟，讲情意"，"千金易得，知己难求"，可以想象，当朋友久别重逢或相约聚会之际，"喝杯青酒"便已表达了当时心中所有的激动与情感。

③爱情。在人类的情感世界中，爱情无疑是最强烈的一种情感。有人说："爱情是瞬间一闪的亮光。"尽管这句话形容爱情似乎太过短暂，但它暗示了爱情在一瞬间的强大力量。

"百年润发"能打动众多消费者，不仅因为洗发水的品质，更多的是忠贞的爱情和圆满的结局，男主角温柔地为女主角洗柔美秀发。文案这样阐述，"如果说人生的离合是一场戏，那么，百年的缘分则是早有安排"。此中真味，又有多少痴情男女感同身受，恍若其间。本来没有任何生命力的洗发水由此平添了闪亮的灵魂，并为"百年润发"品牌带来生命力。

作为冰激凌中的极品，哈根达斯的消费人群主要是恋爱中的年轻人。他们正处在恋爱中，许多事情讲情调、讲浪漫，事事追求完美，对未来的生活方式处于憧憬状态。哈根达斯广告抓住了恋爱中的女人希望男友把自己捧在手心里，处处表现对她的忠贞心理特点，打出"爱我就给我哈根达斯"的口号，提倡"尽情尽享，尽善尽美"的生活方式，鼓励人们追求有品质的生活享受。在提供冰激凌的同时，十分注重营造一种氛围，使品尝哈根达斯成为一种难忘的爱的体验，这也就是哈根达斯广告中所宣扬的"哈根达斯一刻"。

英国宝诚人寿企业形象广告"诚心诚意,从听开始"篇中,一对恩爱的夫妻执手走过7年风雨,有一晚临睡前,妻子问丈夫:"我们会不会一起死去,就像我们在同一时间结婚?"看着妻子迷蒙的目光,丈夫搂紧着妻子,含着笑深情地说:"你要先去天堂好好等着我,这样,你就不会看到死去的我了……"妻子闻言,搂紧丈夫,哭了!这段绝不亚于经典爱情影片的感人对白,仿佛字字皆流淌着浓浓的爱意,舒缓地浸润着消费者的心坎,原因无他,只因为那忠贞的爱情和浪漫的结局。本无生命力的人寿产品也由此生出鲜活的灵魂,从而为保诚人寿注入了强大的品牌生命力。

赋予品牌某种情感已经成为广告行业人所共知的常识,广告策划人员总是试图用情感来影响消费者的购买决策。然而,纯粹诉诸情感的广告作品失败率极高,约占95%,原因在于每个企业都在打情感牌,产生的效果很快就抵消了,只有富有创意的情感性广告才能打动人心。

④爱国情。一件商品一旦融入国家和民族的情感往往会上升为一种国家精神,甚至它就代表或等同于国家。国内曾经有一家品牌就打出"长城永不倒,国货当自强"的广告语。在当今国外强势品牌携资金、管理、规模等优势长驱直入我国的形势下,这份壮志并未过时,而且有愈加紧迫之感,成为民族品牌做大、做强,雄踞世界市场的"警世钟"。国内的一家碳酸饮料品牌"非常可乐"前些年也曾走过这条路,广告标语"非常可乐,中国人自己的可乐!"就极富煽动性,先不去评价这则广告的优劣和产品的口味,至少,在当年该品牌刚推出时,很多人就是冲着那句广告语而去购买"非常可乐"的。近年推出的金六福酒,也打出这样的广告语"中国人的福酒,金六福!"

国外广告更不乏此类题材。美国的"雪佛莱"就是一例:

进入20世纪90年代,由于受到其他各国的挑战,美国作为一个经济、军事大国的地位受到很大的威胁。这种外压在国内反弹,使美国人越来越关注本国事物。雪佛莱汽车抓住机会,突出一个与汽车性能完全无关却与这种思潮一致的情感广告系列,该广告系列的主题便是爱国主义。雪佛莱除了提供性能产品外,还提供了独特的象征性附加值——雪佛莱代表美国。在一系列的电视、电台广告中,雪佛莱反复强调:"雪佛莱就是美国,美国就是雪佛莱。"在它一个获得CLIO大奖的电视广告中,整整1分钟的时间不停地向观众展示美国的国旗,并以慢镜头描绘美国人民工作、生活的各种感人的场面,不时地插进雪佛莱汽车的图像,从加利福尼亚到纽约,全美30处景致在广告中清晰可辨。雪佛莱汽车广告这种与爱国主义结合的手法迎合了顾客极想重温过去的辉煌历史的心理。雪佛莱汽车广告不提及任何汽车性能,而是用一句简单醒目的标语"美国,美国——

雪佛莱"反复强调伟大的美国、强大的美国,以及勤劳、智慧和勇敢的美国人民。这些情感上的呼吁使很大一批雪佛莱汽车的购买者既买到了一辆汽车,又满足了爱国主义的心愿:为美国而骄傲,为自己是美国人而自豪。

此外,有些广告通过打动消费者的恻隐之心而实现攻心。如德国纳肯海姆葡萄园酒店印了这样一则广告:

在我们缴纳过酒类零售许可税、酒税、娱乐税、增值税、所得税、财产税、基本财产税、营业资本税、营业收益税、工资所得税、工资总额税、教堂税、养犬税和资产收益税后,支付医疗储蓄金、管理机构管理费、残疾人保险金、职员保险金、失业保险金、人身保险金、火灾保险金、事故保险金和赔偿保险金后,并在扣除水电费、煤气费、暖气费,外加音乐演出和作品复制权协会会费等之后,本月我们只剩下这点广告费。因此,我们恳请您经常光顾以扶持本店。

情感诉求广告绝不是赤裸裸地表达情感,而是寓情于境,运用史学艺术手段塑造生动的形象,创造高妙的意境,使其具有强大的心理冲击力。情感诉求方式虽说不是万能的,但广告中融入与产品相和谐、真实的情感的确能够被广大的消费者认同和接受创造更多的可能性。人类的情感是微妙的东西,一曲愁肠抑或满怀豪情,要使他人感同身受,往往要求对方曾经亲历,或者内心也有与之相似的愿望和向往,这样双方才能在情感的交流中产生共鸣。因此,了解当前消费者心里最关心什么,什么容易触动消费者的心弦,结合新闻、事件、引人瞩目的社会动态等"佐料"来为消费者"煲"一锅"情感好汤",相信"上帝"是会笑纳的。

2. 广告文案的理性诉求方式

理性诉求广告文案是诉诸受众的理性认知的文案,它真实、准确地传达企业、产品、服务的信息,说服受众在理智分析、判断后做出接受企业、产品或服务的决定。理性诉求广告的题材内容较多的是高档消费品和服务,如房产、汽车、贵重家电、高新技术产品等,选择此类商品或服务时,受众需要经过仔细了解、比较和思考之后,才能做出理性判断,采取行动。它的基本写作特点是:论据充分、说理明晰,有很强的逻辑性和理性力量。

(1)理性诉求方式的特点。理性诉求方式指的是广告诉求作用于目标受众的认知领域,通过科学、公正、严肃的手段与方法传播企业形象、产品特征与服务特点,引导消费者经过概念、判断、推理、演绎、归纳等理性思维活动,冷静、理智地做出购买或使用决定。

理性诉求方式的特点有说理科学、事实清楚、论证充分、具有较强的逻辑性和说服力。具体可体现在：

①论据充分、说理明晰。奥格威说："以事实所做的广告比过度虚张声势的广告更能助长销售。你告诉消费者的越多，你就销售的越多。"理性诉求广告文案提供的信息应该是具体、详细的事实。一般都有大量信息，可以对诉求重点进行深入解释或为诉求重点提供充足的佐证，包括具体数据、验证结果等，这样可以使消费者较为全面地了解企业、产品或服务，有充足的分析判断依据，也能提高广告的可信度和说服力。

理性诉求广告文案主要以企业、产品和服务具有的内在功能性信息为内容，例如：企业的经营范围、经营理念；产品的性能、功效、适用范围；服务项目、质量等。企业、商品和服务内在的功能性信息直接关系到消费者的利益能否得到保障，是消费者衡量利弊时不能不考虑的因素，也是消费者进行理性分析必须依赖的材料。许多广告标题就能体现产品的内在功能，如奥格威为劳斯莱斯所做的广告，在这则有719个英文字的广告文案中，奥格威从19个方面，用尽可能详细而实在的语言对广告产品的各类信息进行了揭示，精确而生动地描述了产品众多优异的细节，给受众以更多的信息，如他不说"完美的静音装置"，而是说"在时速60英里时，最大闹声来自电子钟。引擎出奇的宁静。三个消音装置把声音的频率从听觉中拔掉"；不说"华贵舒适的真皮座套"，而是说"座位垫面是由8张英国牛皮所制——足够制作128双软皮鞋"，这种具体翔实的说法，客观理性地告诉读者"劳斯莱斯是世界上最好的车子"。

②语言平实，逻辑性强。理性诉求广告文案重在摆事实，讲道理。事实清楚、道理明确对于理性诉求广告文案来说是最重要的。因此，理性诉求广告文案在文字表达上极少运用修辞或煽情手段，而是以平实、朴素、客观、简洁的语言文字描述事实。平实的语言恰恰可以削弱广告给人的推销、夸耀之感，增加广告的可信度。奥格威是这种风格的忠实实践者，曾经提出：不要用最高级形容词、一般化字眼和陈词滥调。要有所指，要实事求是，要热忱、友善，使人难以忘怀，别惹人厌烦。

（2）理性诉求方式的方法。

①阐述事实。当广告的诉求重点在于传达产品的特性、功能或消费者的购买利益时，阐述最重要的事实并做出明确的利益承诺是常用的理性诉求方法。

针对不同的产品及目标受众的特征，在具体的广告中阐述事实可以采用直接陈述、数据佐证、图表示意及形象类比等多种手法增强事实的可信度和说服力。

②解释说明。在传达产品特性时，广告还可以对产品如何具备某种特性做详尽的说明，对产品的功能和效果进行直观的演示，从而加深诉求对象对产品的了解。在具体的广告中可采用解释成因、提出问题、解答疑问、直观示范等方法对

产品加以解释说明。

③进行比较。把本产品或服务与竞争产品作比较,是理性诉求常用的方法。通过比较可以凸显本产品的优势,或者降低比较品牌的偏好等级。

有研究发现,比较广告占美国播放广告的 20% 以上。在我国,比较广告也呈现上升趋势。

④观念说服。当广告旨在向消费者传达消费观念、产品选择观念、企业的理念时,往往采用理性的观念说服。常见的观念说服有两种:正面立论和批驳过时、错误的观念。

一是正面立论。即通过提倡某种与产品或企业密切相关的新观念,引导消费者认同,进而劝服其采取行动。

二是批驳过时、错误的观念。为使消费者更加心悦诚服地接受广告所传达的观念,首先对现有的陈旧或错误观念加以批驳,以衬托或佐证广告所要传达观念的正确性。

3. 广告文案的情理配合诉求方式

情理配合诉求方式是将感性和理性两种诉求方式进行有机地配合表现信息的广告文案写作。既采用理性诉求的方式传达客观的信息,又使用感性诉求的方式引发受众的情感共鸣,将两者的优势结合起来,最大限度地加强广告信息的趣味性和说服力。这类写作的目的,是为了排除感性方式在说理性和实证性上的不足和理性方式在情感性和附加价值体现上的不足而产生的。这种写作能够避开两种方式在单一状态中的不足,而将两者的优势结合起来,最大限度地加强广告信息的趣味性和说服力。具有诉求内容全面、情理并重、亦庄亦谐的写作特点。

(三) 文案语言的修辞方法

所谓修辞,指的是运用各种表现方式,达到使语言表达鲜明、生动、准确的目的。修辞手法从根本上说属于一种艺术的手法,它适合于表现诉诸感官的形象思维的内容,以产生一种艺术美感,使人获得一种艺术享受。正如陈建业在《修辞学》中指出的:"质方之,即研究增美语言字之方法,故又名美辞学。"创作广告文案时运用修辞手法,也正是要通过这种艺术美感来打动受众的心灵,感染受众的情绪,激发受众的激情,最终达到促成商品销售的目的。

广告文案中常用的修辞手法包括:

1. 比喻

古人称比喻为"比"。它把深奥的道理说得浅显易懂,将抽象的事物进行形象的表现,把陌生的概念变成熟悉的事物,将平淡表现为生动。比喻修辞手法在广告文案中的运用,是用与广告内容有类似特点的事物与广告内容进行类比,形象地突出产品的特点。比喻必须具备两个条件:第一,本体和喻体必须是两种性质完全不同的事物；第二，本体和喻体之间必须在某一点上具有相似点。比喻分为明喻、暗喻和借喻三种类型。明喻是本体与喻体同时出现，如皮肤就像剥了皮的煮鸡蛋。暗喻也叫作"隐喻"，是比明喻更进一层的比喻，把本体直接说成喻体，三要素都出现，喻词常用"是"、"成为"、"变成"、"乃"、"为"等。它的典型公式是"甲是乙"，如"酸奶有如初恋的滋味"，酸奶和初恋本质是两种性质完全不同的事物，但两者却有一个共同点：尝过之后都有让人回味无穷的感觉。

2. 比拟

比拟指的是根据想象，把人当作物来写，或把物当作人来写的一种修辞手法。广告所推介的商品往往是没有生命的、静止的事物。要想吸引消费者去购买它们，最好的办法就是让商品诱惑消费者，使消费者能够喜欢上它们。广告文案中运用比拟的修辞手法，可以使理性诉求更加清晰明确，增强说服力；使感性诉求更具生动、亲切、有趣的特点，容易对观众产生诱惑力。比拟有两种类型：将物比成人，将人比成物。把物当人来写，赋予物以人的动作、行为、思维、情感等，称为"拟人"；将人比作物，并使之物性化，即为"拟物"。

3. 对偶

对偶又称为对仗，指的是把数字相等或相近、结构相同或相似的两个句子或词组对称地排列在一起，表现相对或相关意思的一种修辞方法。对偶形式工整，音韵工整，节奏鲜明，最能体现汉语言的特点。广告中运用对偶的修辞手法，往往可以用精练而深刻的语言来提示商品的特性。对偶又分为严对和宽对。严对指我国古代的对联讲究平对仄、红对绿、动词对动词、名词对名词，并且选词不能雷同，语意还要有所相关。宽对只要求字数相等、结构相同、意义相关，而不要求词性相同、平仄相对。广告中常使用的是宽对。对偶又有正对、反对、串对三种方式。正对指对偶的两句子意思相近或相同。如使头发根根柔软，令肌肤寸寸滑嫩（白丽香皂）。反对是指对偶的两句子含义相反，相对立。如古有千里马，今有日产车（日产车）。串对是指两句子之间呈现主次或递进的关系。如召唤东方男性阳刚之气，尽显中国男士不凡气派（杉杉西服）。由于对仗使上下联字数完全相等、词性相同，故显得整齐易记，同时，创造了一种令人愉悦的音乐美。

4. 排比

排比是用三个或三个以上的结构相同或相似、字数大体相等的一组词语、句子或段落，来表达相似、相关意思的修辞方式。它能以情感人、以气慑人、以势推人，使受众在不知不觉之间被感染、被震撼。

广告文案中运用排比修辞句式整齐，语气连贯，气势恢宏，一方面能够全面而又流畅地描述广告所宣传商品的多种性能和特点，另一方面又能以其磅礴的语

势、强烈的情感对消费者造成巨大的视觉和听觉的冲击。

5. 夸张

夸张是运用语言有意地对对象或事物作言过其实的表现,借以强调和突出事物本质特征的修辞手段,有扩大夸张和缩小夸张两种形式。运用夸张手法,对夸张的度要有严格的分寸。

6. 双关

双关指在特定的语言环境中,借助语音或语义的联系,使语句同时关涉两种事物,一种是表面的,一种是暗含的,这种言在此而意在彼的修辞方式就是双关。在文案写作中,主要的双关运用是谐音双关、语义双关、对象双关。谐音双关是利用词语的谐音(音同或音近)所构成的双关,语义双关是利用词语的多义构成的,而对象双关是指一句话(或几句话)涉及两个对象的双关。双关的运用可以使文案含蓄、幽默、风趣、委婉、形象、生动。

双关修辞在广告文案中能够含而不露地收到一箭双雕的效果,一方面幽默、生动,饶有风趣,另一方面含蓄、曲折,令人回味无穷,让广告受众特别在"悟"出双关之意时产生心理愉悦,从而对广告文案传递的信息心存好感,留下深刻的印象。

7. 顶真

顶真指将前句中的最末一词或短语作为后一句开头。顶真使语句结构严密,气势通畅而又条理清晰、层次分明,给人以明快、流畅和格调清新之感。它是出于创造一种快节奏的需要而运用的,前后的重复还可以加强记忆。

8. 反复

反复指为了强调某个意思、突出某种情感而有意识地重复使用某些词语或句子的修辞手法。在广告文案中恰当地使用反复,可以突出企业的名称、商品的品牌和功能特点、承诺等内容,在消费者心目中留下强烈、鲜明而又持久的印象。

反复有连续反复、间隔反复两种表现形式。它可以造就气势、表现感情,使文案形成一种回肠荡气的感觉。连续反复,是指某些句子或词语连续出现的反复。间隔反复,是指让某些句子或词语、段落间隔重复的反复形式。

9. 对比

对比又称对照,是指把不同的事物或事物不同的方面放在一起作比照,以使需要说明的对象和含义更加突出。《中华人民共和国广告法》第十二条规定:"广告不得贬低其他生产经营者和商品服务。"这种修辞的运用稍有不慎,就有贬低别人、抬高自己的嫌疑。因此,如果一定要使用"两体对比",应采用"虚比",而最好不采用实比。

10. 引用

在写作时引用成语、典故、谚语、诗词等来说明问题,形成新的意境,可使文案更生动，更有说服力。古典诗词要在短小的篇幅内表现丰富的内容，其语言必须凝练生动、含蓄隽永，极富形象性和表现力。古典诗词中的许多佳作名句之所以能够流传千古，其相当大的一个原因在于语言的表现力。同样，广告文案也要求在极短的时间或篇幅内，用精练的语言表达丰富的内容。因而，借用古典诗词的语言形式来撰写广告文案，不失为一种好方式。

成语是长期以来形成的意义完整、结构定型的固定短语。它言简意赅、内涵丰富，字字珠玑、语义精辟，具有极其深刻的表现力。成语的活用指的是为了达到某种特定的修辞效果，不按常规用法来使用成语，这是目前在广告的创意活动当中出现的一种现象。

在广告文案中活用成语，是在市场经济商品大潮中出现的一种语言现象，它是适应商品推销之急需而出现的。广告语言属于语言的一种，它具有语言的一般属性；但它作为语言中的特殊一类，又必然具备其他语言形式所没有的独特性。广告语言是为广告服务的，它必须从属于广告的属性，而广告的最大属性就是商业性。在商品社会当中，广告是一种"说服的艺术"，它的最终目的是要吸引消费者的注意，诱惑他们来购买商品，使广告主获得盈利，而这一目的很大程度上是通过广告文案中的语言文字这种艺术形式得到实现的。优美的广告语言可以增强广告的可观性、欣赏性、趣味和幽默性，使消费者不但被说服，并进而采取一定的消费行为。因此，只要是能够准确而有效地传达商品或服务信息，同时让消费者记住商品品牌名称及其特性，并最终促成购买的广告语言，就算是成功的广告语言。

11. 通感

通感就是人们在特定的对象面前各种感觉器官临时打通，是一种特殊的比喻。用在广告中，容易令人产生丰富的联想，对产品、企业留下深刻的印象。

12. 拈连

拈连是把原本用于上下文中前一事物的词语就势巧妙地用于后一事物的修辞方式，也称连物。用拈连方式组合成句的基本特征是：用于拈连的词语一般为动词；构成拈连的词语在上下文中一般先后出现两次，前面一次是常规用法，后一次是变化用法，用于前面时，多是词语的本来意义，用于后面时，是临时的引申意义；构成拈连的两个事物的前一个一般为具体的事物，而后一个则一般为抽象的事物。将拈连的修辞手段用到文案写作上来，能给人以新颖、别开生面的感觉。

13. 回环

广州中国美食城：中国美食在广州，广州美食在"中国"

使一个词语或句子逆向重复。用到文案写作上，就是对广告信息进行有变化的重复，与此同时，使语言产生回环之美，且产生更丰富的意义。

14. 仿拟

仿拟是广告文案中令消费者感到极有兴味的一种修辞方式。它是指创作主体仿照现成的经典诗词、成语、谚语、流行歌曲等语句以巧妙改动，从而创造出一种与原有文词有关的新词句。

年年岁岁雪相似，岁岁年年豹不同（雪豹皮衣）
此时无形胜有形（博士伦隐形眼镜）

15. 反讽

反讽是西方历史最为悠久的修辞概念之一，它来自希腊文，原意指喜剧中一种"佯装无知者"的角色类型，即在对手面前假装糊涂，说话傻里傻气，但最后却总是证明真理还是掌握在他的手上，从而使对手大出洋相的人物。反讽后来获得了"讽刺"、"嘲弄"等新的所指。在文学创作领域，德国浪漫主义文学理论家施莱格尔认为反讽是"认识到一个事实，世界在本质上是诡论式的，一种模棱两可的态度才能抓住世界的矛盾整体性"。英美新批评派则指出，当作家要赋予某个词语以某种含义时，总要借助语境的作用对它进行持续的修正，使词语在语境压力下发生扭曲性的意义变化。

反讽作为语言修辞技巧时，指的是"语境对于一个陈述语的歪曲"，实际上就是一种陈述的实际意义与它的表层意义相矛盾。它有意制造语义之间的矛盾，强化它们的张力，使其避免老套、平铺直叙的表现。在广告文案写作中运用反讽这种新异的表达形式将吸引读者对文案自身及商品服务的注意。

16. 镶嵌

镶嵌是指将广告信息要素如广告主企业名称、品牌名称或与产品有关的语词，以整体或拆散的形式分别嵌入到文案的某些部分，产生趣味。镶嵌有两种类型：一种是整体镶嵌，是将广告信息要素完整地嵌入文案某些部分，需注意的是，并非句中有企业名称、品牌名称的都是镶嵌，只有那些巧妙有趣或一语双关的嵌入成分，才是镶嵌。如：

万事俱备，只欠东风（东风汽车）
六神有主，一家无忧（六神花露水）

镶嵌的另一种类型是分散镶嵌，指的是将特定的广告信息，如企业名称、品牌名称或有关产品的语词，进行巧妙地分拆，拆开了能独立成句，读后又可将镶嵌部分予以还原，如：

惠天下宾客，罗中外名品（上海惠罗公司）
家家获益，事事利民（上海益民百货股份有限公司）

17. 对联

对联又称为"楹联"，是一种由上下两联构成，对仗整齐、音韵和谐的艺术形式。清朝以后，对联广告广为流行，各个行业都有自己的专用对联，成为商业广告的一种宣传形式。相传明太祖朱元璋是第一个撰写广告对联的人，他为一阉猪人家写下一副对联："双手劈开生死路，一刀割断是非根。"此联幽默风趣，形象生动，更为阉猪者作了广告宣传，是一副具有浓郁行业特色的广告对联。明朝著名书法家祝枝山曾为一家生意惨淡的酒馆写下一副对联："东不管西不管，我管酒管；兴也罢衰也罢，请罢喝罢。"这副对联吸引了远近城乡之人，酒店生意日渐兴隆。清朝对联广告以酒楼使用最多，如九江浔阳楼"世间无此酒，天下有名楼"。另一酒楼对联："竹叶杯中，万里溪山闲送绿；杏花村里，一帘风月读飘香。"这副酒联自然穿插了竹叶青酒和酒乡杏花村两个专用词汇，如诗如画，诗中有画，画中有诗，传达了美酒醉人的清雅意境。清朝还有一个秀才为理发店题联"相逢尽是弹冠客，此去应无搔首人"，典故用得恰到好处，该店从此出名。

（四）广告语言的基本语式

语句表示的内容及语气、语调构成语式。广告文案的语式就是广告文案的语言表达方式。文案写作最基础的层面，是提高长文案写作能力的基本功能所在。广告文案语式大致划分为以下五种：陈述式、描述式、说明式、抒情式、议论式。五种语式各有特点，非决然区隔，往往相互杂糅，交互生辉，写作中要注意各种语式的有机结合。

社会心理学告诉我们：人们在接受反复单调的刺激时，容易产生抑制。如果忽视语式组织技巧，不论其传播内容如何，都会直接或间接地削减广告效果。怎样的语式组合是最理想的，语式组合的标准又是什么，目前还难以提供一个规律性答案。这是由于广告文案写作要根据广告内容、媒介载体、劝服对象、广告主的差异以及语言的发展来决定其语式组合的应用方略。这里提供一个参考标准，即广告文案的语式应该能够将语意有机地组织起来，使广告语言产生一种抑扬、张弛、起伏跌宕的节奏感、韵律美或是明晰、简练、诚信的理性之美，从而准确传达信息，引发共鸣，有效沟通。

1. 陈述语式

陈述语式是用陈述句来传递信息，说明事实、提供情况的语式。由于这种语式主要是陈述事实，肯定什么或者否定什么。因此，有条不紊，逻辑性强，一般主语在前，谓语在后，句尾用句号。有的陈述语式表示肯定的语气，如"一切皆有可能"（李宁运动系列）；有的陈述语式表示否定的语气，如"没有不可能"（阿迪达斯）；还有的陈述语式用双重否定的形式表示肯定的语气。目前，广告文案大量采用陈述语式的肯定语气。这是因为从人的信息接受习惯来讲，陈述语式的肯定句式表义最为明确、直接，清晰明了。陈述语式又分为概述和详述。概述是大略地叙述事物状况，简明扼要。详述是详尽细致地说明事物状况。在广告文案写作中，概述与详述都是常用的。

陈述语式的使用还涉及叙述角度问题。不论讲什么样的故事，叙述者都要站在一个特定的语言角度来进行叙述行为，语言角度可以有多种变化，不同的语言角度会产生不同的效果，就像眼睛看事物，在眼睛与事物之间必然形成特殊的角度关系，不同的视角会产生对物体大小、颜色、质地的不同感受。最直观地反映这种关系的是摄影镜头和物体的关系，从不同的距离和角度拍摄同一物体，会呈现不同的样貌。用语言陈述事件，虽然没有那么直观，但道理是一样的。正如一位文学评论家所言："在绝大多数现代叙事作品中，正是叙事视点创造了兴趣、冲突、悬念乃至情节本身。"在陈述语式中，视点问题一直占据重要地位，并且造就了不少优秀广告文案作品。

2. 描述语式

描述语式是用描写性的手法，用具体、生动的语言对事物、概念、细节进行描述的语言表达方式。此种语式重在形象描绘，在广告中不仅要把商品、劳务或企业的基本情况交代清楚，而且要进行形象化的描绘和渲染，给消费者更具体、更生动的印象，使广告富有感染力。描述语式应用广泛，在广播广告文案中尤为常用。广播利用声音传递信息，受众无法直接见到实物，运用描述语式，可以弥补这一不足，有时，利用有声语言描述事物，来引发联想更能够发挥广告的创意灵感。描述语式不同于陈述语式表义直白，它以具体生动取胜，例如，传达"使用某洗面奶之后，皮肤嫩白"这一广告信息，使用不同语式效果截然不同。"某洗面奶具有让肌肤光滑、嫩白的功能"（陈述语式）；"使用某洗面奶，肌肤像剥了壳的煮鸡蛋"（描述语式）；可见，陈述语式重在叙述客观事物的存在状态，较为朴实直白，而描述语式则重在描述客观事物的细节特征，较为生动细致。

3. 说明语式

说明语式是通过解释说明的手法对产品性能特点进行解释。说明语式常用于家电、高科技产品的广告文案中，对产品或服务的形貌、构造、性质、特征、范围、类别、来源、成因、关系、功用等进行说明。它通过揭示概念来说明事物的特征、本质及其规律性，给人准确的科学知识或正确思想。一般可分为实体事物说明和抽象事物说明两大类，项目说明书、产品说明书、广告策划方案、创意说明等一般使用说明语式。说明语式可以运用引用、列数字、分类别、作比较、举例子等说明方法，使说明的内容充实、明了、科学。说明语式的语言务求准确严密，要注意用语的分寸，如经常使用"一般地说"、"通常"、"往往"等词语进行程度的限定。解释说明，解释明白。

4. 论说语式

论说语式是对广告产品、服务对象，提出见解或主张并说明理由，使读者信服的语言表达方式。它的基本特点是明确的说理性，论说语式展开论证是以说服读者为目的的。在广告文案写作中使用论说语式必须要提出一个可靠、新颖的论点。在论点新颖、可靠的前提下寻找确凿可信的论据进行论证。论说语式具有很强的说服性，务求论点新颖、论证严谨且论据充分。

5. 抒情语式

抒情语式是运用饱含情感的语言抒发情感，触动读者内心情感体验、烘托出一种令人向往的特殊情调的语言表达方式。抒情包括直抒胸臆和间接抒情两种。直抒胸臆是直接表达自身情感，感情浓烈；间接抒情往往借助事件、人物、情境等进行，较为含蓄，富于意蕴。抒情语式常用感叹词，结构比较松散，词语组合比较自由，跳跃性比较大。

第三章　广告撰写人与创意

一、广告撰写人的主体地位

（一）广告文案人员是广告文案的撰写者

广告文案写作是一种实践活动。其策划者、直接启动者和实际操纵者都是广告文案人员，因此，广告文案人员是广告文案的撰写者。作为撰写者，广告文案人员要占据主体位置、发挥主体作用。对于整个广告文案写作活动而言，他是主角；对于广告文案写作过程而言，他是主导；对于广告文案的宣传效果和广告影响，他是主要责任人。广告文案人员首先是一个工作岗位，有明确的岗位职责，然后才是一个具体的笔者。谁在这个岗位上，都必须要承担起岗位职责。

（二）广告撰写人决定着写作活动的成败

先看来自台湾广告界的两则广告文案杰作，广告客户是东芝电器。

其一：

标题：真实一瞬间

正文：

在玛丽莲·梦露快要晕倒的一刹那，他伸手接住她。

当芭比的盛宴出现最后一道甜点时，她的舌尖尝到鲜奶油融化的香草气味。

眼见德古拉伯爵逐渐逼近的阴冷尖牙，他不自觉地摸着脖子。

看到丰村悦司和山口智子接吻，她的呼吸被夺走了。

什么是真实？

是无法掌握的现实结构。

而什么比真实还真实？

是梦想所构建的真实，是 TOSHIBA DVD 影音世界构筑出的瞬间感官耽美，欲望与潜意识的梦幻天堂。

第三章 广告撰写人与创意

其二:

标题:高科技拜物

正文:

他在东京新宿三目银雾塑钢材质的新一代数码相机,解析度1204*684,一次可拍128张。

他因为银灰色塑钢材质的立体切线,买了一次可剪12音轨的电子编曲机SE-QUENCER。

他为他纯白色人造聚酯的PLAY STAION添购了同色系的六度空间滑鼠、超微态方向盘、360度动态模拟摇杆。

他总是着迷于科技产品的超现实线条,质感所构成的低限美学。

于是,他最近又迷上了有着雾金与黑色相间、完全黄金比例切割、超低限极简主义的TOSHIBA DVD。

能够看出这两则文案出自两位广告文案人员的手笔。如果它们出自一人的话,我们更要惊叹撰写者自身素养在写作活动中的决定性作用了。

美国广告之父威廉·伯恩巴克曾经对自己手下的广告文案人员说:"你必须要爱你为之做广告的商品,否则你怎么可能让消费者也爱上它呢?""如果你不愿意向自己的家人、朋友骄傲地介绍自己要广告的商品的话,那你就不可能写出好的广告文案来。"

国外广告界有明文规定,明星要想做某品牌的代言人,必须要亲自尝试并坚持使用该品牌的商品,直到签约期满。广告文案人员也一样,你必须对自己要广告的商品有切实和深刻的亲身体验,并因这份体验而乐于去做它的推销员。只有这样才有望写出优秀的广告文案。

广告文案写作虽然是一种职业行为,作为撰写者的广告文案人员却要全身心地投入到其中。也许你从广告策划部门或从AE手中接到的只是一个广告主题或商品的概念,但是要启动并进入写作过程,就必须从感情到理性,从时间到精力全面投入,不仅要调动起自己的所有积累,还要通过调查研究认真学习,做足功课。广告不是艺术,但广告使用的表现手段和表达方式却是艺术的。艺术的生命来自于真切的生活体验。

丰富的生活积累和充足的知识储备固然重要,但决定写作成败的关键还是在于写作:主体自身的智力因素和非智力因素。很多写作不好的年轻人总是抱怨自己缺乏足够的生活经历,好像不给他几十年的时间或不让他去读万卷书行万里路,就没有办法从事写作工作,这是一个误解。社会生活是写作活动的客体,写作人员才是写作活动的主体。对于一个善于思考和学习、有足够敏锐和细腻的感知能力的写作人员来说，他每天都过着充实富足的生活，无时无刻不在从生活中汲取营养。

再看前述两则案例，其中写到的一切，从取材角度看，都是"人人心中有，各个口中（笔下）无"的东西。看到别人写出来，我们心领神会；可让我们自己动手写，就一筹莫展。这种现象在写作活动中最为常见。

罗丹说过："生活中从不缺少美，而是缺少发现美的眼睛。"广告文案人员从不缺少生活，而是缺少对生活的真切体验，或缺少体验生活的能力和习惯。《圣经》记载，当耶和华答应满足所罗门王提出的一切要求之后，所罗门王只提出了唯一的一个要求："请赐给我一颗敏于感受的心。"敏感是人类最宝贵的品质、最重要的美德。

写作学中所谓的笔力包括两个方面的含义：一是有力度，能鞭辟入里、切中肯綮，又能深入浅出、纵横捭阖；二是有速度，能一触即发、随意挥洒。"斗酒诗百篇"的李白，不仅写诗文思如涌泉，写公务文书也是一流高手，史称有"倚马可待"之才。这样的"有速度"是写作能力的明证。

（三）提高广告撰写人修养是关键

提高广告文案写作水平的根本途径，就是加强撰写人的素质。素质通常是指一个人通过综合的精神状态和行为方式所表现的修养。一般来说，广告撰写人的修养应该包括思想素养、审美素养、生活修养、知识素养四个方面。

1. 思想素养

人们常说"文如其人"、"品格出自人格"、"作文先要做人"等，以此说明撰写者的思想品格是文章的本源。要写好文章，首要的任务在于强根固本，努力提高思想品德修养。

古人特别注重品德的修养和人格的完善。《易·乾·文言》中说："君子进德修业，忠信所以进德也，修辞其诚，所以居业也。"这里把道德情操同言论表达结合了起来，指明品德高尚的人，说出的话真诚自然，发自肺腑，包含情感，有实实在在的内容。明代宋濂在《文说赠王生黼》一文中做了一个比喻，"不修生而修辞，不养生而弄声"，就好像是打着瓦罐而要求合乎声律，拿着芦秆想吹出名曲一样，是绝对不行的。

要写好文章，先要解决思想问题。思想的核心部分是世界观和方法论。它们支配着人们内在的精神心态和外在的行为发生。人的观点、意志、信仰、情操、道德、品格、理想、情感等，受其作为思想核心的世界观和方法论的决定和制约；人的言论、风范、仪态、习惯、作风、行为等，也同样受其决定和制约。广告是一种面向公众的传播活动，广告文案写作人员固然要对广告主负责，但也需要对社会和公众负责。广告不是炒作,更不是恶意的炒作,广告是一种有责任的社会传播,吸引眼球不应该是广告活动的唯一目的。

写作是一种思想的表达和交流,是一种精神文化的创造活动,自始至终受着撰写者思想素养的支配和制约。古代诗论家论诗时认为,诗境出自胸境,有第一流胸境才会有第一流高格诗。叶燮说:"诗之基,人之胸襟是也。有胸境,然后能载性情、智慧、聪明,才辨以出,随境发生,随生即盛。"古人讲的所谓"胸境"或"胸襟",就是我们现在说的思想素养。诚然,改革开放几十年来,广告背负了一些不好的骂名,有些名人甚至说出"广告就是吹牛"这样的观点。我们认为,广告不是吹牛,广告是一种对各有关方面均能负神圣责任的社会传播行为。

2. 审美素养

审美素养,是人所具备的审美经验、审美情趣、审美能力、审美理想等各种因素的总和。审美素养既体现为对美的接收和欣赏的能力,又转化为对审美文化的鉴别能力和审美文化的创造能力。

写作是一种精神文化的创造行为,它比起衣、食、住、行等物质文化的创造,更多体现出"按照美的规律"创造出的特点和成分。这就使得从事写作的人除了需要具备一定的生活素养、知识素养、思想素养外,还必须具备一定的审美素养。没有一定的审美素养,就不能观赏和把握对象,也就写不出美的广告文案和美的文章来。

英国哲学家休谟说,提高和改善对各种艺术形式的敏感,"最好的办法莫过于在一门特定的艺术领域里不断训练,不断观察和鉴赏一种特定类型的美。"各种艺术都是由人创造的美,都是集中、典型、具象化了的美。欣赏和接受人间艺术文化,必然会陶冶性灵,育化情操,提高整体的审美素养。中国台湾地区文案天后李欣频曾经这样对学写广告文案的人说:"读诗,并试着去写诗,锻炼文字的精准感觉。读哲学,思考事物背后的东西。看电影,做文案先跳到脑子里的不是文字,而是画面。听音乐,它是强大的能量库。"

3. 生活修养

生活是写作的源泉。综观人类一切写作文化,从本源意义上看,无不来源于社会生活。人的情感、精神、观念等主体意识都是客观的社会生活在人脑中的反映。刘勰在《文心雕龙·时序》中深刻地指出:"文变染乎世情,兴废系于时序。"这两句话的意思是,社会时代与人情世态的流变必然引起文章的流变。文章发展、演变的原动力在于社会生活的需要。文章的兴衰起落决定于社会时代的经济基础以及人情世态。广告文案写作亦如是。

每个人都处在一定的生活中,但生活阅历的程度和范围却因人而异。人们常把写作的基础总结为"读万卷书,行万里路"。读书,是积累间接知识的途径;阅历,则是积累生活感受的途径。正如王夫之所言:"身之所历,目之所见,是铁门限儿。"只有亲身经历,才能有自身的感受和认识。经历越广,感受和认识越深。唐彪在《读书作文谱》中也说:"天下事未经历者,必不如曾经经历者之能稍知其理。经历一周者,必不如经历四五周者之能详悉其理也。经历四五周者,又不如终身练习其事者之熟知其理而能圆通不滞也。"

深入生活不只意味着在生活中存在,重要的是真正进入生活角色。做生活的有心人,细心地认识生活、体验生活。任何人的活动范围和时间都是有限的,条件和精力亦有限。想什么都去经历、都体会的广告方案是不可能的。文学作家谈写作经验时常说,"熟悉什么,就写什么"。对于广告文案人员则应该翻过来讲:"要写什么,就去熟悉什么。"不能设想一个对产品、企业、行业一无所知的人,会为某一产品写出好的广告文案来。

4. 知识素养

知识素养是指撰写者所具有的系统性、专业性知识的素质和修养。广告专业是一种通才教育,而写作又是一种智能劳动,必然需要多方面的知识储备。丰厚的知识是写作任何类型的文章所必备的基础条件。世界上的知识可以说是无穷无尽。我们在收集知识的时候,应该围绕自己的专业、写作中心、特长和爱好,抓住中心的、关键性的重要知识。唐代韩愈在《进学解》中说:"万山磅礴,必有主峰,龙衮九章,但挈一领。"著名作家秦牧说:"知识好像浩如烟海,但只要'提纲挈领',抓住了那个纲,就可以'纲举目张',让我们理解它的梗概。譬如天上的星辰,看起来令人眼花缭乱,但是天文学家把那些肉眼可见的星辰分成几十个星座,就使它们'各归各位'了。而认识了一些最重要的星座之后,也就可以根据星辰来辨认方向和时序了。许多许多的学问都是这样。"广告专业属于传播学科,传播知识就是广告专业的根本和基础。

在吸收知识的过程中还要具有自主地梳理、分析、消化的功能。如果把人的大脑看成知识的大口袋,机械地储存、记忆,不加分析地生吞活剥,那么知识不但不能为人所用,反而会变为人的负担。清代袁枚在《随园诗话》中说:"盖破其卷取其神,非囫囵用其糟粕也。蚕食桑,而所吐者丝,非桑也;蜂采花,而所酿者蜜,非花也。读书如吃饭,善吃者长精神,不善吃者生痰瘤。"

袁枚还说:"熊掌豹胎,食之至珍贵也,生吞活剥,不如一蔬一笋矣。"这说明,对各种知识都应当通过自己的胃口去过滤、消化。特别是新知识、新概念,一定要理解、分析、消化。一味地机械吸收,生搬硬套,生吞活剥,只能走向反面,弄巧成拙,使文章写得文理不通。对于广告文案写作人员来说,知识不是用来炫耀的。懂得越多,就越不能为知识所累,就越要不断超越自己,努力到达更广阔的知识世界。

如果把写作能力比作"叶",那么撰写人素养就是"根"了,根深才能叶茂。写作活动中起主导作用的是广告撰写人,加强撰写人修养,无疑是提高其写作能力的根本。离开了撰写人,或者说由于撰写人修养欠缺,客观外物就无法被准确、深刻地认识和反映,写作活动以及文案水平也都会受到相应的影响。所以,加强撰写人修养,是提高广告文案撰写人写作能力的前提与基础。

二、广告撰写人的知识结构

(一) 知识和知识结构

知识结构,是人们为了达到一定的目的,在对知识进行选择性学习过程中按一定的组合方式和比例关系所构建的由各种相关知识组成的,具有开放、动态、通用和多层次特点的知识体系。

合理的知识结构,不仅包括对已有知识的合理归纳分类,还包括对知识及时快速地更新,只有随着社会的发展不断更新知识,才能满足现代工作生活的需要,才是有效的知识结构。形成合理的知识结构是为人多方面发展服务的,不管是日常生活,还是工作创新,都需要合理的知识结构作依托。

合理的知识结构就像金字塔,分为不同层次,且每个层次的知识不同,但联合起来共同组成合理的知识结构。合理的知识结构主要分为三个层次:

第一层次是专业知识层次,主要指从事不同职业的工作人员,要具有合乎其所从事的职业特点的知识,如广告人员就必须要具有与广告有关的营销学和传播学的知识,而广告撰写人则还需要有文学和写作学的知识。

第二层次是相关知识层次。除了具有专业知识外,与专业知识相关的各方面的知识,对于从业人员来说也是很重要的。广泛的相关知识不仅能帮助从业人员从各方面更好地分析问题、解决问题,还有助于其专业知识得到有效运用。

第三层次是基础知识层次。所谓基础知识,是指从业人员必须拥有的知识体系,主要包括文、史、哲等各方面的基础知识。良好的基础知识体系可以开阔人们的视野,帮助人们形成良好的世界观、人生观、价值观。

(二) 广告撰写人的知识结构

对于广告撰写人来说,合理的知识结构应该是全面的、多层次的、成体系的。在广告撰写人的知识结构中,上层是有关写作学和广告学的专业知识,中间层是以传播学和市场营销学为主,由心理学、社会学、语言学、文学学、艺术学、商品学等构成的相关知识,底层则是有关文、史、哲、管理学及法学等方面的基础知识。

1. 专业知识

广告撰写人应该掌握的专业知识主要有广告调查、广告策划、广告创意、广告文案写作、广告设计与制作、媒介投放、效果检测与评估、广告经营与管理、公共关系学等方面的知识。

在上述各科知识中,广告策划和广告创意最为重要,因为按照我国《广告法》的界定,广告就是以广告策划为代表、以广告创意为核心的活动。在这两者之间,广告策划偏向传播学和市场营销学,广告创意偏向文学和艺术。特别需要指出的是,广告调查是广告策划和广告创意的前提与基础,也是广告学专业知识中最重要的科目之一。广告调查偏向于社会学及心理学。

媒介投放、效果检测与评估、广告文案写作、广告设计与制作都是操作色彩比较强的学科。媒介投放、效果检测与评估从属于广告策划,广告文案写作、广告设计与制作从属于广告创意。

广告文案写作知识一般包括广告创意策略、广告表现原理与技巧、不同媒介广告文案的写法、不同类型广告的写法、不同要素广告文案的写法以及广告文案测试、广告撰写人应具有的知识能力结构及非智力因素等内容。

广告文案写作在动笔之前要清楚文案的创作策略、广告主题、商品和企业的情况、目标消费者和广告受众的情况、传播媒介的情况以及广告战略战术等方面的问题,而这些问题是在广告策划过程中解决的。

广告文案写作的主要任务,是完成针对广告主题和目标受众的艺术构思,运用语言符号及表达技巧,配合美工人员,完成广告作品。广告文案通常只是广告作品中涉及语言文字的那一部分,不是广告作品的全部。广告撰写人只有对广告策划有深刻的认识和了解,在与创意人员的共同努力下进行广告文案的写作活动。

由于广告文案常常和画面、音响等一起组合成广告作品,并经过特定的媒体发布,所以,撰写广告文案时不仅要以广告策划为主线,还要注意广告作品所采取的媒介策略,以及广告作品所应呈现的效果。为此,一个优秀的广告撰写人应该了解不同媒体广告的制作方法和制作过程,不仅包括四大传统广告媒介(报纸、期刊、广播、电视),还有现在正在蓬勃发展的网络媒介,以及其他广告媒介如户外广告媒介、售点广告媒介等。只有详细了解不同广告媒介的特点,采用与之相应的文案表现方式,才能使广告达到最好的效果。

作为一种面向大众社会的信息传播活动,广告不可能为所欲为,而是在某种程度上受到各方力量的控制。政府主要通过法律、法规对其进行管理,广告作品在发布前也需要经过广告代理公司和广告主的双重审定,此后媒体广告部门也会进行审查,有的还需要经过有关行政部门的审查。违反广告法律规定的广告不得设计、制作和发布,否则将会受到处罚。文案是构成广告作品的主要部分,因此也是重要审查对象。作为广告文案撰写人员,必须懂得广告的法律和法规,其中主要包括《中华人民共和国广告法》、《广告管理条例》和《广告管理条例实施细则》等。

广告的目的，是说服受众采取广告主所期望的行为，而这种说服是从广告作品的总体效果产生的，因此，广告文案可谓是重要说服工具。因此，广告撰写人必须研究广告受众心理，对于一些商业广告来说也就是消费者心理，其中主要包括广告的认知心理、影响广告的说服因素及环境因素对广告效果的影响等。

2. 相关知识

广告业属于第三产业的服务行业，面向各行各业提供信息传播服务，因此具有一定的开放性。就我国广告经营现状看，在没有形成像发达国家那样"一个行业一个代理"或"一个公司一个代理"的局面前，谁也不会想到自己所供职的广告公司的下一个客户将来自哪个行业，因此，广告文案写作过程中会涉及方方面面的知识，广告撰写人只有不断加强自身知识修养，才能在竞争激烈的广告市场中赢得一席之地。

除了本专业知识之外，广告文案写作人员特别要注意与本专业相关知识的学习，其中主要是营销学及传播学的知识。

广告是商品促销的手段之一，无论促销活动是采取直接还是间接的方式，其主题都与商品销售有关联。所谓直接的方式就是对商品进行直接的描述、介绍，包括商品的成分、产地、原材料、生产工艺、性能、使用方法、价格、销售渠道、促销策略、售后服务等。李奥·贝纳曾说过："只要你找到了商品真正吸引人的地方，并集中力量来表现它，你就可以创作出好的广告来。"这就要求广告人对产品策略、价格策略、渠道策略、促销策略有所了解，而这四者正是市场营销学的四大主要内容。

市场是企业之间角力的战场，强有力的抢滩与攻防、清晰具体的市场细分与市场割据，是竞争企业之间的必争之地。广告撰写人除了要熟知产品策略、价格策略、渠道策略、促销策略外，还要对媒介、消费者和竞争对手尽力关注，对市场深入研究。了解媒介是为了做出选择合适的载体并针对该载体特点设计能充分体现媒介优势的广告文案；了解消费者，是为了掌握目标受众心理和行为特征，更快捷、准确地发现目标市场和消费需求，从而有针对地创作出被目标群体认可并能劝服其采取广告主所期望之行为的广告文案；了解竞争对手，是为了避其锋芒，另辟蹊径，确立属于自己的独家优势，撰写出其不意、特色鲜明的广告文案。这些共同构成了广告撰写人关于广告市场的知识。

总之，商业广告的最终目的是为了促进销售，它是为企业实现营销目标服务的。广告撰写人创作的每一个字、每一句话，传达的每一层意思，采取的每一种诉求方式，都要有助于商品的销售。约翰·E. 肯尼迪曾提出"广告是纸上推销术",那么广告撰写人也就相当于一名推销员。就如乔治·葛里宾所说:"我们是把组合的文字放在一起以说服别人购买商品的人,因此在同一时间我们从事两种工作:既做撰文员,又做推销员。"因此,广告撰写人就必须学习关于市场及市场营销的知识。

以上是就广告的目标而言的。但是,如果就广告本身来看,那它就是一种信息传播行为。因此,在我国教育部颁布的本科专业目录中,广告学归属于传播学。而且,由于广告是面向大众广而告之,所以准确来说,广告学归属于大众传播学。

大众传播学,以大众传播现象和大众传播行为为研究对象。大众传播学主要从传播主体(传播者)、传播客体(传播信息)、传播载体(传播媒介)、传播对象(社会大众)四个方面研究大众传播现象。广告是一种大众传播现象,但更是一种大众传播行为,所以大众传播学也会为广告学提供理论基础。大众传播学是理论,广告学则是对理论的应用,因此,广告学比大众传播学具有更浓厚的应用色彩。

好的广告撰写人必须通过自己独到的领悟能力,努力了解商品的深层价值、市场前景和广告诉求对象及媒介接触行为,以期运用最有效的技巧和手段将商品的最优面展现给受众,满足诉求对象的消费需求,激发其消费动机,促成其消费行为,从而实现广告的营销目标。

市场营销学属于管理学,传播学属于文学。文学和管理学分别是两个门类学科,两者之间是并列关系。这样广告学相当于一女嫁了二夫,这是一个很奇特的现象。也正因如此,广告学较为难学,或者说较难学好。

市场营销学和传播学是广告撰写人知识结构中最重要的两门课程。除此之外,围绕这两个学科还有若干相关学科,如社会学、心理学、语言学、文学学、艺术学、商品学、法学、公共关系学、写作学等,限于篇幅,对此不再一一介绍。

3. 基础知识

广告撰写人应具备的基础知识主要是人文科学知识和社会科学知识,主要有文学知识、史学知识、哲学知识、管理学知识和法学知识等。从知识体系看,这些知识都具有基础性和必备性,其所属学科都是门类学科。

(1)文学知识。广告文案写作与文学写作虽然不同,但文学写作中的一些手法和技巧不仅能丰富文案内容,还可加强文案表现力。广告撰写人可以借鉴文学作品的不同表现形式进行创作,也可以联系文学作品中的人物、情节、语言来构思和撰写文案。诸多广告文案甚至直接引用经典故事和诗句进行创作,其主要目的就是依托经典的知名度,引起人们的兴趣和关注,从而使其有效传播。

(2) 史学知识。唐太宗说："以铜为镜，可以整衣冠；以史为镜，可以知兴替；以人为镜，可以明得失。"学习历史不仅能够丰富人们的文化内涵，还可以开阔人们的眼界。许多伟大的国家领导人都有阅读历史书籍的习惯，广大群众也对历史故事情有独钟。文案写作过程是进行创造性思考的过程，在这一过程中，浩瀚的历史资料可以说是广告文案知识结构中不可缺少的重要部分。

(3) 哲学知识。哲学观即关于世界观与方法论的知识和理论体系，是人对世界的认知和表达。不同民族和国度都有不同的哲学观点，这些观点渗透在人们的日常生活中，影响着人们的思想和行为。广告文案需要发掘其目标受众所共有或共通的哲学观点，以这些观点为依托，创作出在某种程度上能对人们的心理和行为可以产生价值观和世界观等高层面影响的广告，从而有力实现广告目的。比如，西方大部分人都是宗教人士，西方广告也就多有宗教内容，其所宣称的价值观和世界观，与作为广告对象的宗教信众必须高度共通。当然，宗教与哲学不同，但就其作为价值观和世界观的集中体现而言，二者之间是高度相关的。因此，广告撰写人必须了解和学习丰富的哲学知识。

(4) 管理学知识。各行各业都需要管理学知识，广告业也不例外。所谓管理，是指组织中的管理者通过实施计划、组织、人员配备、领导、控制等职能来协调他人的活动，是他人同自己一起实现既定目标的活动过程。管理学是适应现代社会化大生产的需要产生的，它的目的是研究在现有的条件下，如何通过合理的组织和配置人、财、物等因素，提高生产力水平，因此，管理学是系统研究管理活动的基本规律和一般方法的科学。广告撰写人需要掌握广告行业的管理知识，也需要了解自己所服务的广告主即企业的管理知识，以便更好地为其提供广告服务。

(5) 法学知识。法学（又称法律学或法律科学）是研究法、法的现象以及与法相关问题的专门学问，是关于法律问题的知识和理论体系，是社会科学的一门重要学科。法学还要研究各种"法的现象"，如立法、司法、守法、法律监督；法的起源、发展、移植、继承、现代化；法律秩序、利益、正义；法律观念、思想、制度、事实、规律等。法和法的现象不是孤立的，它的存在和发展同其他事物特别是经济、政治、文化等社会现象有着密切的联系，研究这些相关问题可以更好地解决法学的主要问题。法学以价值论为核心内容，法学最大的特点是要论证实践中如何体现价值（或者说怎么证实价值已经实现），这一论证形成了所有的法学部门分支。法学价值是否实现或者怎么实现的论证，是经验性的、可验证的，因而是科学的。在价值推导方面，法律也要公理理论。广告撰写人需要用法学知识来保护自己和自己的作品，并在合法原则下向广告主奉献自己的作品和服务。

以上是广告撰写人应该具备的知识结构。

三、广告撰写人的能力结构

对于广告撰写人来说,仅仅具备一定的知识结构还不能够成为优秀的广告人,因为知识需要理解和记忆,进而得以应用。知识要得到应用,还需要具备相应的多方面的能力,从而在实现已有知识有效利用的同时,又能获得新的知识和技能。这个不断循环变化的过程,会促使广告撰写人的知识和能力结构得到共同发展。

能力结构的英文对译是"Ability Structures"。从汉语来看,《辞海》关于能力的解释为:掌握和运用知识技能所需的个性心理特征。一般分为一般能力与特殊能力两类,前者指大多数活动共同需要的能力,如观察力、记忆力、思维力、想象力、注意力等;后者指完成某项活动所需的能力,如绘画能力、音乐能力、文字表达能力等。

不同的职业对从业人员的能力会有不同的要求。针对广告的专业特点,广告撰写人应该具备的能力主要包括观察能力、感受能力、思维能力、想象能力这四个与表达能力直接相关的基本方面。

(一)撰写人的观察能力

1. 观察的含义与作用

观察,是撰写人凭借自己的眼睛、耳朵和其他身体感官对客观事物进行有计划的、目的性很强的自觉认知过程,它是一种有意识的行为,因而又被称为"思维的知觉"。观察是撰写者必须掌握的一种最基本的能力。它是搜集写作材料的重要途径,也能提高撰写人的写作素养,激发写作动机和灵感。鲁迅在《给董永舒》的信中说:"此后如要创作,第一须观察。"

以短篇小说闻名的莫泊桑在初学写作时,拜福楼拜为师,福楼拜在看完他的习作之后,让他把这些习作都烧掉,然后走上街去,从最基本的社会观察方面入手,去认真刻画100个不同人物的面貌,要求用一个形容词写出他们各自的特点。福楼拜以这样极端的方式训练莫泊桑,可见在他心目中观察能力对写作的意义至关重要。广告撰写人同样需要锻炼提高自己的观察能力。他的主要观察对象是消费者及其消费行为、媒介接触行为以及生活态度、生活方式、生活习惯等,牵涉广泛。

对这个世界保持好奇,是观察的动力。李奥·贝纳曾经说过:"如果你并不拥有十足的创造力,丰富的想象力,对万事万物也没有太多的好奇和疑问,那么,我劝你最好离广告这行远一点。"他还说:"在物色创意人选时,那些对生命近乎天真般好奇的人,总会让我产生高度兴趣。"

2. 观察能力的构成要素

撰写人的观察能力，具体表现在注意力、鉴别力和联想力三个方面。

（1）注意力。注意力是心理活动对一定事物的指向和集中的能力。要撰写广告文案，就要做生活的有心人，时时处处调动自己的注意力，用自己的视觉、听觉、嗅觉、味觉以及内心审视，去观察了解商品、商品使用者、媒介、媒介接触者的本来面目，力求常有发现、多有发现。如果在观察时，心不在焉，注意力不集中，对有用的材料视而不见，听而不闻，就会失去摄取具有写作价值的材料的机会。注意力是培养撰写者观察能力的坚实基础。

（2）鉴别力。观察主体在集中注意力的同时，还要善于从比较中鉴别"同中之异"或"异中之同"，发挥对客体的鉴别能力，以求观察准确。黑格尔在《小逻辑》中说："假如一个人能见出显而易见之异，譬如说能区别一支笔与一匹骆驼，我们不会说这个人有了不起的聪明……我们所要求的，是要能看出异中之同，或同中之异。"印象派画家莫奈曾经面对同一垛稻草，根据早晨、阳光下、月色中等不同时间的观察，画出了同一题材的15幅不同色彩的画，这表明他的观察鉴别能力不同凡响。鉴别能力强，才能在别人司空见惯的东西上发现出不同的美来。

（3）联想力。联想，是由一事物到另一事物联系思考的心理过程，它建立在事物之间的沟通点，即相近、相似、相关、相应、相反或者在某一点上有相通处之上。观察中，要极力展开联想，让众多表象在大脑中形成完整印象，为写作提供丰富材料。

3. 不断提升观察能力的方式

观察对象是生活着的人，抑或人的生活状态。或去市场、家庭、街头巷尾走访，或邀约访谈、座谈等，都是进行观察的方式和途径。留心细节、见微知著，要处处留心、时时留心，始终保持心眼张开，坚持写作观察笔记，撰写者的观察能力必当不断提升。

有的人长于观察细节，有的人长于观察大局，这是观察者的特点。而观察能力，则是指在综合平衡原则下由表及里、由小见大、由此及彼的能力。

在观察过程中，对于观察对象主要有三种处理方式：其一，鸟瞰式。即居高临下地观察对象的总体概貌，把握大局和全体。其二，窝尝式。即将观察对象分解为各个局部，逐个观察，着眼细节，把握深度和妙处。其三，聚焦法。即仔细观察事物某一突出的具有代表性的特征，并从中透视事物全部，也称以点代面观察法，透过个性把握共性，透过个体把握全体，透过偶然把握规律。

（二）撰写人的感受能力

1. 感受的含义

感受，是指撰写人对客观事物的刺激产生相应的感觉、知觉所呈现的富有情感和个性的心理活动，即通过感觉知道外界事物的个别属性，再进一步了解、综合，形成事物的整体形象。它分为三个阶段，即感觉、知觉、表象。感受不同于观察。观察侧重于客观方面，着眼于捕捉客体的具体形貌；感受侧重于主观方面，着眼于主体的情感活动。感受总是在观察的基础上进行的。感受在写作中起的作用是：激发写作的热情，捕捉写作的契机，积累写作的材料。所以，著名文学家巴金在《文学生活五十年》一书中说："我在生活中的感受，使我成为作家。"

对于广告文案写作人员来说，能始终和目标消费者站在一起，感同身受，才有可能写出"人人心中有，个个口中无"的富于感染力的广告文案。

2. 感受能力的培养

培养感受能力，不仅是培养撰写者由外向内的摄取能力，而且也须培养其内在心理的加工能力。除了积极参加社会实践外，撰写者还应在以下三个方面努力：

（1）培养敏锐的感知能力。感知是感觉和知觉的合称，是构成人类认识过程的初级阶段。要提高感知能力，必须训练五官的灵敏度。撰写者要有"蜗牛般的眼观四方的目力，狗一般的嗅觉，田鼠般的耳朵"。要放开五官，集中精力，敏锐地感知事物，不失时机地追踪与摄取具有价值的信息，训练洞悉事物的敏感力。

（2）扩展丰富的情感趣味。丰富的情感体验是让传播文本变得丰富而生动的土壤，一切面向大众的写作莫不如此。司马迁说："屈平之作《离骚》，盖自怨生也。"贝多芬创作《热情奏鸣曲》时，他正与特丽丝热恋。对描写对象无态度、对笔下人物无情感的写作是不存在的。为此，撰写者要对自己的生活进行多元化的情感体验，要深入到各式各样的人物的内心世界去，观察、体验他们的心理、情感及其独特的表现和细微的变化，以此丰富自己的情感生活经验。

（3）追求独特的体悟能力。感受具有浓厚的主观色彩，这是因为任何感受都是一种心理活动。每个人的生活经验、知识积累、兴趣爱好、心境情绪各有差异，因而产生不同的感受。撰写者要善于运用求异思维，在司空见惯的事物中体悟出新的意蕴。世界著名体育品牌耐克的老板据传是一个其貌不扬却意志坚定、比较内向却并不沉闷的一个人，因此在一个相当长的历史时期，耐克的广告总是以"积极面对苦难"和"一个人的运动"为主题，这和它的对手阿迪达斯所倡导的总是"一群人在快乐并无所不能地运动"构成鲜明区别。可以说，耐克的老板对生活有独到的体悟，广告公司对这位老板也有独到的体悟，广告公司能将老板的想法具体化为广告，同样也需要这种体悟能力。

3. 感受的种类

（1）从感受器官来看，分为视觉感受、听觉感受、嗅觉感受、味觉感觉、触觉感觉等。这些感受往往在认识和把握对象世界中彼此交叉、融合,甚至替代,形成综合感受,以多角度、多层次,全面而形象地感知和表现世界。

(2) 从感受的方式来看,分为直接感受和间接感受。直接感受,就是撰写者到社会生活中去,动用听、嗅、味、触等感受,体察、验证生活。间接感受,是指非亲身体验,而借助于阅读与耳闻,从而成为了解众多信息的一种感受。这两种方式都是同等重要的。

(三) 撰写者的思维能力

1. 思维的含义与类型

思维,是人的大脑对客观事物的一种间接的、概括的、能动的反映。它以感觉、知觉、表象为基础,以语言为工具,通过由此及彼、由表及里的分析、综合、概括等形式,揭示事物的本质和规律。思维贯穿于整个写作过程,从选材炼意到谋篇布局,从表现方法到语言选择以及行文修改等。人的思维形式主要有三种基本类型:抽象思维(也称逻辑思维)、形象思维与灵感思维。

(1) 抽象思维。是舍弃了具体的感性形象,运用概念、判断、推理,以及分析与综合、归纳与演绎等基本方法的一种思维方式。它是评论性、实用性文章写作主要使用的思维形式。在广告文案写作过程中,收集、分析、整理材料等环节主要是抽象思维能力在起作用,它能帮助广告撰写人理解和准确地把握广告主题。

(2) 形象思维。这是自始至终不舍弃感性形象的一种思维形式。它以表象为工具,通过联想、再现、想象来组成形象、画面的思维活动。它是广告文案过程中创意、表现等环节主要使用的思维形式。运思和行文的过程离不开撰写者的形象思维。

(3) 灵感思维。这是指人们在科学或文艺创作中,突然出现的、瞬间即逝的顿悟、理解、豁然开朗的一种思维形式。广告文案写作过程中也需要这种思维,它可以使撰写者迅速获得精巧的构思、动人的情节、美妙的语句等。由于以上三类思维形式在广告文案写作实践中相互联系、相互交叉,所以应当综合起来加以运用。

2. 创造性思维的培养

创造性思维,是指能突破已有的思维定式与方法,在揭示事物本质的基础上向人们提供异于他人、优于他人的新的思路、方法、认识和成果的思维。它是抽象思维、形象思维、灵感思维三种基本思维形式的有机综合,具有敏捷性、概括性、新颖性、深刻性等特性。写作是思维活动过程,因此,撰写人应当精于思、善于思、敏于思。创造性思维能力的培养,可以着眼于以下两个方面:

(1) 辐射扩散。辐射扩散,是撰写者以一个信息为圆心向四周进行发散性思考的思维活动。这种思维活动的流程不是单向性、单线性的,而是多向性、多线性的,又称多向思维、求异思维、发散思维,思维轨迹呈空间辐射状。它没有一定的方向和范围,不囿于传统和陈规,强调思维主体主动寻找多种答案,强调思维的灵活和知识的迁移,以求得与众不同的思维结果。

(2)辐辏聚合。辐辏聚合,是撰写人从若干个不同的信息源上开始,由外向内地向一个中心集中的思考活动。即思维主体把从不同渠道得到的各种信息聚合起来,重新加以组织,像车辐集中于车毂一样,故又称辐合思维、集中思维,也称求同思维,其思维轨迹呈辐辏状。

(四)撰写者的想象能力

1. 想象的含义

想象,是人对自己头脑中的已有的记忆表象进行加工改造而创造新形象的心理过程。想象是人类创造活动最重要的心理机制之一,任何创造(包括物质生产活动中的创造和精神生产活动中的创造)都离不开想象。黑格尔曾明确地指出,"想象是创造性的"。想象的基本特征是生动新颖的形象性。

2. 想象的种类

根据想象的方式和形成的过程来看,想象可以分为再造想象、创造想象和幻想三类。

(1)再造想象。依据语言、文字、图形、符号或别人对某一事物的描述,在头脑中唤起相应的新形象的心理过程,称为再造想象。不管是文学创作,还是包括广告文案写作在内的应用文体的写作,都离不开再造想象。再造想象常用的方式有接近想象、相似想象、原型想象、推测想象等。

(2)创造想象。创造想象是不以现成资料的描述和图片的显示为依据,而是依据自己头脑中原有的记忆表象,进行加工改造,分解、综合,从而独立创造新形象的过程。其常用方式有具象想象、情化想象、层进想象、变态想象、合成想象等。

(3)幻想。幻想,是指预期未来的特殊现象,较之创造想象,它离现实较远,幻想出来的东西不论怎样清晰鲜明,也不能马上付诸实施,而创造想象出的东西可以很快付诸实施。幻想在广告文案写作中能产生绚丽多姿的、带神话色彩的广告文案,能产生令人神往的、带科幻色彩的广告文案。

3. 想象能力的培养

(1)以丰富的生活为基础。一个人的想象能力之强弱,与其脑中所贮存的记忆表象的数量和质量有密切关系。其头脑中贮存的表象丰富、深刻,其想象力就开阔、透彻。可以说,想象是扩大了的或重新加以组合了的记忆,是人的感官所能得到的材料和记忆所保存的材料的创造性的重新组合。因此,撰写者要提高想象能力，应以深厚的生活积累为基础，力求在自己记忆里储存更多的信息，以供想象选择、组合、排列，以期获得新的形象。

（2）以高度的理性为指导。从根本上讲，想象作为人的一种特殊思维活动，本身就包括理性的成分，而这理性的成分在想象中又起着支配和指导作用。因为，想象首先要对原有表象进行分解，然后进行选择、取舍，这就离不开迅速、灵活，正确地辨析、比较、判断。至于表象的重新组合则更需要高度的理性，即综合与创造能力。

（3）以强烈的激情为动力。撰写人在深厚的生活积累中储存起来的表象只有在激情的触发下才能鲜活起来。可见，强烈的激情是撰写者想象的动力，它犹如热能，可以让想象中的事物按照情感的需要变成各种形态，能使想象中的事物成为情化物。在激情驱使下，撰写人常常会忘却自己的存在，或将虚幻的想象境界视为真实的存在，或将自己幻化成想象境界中的某人、某物。总之，要想获得想象力，撰写者就要有饱满的激情，来重视情感积累，加强自己的"情绪记忆"。

四、广告撰写人的创意表达

广告文案写作的每一个环节都离不开创意思维。同时，整个广告运作流程也始终离不开创意思维。我国的《广告法》中规定，广告是以策划为代表，以创意为核心的活动。在广告公司，广告文案人员的工作岗位也大多设在创意部门，一般都是在创意总监的指导下开展工作，因此，广告文案创意有其特定的内涵和外延。创意是广告文案写作的核心。

（一）创意和广告文案创意

对于20世纪80年代的中国广告界，"创意"还是一个鲜有提及的概念。到了90年代，它成了挂在每一个广告人嘴边的口头禅。而且，在广告学之外，它也同样是个时髦名词，经常见诸于思维学、心理学、营销学、公共关系学等各类书籍。但这并不意味着"创意"是一个清晰严谨的概念，中外广告界对于创意概念的界定一直存在着分歧。

1. 创意和广告创意的概念

从字面上来理解，创意就是创造新的想法，也就是出好点子、好主意，它是一种创造性的思维活动。创意并不是仅在广告理论与实践活动中才存在的概念，可以说，在社会活动的各个领域都存在着创意。

（1）西方创意概念的产生。19世纪末20世纪初的意大利社会学家巴瑞多在《人与社会》一书中把人主要分为两种类型：一种是出租者类型（Renter），一种是投机者类型（Speculator）。出租者类型的人作风保守、不愿冒险，凡事做法老套、墨守成规、缺乏想象力；而投机者类型的人反对因循守旧，喜欢冒险，勇于

广告文案一本通

创新。这一类型的人有胆有识,不肯安于现状,乐于对政治、经济、科学、艺术等各个方面的社会活动不断进行重新组合。将旧元素重新组合而产生新元素的方法,巴瑞多认为是一种"创意"。这种把"组合之道"称为创意的理论,被后人称为巴瑞多理论。

美国著名广告人詹姆斯·韦伯·扬也曾经明确提出:"创意是把原来的许多旧要素作新的组合。进行新的组合的能力,实际上大部分是在于了解、把握旧要素之间相互竞争关系的本领。"这样的说法像是把创意主要理解成了联想。

也有人认为,创意属于一种灵感思维,是意识与潜意识相互转化的过程。创意的产生是在紧张思考、努力探索的基础上,由有关事物的触发而突然闪现出的一种顿悟。创意是高度紧张思维后,注意力转移的结果,是经过长期思考后偶然得之的意念。

概言之,关于创意的含义,有两种观点:一种认为创意就是艺术构思过程,是设计愿景、安排情节的过程,强调的是以写实化的意境和形象来表达某种观念、思想;另一种认为创意是创新过程,是提出与众不同的活动方案、拟定出奇制胜的措施的思维过程,主要强调新颖问题,创意的结论往往是某种点子、主意。应该说,这两种观点都有其科学性。其实,创意既有构思的成分,又有创新的色彩,是创新与构思的结合体。

在现代社会,创意已深入到社会生产生活的各个领域。文艺创作要求有创意,科学研究要求有创意,企业经营也要求有创意。据研究,创意一词是港台学者从英语"Idea"和"Creative"中演化而来的,创意作为一个新造词,在我国的使用率已经很高,现在,人们对它的理解,已经不太拘泥于"想法"、"点子"这些表面层次上的意义。在众多场合人们表述与创造有关联的事物时,都爱用"创意"这个词。

(2)"Idea"和"Creation"。

英文中先被翻译成"创意"的词是"Idea",主要依据是汤·狄龙《产生创意的方法》。1995年以后又有了"Creation",并很快替代了"Idea",成为主流提法。"Creation"之所以能成为主流,是因为国外广告公司有CD一职,所谓CD即Creative Director,译为"创意总监"。

"Idea"和"Creation"两者之间的区别是巨大的,也是关键的,它直接导致了"创意"一词在理解和运用中的混乱。

"Idea"在其与广告创意相关的词义方向上,可被翻译为"计策"、"点子"、"计划"、"主意"、"念头"等。还有一个译项为"Way of Thinking",可以翻译为"思维方式"、"想法"。若是理解为"思路"或"构思",就已经有些牵强了,因为"思路"和"构思"的意思应该是"Train of Thought"。

"Creation"在英文中的意思是"赋予形象"、"创造生命",如上帝创造世界就是一种标准的"Creation",艺术构思也是一种标准的"Creation"。"Creation"较"Idea"多了"创造的(天才的)、形象的、艺术的"意思。"Creation"可以理解为富于创造性的艺术构思,并框定在艺术表现的范围内;"Idea"却不可以,更不能局限在艺术表现范围内。

(3)广义的广告创意和狭义的广告创意。

"Idea"与"Creation"之别,就是所谓广义广告创意和狭义广告创意之别。广义广告创意以Idea为内涵,泛指广告活动中一切创造性的思维活动;狭义广告创意以Creation为内涵,是就具体广告作品而言的艺术构思。

广告创意之广、狭两义的划分,是苗杰于1994年在中国人民大学出版的《现代广告学》一书中最早提出的。他总结广告学界在创意理论上的分歧时指出:狭义的广告创意是"单纯指广告艺术创作,主要是艺术构思";广义的广告创意是"指广告中涉及创造性领域的所有问题"。他只是没有将其明确为Idea与Creation之别,也没有作为他自己的主张。他的主张是弄清楚这个概念,如果弄不清楚就不如放弃它。

本书支持彻底的狭义广告创意说,将狭义广告创意即Creation明确划归广告表现,彻底区别于广告策划。广告策划(准确是指广告主题策划)产生广告主题,广告创意(狭义)表现广告主题,此提法有利于建立起清晰分明的广告理论体系,也符合"Creation""赋予形象、创造生命"的本义。

持此主张的,有马谋超、周晓虹、陈湛云、傅根清、瞿国忠、丁长有、梁中正等人,可证之以其各自写下的广告学著作。河北《公关世界》杂志将"广告创意"和"点子"分设为两个专栏以示区别,态度十分明朗。台湾广告学者樊志育在他出版的《最新实用广告》等多部著作中,很少使用创意的概念,唯有在《广告制作》一书中,才对其加以深入探讨,且极其明确地将其纳入广告创作和广告表现范畴,因此也是狭义广告创意说的支持者。

2. 广告文案创意的概念

广告文案创意的概念要从它在各种相关创意概念的对比中去理解,这样会更容易说清楚,也利于理解得深入。

在整个营销活动中,创意无所不在。最根本的创意应该是产品创意。科技人员通过技术发明与创造,设计出一种市场上足称新颖的产品,这就是产品创意。没有产品创意在先,就不会有接下来的生产和销售产品的企业营销行为,因此我们说,产品创意是营销活动中最根本的创意。

在营销活动中第二位的创意是销售渠道的创意,也可以简称为渠道创意。著名的安利公司所采取的渠道不管是叫直销,还是叫传销,在刚一开始采用的时候，肯定属于渠道创意。为产品找到销路，这是企业在生产行为之外最重要的活动，因此渠道创意在营销活动中也是很重要的创意行为。

确定了销售渠道之后，就要开展促销活动。促销需要更多的创意：人员促销活动需要创意，营业推广活动需要创意，公共关系活动也需要创意，广告活动自然更需要创意。这是广义的广告创意。

广告创意首先指的是广告策划活动中的创意思维，也就是广告英语中常说的"Big Idea"，中国广告人俗称的"金点子"，这是关于广告活动的全面运筹和整体策划过程中的创意，主要表现为广告战略和广告战术上的创意。

由于广告费用的绝大部分都是媒介租金，所以广告策划也主要表现为媒介投放计划和媒介组合策划，这是广告策划中的媒介创意。2005年，国家教育部本科专业目录中新闻学与传播学一级学科下面增设了媒介创意专业，这里的媒介创意，并不只是关于广告媒介投放和媒介组合运用的创意，像"超女"一样的真人秀作为一种节目形式的创意，应该是媒介创意的主要内容。

关于广告主题的产生，不应该是天才人物拍脑门灵机一动决定的过程。广告主题应该是深入调研、科学策划的结果，因此本书认为广告主题的确定是广告主题策划，却不是广告主题创意。

狭义的广告创意指的是围绕已经确定的广告主题而产生的艺术构思，这是标准的艺术创造活动，所以要使用创意的概念，不能使用策划的概念。如何表现主题，这是"Creation"，不再是"Idea"，需要在二者之间做出区分。

广告文案只是广告艺术表现的一部分，广告文案创意也只是广告创意中的一部分，它属于狭义的广告创意范畴，但外延上小于狭义的广告创意概念外延。

3. 广告文案创意的特征

广告文案创意有的时候表现为"灵感"、"顿悟"过程，但是，"灵感"、"顿悟"并不是广告创意的全部。根据创意融创新与艺术构思于一体的特性，对于广告文案创意的特征，应作如下理解：

（1）广告文案创意的前提：科学的调查与分析。广告创意当然需要"顿悟"，但不仅仅是"灵感"的产物。不熟悉市场情况、社会文化、品牌形象特性、公众心理需求的人，是不可能创作出有市场影响力的广告文案和宣传意境的。即便能创意，在这种缺少根据的创意指导下，撰写的广告作品容易违反市场、违反文化、背离商品特点和企业的品牌特性。对于广告文案人员而言，应该掌握各方面的信息，如市场自然条件信息、营销促销信息、竞争信息、商品信息、公众需求信息、公众文化信息、公众经济信息、顾客消费模式、企业内部生产和管理信息、政策法律信息以及涉外商务信息、社会变迁信息等。

（2）广告文案创意的核心：广告主题。广告文案创意是表现广告主题的构思和意念。所以,创意一定是以广告主题为核心的,不能随意偏离或转移广告主题,广告主题是广告创意的起点与基础。只有主题明确才能创造出引人入胜、新颖别致的广告。如果广告创意偏离广告主题,即使有一定的表现力,仍然不能称之为一则好的广告文案。

（3）广告文案创意的表现：与众不同。广告文案创意必须体现出与众不同及别出心裁的新视角、新理念。只有别具一格的广告才能引人注意,唤起受众的欲望,引发购买行为。没有特色、没有亮点的广告不会有任何感染力,也不会产生良好的广告效果。广告文案的活力和魅力在于创意,强调以新颖的主题、新颖的形式、新颖的手法,创造出有意境、有风格的广告文案,争取公众的关注和理解,形成较大的市场影响力。

（4）广告文案创意的关键：符合受众心理。广告文案创作中有所谓的 AIDA 公式。AIDA 是英文"注意"（Attention）、"兴趣"（Interest）、"欲望"（Desire）和"行动"（Action）四个单词第一个字母的简写,其基本内容就是说,广告宣传应该根据公众的心理变化过程,依次施加影响：第一步是引起受众对宣传商品的注意；第二步是培养受众对商品的兴趣与好感；第三步是引导受众产生购买商品的欲望；第四步是诱发受众购买商品的消费行为。这个公式说明,广告的宣传过程与接受过程,实质上就是广告主施加心理影响和受众接受心理影响的过程,只有具有心理震撼力和感染力的广告宣传活动,才能触动受众心理,产生引起注意—提起兴趣—培养好感—激发欲望—引发行动—加深印象的心理功效。如果广告创意平淡无奇,或者脱离受众心理需求,广告作品和宣传活动缺乏心理震撼力,则不可能有强劲的宣传功效。

当然,强调广告创意要富有震撼力和感染力,并不是追求"奇",追求"怪"。创意的新奇要以受众心理为依据,以受众心理需求为准则。过分新奇、荒诞的创意,虽然能给观众强烈刺激,一时引起公众高度注意,但是并不能有效地对受众兴趣心理、记忆心理、欲望心理和消费决策心理产生积极影响,甚至还会给受众留下不良印象。我们强调的创意,并不是脱离受众心理和文化背景的新奇,新奇要合情合理,符合我国国情,符合我国受众接受心理。

（5）广告创意的成果：形成美好意境。广告文案创意成果与文学创意成果具有一定的相似性,即以构筑意境为目标。不同的是文学创意强调通过意境表达某种思想、观念,而广告创意则通过意境来展示商品信息和品牌特性。白沙广告"鹤舞白沙,我心飞翔",在远天、青山、平湖、绿野之间,白鹤点水,振翅飞远,人手扮鹤,心随鹤翔,并伴之一句浑厚的男音："这一刻,我已经飞了起来!"此番意境美打动了诸多受众,让受众再一次体会到道家淡泊无欲、超然志远的平和宁静的境界。

一篇好文案不应只是空洞、乏味的文字与数字的组合，而是要在完成文案的基本功能（介绍产品、引起兴趣、促使行动）之上，尽可能给人以美的感受。意境是指一切艺术作品所表现出来的情趣和境界，是客观实体与主观情感彼此结合的产物，借由想象力的推动而产生的美感，即为意境美。

　　我们知道，广告主题是无形的、观念性的东西，必须借助某一有形的东西才能表达出来。任何艺术活动必须具备两方面的要素：一是客观事物本身，是艺术表现的对象；二是用以表现客观事物的形象，它是艺术表现的手段。而将这两者有机地联系在一起的构思活动，就是创意。在艺术表现过程中，形象的选择是很重要的，因为它是传递客观事物信息的符号。

　　所谓形象，一方面必须要比较确切地反映被表现事物的本质特征，另一方面又必须能为受众理解和接受。同时形象的新颖性也很重要。在广告创意活动中，创作者也要力图寻找适当的艺术形象来表达广告主题意念，如果艺术形象选择不成功，就无法通过意念的传达去刺激、感染和说服消费者。

　　符合广告创作者思想的可用以表现商品和劳务特征的客观形象，在其未用作特定表现形式时称其为表象。表象一般应当是广告受众比较熟悉，而且最好是现实生活中被普遍定义的，能激起某种共同联想的客观形象。在人们头脑中形成的表象，经过创作者的感受、情感体验和理解作用，渗透进主观情感、情绪，经过一定的联想、夸大、浓缩、扭曲和变形，便转化为意象。

　　表象一旦转化为意象便具有了特定的含义和主观色彩，意象对客观事物及创作者意念的反映程度是不同的，其所能引发的受众的感觉也会有差别。用意象反映客观事物的格调和程度即为意境，也就是意象所能达到的境界。意境是衡量艺术作品质量的重要指标。

　　文学是通过创意，让读者、观众、听众产生具体的联想，来感染影响人的。广告亦然，只有通过创意，彰显具体、形象、生动、美好的意境，受众才会接受影响，并按照意境暗示，产生美好体验，进而对宣传的商品形成好感。

　　现代受众在购物过程中，不仅期望购买到物美价廉的商品，而且还期望"购买"到愉快的心情。与此相联系，受众在接受广告宣传过程中，不仅希望从广告宣传作品中获得充足的商品信息，而且还希望从中得到美的艺术享受。因此，广告创意构思过程中，不仅要准确、清晰地表现商品的特性，满足顾客在商品信息方面的需要，而且要营造美好的意境，满足顾客的欣赏需要。

　　（二）创意是形象化思维

　　1. 广告创意的实质是形象化

　　广告策划产生广告主题，广告创意表现广告主题，因此，广告创意的实质就是将广告主题做形象化处理，使之易于被受众接受和喜爱。

这一点,也表现在语言运用上。语言可以直接表述广告主题,如"山水音响,直流放大,功率增强",也可以婉转地表述广告主题,如"像妈妈的手一样柔软的××婴儿鞋"。拿后一个例子中讲,柔软是策划人员为婴儿鞋确定的广告主题,直接道出柔软二字,策划人员就可以做到,无须创意人员的介入。用一双妈妈的手托起婴儿的小脚丫的画面表现柔软这个主题并使用了"像妈妈的手一样柔软"的广告语后,创意的魔力才随之出现。

因此,日本广告学者关于广告语言素有"第一次语言"和"第二次语言"之说。一个乞丐在寒冷的街头乞食,胸前挂了一块牌子,上面写着"我是一个盲人",这句话就是"第一次语言"。这样的语言缺少的是形象化和感染力。一个穷诗人走过来,有心无钱,就提笔在牌子上加写了一行字:"春天要来了,我却看不到它。"这句话就是第二次语言。某白酒品牌曾经使用过这样的广告语:"酒气冲天,飞鸟闻香化凤;糟粕落地,游鱼得味成龙。"这就是典型的"第二次语言",充满了形象化和感染力。

美国新闻出版行业有所谓"一张图片顶得上万语千言",就因为图片使用的画面语言更形象,也更有感染力。当今时代也被称为"读图时代",广告作品中,视觉画面的作用越来越凸显出来,因此,广告创意越来越追求形象化这样的实质性内涵。只有这样,才能有效区分广告主题策划与广告创意,明确各自范围,各司其职,各展所长,为广告效果的提升贡献力量。

2. 广告文案创意的思维方式是形象思维

什么叫形象思维?简单地说,形象思维是依靠形象材料的意识领会得到理解的思维。从信息加工角度看,可理解为创作主体运用表象、直感、想象等形式,对研究对象的有关形象信息,以及贮存大脑里的形象信息进行加工(分析、比较、整合、转化等),从形象上认识和把握研究对象的本质和规律。

像抽象思维一样,形象思维也能完成思维的全过程,得出思维成果。不过,与抽象思维相比,形象思维具有以下基本特点:

(1)始终不脱离感性形式。形象性是形象思维最基本的特点。形象思维所反映的对象是事物的形象,思维形式是意象、直感、想象等形象性观念,其表达的工具和手段是能为感官所感知的图形、图像、图式和形象性的符号。形象思维的形象性使它具有生动性、直观性和整体性的优点。

(2)体现为非线性逻辑。形象思维不像抽象(逻辑)思维那样,对信息的加工一步一步地、首尾相接地、线性地进行,而是可以调用许多形象性材料,合在一起形成新的形象,或由一个形象跳跃到另一个形象。它对信息的加工过程不是系列加工,而是平行加工,是多面性的或立体性的。它可以使思维主体迅速从整体上把握住问题。形象思维是或然性或似真性的思维,思维的结果有待于逻辑的证明或实践的检验。

（3）重在轮廓的把握。形象思维对问题的反映是粗线条的反映，对问题的把握是大体上的把握，对问题的分析是定性的或半定量的。所以，形象思维通常用于问题的定性分析。抽象思维可以给出精确的数量关系，在实际的思维活动中，往往需要将抽象思维与形象思维巧妙结合，协同使用，相得益彰。

（4）想象发挥着巨大作用。想象是思维主体运用已有的形象形成新形象的过程。形象思维并不满足于对已有形象的再现，更致力于追求对已有形象的加工，而获得新形象产品的产生。所以，形象性使形象思维具有创造性的优点。这也说明了一个道理：富有创造力的人通常都具有极强的想象力。

（5）浓烈的感情色彩。在形象思维过程中，思维主体始终伴随着强烈的情感活动，这种活动又是被理性活动制约着的。没有情感就不能构成形象的思维，而没有理性，广告作品就会成为对观众毫无意义的材料堆砌。形象思维中的理性活动表现在，最初的思维材料是曾经被理性检验过的东西，而进入形象思维后，又有思维主体对生活事实的集中概括，最后的思维成果仍然具有理性认识的特点。面对丰富无比的现实生活的各种现象，创意人员在不脱离具体感性材料的情况下进行形象思维的同时，要有对商品、消费者以及社会生活观察、体验、研究的理性思维，然后才能进入具体的创作过程，而且在创作中也不能离开理性的思维。形象思维中的情感活动，是思维主体以情感体验的形式，把思想感情渗透进各类表现对象当中，追求形象的生动性和真实性。正是由于创意人员在形象思维的过程中始终伴随着感情活动，并把自己强烈的爱憎感情灌注于商品之中，所以，广告作品才能够感染人、激动人，唤起受众的感情，产生购买的欲望。

3. 灵感现象

创造性思维多起始于人的大脑中产生的灵感，创新是人类想象力的产物，灵感是创新的起点和原始，灵感还是创新的核心和灵魂。20世纪世界上最伟大的科学家爱因斯坦曾经说过："想象力比知识更重要，因为知识是有限的，而想象概括着世界上的一切，推动着进步，并且是知识进化的源泉。严格地说，想象力是科学研究中的实在元素。"当代世界最伟大的科学家霍金说："推动科学前进的是个人的灵感。"美国创意顾问集团主席汤姆森说："灵感成了最具决定性的创造力量。"

（1）灵感及其特征。灵感（Inspiration），是人们思维过程中认识飞跃的心理现象。指的是一个人在对某一问题长期孜孜以求、冥思苦想之后，通过某一诱导物的启发，一种新的思路突然生成，一种新的想法瞬间涌现，所达成的豁然开朗的思维境界。简言之，灵感就是人们大脑中突然产生的新想法。任何一个正常人都可能出现灵感，只是时间早晚、速度快慢、水平高低不同而已，并无性质的差别。

灵感具有以下特点：

①灵感的产生具有随机性、偶然性，通常是可遇不可求的，至今人们还没有找到随意控制灵感产生的办法。

②灵感以抽象思维和形象思维为基础，是创造性思维的结果，是新颖的，甚至是独特的。

③灵感具有情绪性。灵感降临时，人的心情是紧张的，高度兴奋，甚至陷入迷狂的境地。

④灵感产生是世界上最公平的现象，任何能正常思维的人都可能随时产生各种各样的灵感。无论是天才还是凡人，无论是平民还是权贵，无论是知识渊博的学者还是目不识丁的文盲都会产生灵感。

⑤产生灵感几乎不需要投入经济成本，而灵感本身却可能是有价值的。

⑥灵感具有稍纵即逝的特点，如不能及时抓住随机产生的灵感，它可能永不再来。

（2）如何引发灵感。引发灵感最基本的方法，就是会用脑、多用脑，也就是遵循引发灵感的客观规律科学的用脑。

凡是善于引发灵感，能够形成创造性认识的人，都很会用脑。一般人以为显而易见的现象，他们却能产生疑问；一般人用习惯的方法解决问题，他们却有独创。他们的特点是喜欢独立思考，遇事多问几个"为什么"，多提出几个"怎么办"，因此，要引发灵感就不能迷信、不能盲从、不能只用习惯的方法去认识问题、解决问题，而是要从事实出发，从需要出发，去思考问题，去寻找新的方法、新的答案、新的结论。

要促进灵感的产生，必须多用脑，因为人的认识能力是在用脑的过程中得到锻炼从而不断提高的。所谓多用脑，不是指不休息的连续用脑，而是要把人脑的创新潜能充分地发挥出来。爱因斯坦对为他写传记的作家塞利希说："我没有什么特别才能，不过喜欢寻根刨底地追求问题罢了。"

广告文案创意需要灵感，但是这灵感也来自于多用脑和会用脑。这里面没有天赋异禀，只有个人的不懈努力。

具体说来，引发灵感时常用的方法有：

①观察分析。在进行广告文案创意过程中，自始至终都离不开观察分析。观察不是一般地观看，而是有目的、有计划、有步骤、有选择地去观看和考察所要了解的事物。通过深入观察，可以从平常现象中发现不平常，可以从表面上貌似无关的事物中发现相似点。在观察的同时必须进行分析，只有在观察的基础上进行分析，才能引发灵感，形成创造性思维。

②启发联想。旧与新或已知与未知的连接是产生新认识、新想法的关键。因此，要创新，需要联想，从联想中受到启发，引发灵感，形成创造性认识。

③激情推动。积极的激情能够调动全身心的巨大潜力去创造性地解决问题。在激情冲动的情况下，可以增强注意力、丰富想象力、提高记忆力、加深理解力，从而使人产生强烈的、不可遏制的创造冲动。激情冲动，可以引发灵感。

④问题激发。创造性思维的逻辑起点是问题。在实际写作过程中，迫切解决问题的需要会促使广告文案人员去积极思考问题，废寝忘食地去解决。在写作实践中，问题的存在是激发灵感的诱因之一。

上述几种方法，是相互联系、相互影响的。在激发灵感的过程中，不应只用一种方法，有时是以一种方法为主，其他方法交叉运用的。

总之，灵感是一种综合性突发的心理现象，是形象思维与抽象思维及其他各种心理因素协同活动的结果。

4. 如何提高创意能力

现代科学表明：人的大脑可分为左右两个半球，左半球主管语言、逻辑数字的运算加工，而右半球则主管音乐、美术、空间的知觉辨认。从思维角度看，即人的左脑主管抽象思维，右脑主管形象思维。人的思维活动往往是通过左、右脑机能的"谐振"来完成的。教育的根本目的，在于最大限度地开发大脑的功能、培养能力。这里所说的大脑的功能既包括左脑的功能，也包括右脑的功能；这里所说的能力既包括抽象思维能力，也包括形象思维能力。相对而言，我们对形象思维能力的培养，重视得不够。这不但使学生的思维结构得不到完善，同时因为抽象思维缺乏形象的有力支持，也在一定程度上影响了抽象思维能力的培养。有效地提高创意能力应着手以下三方面：

（1）增加感性材料贮备。根据马克思主义认识论，人的思维（即理性认识）是建立在感性认识的基础上的，抽象思维是如此，形象思维也是如此。作为形象思维所借助的生动性的形象的东西，并不是人的头脑中凭空臆造出来的，它根源于现实。离开了感性认识，形象思维便成为无源之水，无本之木。因此，应当重视积攒丰富感性材料，感性材料贮备多多益善，以便用形象说话，用生动的比喻和类比，使抽象的广告主题形象化。

（2）强化想象力训练。想象是人类大脑对已储存的表象进行加工改造所形成的新形象，主要借助于综合、夸张、拟人化、典型化等方式而实现的，要有意识地进行强化训练。所谓综合，就是把各个生活领域和生活现象的不同方面和特征组合在一起，这不是按照事物的特征和方面之间固有的相互联系进行的，而是从已有的表象中分析出必要的元素，按照新的构思重新加以结合；所谓夸张，就是改变客观事物的正常特点，对某些特点加以夸大和强调；所谓拟人化，就是把人类的特性、特点加在外界事物上，使之人格化的过程；所谓典型化，就是根据一类事物的共同特征创造新形象的过程。总之，想象活动是以大量的联想为前提，加工改造旧有表象，又使联想脱离了惯常的进程的活动，一定要通过经常性的训练，才能提高这种能力。

（3）重视定性研究。形象思维是对问题整体、概略和方向性的把握，重视对问题的定性分析有助于形象思维能力的培养。因此，原则上广告策划与广告创意二者密不可分、互为促进，不能把形象思维和抽象思维对立起来，也不能把广告策划工作和广告创意工作对立起来。广告策划人员与广告创意人员的紧密联系与顺畅沟通是很重要的事情。

（三）广告文案创意产生的方法与过程

1. 广告文案创意产生的方法

在广告创意过程中，不仅要求创意人员具有较强的创造性思维能力，而且还要求熟练掌握广告创意的方法。在广告公司，广告创意经常来自于"头脑风暴"的方法。

（1）什么是头脑风暴法。头脑风暴法也称为"智力激励法"或"动脑会议"，它是一种集体创意方法，最初发轫于小组讨论。这种方法是借助团体的力量，采用会议的方法，制定严密的操作程序，并通过集思广益的方式进行创意，它广泛运用于需要想象力解决问题的领域。头脑风暴法是由美国创造学家奥斯本发明的创意技法，是广告创意最常用的思考方法之一，广告文案人员必须要参加创意会议，并学会运用头脑风暴法。

头脑风暴法的核心是高度的自由联想。这种技法一般是通过一种特殊的小型会议，使与会者毫无顾忌地提出各种想法，彼此激励，相互诱发，引起联想，导致创造设想的连锁反应，产生众多的创造性设想。

（2）头脑风暴法的实施要点。头脑风暴法的具体实施要点如下：

①召集会议，与会人数以5~12人为宜，人数多则不宜与会者充分发表意见。

②会议设1名主持人，1~2名记录员。主持人在会议开始时简要说明会议目的、要解决的问题或目标，宣布会议遵守的原则和注意事项，鼓励与会者发言并鼓励一切新构想，注意保持会议主题方向，发言简明，气氛活跃。记录员的职责是记准会议中提出的所有方案、设想（包括平庸、荒唐、古怪的设想），不要遗漏。会后协助主持人分类整理各种设想。

③会议一般不超1小时，最佳为半小时左右。时间过长，大脑容易疲劳。

④会议地点应选择安静而不受外界干扰的场所，切断电话，谢绝会客。

⑤会议要提前几天发通知，告诉与会者会议主题，使其事先有所准备。

（3）头脑风暴法的实施原则。在头脑风暴法的实施过程中，最重要的原则首先是"推迟评价"，也就是集体的任何成员不能评价任何观点；其次是在数量中求质量。所产生的观点越多，那么其中有些观点就越有可能是创造性的和有用的。

奥斯本在实验中以上述两个基本原则为基础，提出了以下四条议事规则：

①禁止批评。在会议中，绝对禁止批评或评判别人的想法，即使是对幼稚的、错误的、荒诞的想法，也禁止批评。

②鼓励"随心所欲"。思考越狂，构想越奇越好。有时看起来似乎很荒唐的设想却是打开创造大门的钥匙。

③追求数量。所设想越多越好，数目越多，可用办法出现的概率越大。

④力求组合和改进。巧妙地利用他人的想法，在其基础上提出更新更奇的设想。与会者必须善于利用别人的想法来开拓自己的思路。

（4）头脑风暴法的具体经验。对怎样开好头脑风暴会议，前人总结了大量简便有效的经验。以下十条经验可供参考。

①讨论题的确定很重要，出题不当，则头脑风暴法难以成功。要特别注意五点。第一，讨论题要具体、明确，忌过大。如遇大问题，可分解成小问题逐一讨论。第二，讨论题也不能过小或限制性太强。例如，可以用"目的是……怎么办才好"为讨论题，而不要说"达成目的有A与B，请讨论哪个好"，因为也许还有更好的C与D没有想到。第三，不要同时将两个或两个以上的问题混淆讨论。第四，主持人要注意使首次参加头脑风暴会议的与会者尽快熟悉会议的特点，因此，在会议开始时，主持人可先提出一些简单问题作演习。第五，会议的基本目的在于收集大量不同的设想，以便使问题的解决找到许多可行的方案。头脑风暴会议不适用于解决那些需要判断的问题，如"……好不好？"等等。

②"行—停—行"是头脑风暴法一个常用技巧，即3分钟提出设想，5分钟考虑，再用3分钟讲述设想，这样反复交替，就会形成有行有停的节奏。

③"一个接一个"是头脑风暴法常用的另一技巧，即与会者按照座位顺序轮流发表构想。如果轮到的人当时没有新构想，可以跳到下一个人，如此轮回，新想法便一一出现，直到会议结束为止。研究表明，运用"一个接一个"的技巧，可以比一般的头脑风暴会议多出87%的构想。

④会议中，不允许私下交谈，以免干扰别人的思维活动。同时，每个人发表的意见必须让参加会议的人都知明。

⑤参加会议的成员应定期轮换，应有不同的部门、不同领域的人参加。因为长期在一起工作的人可能会形成一种固定的思维模式，致使每个成员几乎可以估计到另一些成员对问题的反应和看法。

⑥会议参加者有男有女会促进讨论。女人企图胜过男人，而男人则想超过女人。这种因素会导致与会者争强好胜，会刺激与会者提出大量设想。

⑦经验表明，领导在场，常常会造成一般与会者不敢自由地提出设想。当然，在充分民主的气氛下，并不一定要排除领导的参加。

⑧为使气氛轻松愉快，可在会议开始前作一番热身活动，如让大家说说笑话、吃点东西、猜个谜语、听段音乐等。

⑨主持人应按每条设想提出的顺序编出顺序号。这样可以随时掌握提出设想的数量，并且可以启发与会者说："请再提10条设想。""我们力争提出100条设想。""在会议结束之前，请诸位力争再提出一个设想。"这种鼓励常常能使人们发现一些新设想。

⑩会后要把各种设想归纳分类，用打印方式制成多份，再组织一个小组进行评价和筛选（这个小组成员一般由参加头脑风暴会议的人组成），从中选择一至几个最佳设想。

以上介绍的是有关"头脑风暴法"的10条基本经验，需要指出的是，在参照这些经验运用头脑风暴法时，应该根据本部门、本领域、参加讨论的成员以及所要解决的问题的实际，灵活地富有创造地加以运用，以形成自己的特点和优势。另外，头脑风暴法并不是包解一切创造问题的工具，要客观地看待它的作用并恰当地运用。

2. 广告文案创意产生的过程

著名的广告大师韦伯·扬认为：创意的产生并非一刹那的灵光闪现，而是经历了一个复杂而曲折的过程。同样，广告文案创意的产生也要经历复杂、曲折的过程。韦伯·扬把创意过程分为五个步骤。

（1）收集资料阶段。收集资料是广告文案创意的前提准备阶段。韦伯·扬认为，广告创意所需要的资料可以分为两种类型，即特定资料和一般资料。特定资料，是指那些与创意密切相关的产品、服务、消费者及竞争者等方面的资料。它们是广告创意的主要依据，创意者必须对其有全面而深刻的认识，才有可能发现产品或服务与目标消费者之间存在的某种特殊关联性，这样才能导致创意的产生。不掌握特定资料，广告文案创意就成了无水之源。

一般资料是指创意者个人必须具备的知识和掌握的信息。这是人们进行创意的基本条件。广告文案创意的过程，实际上就是创意者把个人的一切知识与信息重新组合和使用的过程。创意者的知识和信息量直接影响着网络广告创意的质量。收集这些资料，一是做生活的有心人，随时随地注意观察生活、体验生活，记录生活，以备在进行广告创意时厚积薄发；二是在进行广告创意之前做好充分的调查，包括消费者调查、产品调查和市场潜力调查。

（2）分析资料阶段。这一阶段主要是对收集来的资料进行分析、归纳和整理。韦伯·扬强调"在心智上养成寻求各事实之间关系的习惯，成为产生创意中最为重要之事"。如果能在看似无关的事实之间，发现它们的相关性并把它们进行新的组合，这样就能产生精彩的创意。

莎碧娜航空公司由北美直飞比利时首都布鲁塞尔的航线营运出现了困境，尽管公司在服务上做了不少努力，并为此大做广告，但公司的境况仍不见好转。此时广告人发现，根本原因在于比利时在旅游者心目中没有地位，很少有人飞往那里。因此，必须为比利时国家做广告，而不是为航空公司做广告。在最大的观光胜地荷兰只有一个"三星级城市"——阿姆斯特丹，而在比利时就有5个像"阿姆斯特丹"这样的"三星级城市"。"三星级城市"立即把比利时和旅游胜地联系起来了！于是，"比利时有5个阿姆斯特丹"的了不起的广告创意便诞生了。

（3）酝酿阶段。酝酿阶段即广告创意的潜伏阶段。经过较长时间的苦思冥想之后，广告创意者仍然没有创作出满意的创意，但并不是没有进展，只不过是处于积累、选择、筛选阶段，这往往是一个优秀广告创意诞生的前夜。此时对于广告创意者来说，由于经过了长时间紧张、辛勤的工作，头脑已经达到了"超载"的极限负荷。如果换一种工作方式，丢开广告和创意以及种种概念，松弛一下神经，做一些放松的事情，比如听音乐、扣球或睡上一觉等，很可能创意的灵感在轻松悠闲的时候就会悠然而至。

（4）顿悟阶段。顿悟阶段即广告创意的产生阶段，亦即灵感闪现阶段。灵感闪现也称"尤里卡效应"。"尤里卡"是希腊语，意为"我想出来了"，源于古希腊科学家阿基米德灵感突现时的忘情呼喊，它标志着伟大创意的诞生。

当广告创意人员高喊"尤里卡"的时刻，就意味着创意进入第四步了。韦伯·扬把这一步称作"寒冷清晨过后的曙光"。

（5）求证阶段。求证阶段就是广告创意的推敲、完善阶段。广告创意刚刚出现时，往往是十分粗糙的雏形，含有许多不合理的部分，这就需要把它交给其他广告同人审阅评论，使之不断完善、成熟。因为个人的思维再好也有视野上的局限性，容易先入为主，广泛听取别人意见，甚至将创意在小范围内试运行，都是检验和完善广告创意的好办法。

大卫·奥格威在实际创作中非常重视同别人商量，他为"劳斯莱斯"汽车写广告时，写了26个不同的标题，请了6位撰文人员在其中选出最好的一个（即"这辆新型'劳斯莱斯'在时速60英里时，最大噪声来自电子钟"）。写好文案后，找了三四位撰文人员审阅，把枯涩无味及含糊的部分删掉，经反复修改后才定稿。

创意的五个步骤实际上是对广告人艰苦工作过程的总结，表面看起来简单、单调，实际上却需要每个负责任的广告人付出艰苦的、富有挑战的高智力工作。同时，还要看到这个过程顺序的必要性，即收集、分析资料的调查工作在先，具体的创意工作在后，确定广告主题在先，进行广告创意在后。避免主观的、武断的创意，适应广告受众的接受习惯，创造优秀的广告文案。

（四）广告文案创意的原则

广告文案创意应该遵循以下七项基本原则：

1. 实用性原则

促销是广告的目的，是广告文案创意的出发点和归宿，能促进销售的广告就是有用的好广告。广告文案创意不是个人才华的结果，而必须与企业和商品的营销目标相吻合，必须围绕着营销任务和营销目标拓展。从本质上讲，广告文案创意就是促销的艺术。正如广告大师大卫·奥格威所说："我们的目的是销售，否则就不是广告。"

生活中我们常遇到这样一种现象，看了某广告，第一感觉是：啊！这个广告创意真不错。但广告宣传的是什么产品——这个广告的最根本功能却被抛到爪哇国去了。如果不信，大家可以仔细看一些电视上的制作精美、很有创意的广告，然后做个测试，看看有多少消费者知道这个广告所说的是什么产品。

如某药品广告的例子，因为大家看多了平庸的药品广告，该药品广告以奇特的创意给人以很强的视觉刺激，并得了一个广告大奖。因为在中央电视台有较大的投入，很多消费者都说看过这个广告，并一致认为该广告很有创意，但当调查机构问到该广告说的是什么产品时，居然100个消费者有97个说不知道，不由得让大家为这个厂家捏一把汗，这不是花钱娱乐消费者吗？果然，虽然广告打得轰轰烈烈，这家上市公司公布年报时业务运营却亏损5000多万元。

再如，曾被评为"十大恶俗广告之首"脑白金的广告，很多专家也对其进行口诛笔伐，认为脑白金的广告是很低劣的广告，无品牌资产积累，没有根基，一捅就垮。为此，脑白金还曾经打出一则致歉广告，说根据调查，消费者普遍认为脑白金的广告做得较差，今后脑白金将会做改进，不仅生产好的产品，还要制作好的广告。这当然是脑白金在作秀，其实，如果单从促销角度来说，我们不得不承认，能让史玉柱把营销额做到12亿元的广告应该算是成功的广告。

没有销售力的广告一定不能算是好广告，即使披着很有创意的外衣。广告文案创意的促销原则告诉我们，只有把妙不可言的创意和步步为营的促销目标有机融合在一起的广告文案才是成功的。

2. 真实性原则

真实是广告的生命。广告文案创意必须建立在真实的基础之上，须以事实为依据，永远把"真实性"放到重要位置。坚持真实性原则，应努力做到以下几点：

第一，一定要以真实作为创作构思的根本，不能无中生有，存心骗人；也不能添油加醋，粉饰夸大，以讹传讹，构成无意中的骗人后果。广告内容必须有一说一，有二说二，真实可信，经得起检验，这样的广告文案才有获取消费者信任的可能。

第二，要处理好艺术加工与事实二者之间的关系。广告文案创意允许进行艺术创造，也允许适度的夸张，但不能因此而脱离事实本身。可口可乐的广告代理商麦肯光明广告公司的创意信条是："我们在此创造，而非复制；用全新的眼光看这个世界，从不同的角度来解释所看到的事物；用原创的声音去叙述，找出别人看不到的关键点；创造消费者去消费的广告，戏剧化客户品牌的真实面，把这个真实面诠释得如此之好，使得消费者因此而动容。"

真实性是广告文案创意的基本要求。鲁迅说过："唯有真实才有力量。"一则文案这样写道："国家A级名牌'顺华'抽油烟机，总比别的牌子贵一点，工厂努力降低成本，但无法做到，因为只有把油烟抽干净才是最重要的。"短短几句话，消除了消费者在价格上的比较心理，乃其成功之处。更加重要的是这种坦诚、实话实说的方式，无论什么时候都能打动消费者的心。再如，德国金龟汽车公司的广告："该车外形一直维持不变，在外观上很丑陋，但其性能一直在改进，所以性能是优良的……"如实暴露产品的优缺点，使该车大获消费者的好感。此外，在文案中加入一些真实的数据，也能提高广告的可读性和可信度，如果这些数据非常有用，不妨将其用做主标题，如乐百氏的"27层过滤"，给消费者的想象空间制造了一个纯净的蓝色梦幻。

但有些广告文案创意子虚乌有、故弄玄虚，诱导消费者误买误购。如保健品广告宣称"永葆青春"；药物广告宣称"有病治病，无病防病，老弱妇孺，皆可服用"等，都是不符合实际的虚假宣传。2006年"3·15"晚会上重拳揭露的"欧典"复合木地板就是典型地违背了广告真实性原则的案例，广告中号称"源自德国百年品牌"的欧典地板其德国总部根本不存在，它的历史只有6年，产品质量也有不少问题。由"全国牙防组"郑重推荐的某品牌牙膏和某品牌口香糖在市场上取得了不俗的市场业绩，但"全国牙防组"存在的合理性和推荐与认可的真实性与公正性，却都遭到了消费者的质疑，最后该组织被政府取缔。虚假广告只能损害产品形象，导致消费者对品牌的抵触，甚至让消费者更加厌恶广告。

李奥·贝纳曾说过："在我认为，做广告最大的成就就是使人信服，没有任何东西比产品本身更能说服人。"因此，我们要坚持真实性原则，将值得推荐的商品推荐给大众。

3. 思想性原则

无情节事件，不足以感人；无思想魅力，则不足以服人。好广告要耐人回味、发人深省。好广告能给受众留下难以磨灭的深刻印象。好的广告作品，才能展现商品的文化附加值和企业的文化追求与经营理念。

思想性是广告文案人员的世界观和人生观在广告作品中的反映，是广告作品描绘的形象体系中所表现出来的思想意义。广告作品的思想性取决于广告创作者的世界观及其把握、表现生活的能力。

思想性应该有其高度和深度。NIKE的广告语只是一句简单的"Just do it"，但是它的每一则广告都蕴含了一个深刻的主题：锻炼和运动，是你个人的事，要坚持做下去。为此，它设置了战争、苦难、贫穷、不平等等带有政治性的社会背景加到广告中来，告诉受众无论面对什么情况，处于什么境地，要坚持做好自己！此主题绝不简单。

思想性的内涵具有多重性，包括如下层次：

一是对人类共同的、美好却脆弱的价值关注与守候，如对人性、正义、自由等永恒价值的不断追索与表现，对与此相反的予以不断揭露、鞭笞、拷问。

二是对文化底蕴、民族精神的张扬，有利于增强受众对民族的认同感与凝聚力。富勒认为"报纸必须与它的整个共同体建立亲密关系，其途径大体有：谨慎反映整个共同体的情感，严格遵守新闻工作准则，形成连贯而受到知识界尊重的社论方针及控制它的基调"。广告作品也应该遵守此准则。

三是对具有积极价值的人物、事件的反应，一个社会共同体总会有其主流价值判断与认同，广告作品有责任配合媒介唱响社会主旋律。在传递信息的同时，要注意发挥其教育功能，要注意激发、鼓舞受众正直、健康、向上的精神，使受众形成正确的价值观、审美观、幸福观，以造就良好的社会风尚和美好合理的生活方式。

思想性不等同于政治性。思想性，是指广告作品中包含着社会文化共同体的主流价值与判断，其目标是使人们的社会认知、态度与行为更积极地维护共同体的精神价值与理想追求。思想性比政治性具有更大兼容性。思想性与政治性常常是一致的，但是区别这二者，有利于消除人们把舆论引导视为单纯的政治灌输的错误认识。

广告作品要有思想性，仅仅依靠一些书本知识是不行的。广告文案人员不能简单地接受别人综合起来的一些理论作为自己的思想，更不可能把别人的理论直接地化为艺术形象。必须去实践思想，到生活中去印证思想，并且使其更丰富和更深刻。所以思想性不是硬借来的，不是可以套用的，不是可以假装的，也不是忽然就有了的。广告文案人员必须有广博的知识，有正确的思想方法，有坚定的立场和明确的主张,有丰富的生活经验,反复地把实践和理论相结合,逐步培养和丰富自己的阶级感情,使自己的呼吸和群众一致,而且比群众看得更全面、更远。只有经过痛苦的自我思想改造和长期辛勤而诚实的劳动才可以做到。舍此别无捷径。

此外,思想性原则不是要人玩深沉,故弄玄虚。深入浅出,指的是思想内容上的深入和艺术形式上的浅出,二者应该完美地结合在一起,才是真正好的广告创意。

4. 趣味性原则

西方广告界曾就广告文案提出"4F 法则"和"5I 法则"。所谓"4F 法则"指的是优秀的广告文案必须具备 Fresh(新鲜)、Fun(有趣)、Faith(忠诚)、Free(自由)四个要素;所谓"5I 法则"指的则是 Idea(创意)、Impact(冲击力)、Interesting(兴趣)、Information(信息)、Impulsion(冲动)五个要素。拿这两类法则比照,你会发现,趣味性是这两类法则中唯一相同的一个要素。

放眼国外优秀广告,多是趣味性的杰作。对比之下,国内的广告或过于直接、露骨,或过于优雅、小资,或过多崇高、正气,趣味性的原则似乎远不如国外广告贯彻的到位,因此本书特意申明这一创意原则,希望引起国内广告界注意。

趣味性原则首先意味着幽默、逗乐、搞笑。笑是人类最伟大的发明之一,据说只有灵长类动物才会发出笑声,而且笑是友好的邀约姿态,意味着平等、自由、和谐、轻松和愉快。所以笑就是趣味,笑最具感染力。能让人笑的广告,就不会让人烦;不能让人笑的广告,让人烦的可能至少会多一些。

但是趣味性原则并不只是幽默、逗乐和搞笑。子曰:"知之者不如好之者,好之者不如乐之者。"好广告不光是要告诉人们一件好的商品或好的服务,还应该让人们好之、乐之。"好"是喜好的好,"乐"则是享乐的乐,都是沉醉其中、流连忘返的意思。喜剧让人笑,悲剧让人哭,这个世界上还真就有人偏爱悲剧,我们也不能说悲剧没有趣味。

趣味性原则讲的是一种吸引的力量,引人入胜。胜是名胜的胜、胜地、胜迹、胜状、胜谈、胜语……胜在这里的意思是美妙、美好的,英语是 Wonderful,即趣味性。

5. 感染性原则

与趣味性不同,感染力是一种向外扩散的力量,没有感染力的广告,不会是好广告。这是从艺术和技术的角度对广告文案提出的创意要求,情绪化、个性化细节是构成广告作品艺术感染力的关键。

亲情、爱情、友情等情感的融入,不仅仅是让广告和产品拥有了生命力,更重要的是足能让消费者从中找到自己过去和现在的影子，激起产品和消费者之间的共鸣，由此建立起产品最重要的价值——品牌忠诚度。如贵州青酒的"喝杯青酒，交个朋友"，就将该品牌定位于男人的朋友情义。可以想象，当朋友久别重逢或是相约聚会之际，"喝杯青酒"便已表达了当时心中所有的激动情感。"雕牌"洗衣粉电视广告以一个天真可爱的女童音说出"妈妈说，'雕牌'洗衣粉只要一点点就能洗好多好多的衣服，可省钱了"，并以一句留言"妈妈，我能帮你干活了！"将因下岗而四处找工作仍无着落的年轻妈妈感动得热泪夺眶而出。这份母女相依为命的情感融入文字并与产品融合，成就了一个宛如童话般的动人的产品故事，声声童音在心头拂之不去，"雕牌"形象也随之深入人心。

当然，感染力并不只是情绪的感染力。润物无声，化入无形也是一种感染力，但未必就只能走情感路线。有人将这个原则表述为冲击力原则，意思是画面、语言必须要有冲击力，给人震撼效果。震撼也是感染力的一种，所有能增强广告创意的艺术感染力的手段与方式，都是我们应该努力寻求的。

6. 简洁性原则

契诃夫说："简洁是才能的姐妹。"从广告效果看，只有简洁的广告才是更直接的诉求，才能有更好的效果，因为广告版面与广告时间，还有广告经费，永远都不够。历届戛纳广告节的获奖作品都是简洁性原则的杰作。

简洁不是简单，不是空虚，而是"言短情长"，是"言有尽而意无穷"。宋人陈揆在《文则》中曾说："事以简为上，言以简为当；言以载事，文以著言，则文贵其简也。文简而理自周，斯得其简也。读之疑有阙焉，非简也，疏也。"明人李东阳举例说："古歌辞贵简远。《大风歌》止三句，《易水歌》止两句，其感激悲壮，语短而意益长。《弹铗歌》止一句，亦自有含悲饮恨之意。后世穷技极力，愈多而愈不及。三百篇每章无多言，每有一章而三四叠用者。诗人之妙，在一唱三叹之间其意已传。不必言之繁、绪之纷也。"清人李大魁，也就是桐城派鼻祖，其明确地主张："凡文，笔老则简，意真则简，辞切则简，理当则简，味淡则简，气蕴则简，品贵则简，神远而含藏不尽则简。故简为文章至境。"

现在的社会生活节奏越来越快，人们的工作压力也越来越大，消费者看广告的速度已快到近乎浏览的地步。因此，广告文案的写作应力求简约，诉求重点明确突出，切忌玩"猫捉老鼠"的游戏，让消费者产生未看先烦的心理反应。有些文案太过于强调自己的风格，为写出洋洋洒洒的才情文字而自鸣得意，或将诉求的重点淹没在自己的文字海洋里，说不准还等不到消费者动手，AE人员和客户就不耐烦将之丢弃。

台湾有一则"家庭计划生育"报纸广告，该广告画面上只有一个避孕套头和一个婴儿奶嘴，其余皆为空白，给人疏朗、明快之感；其文案亦只有一句话

"多一份小心,少一份担心",文字简练得像一首唐诗绝句,多一字嫌累赘,少一字则败其意。计划生育广告历来让广告人士颇为头痛,稍有不当就会被指责为"粗鄙"和"有性教唆倾向"。而台湾黄禾广告公司的这则广告,以"一语天然万古新,豪华落尽见真谛"的简洁、质朴的创意,获两项国际大奖,堪称简洁文案创作的经典之作。CMG 传播公司为维真大西洋航空公司制作的舒适之旅系列广告之一,画面是一个男人抿着嘴笑,其文案是在左边的嘴角写上"NEW-YORK",在右边的嘴角写上"LONDON",意在向消费者展示轻松惬意的旅途享受。如此简单,却令人印象深刻!

7. 创新性原则

比尔·盖茨说:"创意就如原子裂变一样,只须一盎司就会带来无以数计的商业利益。"不抄袭,不因循,不守旧,预支新意,自出机杼,废法为雄,这就是广告创意的创新性原则。难就难在这里。广告是争夺眼球、争夺注意力的艺术,在信息爆炸、垃圾广告泛滥的今天,注意力已成为稀缺资源。非出奇不足以制胜,创新性因此成为广告创意人员必须坚持的一个基本原则。

英特尔前总裁格罗夫曾说过:"整个世界将会展开争夺'眼球'的战役,谁能吸引更多注意力,谁就能成为 21 世纪的主宰。"一篇广告文案能否靠新鲜、独特创意抓住消费者"眼球",很大程度上决定其是否是一篇好的、有效文案。因此,广告文案写作没有固定格式可套用,别人的都是旧的;完全出于自己的创作,才可能是新的。这就是韩愈所说的"惟陈言之务去"之意。

清人赵翼有诗曰:"满眼生机转化钧,天工人巧日争新。预支新意五百年,到了千年又觉陈。"郑板桥也曾有联语:"删繁就简三秋树,领异标新二月花。"上联讲的是简洁,下联说的是创新。

坚持创新性原则的广告文案,除了能有效抓眼球、醒目易记外,最重要的是让消费者产生共鸣,且难以取代。随手翻看时下的报纸杂志广告,诸如"与您共度欢乐时光"、"风格独特,品位不凡"之类言辞,均可适用于任何产品,平淡无奇,难以促成消费者的行动。

写好广告文案的关键在于:首先,立意要新。如台湾的"俏皮宝宝"纸尿裤有这样一条标题:"有谁比妈妈更能摸清宝宝的底细。"此句一语双关,其一,妈妈帮宝宝换尿裤,不必笨到要将宝宝的裤子全脱下来才知道,只须用手顺着宝宝底部一摸即可;其二,说得直白点,宝宝的"血缘"底细当然只有做妈妈的心里最清楚。看到既俏皮温馨又蕴含深意的此句,年轻妈妈肯定会心地一笑,心中不产生共鸣才怪。这则文案的立意就非常新颖,从生活中细微到可以让人忽略的动作着笔,由此展开联想,最后一语定乾坤,让人回味无穷。

其次,还应做到文笔新。上面那句广告标题也可以换成"舒服柔软,宝宝喜欢"、"妈妈的选择，宝宝的最爱"等，但都不及此句精妙、清新，意境略逊一筹。荣获捷运广告海报类金像奖的"舒丝仕女除毛刀——把手篇"，画面是地铁车厢里的悬吊把手，在把手三角形的范围内点缀了一行短文案："夏天到了，别做惊人之举！"借由在各种日常生活中，不同的公众场合，必须举起手的情境，进而提醒爱美女士：夏天到了，请多留神。用语清新，在这个略带尴尬的问题上，做出友善、温和而又新鲜的提示，加强了消费者对舒丝品牌的好感与除毛的关心。

最后，要自然、朴实。李奥·贝纳说过："广告中原创的诀窍，不在制造新奇花哨的图像文字，而是组合那些令人熟悉的文字与图片，使之产生全新的趣味。"创新不是猎奇，猎奇必涉荒诞。日常起居之间，布帛菽粟之内，多有新奇之事，放开心眼当可捕捉撷取。

除以上七个基本原则之外，广告界还曾经提出过一些其他原则，如系列性原则，大卫·奥格威说过，优秀的广告创意都是系列性的杰作。这主要是就广告主题来说的。如果我们面对的广告对象能分出一二三，如果商品的诉求点能分出一二三，如果广告定位是科学分析的结果，那广告创意就必然是系列性的。系列文案的创作也有助于延展创作者的联想空间，也有助于培养读者的一致印象，如《北京晚报》的形象广告，接连四个主题："时尚，不晚报"、"真实，不晚报"、"生活，不晚报"、"新闻，不晚报"，让人过目难忘。

再如关联性原则。关联性，主要是指广告使用的语言和形象体系与所要表达的广告主题和广告商品之间的密切联系程度。经常会出现的问题是，广告本身很有趣、很好看，但广告品牌是什么，却被受众忽略了。反面的例证是，像脑白金一样叫叫嚷嚷的广告，即便创意没什么，但品牌却多次反复出现，给人印象至深，让人不能不承认这是有效的广告。因此，好的广告创意必须要和广告品牌有高度的关联性。

第四章 广播广告文案写作

一、广播广告文案概述

广播是指通过无线电波或导线传送声音的传播媒体,它诞生于20世纪20年代。世界上第一座领有执照的电台,是美国匹兹堡 KDKA 电台。1920年9月21日,美国西屋电气公司副总经理戴维斯从报纸上看到康拉德试验电台创办人康拉德刊登的一则电台广告后,当即找到康拉德,请他在匹兹堡为西屋公司建一座正式广播电台,并且要求一定得在11月2日开播。因为1920年11月2日是美国本届总统大选结果揭晓的日子,戴维斯想借助这一机会将电台一炮打响。经过康拉德的紧张筹备,该电台果然如期在1920年11月2日正式开播,起名叫 KADA 电台,这是世界上第一家广播电台。在第一天的整个节目中,以总统竞选政治广告为主要内容。由此开始,广播成为世界上第一种无线电媒介,广播很快便成为广告商视野中的一种重要宣传工具。今天,广播已经成为四大主流传播媒体之一,在引导人民群众精神文化生活、传播政府声音、宣传产品与商业信息等方面起着无可替代的作用。以我国为例,据国家广播电影电视总局发展研究中心的数据显示,目前我国广播综合人口覆盖率达到96%以上。2011年,我国广播电台整体广告收入为123.3亿元,比上年同期增长28%,增长率比上年下降了近6个百分点。

然而,当今的传媒业发展非常迅速,与报纸、电视的火爆、网络的崛起相比,广播显得较为弱小与被动,因此有人将广播称为"**主流媒体中的弱势媒体**"。广播广告媒体虽然仍是我国的四大传统主流媒体之一,但在我国广告总营业额中所占的比重却相对较小,广播广告的创意水准不高,制作水平比较低,这在很大程度上是因为我们对广播广告的媒体特性研究不够,广播作为广告媒体的优越性在某种程度上并没有得到最佳发挥。

(一)广播广告媒体特征

广播媒体是一种混合有声语言、音乐和音响的声音媒体,它以声音作为信息传播的唯一途径。因此,广播广告也只能通过声音来传播信息,受众无法看见广告,只能听到广告。广播广告的发布者利用广播媒体来传播其商品或服务信息,借助于广播这一特殊的信息载体,充分发挥其声音特性,通过调动并刺激听众的听觉系统,塑造产品形象,从而达到推销商品或服务的目的。

下面我们具体分析广播广告媒体的特征。

1. *广播广告媒体的信息传播优势*

(1) 互动性强、传播速度快。首先,互动性强是广播广告的一大优势。商家利用广播的互动传播特点,可以直接发布信息,也可以随时在各时段节目中插播商家的促销广告。而且,广播还可以将设备转移到商场、室外,对促销活动进行现场直播。这样,既可以增强广告传播的感染力,又能够提高顾客对促销活动的参与热情,从而极大地增强促销效果。

现在电台中很流行的益智类答题节目就非常鲜明地体现出了上述特点,听众通过热线电话、手机短信等方式参与到节目中来,这样在商家赚到财富的同时,听众也从中获得了奖励并增长了知识。还有像电话、短信点歌、交友以及坐台咨询等热线类服务专题广告,听众可以直接参与到节目中,使节目形式变得更加灵活,更加精彩。此外,商家还能及时与消费者进行互动沟通,准确了解消费者的需求和消费方式,从而制订出更加合理的促销方案。

其次,之所以说广播广告传播速度快,是因为广告主可以在离截稿日期非常近的时候交稿。这一灵活、快捷的方式只有广播才能做到,像报纸、电视等媒体是无法实现这种快捷传播效率的。基于这一优势,商家就可针对不同的消费者、在不同的时间、以不同的方式进行商品促销,并且能够根据市场情况、广告对象以及产品特点,灵活地选择不同覆盖范围的广播电台,选择不同的广播时段和不同的播出内容,在每天几小时或十几小时的时间段发布信息,给人以新颖的信息接收感觉,从而强化促销效果。

(2) 目标对象更加明确。广播发展的"窄播化"趋势越来越明显,促使广播频道越办越多,听众越分越细,广播逐渐发展成为个性化媒体。近年来,听众模式多样,如按地域、年龄、职业和爱好等不同可以划分成多种形式,因此,广告主就需根据宣传对象的不同,在不同的节目时段播放不同的广告。由于广播广告特定的互动性,使广告宣传更加具有对象性和目的性,也更容易产生预期宣传效果。此外,广播广告的针对性越来越强,目标对象定位更加明确,它可到达有车族和青少年等具有很高广告价值的群体中,这是其他媒体很难比拟的。

广播广告与广播媒体目前窄缝生存的定位相适应,广播广告目前大多包括以下几大群体:

① 老人和中年妇女。这一类人起床较早,有长期收听早间新闻的习惯,广播成为他们的一种背景媒体,他们一般在晨练、做早餐时收听,收听时通常不会转

台，什么内容都听，成为广播广告的固定消费人群。

②流动受众。这是一个特殊收听群体，主要指司机和乘客，司机一般是主动收听，乘客为伴随收听、被动收听。收听时间不仅仅局限在早晨广播黄金时段，上下班高峰时间也是有车一族收听较为集中的时段，而的士司机收听广播则是全天候的。广播媒体的低成本收听特性既填补了路途上的寂寞，又不妨碍司机正常开车运行。随着城市化水平、轿车普及率、人口流动速度等的不断提高，现代人对广播节目的偏好与日俱增，今后广播广告将更加大有可为。

③家长、学校宿舍的限制使得电视媒体难以到达高中生、大学生群体，广播取代电视成为他们的主要娱乐媒体。15～24岁的学生群体是广播媒体的主要听众，他们具有巨大的消费能力和无限的消费潜力，他们倾向于听最新的流行歌曲，收听时间集中于中午和晚上。

(3) 制作简便，播出灵活。广播广告可以针对新近发生的事件做出快速反应，灵活地调整广告内容。与其他传统媒体的制作周期相比，广播无疑是最短的，因为它既可以在专业录音棚内完成，少则半个小时多则一天，也可以在广播电台的直播室同期完成，无须经过平面媒体的排版、印刷，也不像电视广告那样需要经过复杂的拍摄、编辑过程。

在刊播方面，其他媒体的时段和版面都比较紧俏，需要提前预订，一旦时间、版面定下来就很难再做出改变。而广播媒体则不同，它实现了直播和滚动播出，在时间的安排上比较灵活，可以随时根据需要临时插播广告。因此，如果广告策略、战术要进行临时调整而需要紧急发布某些广告信息时，广播媒体可以在数小时之内完成制作和播出，有时甚至可以做到即写即播。

客户可以自由选择广告播放的时间段，同时听众也可以自由地选择收听时间和地点。由于广播频道越来越多，服务人群范围越分越细，这就为客户在选择广播广告时段时提供了其他媒体所不能提供的优势。同时，由于广播信号接收设备携带方便，在接触不到其他媒体的环境中也能有效收听。具备了听众接收地点的随意性，且在收听时眼睛及其他器官注意力可得到解放，听众在听的时候并不影响其他工作、锻炼、开（乘）车、外出旅游等，这在很大程度上适合现代快节奏的生活方式，与其他媒体广告相比，广播广告的传播渠道更方便于听众的接受。

(4) 成本低廉。这里所说的成本包括制作成本、播出成本和收听成本。首先，广播广告的制作成本比较低，它只需要播音员、主持人或专业、业余演员配音，再加上音乐、效果，广播广告就可以制作完成。我们知道，广播广告媒体是以声音为载体，依托网络覆盖来进行传播的。而实现其传播途径也很简单，只需要一次性建设发射塔，完善网络覆盖面就行。目前，广播广告的传播现状是其基础设施建设已经基本完成，不需要再进行投资。与电视相比，广播广告的制作成本是电视的几百分之一甚至几千分之一，广播广告制作费少则几百元，多则几千元，相对于电视广告以万元为计价单位来说，价格要低廉得多。其次，广播广告的播出费用也很低。广播广告的费用成本要比报纸、电视等其他媒体便宜得多，据国外调查，广播总视听率1个百分点只需电视1/3的费用。最后，广播广告的收听成本也很低。对所有听众来说，广播是为听众免费提供信息的，是听众进行无成本信息消费的载体。这对广大听众特别是低收入人群来说，更加凸显了广播的强大优势。

（5）用耳朵"看"，感染性强。广播广告只能依靠声音进行传播，它通过刺激人的听觉系统，给人提供广阔的想象空间，进而撩拨人的心弦，煽动人的情绪，而这正是广播独具的魅力所在。

组成广播声音符号系统的声音种类很多，有语言、音响，以及音乐。这些声音具有不同的节奏、频率和波长，通过各种组合，可营造不同的气氛和场面，引起人们情绪上的波动，从而给人以具体的声音形象以及情感上的冲击。优秀的广播广告正是抓住广播声音形象性的特点去塑造商品的形象，并将这种形象与人的情感联系在一起，从而最大限度地发挥广播广告的优势。

广播具有亲和力的传播方式，并且声音符号有较大的想象空间。在西方，广播被学者们誉为"最形象的传播媒体"。当然，这并不是因为听觉形象最能再现客观世界，而恰恰是因为广播所塑造的听觉形象往往比较模糊，因此能让人产生丰富的联想，这些联想使广大听众创造性地把某些声音符号转化为更丰富的形象。

2. 广播广告媒体自身缺陷

（1）易被疏忽。广播是听觉媒体，听觉信息转瞬即逝，广告很可能被漏掉或忘记。很多听众都把广播视为令人愉快的传播工具，而不是去认真听它的内容。

（2）缺乏视觉。声音的限制会阻碍创意。必须展示或观赏的产品并不适合做广播广告，制作出能令观众产生观看产品的广告非常难。

（3）干扰多。竞争性广播电台的增多和循环播放，使得广播广告受到很大的干扰。广播听众往往倾向于将自己的精力分散于各种事情，这样，听众听到或理解广播信息的可能性就会大大降低。

（4）时间安排和购买的难度。广告主想达到比较广的地域范围使听众较多，就需要同时向好几家电台购买时间段，时间安排和广告评价变得非常复杂。

（5）缺乏控制。因为很大比重的广播都是谈话广播，总会有播音员说出对某些听众不利的话或主题。这就会对赞助商产生负面影响。

(二) 广播广告构成要素

广播是一种诉诸听觉的媒体,因此广播广告的构成要素就是与各种声音相对应的文字符号。认真分析后会发现,广播广告里的声音包括三种:有声语言、音响和音乐。语言、音响和音乐三者各司其职,互为补充,共同传递广告信息。

1. 有声语言

广告中的有声语言一般表现为播音员的播报或广告中人物对话,有时候也以旁白的形式出现。有声语言实际上是以声音的形式出现的广告词,是广播广告的核心要素。它是广播广告中最重要的表现手段,有着叙事状物、塑造形象、传情达意等功能。可以说,广告信息主要通过人物语言来进行传递,语言在广播广告中起着举足轻重的作用,是决定广告成败的关键,一则广播广告中可以没有音响和音乐,但不能没有人物语言。

广播是诉诸个人听觉的媒体,因此广播广告的语言,一般要求用口头语言,但这里的口头语言并不等同于人们平常所说的口头语言,而是经过加工和提炼的口头语言,它保留了口头语言用词浅显、句式结构简单的特色,但同时应力求逻辑严谨,语句通顺。可以说,广播广告的语言是介于口头语言和书面语言之间的一种语言,它既不像口头语言那样随想随说,又不像书面语言那样庄重严谨,广播广告需要借助自然亲切、生动悦耳的语言来吸引听众、打动听众,所以运用这种语言不仅要做到"以声夺人",还要讲究"以情感人"、"以理服人",使受众如闻其声,如见其物,如临其境。

除了语言内涵外,声调、语调、轻重音、长短音等,都可以用来表示不同的语义,而说话的速度、节奏、高低和停顿也同样能表达不同的含义。这些手段可以帮助广播细腻地传播某种情感或情绪,也可以表现出现场细微的变动,从而使人产生身临其境的感觉。因此,人物语言为信息带来了更多的真实感和感染力,这是印刷媒体中的文字符号所无法相比的。

另外,不同人的不同音色往往也能产生意想不到的广告效果。下面这则盼盼防盗门广告使用了孙悟空和太上老君的独特声音,顿时使广告增色不少:

音乐:空灵、缥缈、清幽的曲子。
孙悟空:(恶作剧地)"嘿嘿,太上老君府,待俺老孙再去弄把金丹尝尝。"
太上老君:(低声地)"这猴子又来了,这回可有招对付他了。"
孙悟空:"哎哟,好结实的门啊!哼,看俺老孙的手段!""我撞!"
音效:撞门声。
孙悟空:"我撬!"
音效:撬门声。

孙悟空："我钻！"
音效：钻门声。
孙悟空：（无奈地）"哎哟！这是什么法宝啊？"
太上老君：（得意地）"哼哼，此乃老夫新装的盼盼防盗门也。这下，再也不怕你这泼猴了！哈哈哈哈……"
音响：笑声，渐渐消失。
旁白："盼盼守门，放心出门！"

该广告利用孙悟空和太上老君两个人物独具个性的声音来传递信息，首先，可以在第一时间引起听众的收听兴趣，拉近广告跟听众之间的情感距离，并使听众迫不及待地想知道下面会发生什么事情，进而吸引听众继续收听下去。其次，由于这个故事在听众心中早已印象深刻，再配以两人个性化的声音，既能使听众愉悦地聆听广告，又便于听众记住广告产品内容，从而得到很好的产品宣传效果。

2. 音响

音响是广播广告中重要的构成要素。音响有广义和狭义之分。广义的音响泛指各种声音，狭义的音响指音响效果。广播广告中的音响是指运用多种专门器具和特殊技法模拟或再现的各种声响，是根据广告表现主题的需要创作出来的。它分为自然音响和生活音响两大类，其中自然音响包括风声、雨声、雷声、鸟鸣等；生活音响分为人物音响、物体音响等。人物音响表现的是人物在各种环境中发出的声响，如孩子们的打闹声、闹市中嘈杂的人声、游乐场的笑声等；物体音响表现的是物体的品质和功能，如海浪拍打岩石的声音、汽车启动的声音、房屋倒塌的声音等。

在广播广告中使用声音效果，会让听众产生神秘的感觉，使听众在好奇心的驱动下进行联想，听众还可以在声音的刺激下，根据自己的经验，把感知到的声音（例如鸟鸣、流水声）和物体等重新组合，在头脑中产生一个立体化的形象，以实现视听效果联想。有时，一则优秀的广告文案只用少量的音响，就可形成大量的有声语言所不能达到的效果，这正是音响独具魅力所在，也是音响的优势。比如获得2000年中国广播广告一等奖的作品、由中央人民广播电台选送的关于摩托罗拉卫星寻呼广告就是一则成功使用音响的范例。

音响：海豹（或其他极地动物）的叫声此起彼伏
在冰天雪地的阿拉斯加
音响：呼机响

音响：印第安围猎时的呼哨声
在亚马孙河的热带丛林
音响：呼机响
音响：藏传佛教鼓乐长鸣
在通往拉萨的茶马古道
音响：呼机响

在这个广告中几乎没有什么有声语言，但摩托罗拉卫星寻呼的服务理念已经在不知不觉中被听众所接受。广告选取了三个场景："冰天雪地的阿拉斯加"、"亚马孙河的热带丛林"、"通往拉萨的茶马古道"，同时配以恰当的音响，顿时在听众的脑海中营造了三个逼真的景象，然后再分别配上摩托罗拉经典的呼机声，这样就把呼机声很好地穿插进了广告给听众所塑造的情境中去，让听众在欣赏广告的同时，记住了摩托罗拉独特的呼机声，并在心理上接受了摩托罗拉无处不在的服务理念，从而达到了很好的传播效果。

音响在广播广告传播中所能发挥出的作用，主要有以下两个方面：

一方面，可以形象化地交代环境。这里所说的环境主要包括时间、地点和在场的人物等，比如说表现集市贸易就应当配有此起彼伏的吆喝声，如果是要表现街道背景就少不了车辆行驶在马路上的声音，但如果是在一个寂静的环境中，背景音响的处理就应是此时无声胜有声。同理，天热就能听得到蝉鸣，下雨就要有风雨声，下雪可以借脚踩在雪地上的吱吱声来表现。因此，在写作广播广告文案的实践中，我们可以不断地试验，尽量不要用人物语言来交代环境，而要多用现场音响来表现，这样会更具真实感和感染力。

另一方面，能增强表现力和感染力。音响表现力和感染力的完成需要与听众的生活经验相吻合，需要调动起听众的联想力方可实现。音响效果好，会帮助听众产生联想，可以克服声音的易逝性带来的麻烦。同时，音响的巧妙使用还可表达许多无法或难以表现的东西，比如人的某些感觉、情绪、气氛，比如像用急骤的鼓点声表现紧张和急迫的气氛，用雷鸣与倾盆大雨表现生病症状等。

但我们同时应注意，广播广告中的音响使用不可过多过滥，要防止音响干扰广告主题的现象，一般来说，音响的出现时间不要超过整条广告时间段的1/3。

3. 音乐

音乐不仅能给人以美的享受，而且还能唤起人们对生活的热情。作为仅凭声音传递信息的广播广告，音乐是其又一重要构成要素，是广播广告的主要表现手段之一。这里所说的音乐是指广播广告中的伴奏曲和广告歌。伴奏曲基本上是用在广播广告的开头部分，它的目的是给听众一个心理上的准备，从而激发听众的收听兴趣。而后，乐曲可以渐渐淡去，转换成播报或对话的配乐。伴奏曲有强大的营造氛围的作用，它可以将听众带入广告预期的心境当中，帮助他们理解销售信息。

广告歌曲则是通过歌曲把广告语言转化成一种听众喜闻乐见的形式，例如，北京音乐台的《雀巢咖啡音乐时间》节目中，在插播一段广告词"门铃叮叮响，张张熟悉的笑脸带来满室的温馨，来一杯香浓的雀巢咖啡，好吗？"之后，就是一段歌曲："从什么时候，我们开始享受这份金曲？在这温馨世界里，陪伴我的是雀巢咖啡。"通过广告歌曲的运用，广播在给听众营造了一个温馨幸福的世界的同时，让听众记住了雀巢咖啡，也好似感受到了它的香浓。

广告中的音乐可以增强人的记忆。我们知道，歌曲比文字更容易记忆，并且在脑海中留存的时间会很长，因为音乐能直达人的情感深处，并具有较强的节奏感和韵律感。此外，广播广告的音乐还可以起到渲染气氛、塑造形象、表现主题、暗示产品的出产地、显示时代特征等作用。例如，金嗓子喉宝作为一种喉咙保健、治疗药，最适合用音乐来表现，它的一则广告中便用《天涯歌女》作为背景音乐，其演唱者周旋素有"金嗓子"之称，此处音乐的巧妙运用将音乐与品牌形象、产品特色有机地结合起来，给受众留下了深深的印象。

广告中的音乐很重要，但是也不能乱用，要遵循一定的原则。首先，音乐要为文案服务。广告音乐不同于一般的音乐创作，它不是纯艺术，而是必须为广告文案服务。音乐如果与有声语言不相适应，就会产生适得其反的效果。尽管很少有人不喜欢音乐，但对于广播广告来说，不合适的音乐往往有可能成为广告中的"噪声"。其次，广播广告中的音乐不能喧宾夺主。也就是说，音乐不能太响，广告音乐一般都是背景音乐，音乐声过大，很容易分散听众的注意力，影响听众收听广告内容。还有就是广播广告中的音乐不能过于优美，如果过于优美，听众的耳朵就容易陶醉于音乐之中，而忽略广告的内容。最后，广播广告中的音乐要力求简单、明快。听众一般很难接受那些深奥的歌词或复杂的调子，他们可能会因此对广告宣传的产品产生排斥心理，甚至会感到厌恶，最终影响到广告的宣传效果。

二、广播广告文案类型

广播广告可以根据不同的标准划分为不同类型，例如根据广告主购买方式的不同，将广播广告分为联播广告、插播广告、报时广告、提供节目广告等；根据时间长短，可分为专题广告、60秒广告、30秒广告、15秒广告、5秒广告等；根据广播广告内容的不同，可分为分类广告、特约广告、专题广告、公益广告等。

根据广播广告的呈现状态和表现形式一般将广播广告分为以下几种不同类型：

（一）根据呈现状态分类

1. 录播

录播即在事前就已经将广播广告录制完成，在指定的时间、节目中播出。录播的广播广告在人物语言、音响、音乐三方面能进行自然、贴切的融合，声音具有较强的表现力和感染力。几乎所有广播广告都采用预录方式，以降低成本，保证播出质量。

2. 直播

自从20世纪80年代中期广东珠江电台在中国最早开通热线直播节目，中国广播就进入了即时互动传播时代。一时间，全国各家广播媒体纷纷开通热线直播节目，广播广告也跟随着利用现场直播这一广播、电视媒体特有的传播形式来传递广告信息。

与其他媒体相比，广播节目制作不需要复杂的技术设备和后期制作，无须文字录入、排版、印刷和发行，目前，大多数广播电台的节目实现了半数以上直播，这样做就能更好地加强互动性，听众可通过电话热线、手机短信或网路的方式与节目即时回应，传受互动，相互沟通。这一方式运用到广告中就成了直播广告。这类广告通常采用现场直播的方式，由节目主持人或专家口播广告。直播广告一般没有音响，以人物语言为主，常常会适当安排一些背景音乐。这种直播方式具有一定优势，它的广告信息与节目浑然一体，可以较好地与听众互动，有针对性地解决问题。

（二）根据表现形式分类

广播广告的表现形式是由广告内容决定的，由于广播广告内容的不同，广播广告的表现形式也就多种多样，将分为以下七个类别：

1. 日记式

是指借虚构广告产品使用者所写的日记，借助日记来表达自己在生活中使用某产品后所产生的美好的切身体验。这种以记日记的方式宣传产品的质量或性能，不但真实可信，而且易于被听众接受。例如像中国台湾地区的 PUMA（彪马）运动鞋广播广告文案就是一个成功的案例：

（男声）

我是个庸庸碌碌的上班族，不过在平淡的生活中，我倒有一样法宝——PUMA。

星期一，我喜欢走仁爱林荫道去公司，借以平和我的"星期一忧郁症"。

星期二，故意挑公司后面的小巷道，多绕些路，只为了听听附近住家起床号的声音。

星期三，我会从小学旁经过，看看年轻的生命力，顺便感怀一下我自己消逝的天真童年。

星期四，我索性来一段慢跑。

（旁白渐弱）

广告语：快乐的走路族——PUMA——彪马运动鞋。

台湾的这一 PUMA（彪马）运动鞋广告，表现了一个普通男性上班族用日记方式叙述自己一周里穿着 PUMA 运动鞋上班的所思、所见、所闻和所感，将平淡的生活变得饶有情趣：从家里到公司的两点之间，他有意选择不同的路线，以平和"星期一忧郁症"，听听附近住家起床号的声音，感怀一下自己已逝的天真童年等，进而暗示 PUMA 运动鞋会伴随你度过一个又一个美好的日子。通过这种记日记的方式来描绘广告产品，可以很快在听众心中产生共鸣，激发听众对产品的购买欲望，从而达到增强宣传效果的目的。

2. 直陈式

直陈式又叫作直截了当式，是指把广告所要传达的信息简洁明了地由播音员直白地传达给听众，这是广播广告中使用最多也是最常见的一种广告形式。它以短、平、快的方式传递信息，时效性强是它的独具优点。但这一传播方式也容易使广告变得平淡枯燥，提不起受众的有意注意力。直陈式广告文案写作看似简单，但在实际运作时对广告语言的要求很高，必须做到文案诉求准确，广告主题突出，否则就达不到广告的预期效果。通常情况下它在传播时会配上背景音乐，有时也会加上特别的音响，以增强广告的感染力。下面是一个成功例子：

"廉泉啤酒"广告

在包公的故乡——合肥，有一口古老的井，取名廉泉。相传清廉之士饮了廉泉之水，甘甜爽口，明目清心。

而今的合肥有一座现代化的啤酒厂。该厂生产的廉泉啤酒，清亮透明，酒香味醇，以其独特的风格深受消费者欢迎。

在上海、天津，参加全国饮料评定，经群众投票打分、专家审查，获得了上海的健乐奖和天津市场畅销啤酒之美称！

廉泉啤酒，不负廉泉盛名。

广告文案一本通

这是一则较为典型的直陈式广告文案,由播音员将广告内容直接陈述出去,播音员在语速、语调的处理上张弛有度,简洁明快,去掉了通常情况下直陈式广告平淡枯燥的不足。另外,在文案写作上,由历史名人、故事传说入手引入产品,让产品打上文化的烙印。在这则广告中,撰稿人从包公的故乡写起,有意突出"清廉之人饮了廉泉之水,甘甜爽口,明目清心"的特点,使听众先从心理上接受并喜欢廉泉,然后再引出廉泉啤酒,这样就显得更为自然、亲切。同时,将该产品获得了比较权威的荣誉"上海的健乐奖和天津市场畅销啤酒"来作为品牌支持,进而突现廉泉啤酒较高的信誉度,使整则广告更加可信和更具说服力。

3. 对话式

这种广播广告通常是由两名或两名以上的演员或播音员采用对话方式,像日常交谈、问答等,来传递广告信息,刻意向消费者介绍商品的特有性能、利益承诺以及消费者的反应、获奖情况等,从而展现产品或服务的特色。对话虽然是两位以上播音员之间的对话,但实际上在对话过程中,能让听众有一种自身也参与到对话中来的感觉。因此,对话式广播广告如脱口秀一样很受欢迎,广告效果也较为明显。

在多年的实践过程中,这种对话式广告形成了一定的模式:一种为介绍说明式,由两人一搭一唱,将产品特色呈现出去;另一种为问题解决式,一个人遇到某一问题,另一个人提出解决问题的办法。这种方式虽然失去了新奇性和独特性,吸引力不是很高,但生活气息浓厚,不少情况下能够靠浓厚的生活气息来感染受众的情绪。

如果能在实际运作中合理地运用一些创意技法,诸如悬念、比喻、挪移等手法,就可以让对话显得妙趣横生,引人入胜,像下面这条由汕头人民广播电台播出的获奖广告"西施"牌电饭锅就是一个成功案例:

(厨房,炒菜声)
男:辛苦喽,老婆。
女:回来了!
男:(神秘地)哎,今天我带田螺姑娘回来了。
女:(不在意地)瞎说,什么田螺姑娘,我还带七仙女呢!
男:(一本正经地)哎,你不是一直想请个会做饭的保姆吗?今天,我就把她带回家,有了她,咱们下班就有现成的饭菜了。
女:(一愣,停下手,稍带醋意)这么说,她很能干,也很漂亮了?!
男:(故意地)那还用说,田螺姑娘,仙女下凡嘛!

女：（不快地）你……

男：（笑笑，疼爱地）好了，好了，我的小醋坛，放心吧，我呀，带的是"她"。

女："西施"牌电饭锅？

男：是啊，有了"西施"牌电饭锅，上班前只要轻轻一按，回家就可以坐享其成了。你说，这不等于请了一位漂亮能干的田螺姑娘？

女：（嗔怪地）好呀，你逗我……（笑声起……渐弱）

旁白："西施"电饭锅，把田螺姑娘带回家。

这则广播广告真实地再现了夫妻两人在厨房里的对话场景，虽然是很普通的对话，但是听起来却让人觉得很有趣，也具有一定的故事性。因为广告撰稿人在写作时巧妙地设置了悬念，把电饭煲说成是"田螺姑娘"，并称赞她"很能干，也很漂亮"，使得妻子顿时萌生醋意，但丈夫接下来给妻子解释，说他带回家的是"西施"牌电饭锅，谜底恰到好处地揭开，既消除了夫妻二人之间的误解，也消除了听众心中的疑惑。让听众在听故事的同时，很容易就记住了广告所宣传的产品，从而达到很好的宣传效果。

4. 情节式

这种文案写作形式通常会塑造出一个特定的环境。通过角色的对话或表演，以一种讲故事的方式推出自己的产品或服务。它的优点是比较生动有趣，能极大地激发听众的兴趣。缺点是对情景的真实性要求比较高，演员表现得好坏会直接影响到广告效果。具体来说，情节式广告可以分为两种：

（1）生活片段式。一般是消费者在生活中遇到了某种困难，正在为难的时候，恰好该产品或服务提供了解决问题的办法。例如"天津"牌助听器广播广告：

售货员：大爷，您买啥？

大爷：啥，减肥茶？不减，我这么瘦再减就没了。

售货员：……大爷，买什么您自己挑！

大爷：咋的，还得上秤约？

售货员：大爷，您老耳背，我给您介绍一个新伙伴儿。

大爷：啊？要给我介绍老伴儿？不行啊，家里有一个了。

售货员：大爷，我给您介绍这个，保证您满意。

大爷：啥，助听器？对，我就是来买助听器的。

旁白："天津"牌助听器，让聋人不再打岔。

广告文案一本通

这则广播广告为我们生动地再现了一个生活中经常会出现的说话打岔场景,由于老大爷耳背经常打岔,从而使这则广告听起来诙谐幽默,让听众极有兴趣地听完这则广告的同时,也在笑声中记住了产品的名字——"天津"牌助听器。这种选取生活中的一个小片段来进行广告宣传的方式,要比直接陈述产品优点的方式更具吸引力。

(2) 故事叙述式。这种文案写作方式是指编成广播短剧,以生动有趣的情节来引起听众的注意,但是在实践中使用起来却不是很容易把握其创意的度和质。因此必须注意以下几点:第一,故事情节应符合商品或服务的特色,否则很难达到推销商品的效果。第二,演员必须准确理解故事中人物的个性和语言特色,并能够做到真实再现,否则,就无法达到预期的广告效果。第三,音响和音乐要有助于刻画故事环境,从而使情节更加逼真。

5. 现场新闻式

这是指利用现场新闻报道的方式,将新闻事件与传播广告信息十分巧妙地结合在一起,使广告具有较高的可信度和说服力,下面就是一个成功的例子:

辽宁人民广播电台:听众朋友们,现在我们在沈阳市人民体育场内向您转播辽营队同东宝队的足球比赛的实况。

现在比赛已经进入了关键时刻,辽营队18号断球,带球突破,过了一名队员,又过了一名队员,第三名队员上来阻截。东宝队9号队员倒地铲球。不好,18号队员摔倒了,看样子摔得不轻呵!

(旁白) 不要着急,我们有部优产品——沈阳红药。

这则由辽宁人民广播电台为"沈阳红药"制作的广播广告,在文案中对辽营队与东宝队进行足球比赛的实况转播录音进行了剪辑,选用了与广告产品有关的情节,如18号运动员受伤不轻,需要及时治疗,进而巧妙地加上一句旁白,将广告产品"沈阳红药"自然而然地推了出来。由于现场转播具有不可怀疑的真实性,使消费者对广告产品充满了由衷的信任感。

6. 小品式

采用戏剧、小品形式,通过人物语言、音乐、音响,营造一个特定的环境,把广告所要传达的信息借助一定的故事情节来表现。这种类似于广播短剧的形式存在一定的情节和戏剧冲突,生动有趣、充满张力、引人入胜。小品式广播广告文案多以生活片段的方式来呈现生活中的某一情节,有时也会以神话传说为题材,将产品信息穿插进去,以增强吸引力和趣味性。看下面这段广播广告:

Sunday 电信广播广告文案

（电话嘟嘟声）

甲：喂，妈，最近还好吗？波士顿天气冷了，小心身体。

乙：我很好。但是你爸爸又去见那个女人了，几天没回家，呜……你要乖一点呀，阿明。

甲：阿明？我是阿强呀！妈，你别吓唬我，自己儿子的名字也忘了！

乙：阿强？我的儿子叫阿明，你不是我儿子？

甲：什么？我不是你儿子?！莫非我是那个女人生的？你养育我这么多年，让我三十几岁才知道自己的身世，你不觉得很残忍吗？啊，怪不得移民移得只剩下我在香港！

乙：我儿子才二十岁，你究竟是谁？

甲：噢，我又拨错号码了……（人声渐弱）

男旁白：Sunday 1622，每逢 Sunday 免费拨去美加，拨错号码也没有损失。

查询请电：21138000

香港 Sunday 电信广告抛弃了香港电信公司流行的明星代言方式，以大胆、前卫的创意来吸引听众的注意，这条"Sunday 1622，每逢 Sunday 免费拨去美加"系列广告打破逻辑思考的模式，为了突出其星期天免费打电话去美国、加拿大的优惠活动，塑造了一群穷极无聊、乱拨电话的人，这些人在给陌生人打电话的过程中没话找话，由此发生了许多有趣的故事，可以说广告新奇引人，创意大胆，极大地增强了广告预期的传播效果。这则广告文案在写作时利用一名叫阿强的男子打错电话为铺垫，幽默式地突出了"Sunday 1622"可以星期天免费打电话去美国、加拿大，拨错号码也没有损失的通话特点，从而让听众在笑过之后，能够轻松地记住这则广告所传达的内容。

7. 歌曲式

是指将广告产品或服务的优异性能、品牌名称、情绪情感等写进广告歌词中，用歌曲的方式来传播广告信息。在具体写作时既可以为广告产品专门作词作曲，也可用旧曲填上新曲。这种形式能引起人的好感，容易传唱，也便于记忆，歌曲的风格对树立品牌形象具有决定性的作用。当然，歌曲式广告并不一定要一曲到底，也可以在中间穿插人物语言，以补充歌曲中不易突出的内容，或强调想要传达的广告信息。像下面这则广告文案：

广告文案一本通

步步高复读机"你是我的 Baby"广播广告

张惠妹领唱：你是我的姐妹

众女合唱：你是我的姐妹

张惠妹：你是我的 Baby

众女：你是我的 Baby

张惠妹旁白：步步高复读机，学外语更容易

这首歌曲节奏欢快，在青少年中有很高的知名度，几乎人人都会唱，这则广告抓住张惠妹在歌唱中夹杂英文的特点，将"步步高复读机，学外语更容易"的信息准确地传递了出去，并借助《姐妹》来提高产品知名度。在这则广告中，广告撰稿人选取张惠妹这首著名歌曲中的高潮部分，以歌唱的形式将信息传达给听众，这就能在听众心中产生一定共鸣，从而起到意想不到的宣传效果。

三、广播广告文案写作

（一）广播广告文案的写作要点

1. 坚持"为听而写"，遵守动听性原则

广播广告文案既不是为"读"而写，也不是为"看"而写，它是为"听"而写。广播媒体在传播广告信息的时候，所使用的手段仅限于诉诸听觉的符号（如有声语言、音响和音乐），这就决定了我们在撰写广播广告文案时，必须充分考虑到它的符号特征，努力扬长避短，才会创造出真正有推销力的优秀广告作品。

广播广告无画面、无文字，完全靠诉诸听觉的符号来传达产品或服务信息，所以它必须要有最动听的听觉符号，才能抓住消费者的注意力，实现促销效果。因此，必须深刻理解广播广告文案"为听而写"的原则。请看下面的例子：

台湾和信水莲山庄广播广告

莲花篇

您一定看过莲花开放，但是您听过莲花开放的声音吗？

这是清晨六点的金龙湖畔，请您侧耳倾听。

没错，这是一群早起的蜜蜂，正绕着莲花，叫她快开门。台湾和信水莲山庄，愈早起床，人愈健康。

台湾和信水莲山庄广播广告"莲花篇",在"动听"这一卖点上巧做文章。一方面,通过内容来突出莲花开放的声音,"请您侧耳倾听"。另一方面,又将优美的有声语言与音响结合起来,让读者在获得听觉的美感愉悦过程中,体验到水莲山庄宁静而幽雅的自然之韵。所以,广播广告文案撰写的"动听性"原则,指的就是要善于选择那些音感优美而又强烈的词汇,将它与动人的音响、音乐有机融合,给消费者造成一种强烈的听觉美感。

2. 节奏自然、适当重复

广播广告语言最忌讳的就是冗长和呆板,因此,通过字、词、句的适当控制,可以使广播广告的节奏和谐,张弛有度。

在字的选用上要适当地押韵,一般在句子的末尾使用韵母相同或相近的字,同时字的音调要平仄结合、抑扬顿挫、起伏有序。在词的运用上要多用发音响亮的同语,这样才能使广播广告读起来朗朗上口,悦耳动听。

句式的不同也能够产生节奏感,句子的长短、句式的整散都要根据广告信息的特点来加以调整,实践中通常情况下要多用短句,短句简洁凝练,容易上口,同时要注意句子的对称和排比,这样才能使句子更为紧凑,有气势。

广播广告的时间性特征非常明显,传递的信息转瞬即逝,广播广告没有标题,听众的收听行为是非关注性的,是一种伴随状态的收听,这样就很难使听众完全将注意力投入其中。因此,广播广告在文案写作时要对主要信息进行适当的重复,如主题、口号、品牌名称等,设法把它融合到整个广告中,尽量做到自然得体。很多情况下反复地对某一卖点进行强调,才能加深听众印象。广播广告一般要求在30秒内重复品牌名称3次左右,才能在听众脑海中形成一定的印象,像下面这条广告就是如此:

孔凤春化妆品广告

(唱)西湖,西湖,飞起美丽的孔雀。
西湖,西湖,飞起金色的凤凰,展开春风的翅膀,要把人间来梳妆。
(白)哪个姑娘不爱美,爱美就爱孔凤春。百年的孔凤春化妆品为人们艳丽的生活,献上朵朵鲜花。
(唱)孔凤春,孔凤春——

这则广告文案注意了押韵技巧的使用,"凰"、"膀"、"妆"押"ang"韵,在声调上最后一个字分别为仄(雀)、平(凰)、仄(膀)、平(妆)、仄(美)、平(春)……平仄结合,抑扬顿挫,使整个广告显得起伏有致、摇曳生姿。句子有短有长，以短句为主，运用排比加以突出主题，整个广播广告读起来一气呵成，节奏自然，充满了音乐美。品牌名称"孔凤春"在文案中重复四次，把化妆品的主要特色——把人装扮得更"美"，物化为各种美的意象——西湖、孔雀、凤凰、春风、姑娘、鲜花……使美丽无处不在。

3. 营造情景，引发想象

如果文案能在听众心中建立起坚实而又生动的画面，并且能够引起听众的共鸣，就会对听众的记忆产生有力的影响。这就要求在文案写作时使用具体、形象、生动的语言，并借助音乐和音响来共同营造这种效果，激发听众的联想。请看下面的例子：

（舒缓的笛声）

女：告别了城市的喧嚣，在宁静的夜里，我的思绪飘到了远方，眼前又浮现了童年时的故乡，那葱茏的远山和青青的草坡上打着盹儿的羔羊，慈祥的爷爷叼着烟袋在嗡嗡的蜜蜂叫声中，看守着他的蜂场。

耳边传来山间流水的叮咚声和微风吹过树梢时的脆响。那是童年的青青世界，如今哪里去找？

男：让每个人都可以在都市中找到这片纯净的青青世界。

女：深——圳——青——青——世——界。

该广播广告用诗化的语言描述了一个梦想中的童年世界，通过广告的描述，"葱茏的远山"、"青青的草坡"、"打着盹儿的羔羊"、"慈祥的爷爷"、"嗡嗡的蜜蜂"、"山间流水的叮咚"……让人心情为之一震，文案中形容词和名词巧妙的搭配亦给我们描绘出一幕幕宁静、和谐、安谧的画面，这幅画面在脑海中是完美的、无懈可击的，一下子勾起了我们对童年的美好回忆，以及对乡村淳朴生活的无限向往，油然而生一股要投入大自然的冲动，此时最好的选择当然会是——深圳青青世界，广告诉求的目的就这样自然而然地达到了。该广告用优美的语言营造了一个美好的情景，让听众顿时有一种身临其境的感觉，达到了很好的宣传效果。

4. 通俗易懂，简明单一

广播广告稍纵即逝，因此一定要信息单纯，以免听众听了后面忘了前面。大多数听众把广播广告当成背景媒体，听广播与其他行为，比如开车、做家务、锻炼身体等是同时发生的，听众很少完全投入只"听"的情境中。广播上要通过听觉传播，没有视觉参与，广播的非专注状态再加上单一的听觉传播特点，就要求广播广告文案一定要简明单一，用单一的诉求和极富冲击力的创意，将主题钻

第四章 广播广告文案写作

入听众脑海,使其牢牢记住。因此,广播广告文案写作要尽量做到通俗易懂,简明单一。

要想做到通俗易懂,简明单一,最简单也最有效的方法就是广播广告的句子要尽量简短,这样不但能很容易让听众明白你的广告讲的是什么,而且还便于记忆。

心理学告诉我们,长句不利于记忆。研究表明,在汉语中,超过12个字的句子不容易让人持久记忆,因此广播广告的撰稿人在写作时句子一定要简短。

使用短句不只是口播的要求,在平时的对话中,人们也经常喜欢使用结构简单的短句,这样更便于沟通。如果在广播中使用长句子,不但听众会觉得别扭,无法理解,不予接受,而且口播者本人也会不习惯。因此,面对结构复杂的长句,广播广告的文案撰稿人要善于将它变成几组结构简单的短句,比如可以使用排比、对偶等句式来把复杂的句式变简单。

在实践中我们发现,但凡优秀的广播广告,都以简明快捷的句子来传播信息。由于句子短小,因此句子中的每一个词汇都显得精练,每一个词都用得恰到好处。关于这一写作特点,山东人民广播电台的中国广播广告奖获奖作品"泰山,欢迎您"就提供了一个范例:

(音响:钟声响第一声后,音乐淡出再出钟声)
男中音:岱庙,历代帝王祭天的地方,
　　　　登泰山从这里开始。(转轻纱神秘的音乐)
　　(高亢)经孔子登临处,步步登高,
　　　　一路千年文化,一路无限风光。
　　(幽静的山崖中,流水声、瀑布声、鸟鸣声与景观融为一体)
　　(悠扬)山高水长,云桥飞瀑,
　　　　鸟语松风,十八盘盘,
　　　　直上蓝天。(宁静舒缓的音乐渐出)
　　　　神游不如亲临。(之后加响鼓声)
　　　　朋友,泰山欢迎您。(音响、音乐渐渐消失)

这则广告文案有着诗一般凝练的语言,也蕴含着诗一般美丽的意境。但全文没有一个句子超过10个字,句式凝练,句序合理,让人听起来非常顺耳,更便于记忆。广告通过"山高水长"、"云桥飞瀑"、"鸟语松风"、"十八盘盘"、"直上蓝天"等四字词语的运用,使该广告听起来不仅很有气势,而且朗朗上口,更重要的是听众从这些词语中可以清楚地了解到泰山的特点,会在听众的大脑中形

· 111 ·

成清晰印象,从而吸引听众到泰山旅游,达到了广告所要的宣传效果。

5. 广播广告应力求口语化

广播广告诉诸人的听觉,是说给人听的,而不是写给人看的,广播广告如果听不懂就会严重影响宣传效果,因为它无法像报刊那样反复阅读。因此,语言要做到通俗化和口语化,要让听众字字听得清,句句听得懂,使听众能够正确理解广告的宣传卖点。

要想让广播广告文案写作口语化,需要做到以下几点:

(1) 要多使用通俗易懂的口语词汇,慎用书面词汇,尽量避免文言词汇。口语词汇声调响亮,通俗易懂,能把深刻的内涵用一种易于收听的方式表达出来。此外,对于本地听众来讲,口语词汇尤其是带有方言的口语词汇常常会具有相当的亲和力,容易引发听众的认同感。

下面,这则由辽宁人民广播电台文艺频道播出的获奖广告"福满楼酒家",巧妙地使用了口语化词汇,因此取得了很好的效果。

话说当今的火锅满城都是,可要说好吃,还是人家福满楼的肥牛火锅。锅烫、肉嫩、片薄、料足、味正、特一级厨师料理。那原料可是从北京那儿大老远运来的,中德合资华安肉联公司的上等货色。酒店徐经理让我给您捎个话儿,他们在那恭候着您呢。花个两三百块钱吃顿肥牛火锅,哎,上算!福满楼在哪儿?惠工厂您知道吗?东面100米,门脸古色古香。哎,我这儿端着订餐电话呢:8807932。哎,上福满楼别忘了叫着我啊!

该文案中使用了生动的东北口语,从而让人感觉非常活泼,有很强的生活气息,与听众贴得很近。如果用书面语,效果就会截然不同。虽然这则广告听起来很简单,也很通俗,但是放在当地广播电台播放效果就会不一样。因为听众会认为广告特别真实,特别有亲切感,就像自己的亲朋好友或街坊邻里在向自己介绍一样,这样的广告文案就更能获得听众的认可。

(2) 要注意同音异字词。在广播广告中,同音异字词常常会给人歧解或误解,从而造成不可挽回的损失。比如"本产品全部合格"就有可能被听成"本产品全不合格"。在介绍品牌名称时,更要注意这个问题,否则就有可能花钱为别人做广告。所以,在广播广告中,对一些常易混淆的同音字、词应当特别注意,比如像下面这些常用字:

全不—全部;必须—必需;男生—难升;实事—时事

旅行—履行;三步—三部;夕阳—西洋;著名—注明

当同音异字、词出现,但又不可避免时,一定要设法加以解释,就像平时口语中常用的那样："我姓章，立早章。"

（3）要多用双音节词，少用单音节词。单音节词在纸质媒体中使用可使语言更加简洁，但在广播广告中使用则常常是弊大于利。因为单音节词读起来声音短促，不够响亮，听众很难在短时间内捉住这一单字所表达的信息，就会造成理解上的困难，从而影响整个广告的传播效果。而双音节词匀称，念起来顺畅，听起来自然。

（二）广播广告文案写作的其他技巧

1. 可在广播广告中加入幽默色彩

广播是一种偏重娱乐的媒体，它主要用于娱乐和满足个人的兴趣爱好，广播内容总体上趋于轻松休闲，相应的广播广告也应该尽可能地写出情趣，写出幽默。在广播广告中，幽默是非常有效的表现手段，也可通过旧元素的新组合，使听众感到惊奇从而产生效果，让听众在笑声中接受和认同广告所诉求的信息。像下面这条广播广告：

广东联通广播稿之"误会篇"

女：今天下雨，我恨……你……我们……完了。再见！（中间夹杂信号中断声）

男：我……你……

另一男声：小伙子，别沮丧，这有可能是网络的问题。你为什么不试试话音清晰的 130 网？你听！

女：今天下雨，我恨透这鬼天气，你快来接我，我们晚上去看电影。好了，我说完了。再见！

男：哈哈！一打就通。话无遮拦 130！（笑声）

标准声："全省联网，一打就通。"刮目相看 130，我们的努力在延伸。

这是联通以话音清晰为诉求重点的一则广播广告。在广告中，联通通过幽默的形式，充分发挥广播口语化特点，将一对恋爱中的男女由误会产生到解除误会的过程形象化地表现出来。因为网络问题，电话里女孩约男孩看电影的原意被扭曲，变成了分手宣言，最后误会解开，皆大欢喜。这一广播广告创意新奇有趣，通过去掉电话中一些重要的部分而产生截然相反的效果，充满了原创性和智慧，联通的形象就在这样的轻松气氛中让听众得以深刻记住。

2. 在广播广告中可适当运用修辞技巧

在广播广告中恰当地运用修辞技巧能使广告文案妙趣横生，引人入胜。但是需要注意的是，广告语言不能单纯地为了修辞而修辞，它的主要目标是使文案能够用一种生动的方式来体现广告创意和策略。

在广播广告中使用修辞技巧应注意三个问题。首先，无论用什么样的修辞方法，都要密切结合声音的特性，坚持广播广告文案"为听而写"的原则，使广告文案听起来悦耳而又优美。其次，要保证文案的真实性。由于广播广告是通过听觉传达给受众产品信息或服务的，运用一些修辞手法，比如说夸张、比喻、拟人等可以引起听众的注意，但是如果听众不了解广告文案中使用的是修辞技巧，则会让听众觉得信息不真实，会认为广告是在骗人，从而影响广告的传播效果。最后，一定要在使用后能够取得比不使用修辞技巧更好的效果。如果修辞在广播广告文案中只不过是点缀，那就不如不使用修辞，保持原文案简洁朴素的本色。因此，修辞在广播广告中并不是可以随便使用的，也不是每一个广播广告都必须使用修辞，一定要根据产品或服务的诉求特点来决定用还是不用。

第五章 报刊广告文案写作

报刊广告，就是我们通常说的报纸广告和杂志广告，它们与广播、电视广告一起，构成了四大媒体广告。由于报纸广告和杂志广告在写作方式上大同小异，因此我们统称为报刊广告，这是典型的平面广告形式。

一、广告文案的结构

在学习报刊广告文案的写作之前，我们有必要先了解一下报刊广告文案的结构。报刊广告文案可以分为标准型和特殊型两种结构形式。

（一）标准型报刊广告文案

标准型报刊广告文案是由以下几部分组成：标题、正文、附文、广告口号。这些要素与图案一起，构成报刊广告作品。

1. 标题

一般放在广告的最上方，是整个广告最重要的部分。一般来说，任何一则广告，字体最大，且处于最醒目位置上的总是"标题"。据美国广告专家统计，广告标题的阅读量是正文的 5 倍。有人说："广告效果的 50% 到 75% 取决于标题的力量。"

艺术指导出身的著名广告人乔治·路易斯也充分肯定标题的作用。他说："一个强而有力的标题能收纳所有的力量，然后漂亮地出击。这些标题由文字组成，是沟通的基本工具……所以，我的生命总是在寻找三个、四个、五个或六个字来表现伟大的创意。"

广告标题在广告中主要能起到以下的作用：

（1）在瞬间刺激读者，激发起他的好奇心。报刊虽然是人们付费购买的媒体，但很少有人会主动寻找广告。如果读者在浏览的一瞬间没有被你的广告吸引，那你所有的心血就有可能付之东流。

例如，阿迪达斯篮球鞋的一则广告的标题是："捉老鼠和投篮。"一看到这样的标题，人们会觉得很奇怪，这不是风马牛不相及嘛！在好奇心的驱使下，就会接下来看正文。正文中详细解释了阿迪达斯两色底皮面超级篮球鞋模仿猫的脚掌的构造原理，制造了具有独特工艺的运动鞋。

（2）诱导读者进一步关心广告正文。仅仅靠标题，无法详细地介绍有关产品或服务的信息，也无法达到广告的说服效果。因此，好的标题应该能够把读者的注意力引向正文。

例如，Timberland 鞋的一则广告的标题是："我们偷了他们的土地、他们的牲畜、他们的女人，然后又会去偷了他们的鞋。"大字标题下面是一张印第安人的照片和一双鞋。读者从中能够感到，下面将要讲述一个有趣的故事，因而继续看下去。

（3）指出产品或服务的目标消费者。克劳德·霍普金斯在《广告的科学》中说，能吸引对商品有兴趣的读者用心阅读的才是真正的广告。因此，将这群人发掘出来就是广告标题的任务。

有效的广告标题应该能让产品或服务的目标消费者觉得，这个广告就是为我而写的。

例如，一则减肥食品的广告标题是"吃喝都一样，为啥偏我胖？"生活中常常有胖人抱怨"喝凉水都胖"，并为此而困扰。广告以他们的口吻提出问题，既幽默，又有针对性。

（4）指出品牌的某些特点，播下潜在的购买意识。由于人们生活节奏的加快，有相当一部分人不会仔细地看完报纸，通常都是泛泛地浏览标题。针对这种情况，标题里要含有产品或服务的一些信息。太直白的标题难以吸引人们读下去，太含蓄的标题又容易流失一部分读者。这种尺度的把握，考验着文案写作人员的能力。

例如，德国大众汽车公司曾为外观并不出奇的金龟车做过一则广告，标题是："车的样子有点丑，但能载你到达目的地。"旁边是一幅登月车的图片。仅仅看标题，就会知道它是针对那些讲究经济适用的消费者的。如果你是这样的消费者，就会关注广告中的其他信息。

2. 正文

这是报刊广告文案的中心部分，涵盖了产品或服务所具有的主要利益点和支持理由。对于理性诉求型广告来说，正文承担着对消费者可能产生的疑问进行解释和说明的任务，执行广告的告知和说服功能。对于感性诉求型广告来说，正文承担着调动消费者情感参与的任务，执行广告的形象塑造功能。

如果说，标题可以用一种非逻辑的方式来吸引消费者，正文则必须回到逻辑上来。例如上文提到的阿迪达斯篮球鞋"捉老鼠与投篮"广告的正文：

猫在捉老鼠的时候，奔跑、急行、回转、跃扑，直到捉到老鼠的整个过程，竟是如此灵活敏捷,这与它的内垫脚掌有密切的关系。

同样的,一位杰出的篮球运动员,能够美妙地演出冲刺、切入、急停、转身、跳投、进球的连续动作,这除了个人的体力和训练外,一双理想的篮球鞋,是功不可没的。

新推出的阿迪达斯两色底皮面超级篮球鞋,即刻就获得喜爱篮球的人士的赞美。

因为,它有独创交叉缝式鞋底沟纹,冲刺、急停时不会滑倒。

因为,它有七层不同材料砌成的鞋底,弹性好,能缓解与地面的撞击。

因为,它有特殊的圆形吸盘,可密切配合急停、转身跳投。

因为,它有弯曲自如的鞋头和穿孔透气的鞋面,能避免脚趾摩擦挤压,维护鞋内脚部温度,穿久不会疲劳。

一般来说,正义主要包括以下内容:
(1) 提供产品(或服务)的历史、工艺、荣誉等,以取得消费者的信赖。
(2) 介绍产品(或服务)的特色和效益,以调动消费者的兴趣和欲望。
(3) 介绍该商品的使用方法或售后服务项目,以消除消费者的后顾之忧。
(4) 提出建议,并希望消费者能优先考虑购买。

3. 附文

附文也叫随文,是广告文案的附属部分。在大多数广告中,附文常常紧排在正文之后,有的则分开编排。它虽然不是文案的主体,但也是报刊广告文案的一个有机组成部分。

附文一般是提供广告主或经销商、零售商以及促销活动的信息,以方便消费者的咨询。附文主要包括品牌名称、商标、店址、电话、传真、网址、活动方式和日期等。附文有助于将读者的兴趣和欲望变成具体行动。

这些内容如果偶有失误,写得不周全、不艺术,会直接影响到销售效果。因此,附文虽说是附属部分,也同样要认真对待、条理清楚。

4. 广告口号

广告口号也叫标语,是为了强调品牌或企业的独特定位和形象而提出的一句简明通俗并能在较长时期内反复使用的宣传用语。

它的作用是,通过反复使用,使人们在心中逐渐形成对特定品牌或企业的比较巩固的印象,从而提高品牌或企业在社会上的知名度。广告口号一般与企业或品牌名称、标识相伴,采用固定的标准字体。

有的广告中,会同时出现两个口号。一般把与文案联系更密切、更适应短期广告活动的口号叫作广告准口号。

广告口号和标题有相似之处,都比较简练,在广告编排中较突出,容易引起读者的注意。但是它们之间,又有一些不同之处。

(1) 广告口号常常是宏观的,可以用于一个企业的系列产品,一般不轻易变更。而标题则是具体的,随产品不同而变化,甚至同一产品不同版本的广告也有不同的标题。

(2) 标题有时可以较长,但口号一般都比较简短,大多在10字以内。

(3) 标题和正文相辅相成,是广告文案的重要组成部分。而广告口号相对比较自由,还可以脱离具体的广告文案单独使用。

德国著名广告人玄特纳曾谈到,报刊广告之所以称为报刊广告,不是因为标语,而是因为标题。广告标语不能传达新的信息,其内容读者已经听过或读过许多遍,但是标题能够做到。因此,广告标题的阅读价值远远超过广告标语。

他还强调,"一个好的广告标题(及其好标题引出的文案内容)给人以咄咄逼人的购买理由。但广告标语则不一定有这么大的能耐,标语广告是广告的低级形式。如果要给人留下深刻印象,需要较长时间对它进行重复"。

需要注意的是,经常有人把广告口号称为"广告语",这是一种不准确的提法。广告语的提法源自"中心广告语"。"中心广告语有各种表现方法,有时使用简洁的表现商品特性的文字,有时则为了引起对广告的注意而使用出人意料、强有力的文字等。通常使用简短的句子,也有用长句的。日本主要使用中心广告(Catch Phrass)的形式,美国则是用大字标题(Headline)的形式。"

(二)特殊型报刊广告文案

除了上述的标准型报刊广告文案结构以外,还常常有一些特殊的结构形式。这些结构形式主要表现为标准型结构中的一种或几种要素的省略。

1. 没有标题

这种结构的广告,正文一般都比较简短,没有太多复杂的信息。例如香格里拉酒店的一则广告:

正文:不是非要相识,才能待人如己,
　　　不是非要相知,才能拥人入怀。
广告口号:至善盛情,源自天性。
附文(略)

但是,没有标题的广告最好慎用。著名广告人约翰·卡普斯曾警告说:"千万不要尝试设计没有标题的广告。一些广告客户错误地认为这样更时髦、更现代、更深奥。因为他们还没有把这类广告付诸测定,所以他们可能并没有意识到，这些没有标题的广告的唯一读者就是那些受雇不得不仔细阅读的校对员。"

2. 没有正文

这种广告一般都是企业或品牌形象广告，强调的是附加价值。除了标题以外，图片占有显著的位置，一般在杂志广告中比较常见。

3. 没有广告口号

一些文案创作人员认为，如果广告已经做到了它该做的事，就不需要广告口号了；如果广告没能达到预期效果，那么加上这句话也不管用。例如，路易·威登的一则广告：

标题：有些旅行本身就是一个传奇
正文：巴哈马群岛
附文：（略）

4. 只有标题

这种结构一般出现在杂志广告中，基本为企业形象广告。例如哈根达斯的一则广告，除了图片，只有一句话"爱上了，这上了云端的滋味"。

二、广告标题的写作

克劳德·霍普金斯曾这样强调标题写作的重要性，"在任何行业里，好广告的差别都不是很大，它们必须完整，而完整就意味着相似。它们之间最大的区别就在于标题"。

一个有创意的标题，可以在传达单一诉求的讯息时，同时拥有多重意义而更为丰富。

（一）标题的类型

按其诉求方式的不同，广告标题可分为直接性诉求标题、间接性诉求标题两种。

1. 直接性诉求标题

就是广告的设计者，用简洁凝练的文字，开门见山地把广告的主题和销售重点传达给消费者，使消费者马上明白广告诉求的重点所在。

这种标题的优点是简明、直接，有信息性和针对性；缺点就是比较直白，如果没有诱人的利益点，难以引起读者的好奇心。例如新西兰奇异果Zespri系列广告标题：

a. 嘿！嘿！嘿！我的维他命C是苹果的17倍！

b. 嘻！嘻！嘻！我的钙质是香蕉的4倍！
c. 哈！哈！哈！我的纤维质是葡萄柚的2.6倍！

2. 间接性诉求标题

就是采用迂回曲折的方法，通过激起读者的好奇心，引诱读者为了寻找答案或解释而阅读广告正文。

这种标题的优点是在引起读者注意和兴趣方面更加有效，缺点就是容易失去那些只浏览标题的人。例如家护牙刷的广告标题：

日本人很会弯腰，
家护牙刷独特的弹性按摩弯颈，
比日本人更会弯腰。
（图片左边是一个日本人弯腰向右鞠躬，右边是一支家护牙刷，二者相对。）

（二）标题的写作方法

通过字体、大小和编排，从形式上来突出广告标题，并不是一件难以做到的事。难度较大的地方是开动脑筋，全力制作更有冲击力的标题。

虽然广告标题在写作上并没有一个固定的模式可以套用，但是许多出类拔萃的标题还是有一定的规律可循的。如果你绞尽脑汁也没有写出一个满意的标题，可以参考以下的方法：

1. 提供利益式标题

在标题中直截了当地提出产品或服务能给目标消费者带来什么样的好处。例如新加坡克拉码头广告标题：

"在我们的古老店铺里，却拥有世界上最新奇的事物。"

又如优衣库（UNIQLO）一款SILKY快干系列服装的广告标题：

"高科技的创意之作。舒适清爽，享受不一样的夏天。"

2. 新闻式标题

在标题中显示出，你的产品或服务具有创新性。新闻式标题有助于增强吸引力和销售力。这种标题类似新闻标题。例如《南方周末》的一则广告标题：

"这个夏天把南方周末穿在身上。"（该报史上首件读者专属 T 恤发售）

有时，还可以利用新闻事件做标题。例如：

"欧米茄再续奥运会指令计时光耀重任。"

3. 故事性标题

这种标题或多或少是一种想象类型的标题，旨在吸引读者去阅读故事性的广告正文。生动的故事性能使标题表达更加清晰，也更有说服力。例如中外运——UPS 的广告标题：

"7526 英里，22 磅青竹，3 名专家，2 只珍贵大熊猫。"（正文讲述了连夜把来自北京的大熊猫送到亚特兰大动物园的故事）

又如 Discovery 电视频道的系列广告标题：

（1）早期汽车避震系统的设计标准，是车上运载的蛋不能被震破。
（2）老鼠身上丰富的维他命 C，曾帮助许多古代船员预防坏血病。
（3）地球上有 8 万多人自称曾被外星人绑架，但人类要到哪一世纪才能破案？
（广告口号是："今天你有什么新发现？"）

4. 典故式标题

运用古代的典故作为素材，以成语、谚语、俗语或名言、警句作为标题。这种标题简洁凝练，有一种画龙点睛的效果。例如 MINI 汽车的一则广告标题：

"为人民服务。"（毛泽东语录）

一家房地产公司的广告标题：

"我有一个梦。"（美国人权运动领导人马丁·路德·金的名言）

5. 话语式标题

一般采用顾客所说的话，用现身说法的方式来宣扬产品或服务的功效，一般都加引号。例如 Booker's 威士忌的广告标题：

"我知道威士忌酒会随年代久远而变得更醇香，而我年龄越大，就越喜欢喝。"

凌志汽车的一则广告标题是：

"所有车祸的 33% 是由于侧面冲击相撞，早看到这条广告就好了。"

有时，也会采用企业的领导或员工的话语作为标题。

6. 提醒式标题

这类标题一般是披露被人忽视或不为人知的某些事实，以吸引目标消费者的关注。例如，飞利浦的广告标题：

"因为有些人只梦想能拥有一夜好梦。"

一些公益广告常常采用这种标题，提出一些人们所不了解或忽视的事实。

"塑料品是木乃伊，埋在土里几千年也不会腐化分解。"（台湾地区的公益广告，图案是包着裹尸布的塑料瓶）

7. 建议式标题

采用希望、劝勉、叮咛或命令等语气敦促消费者采取购买行动。例如下面的广告标题：

"选择米其林。因为全家人都在你的轮胎上。"（图案是一个婴儿坐在轮胎上）

"爱她就给她新鲜的。"（美的冰箱广告）

8. 假设式标题

用"如果"、"只要"等词语，告诉消费者使用产品或服务所能得到的好处。例如春兰空调的广告：

"只要您拥有春兰空调，春天将永远陪伴着你。"

第五章　报刊广告文案写作

还有的标题是从反面进行假设，指出不用本产品或服务的后果。例如：

"没有维士酱的沙拉，就等于一盘湿的蔬菜。"

需要注意的是，假设性标题不能太空泛，要包含具体的信息。

9. 提问式标题

把消费者可能产生的疑问放在标题中，容易引起读者的好奇心，调动他们的参与感。例如 Timberland 野外休闲鞋的广告标题：

"鞋上有 342 个洞，为什么还能防水？"

一则经典的可丽柔染发产品的标题，强调染发后的自然效果：

"染了？没染？"

一般来说，问题的答案都在正文之中。有时，还采取反问的形式来提醒消费者。例如士力架巧克力棒的广告标题：

"饿了？那还等什么？"

10. 格言式标题

一般采用断定的语气，倡导一种新的观念或生活方式。例如台湾地区一个男士专业护肤机构的广告标题：

"新美男子爱面子！"（广告口号是："护肤，不是女人的专利。"）

又如沃尔沃 S40 汽车的广告标题：

"好男人不会让心爱的女人受一点点伤。"

11. 针对式标题

在标题中直接或者间接地指出目标消费者，让他们感到这个广告是写给我的。例如凯利牌（Keri）杀菌洗手液在地铁车厢广告的标题：

· 123 ·

"本车可载 324 人（及数亿个细菌）。"

12. 超常式标题

标题中提供的信息与一般读者了解到的情况大相径庭，从而引起消费者的好奇心。

例如：

"禁止吸烟，皇冠牌也不例外。"（言外之意：皇冠牌质量高、害处少，本可不在禁烟之列，反而刺激消费者品尝一下）

"5 分钟后，本广告就失效。"（正文介绍，在黄页上登广告就不会这样，因为 96% 的家庭和公司一年 365 天都在翻看黄页）

以上所列的几种标题的写作方法，常常可以结合起来使用。例如新飞电器的广告标题：

"历时 12 天，跋涉 1500 公里，三次与死神擦肩，仅为一台冰箱，是否值得？"（故事性和提问式相结合的标题）

"如果每天掉发超过 20 根，就该饮用华珍了。"（提醒与建议相结合的标题）

（三）有效标题的基本特征

1. 引起读者的好奇心

最简单的方法是运用"秘密"这个词。比较复杂的是自由标题提出一个问题。为此，经常运用双关、隐喻、设问等修辞手法等。例如：

"《昂格拉邮报》使整个国家都上了钩。"（一份美国影响较大的钓鱼爱好者的报纸）

需要注意的是，这种好奇心要表达得恰到好处，要包括产品或服务的一些信息，但又全然告知。例如：

"我们为何要把引擎放在车后？"（大众福斯汽车）

2. 调动读者的参与感

（1）直接提问。这是最常用的方法。只是问题要带有煽动性，要像"诱饵"

一般，具有深层的、令人深思的性质。例如：

"普尔斯马特，你为何要向顾客设卡？"（普尔斯马特会员商店）

（2）用小测验和挑战式的标题。读者会因你设下的恰当题目而被引入广告中。例如：

"你能回答下列这些有关汽车里程表的问题吗？"

（3）表达图片带给读者的感受。

"晕了吗？蚊子也会有相同的感觉。"（雷达熏蚊香，图片是一圈圈看着让人眼晕的螺熏蚊香）

3. 给读者以利益

尽量把能促使读者购买产品或服务的主要优点放进标题中。不要因为追求表现风格漏了这一点。例如：

"健康保险。"（坎贝尔土豆汤的广告标题）
"12 英里的棉花才织成一件 Lands' End 的精纺衬衫。这才仅仅是第一步。"（一则衬衫广告标题。正文继续解释衬衫是用 69 种不同的缝纫步骤缝制，锁了 120 针的扣眼）

4. 简洁明了

广告标题要信息单纯、简明易懂。同时要简短，这样才容易被忙碌的读者识别和理解。例如：

"如此安静，能听到血压在下降。"（Jeep Grand Cherokee）

又如上海大众汽车在《北京晚报》上的一则广告，为感谢当地消费者的支持，标题用了北京人常用的话，既通俗又亲切：

"铁瓷关系。"

5. 给读者以新闻

新奇怪异的事对人类有挡不住的吸引力。新设计、新特点、新用途等，都会让消费觉得新鲜。例如：

"加利福尼亚的10人中有9人面临饮水问题。"（Water – mark）

"日立特别天气报告：今日录得全港最高相对湿度。"（日立抽湿宝）

"134年，7代人，1种配方。"（杰克·丹尼尔烈酒的广告）

6. 指出目标对象

标题必须针对特定的人群或消费层，才能有的放矢地进行诉求。例如：

"吃喝都一样，为啥偏我胖？"（大印象减肥茶）

"圣诞节快到了，给玩具一个孩子吧。"（商店促销广告）

7. 新颖独特

标题的生命力就在于它与众不同，否则就会埋没在众多广告和其他文章之中。例如：

"我们给轿车上完油漆之后，又给油漆上油。"（大众汽车）

又如罗德里厄尔汽酒的广告标题：

"我们家族外，只有一个人知道我们的酿酒秘方，而他已经死了。"（亚历山大三世）

8. 亲切自然

标题就像在和潜在的消费者打招呼，只有人性化的标题才能与消费者建立友好的关系。例如：

"它就像孩子，你还没有就不会理解拥有的感觉。"（保时捷汽车）

"您走路时腿总感到很累就像在爬山吗？"（一种保健品）

（四）广告标题写作的误区

1. 乱造新词

例如：

"名牌民牌富绅牌。"（为了突出衬衫的便宜，创造了"民牌"一词）

"蓝领白领富绅领。"（为了突出衬衫男士皆宜，创造了"富绅领"一词）

2. 故弄玄虚

例如：

"这一天不是24小时。"（这是一则衬衫的广告标题。看正文才知道，广告说的是，"3·15"不是短短的24小时，应该每天都是）

"粉刺越多越不怕！"（这是一种止痘养肤软胶囊。粉刺毕竟不是好东西，即使有再好的药，人们也不愿意长粉刺）

3. 乱套流行语

例如：

"女人的脸上有杆秤，胶原蛋白是定盘的星。"（电视剧《刘罗锅》的主题歌词是"天地之间有杆秤……你就是那定盘的星"。一种保健品把"秤"套用到脸上，实在令人恐怖）

4. 耸人听闻

"扫黄。"（一种治疗黄褐斑的药品，把"黄赌毒"中的"黄"与"黄褐斑"的"黄"连在一起，强调"非扫不可"。本想幽默一下，反而弄巧成拙）

一个房地产公司的系列广告分别用了"你一定不会虐待妻子"和"你是否准备抢劫自己"，乍看标题吓人一跳。原来正文说的是如果不慎买了那些密度不合理的房子，妻子儿女的生活将日夜承受扭曲，多年血汗换来的财产将大大缩水。

5. 乱用谐音

"越位。"（某冰箱的广告，图案右边是两个人在踢足球。一个箭头指向左边的冰箱："开胃在这里——养鲜超市系列"）

还有一个治疗胃病的广告，同样和足球的"越位"联系在一起，标题是：

"二过一,'悦胃'!"

6. 引起反感

"你吃不吃我的醋?还有酱油!"(一个生产调味品的厂家的广告。本来前一句利用生活中的"吃醋"的双关意义,能引起幽默的效果。加上带有惊叹号的"还有酱油!"马上就使人感到一种强烈的推销意味,显得画蛇添足)

"让女人原形毕露"。(一种减肥胶囊广告强调可以去掉女性身上的多余脂肪,恢复苗条的体态,可是用了这样的标题,就缺乏一种友好的感觉)

三、广告正文的写作

在拟定好广告标题之后,就进入到了正文的写作阶段。正文是广告文案的中心,可以详细地讲述品牌或企业的故事。正文是否有趣取决于文案写作人员对各种信息成分判断的准确程度以及写作技巧的高超程度。

贝文斯认为,"如果你已经写出了一个很好的标题,你在正文中必须继续抛出精彩的东西以延续读者兴奋的感觉。这就像不断地发送小礼物的过程。礼物可以是使他们发笑的笑料,也可以是使他们感兴趣的信息,但绝不能有陈旧肤浅的情报。在阅读结束的时候,绝不能让读者有失望的感觉"。

(一)广告正文的结构

与所有的文章一样,广告正文基本上可以分为开头、中间和结尾三部分。这是一个有机的整体,要精心构思每一段落和你在该段落中想表达的主题。

1. 开头部分

开头部分一般是承接标题而来,在标题和广告文案的主要内容之间作一个过渡,因此与标题之间的衔接就非常重要。开头部分写得如何,是决定读者能否继续看下去的关键。

开头部分要支持或解释标题,一般是采取开门见山的方式,以便无意中阅读广告的读者只在几秒钟之内就能得到完整的信息。但是,这不等于说要重复标题中说过的话,而是要迅速地切入正题。

例如,德国奔驰卡车的一则广告。标题是"一个饥饿的18磅婴儿哭起来比一辆行驶着的18吨卡车还响"。

在标题中,提到了婴儿哭声、卡车这两个关键词,正文的开头部分就要进行解释和说明:

在您的耳朵里，这听起来令人诧异，但却是个事实：一个哭闹的婴儿声音能掩盖过一辆载重大货车。其前提是，它是梅赛德斯—奔驰公司生产的一辆 LEV 货车。

开头部分是正文中最难写的部分。文案创作者常常对着稿纸发呆，不知该如何下笔。这时候，你应该做的就是不停地写，无论你写的是什么。因为写作的过程就是发现的过程。只有当你边写边思考的时候，才会一步步地明确自己应该怎么写。德莱尼谈到自己的经验时说："我习惯于端坐在案前，说一些与标题和故事相关的话，然后就把说过的话都写下来。那些内容可能是一个问题、一个比喻，甚至对一些故事的发展感到惊奇的话，或者联想到的其他的类似的事件……我随心所欲地写下去。我一直这样写着，就像我不想被别人打扰似的，不停地用笔写，写，写。"

2. 中间部分

正文的中间部分是广告文案的核心段落，信息含量最大，也是发挥广告文案说服力的关键因素。一般包括商品或服务的特色和支持理由两部分。例如上文提到的德国奔驰卡车的广告：

LEV 是 "Low Emission Vehicle"（低排放货车）的缩写，表示我们降低了（功率以外）所有消耗：首先是油耗及其废气排放，其次是噪声。至于我们怎样才如愿以偿，这里当然不打算三缄其口，即便现在得使用一些技术术语。首先我们从源头减少了噪声的产生：在发动机内，一种新式燃烧过程控制着气体膨胀的声音。其次是装有涡轮发动机制动器，它不仅提高了发动机制动器的效能，还明显减少了声音强度。最后，我们把发动机和传动装置"包裹"起来，用我们工程师的话说，叫"噪声隔离"。所有这些措施导致一个结果：现在最大的噪声来自轮胎与地面的摩擦。

在企业形象广告的正文中间部分，则侧重介绍自己的规模、历史、荣誉、技术水平等。例如一则派克笔广告的中间部分。

19 世纪末，柯南道尔爵士以他心爱的派克笔塑造了名闻世界的神探福尔摩斯，编写出不少引人入胜的侦探小说。

大文豪萧伯纳于 1912 年以派克笔写下舞台名剧《窈窕淑女》。

1945 年，盟军总司令艾森豪威尔将军在法国以派克笔签署条约，结束在欧洲的第二次世界大战。

1954年，富豪亨利嘉以派克笔签约，买下当时世界最高的帝国大厦。

1972年，美国总统尼克松历史性访华，以两支加入月球尘土制成的派克"75"型墨水笔馈赠当时中国领导人。

1984年，美国太空穿梭机"发现号"特别把雕刻过的派克"古典笔"送上太空以作测试。

1992年6月，美国总统布什和俄罗斯总统叶利钦签署多项限武及合作协议，同样选用派克"世纪"笔。

1993年11月，曼德拉亦以派克"卓尔"笔签署南非和平宪章。

1994年美国世界杯赛事指定用派克笔。

中间部分的写作一定要注意逻辑性。主要是要条理清楚，同时尽量提供具体可信的事实，以支持自己的承诺。

3. 结尾部分

一般带有总结性和建议性，以促使消费者购买这种商品或使用这种服务。结尾不仅要承接中间部分，还要呼应标题。例如，上文提到的奔驰卡车的广告结尾：

在梅赛德斯—奔驰公司，我们不会坐等立法机关采取行动收紧排放标准，而宁愿做出表率先行一步。这一点可以用听觉感受到。

报刊广告的结尾千万不要用力过度，也就是说不要带有太强烈的促销意味。常见的方法是再重复一次产品或服务的主要利益点，或建议目标消费者获取更多的信息及试用。

许多广告都使用这种不过分宣扬的手法请消费者"填写"并"邮寄"剪下来的优惠券，或者"到我们的陈列室观看示范表演"。或者代之以委婉的劝告："通过邮寄优惠券和咨询表，您可以得到更多的关于××的信息"；或者，"您的商户时刻准备为您拍摄照片/向您展示我们的最新型号/为您提供试用驾驶"。

（二）广告正文的类型

关于正文的类型，从诉求方式上可以分成以下几种：

1. 说明型

针对消费者可能产生的疑问进行解释、说明，偏重于理性，特点是冷静客观，有条不紊。

例如黑贝尔公司加厚屋顶广告：

如果噪声从轻薄屋顶进来，优质隔音厚墙对您又有何益？

在经济型建筑中，房顶隔热、隔音和防火性能决定性地影响着取暖费用的高低和工作场所的宁静与安全程度。因为建筑物的大部分面积被房顶遮盖着。

如果您想节约火险费用和取暖费用，给工作场所营造一种宁静舒适的室内环境，使员工免受室外噪声滋扰，您不仅应该对新建筑的墙体，而且还要对屋顶进行加厚设计并付诸实施。

使用黑贝尔加厚屋顶——有利于您的员工和您的长期收益。

2. 新闻型

具有新闻报道的特色，显得客观公正，商业广告味较弱，容易取得消费者的信任。

（1）直接采用新闻的写法。例如，普利司通轮胎的一则广告，标题为："你快乐，所以我存在。"正文如下：

12月10日，当板子团离开宜昌市黄花乡张家口小学时，上百个孩子追到校门口，挥舞着双手跟我们说再见。到这一天为止，2010年，"普利司通·幸福七巧板"的全年度活动画上圆满句号。

板子团来自四面八方，为她的孩子们提供课堂之外的审美知识：自己家乡的风土习俗、历史传说、自己身边的花草树木、山水人家。愿星星之火埋于孩子心中，成为他们成长时最坚定的力量。

（2）利用众所周知的新闻事件。

《纽约时报》曾刊登过一个引人注目的整版广告。广告上刊登着著名拳击世界冠军祖·刘易斯的大幅头像。广告标题是："爱德华·汉里，当我需要你的时候你在哪里？"祖·刘易斯在其黄金时代没有把挣来的钱妥善地用于投资，爱德华·汉里投资公司把这个事例巧妙地纳入了广告中。

德国著名广告人玄特纳指出："报刊广告利用新闻事件，必须满足三个前提才有意义：广告产品和新闻事件之间必须存在直接关系，关系必须真实可信，对消费者的好处显而易见。这些前提若得不到满足，与新闻事件相联系就显得勉强做作，令人生厌。"

3. 抒情型

通过优美、抒情的语言来描写，引起读者情感上的共鸣，从而提升品牌形象或企业形象。例如，广东太阳神集团的一则广告。标题是"孩子，妈妈能给你的真的不多……"正文如下：

12岁，我就离家读寄读中学了。那时正是春荒季节。每次返校前，妈妈总能变戏法似的弄出一小袋米来，再给我捎上一罐咸菜，这便是那时山里孩子一星期最奢侈的伙食了。送我上路时，妈妈那爱怜的眼神里总是盛满了愧疚与无奈。岁月荏苒。今天，我才读懂了妈妈的眼神，她仿佛喃喃地对我说："孩子，妈妈能给你的真的不多，但那可是我能给予的全部啊。"火柴很小，散发的光亮也很微弱。但它真的是在竭尽所能燃烧着——就像妈妈。

（背景图案：全黑底包围中，一根火柴头在黑暗中燃烧着，散发出微弱但绚丽无比的光焰）

4. 议论型

这种类型的正文比较少见，一般只用在竞争性广告中。1915年1月2日，卡迪拉克轿车的一则企业广告刊登在美国《星期六晚邮报》上。这则广告一共只刊登了一次，也没有图案，实际绝口未提汽车。

卡迪拉克曾凭借其可靠的四汽缸名牌车确立起在行业的地位。但是主要竞争对手帕克德制造出六汽缸发动机。为了不被超越，卡迪拉克推出了八汽缸发动机的车，但在使用中被证实容易短路起火。帕克德则抓住机会公布了汽缸发动机的缺点。

鉴于卡迪拉克的车主是在精心盘算之后才购买这种昂贵的汽车的，所以广告力求传达卡迪拉克凭借其他汽车所无法比拟的优越性，已经克服了自身的问题这一信息，树立卡迪拉克的质量和可靠性的持久形象。

读者们欣赏这样的文章，并且和这种批判性观点产生了情感上的共鸣。自那以后的许多年中，卡迪拉克和它的广告代理公司应许多人的要求多次重印这一广告。

出人头地的代价

在人类活动的每一个领域，得了第一的人必须长期生活在世人公正无私的裁判之中。不论是一个人还是一种产品，当他被授予了先进称号后，赶超和妒忌便会接踵而至。在艺术界、文学界、音乐界和工业界，酬劳与惩罚总是一样的。报酬就是得到公认，而惩罚则是遭到反对和疯狂的诋毁。当一个人的工作得到世人的一致公认时，他也同时成了个别妒忌者攻击的目标。假如他的工作很平庸，就没有什么人去理会他；假如他有了杰作，那就会有人喋喋不休地议论他。妒忌不会伸出带叉的舌头去诽谤一个只有平庸之才的画家。无论是写作、绘画还是演戏、唱歌或从事制造业，只要你的作品没有被打上杰作的印记，就不会有人力图赶超你、诽谤你。在一项重大成果或一部佳作已完成后的很长一段时间里，失望和嫉妒的人仍会继续叫喊："那是不可能的。"外界人早已将惠斯勒称颂为最伟大的艺术大师之后，艺术领域仍然流言纷纷，将自己的艺术大师说成是江湖骗子；当人们成群结队到音乐殿堂向瓦格纳顶礼膜拜时，而一小撮被他废黜或顶替的人却气势汹汹地叫嚷："他根本就不是音乐家"；当众人涌向河边观看轮船行驶之时，少数人仍坚持说富尔顿绝不可能造成轮船。杰出者遭到非议，就是因为他是杰出者，你要是力图赶上他，只能再次证明他是出色的；由于未能赶上他或超过他，那些人就设法贬低和损害他——但只能再一次证实他所努力想取代的事物的优越性。

这一切都没有什么新鲜，如同世界和人类的感情——嫉妒、恐惧、贪婪、野心以及赶超的欲望一样，历来就是如此，一切都是徒劳无益。如果杰出人物确实有其先进之处，他终究是一个杰出者。杰出的诗人、著名的画家、优秀工作者，每个人都会遭到攻击，但每个人最终也会拥有荣耀。不论反对的叫喊声多响，美好的或伟大的，总会流传于世，该存在的总是要存在的。

（三）广告正文的格式

1. 分列式

把想要介绍的内容分为若干项予以分门别类的叙述，其特点是条理清晰、一目了然。分列式正文一般内容都比较多，通过小标题来加以区分，以避免读者阅读广告时沉闷。

例如，Lee Cooper 牌牛仔裤的一则广告：

在一世纪前，牛仔裤的发明原本纯粹只供工作服之用途而已。然今天则已是不分阶层、年龄及国籍地成为风靡全世界之最受欢迎的服装，且其用途也趋向多样化。此具传奇性的牛仔裤魅力经过时间和潮流的冲击，仍然稳固地领导每一时代的服装主流。

呈现 Lee Cooper 每十年的款式之演变及其意义深长的成长过程：

牛仔裤的大时代

Morris Cooper 工装公司，是欧洲牛仔裤厂商中的先驱；它是在 1908 年由 Morris Cooper 于伦敦创办，主要产品乃工作服与工装裤。在 20 世纪中叶第二次世界大战时期，该公司曾被英国皇家空军指定为该部队的军服制造厂商。

自由无拘束的 40 年代

在 40 年代中期大战期间,蓝色 Denim 棉布制成的牛仔裤在欧美市场取得新的地位。从美国服务员工装裤那里得到了启示,Harold Cooper(创办人之子)开始在自己的家庭工厂里生产牛仔裤,成功地成为英国主要的牛仔裤厂商。40 年代刻画下 Denim 棉布的传奇——充分表现野性、有型且轻松的服装面料。

从这时起,Lee Cooper 大力扩充销售市场。在积极向国外扩充的计划中,Lee Cooper 初次打入外国市场,是在 1955 年于荷兰设立制衣厂。四年后,Lee Cooper 成为一个英国公立公司。1961 年,Lee Cooper 买下法国工装制造厂,成为后来 Lee Cooper 涉足法国市场之根基。在 1955 年至 1969 年之间,英国和欧洲的 Lee Cooper 结为一体,成为该区域中最大的成衣制造商。

叛逆性的 50 年代

50 年代初期与中期,人们对牛仔裤的需求迅速增加,如好莱坞偶像马龙·白兰度及占士甸就特别钟情于"叛逆"款式的牛仔裤形象。工装裤和西式裤管的牛仔裤,已成为当代青年人所追求的目标。当时 Lee Cooper 依然还是各男女款式的先驱!在不断寻求突破和新风格之下,Lee Cooper 获得了优越的成绩,它是第一个将女装牛仔裤旁的拉链设计移至前腹的牛仔裤厂商,当时曾引起了一阵争议。

轻松时髦的 60 年代

在 60 年代,牛仔裤已被无分阶级社会的嬉皮士族接纳,并视之为完美且多功能的服装。修长的牛仔裤成为了休闲的准则。Lee Cooper 在当时销售量最高的产品是较重且紧身的"Stagecoach"!

豪放的 70 年代

从 60 年代到 70 年代,Lee Cooper 的销售量在欧洲和世界各地主要的牛仔裤销售地点里增长。在 1978 年,Lee Cooper 成立了执照服务国际有限公司以扩大西欧以外的潜能市场。

在 70 年代,喇叭裤是当时最流行的款式。Lee Cooper 能够扩展至全球,主要是因为它懂得掌握流行的趋势和利用世界重要的广告媒体。镶边、装钉扣及缀补定制的牛仔裤已成为"爱情与和平"纪元的精髓。牛仔裤文化已演变为社会主流,甚至于那些颇有地位的人也会将牛仔裤收藏在他们的衣柜内!

新浪潮的 80 年代

在 80 年代，新浪潮横扫了全世界。"被破坏"Denim 棉布所强调的是反潮流姿态。漂白剂（酸洗）牛仔裤于 1986 年首次公开面世之时，造成相当大的轰动，唤醒了曾一度沉静下来的牛仔裤市场。在这不平稳的时期里，Lee Cooper 借由对主要的运动项目的赞助，扩大了其品牌的世界性影响层面。从 1986 年所赞助的法国世界杯足球队延伸至全球性的焦点运动项目，如巴黎—达喀尔大赛车、世界一级方程式快艇赛及 Lee Cooper 国际沙滩排球赛。

返璞归真的 90 年代

90 年代的来临，带来的是重视环保及基本价值观的全新风气。潮流又回归到朴实与纯正！人们对创新的要求提高了，但同时却仍希望保留过去的细节及结构。在这段成长时期，有五个口袋的牛仔裤占了 75% Lee Cooper 全球销售量！时至今天，Lee Cooper 已遍布世界各地达 60 多个国家，爱用者超过 7.5 亿人，受到广大消费群的欢迎。

大突破！享誉国际的欧洲名牌 Lee Cooper 牛仔裤已抵达中国万里长城！

2. 综合式

是典型的广告正文格式之一，开头、中间和结尾配合默契，浑然一体。特点是：语气连贯，首尾呼应，能全面地解释该商品或服务。

例如，西格拉姆酿酒公司的一则广告，标题是"如何告诉您儿子饮酒的后果？"正文如下：

他差不多长成了大人。作为家长，您知道他会受到诱惑。您跟他谈话时如果显得过于好奇和关心，他可能认为您试图让人远离他该知道的事物。

这是您义不容辞的责任。因为，您告诉他什么，怎样告诉他，将伴随他度过一生。

首先告诉他，您爱他，相信他。

然后告诉他，您是在教他这辈子怎样对待饮酒问题，因为您是在教他做每件事都要有所节制。包括对待我们销售的产品。您在做一件最重要的工作——以自己为榜样教他学会节制。

还要告诉他，法定饮酒年龄是一项必须遵守的法律。毕竟，喝威士忌是一种享受，只有够年龄的人才能细细品味。

把这些都告诉他。他长大成人以后，如果选择饮酒，就会照您的话去做——

敏感地、有节制地、成熟地品酒。

告诉他这一切。因为,如果您不告诉他,别指望其他人会告诉他。

此父亲节信息来自西格拉姆(Seagram)——始于1857年的酿酒公司。

3. 诗歌式

一则成功的广告,不仅在于能够吸引消费者的注意力,更重要的是它能唤起受众积极的情感体验,使之产生强烈的共鸣。诗歌式广告就容易达到这种效果。

例如,鼎科·阿布阿布地产的一则广告,就采用了诗歌的形式:

"每只菜鸟都有鹰的梦想"

糟糕星期一/万恶打卡机,加班到脑残的自己;A爱B/B爱C/C爱自己,爱情生物链,聪明人的糊涂戏;上班族/月光族/御宅族/暴走族,唉,都是没钱的汗族:

没有天生强壮的翅膀,没关系;

没有背景,只有背影,没关系;

只要心中有舞台,未来终究会来。

来吧,阿布们!

让今天决定明天,让展翅迎来飞翔,

放开所有束缚——天空在那里,

等待我们鹰的梦想!

4. 书信式

除了邮购广告之外,报刊广告有时也运用给朋友或用户书信的形式,给人一种亲切感。例如百服宁的两则广告:

她在找一个人

那天在火车上,我孩子发高烧,他爸又不在,我一个女人家,真急得不知怎么办才好。

多亏了列车长帮我广播了一下,车上没找到医生,还好有一位女同志,给了我一瓶儿童用的百服宁,及时帮孩子退了烧。我光看着孩子乐,就忘了问那位好心女同志的名字和地址,药也忘了还她。你瞧这药,中美合资的产品,没药味,跟水果似的,能退烧止痛,并且肠胃刺激又小,在我最需要的时候,百服宁保护了我的孩子。

人家帮了这么大忙，我和孩子他爸都非常感谢她，真希望能再见到她，给她道个谢！

王×

（广告口号）百服宁，保护您。

找到她了！

王×，听说你在找我，其实给你一瓶药，帮你孩子退烧，只是一件小事。

那天在火车上，我一听广播里说你孩子发高烧，又找不到医生，正好包里有医生给我孩子退烧的药——儿童用的百服宁，可以退烧止痛，肠胃刺激又小，而且又有水果口味，孩子也乐意吃，所以就来给你救急了。那瓶药你就留着用吧，我家里还有。我孩子也常发高烧，家里总备几瓶，在最需要的时候，百服宁可以保护我的孩子。都是做妈妈的，你的心情我很了解，希望你以后带孩子出门，别忘了带施贵宝生产的儿童用的百服宁。

（广告口号）百服宁，保护您。

但是，使用这种格式需要注意，一定要有高超的写作技巧。一旦写得不当，很容易让读者产生虚假的感觉。百服宁的广告因为是配合电视广告中的情节，使书信广告产生了一定的合理性。即使这样，广告中还是流露出一些推销意味。

（四）广告正文的写作顺序

为了使广告正文能够被读者顺畅地阅读下去，可以参照以下几种形式的文案写作顺序。

1. 心理学上的顺序

即所谓的 AIDCA 的顺序。也就是说从引起注意到发生兴趣，继而产生欲望，取得信任，采取行动。例如德国的一则核电广告，标题为"供一家人使用6个月的电"。正文如下：

画面上的铀燃料片重量只有7.5克，但能提供约2000度的电力，可以供一个家庭使用6个月之久。若用古生物燃料发出同样多的电力，要么必须烧掉2吨褐煤，要么烧掉0.6吨的无烟煤，或者烧掉0.5吨的石油。

上述对比清楚地说明了为什么我们30%以上的电力由核电厂生产：保护地球资源储量，减少环境污染。因为利用了核能，我们还避免了二氧化碳的自由排放：每年仅德国就减少排放1.4亿吨。话说回来，核电是一种价廉物美的能源。

我们作为德国能源供应商，肩负着为国家持续不断地、让环境能够承受供应

广告文案一本通

足够电力的重任。我们清楚地意识到自己的责任,我们的方案令人信服。如果您有什么问题,请写信给我们,或者把本广告附上的表格寄给我们。只有全面了解情况的人,才能实事求是地参与讨论。

2. 解决疑难式的顺序

一般采用这样的格式:

(1) 您有某些烦恼。

(2) 本公司的产品能解决您的烦恼。

(3) 为什么呢?证据是……

(4) 请尽快购买。

使用这种写作顺序,有两个条件:第一文案要长,第二必须提出令人信服的证据。例如必理通的一则杂志广告,标题为"所有事情,可能因你的头痛而令人头痛",正文如下:

因为你的正常规律几乎无法运行,总觉得生活和工作的一切都乱七八糟——我们深知头痛独有的烦恼,以及当时的压力和疏离感。其实,大部分人都曾有过类似体验。作为常见多发病症之一的头痛,经常困扰人们。我们由此为你提供了有效缓解头痛的办法:必理通以对乙酰氨基酚为主要成分,有效缓解头痛、发烧等;它不含阿司匹林,不含咖啡因,对肠胃有较少刺激作用,提供可依赖的照顾,儿童(六岁以上)成人均宜服用。多年以来,在世界各个地方,必理通凭借其疗效与专业表现,深受医学界广泛推荐。请相信专业意见,缓解头痛,请选用必理通,因为:头痛并不可怕,必理通自有办法。

3. 演绎式的顺序

先强调产品的优势,然后再说产品的特点。例如阿乐斯特抗过敏药的广告。标题是"过敏症的患者:您不必一边呼吸一边打喷嚏",正文如下:

新制剂阿乐斯特专治咳嗽、流鼻涕、淌眼泪等过敏症或过敏性感冒的症状。同时,使枯草热患者不再喷嚏连天。阿乐斯特专为治疗敏感症而制造,没有任何感冒制剂或胶囊能相比。

您患了枯草热吗?您为过敏所苦吗?试试阿乐斯特,您的药剂师会为您解说得更详细。24粒装,1.25美元;48粒装,2.25美元。

阿乐斯特含有……

阿乐斯特不含……

阿乐斯特专治过敏症和过敏性感冒。

4. 归纳式的顺序

先强调产品的特点,再提出产品的好处。例如大众金龟车的一则广告。标题是"为什么我们车子的车前鼻如此粗短?"正文如下:

VW车不需要长的车前鼻,因为它的引擎放在后面。
这使得它比有长车前鼻的车多了两三个优点。
显而易见地,它的车身较短。
您可以从拥挤的车阵脱身,也可以轻易进出窄小的停车场。
您车的保险杆被撞凹的概率几乎等于零,因为VW车的短车鼻,使您对前面道路状况一目了然。
重点是:VW车的每件东西,包括改良点在内,都是有目的的……

5. 故事体的顺序

有事件始末,有登场人物,有时间顺序,通过不断展开的情节吸引读者看下去。例如大众汽车公司在新加坡的一则广告,在"妈妈,我不是故意的"标题下面,讲述了一个真实的故事。正文如下:

1994年10月15日,星期六,凌晨两点。
车子由高志勇驾着,他今年17岁,血气方刚。车上另有一名前座乘客及一名后座乘客,他们都是志勇常聚在一起玩乐的好朋友。
车子是志勇向妈妈借来的,妈妈从来都没拒绝过他,只是每一回总是再三嘱咐志勇得小心驾驶,毕竟志勇还是个"新手"。车子正朝牛顿小贩中心奔驰。
大伙肚子都饿极了,准备到那儿大吃一顿。一个左转来到杜尼安路时,意外发生了。
经过一轮剧烈的冲撞之后,车子惨不忍睹,在那一刹那之间,志勇以为一切都完了。

幸好,那是福士伟根

是吉人天相也好,是大难不死也好,奇迹般地,志勇等三人皆平安无事。自行打开车门后,面面相觑、目瞪口呆。志勇这时最担心的是如何向妈妈交代。闯了大祸,妈妈一定不会原谅他,毕竟那是她心爱的车。

听妈妈怎么说

"当志勇来电通知我时,知道孩子们都没事,也就放心,以为只是个小意外。后来,看到心爱的车子时,我简直不敢相信自己的眼睛,我一点也不生气。谢谢福士伟根,救了孩子们一命。"

福士伟根,安全上路

生命可贵,岂可儿戏。德产福士伟根深明此理,因此在设计及制作每一部车子时皆以您的安全为首。超过 30 种不同的冲撞测试,以确保万无一失。车身结构的加强措施,前后左右的安全护撞区与防撞杆给予更大的保障,驾驶座安全气袋在紧要关头能化险为夷。

事实证明,福士伟根的安全措施绝非纸上谈兵。其高度驾驶乐趣更为同行所津津乐道,一经驾驶,必有所悟。(图案是撞得不成样子的汽车,具有相当的震撼力)

6. 以退为进的顺序

强调没有这种产品会出现什么样的结果,通过反向的层层递进来增强文案的说服力。例如,博世公司的广告,标题为"没有 BOSCH 的汽车",正文如下:

不知您是否想过,假如您的汽车没有启动马达,没有燃油喷射系统,没有点火系统,也没有安全气囊和安全带;

或者索性假设您的汽车没有任何 BOSCH 产品,即没有自动变速箱,没有汽车大灯,没有挡风玻璃刮水器,没有发电机和 ABS 防抱死刹车系统,没有 BOSCH 汽车电话和导航系统,甚至没有 Blaupunkt 音响;

那么您的爱车还剩下什么呢?空空如也。

大概您再也不能开车,而只能推车了!

(口号)博世——领导科技创新

(五)广告正文写作指导方针

伯恩巴克曾这样提醒文案写作人员:"直到人们信任你,事实才能成为事实,如果他们不明白你说的是什么,他们也不可能相信你;如果他们不听你说,他们也不可能明白你说了什么;如果你说的不让人感兴趣,他们肯定不会听你说;你也不会让人感兴趣,除非你说的富有想象力、有创造性和带有新鲜感。"

正文的写作方式多种多样。但是,一般来说,如果在写作时能参考下列指导方针，成功的概率相对来说就会高一些。

1. 层次清晰、循序渐进

好的文案给人的感觉是流动的，读起来非常顺畅。相反，一个逻辑混乱的正文是不会有说服力的。正文要合理地组织，尽可能地将全文分成许多简短的段落。同时，要善于利用连接词，使每一句话都应该自然地向下一句话过渡。一旦你做好这一点，你就会感到从文中拿掉任何一点都会影响全文的连贯性。例如×牌收音机，标题是"汽车音响好不好，一到山谷就知道"，正文如下：

在山谷凹地行车，接收效果通常不好。声波撞到山壁反射回来，一次又一次。结果造成声音强度在几米之内剧烈波动：从声音太强，到什么都听不见。山里就是这样。

不过别着急：×牌收音机基本解决了这一难题。它能使音强保持稳定，因为它能大容量储存声音，从而具有宽幅音强自动调节功能。过强的声音信号被自动降低，过弱的信号自动提高。整个过程在几秒内完成，听众全然察觉不到。×牌有5个快速选台按键，经过了112次效果测试，还可以与交通广播解码器相连。该解码器方便您从众多电台中找到专门报道您所处路段交通情况的电台，是驾车人士广播信息系统的组成部分。

×牌收音机是由广播技术研究所和广播电台合作开发而成，它是一个完美的系统，一切为了您在德国道路上行驶安全。

一种简单的办法就是写完正文以后，大声地朗读出来。"如果你对语言有感觉的话，你会听出句子的节奏，句与句之间如何起承转合。这是一种直觉……大声朗读，同时注意聆听，所有的问题就会一一暴露出来。因为语言倾向于以一种完美的形式表达出来。"

2. 采用普通人的语言

奥格威认为："你企图说服别人去做某事或买某种东西，在我看来你应该用他们的语言，他们的日常用语，那是他们思想的语言。"除非有特别的原因，通常应该使用聊天一样的语言，使他们感到这是一种轻松的沟通。这就要求把书面语言或专业术语转换成通俗易懂的语言。"实际情况是使用艺术语言易如反掌，使用普通人的语言难上加难。使用普通人的语言意味着：用平凡的语言说不平凡的事情，而不是用不平凡的语言说平凡的事情"。例如，三菱Spacewagon汽车的一则报纸广告，通篇没有图案，但我们通过人物的话语完全可以想象出来这种场面。

广告文案一本通

"哎哟！我要被压扁了！"
"少夸张了！闭嘴！"
"系好安全带坐着！"
"我根本没有安全带！"
"不要挤啦！"
"谁叫你那么胖！"
"我什么都看不到！"
"不要把脚放在座位上！"
"我叫你不要挤！"
"你们这些小鬼哪一个坐在小狗身上了？"

相反的，一家七口乘坐三菱 Spacewagon，却和乐适意，只费 95888 新加坡元。

（附文略）

3. 语气坦诚友好

不管广告的目的是推销产品，还是提升企业形象，都要与目标消费者建立良好的关系。如果广告冒犯了他们，这种关系便不复存在。"只要一有机会，我就会在广告活动中加入一些人性化的东西，这种方法总能让人印象深刻，因为人们总是愿意与取得某种杰出成就的人打交道，而不愿与缺少灵魂的大企业打交道。"

你可以用写信的方式来写正文，这样，就可以既热情又不显得过火。例如，UPS 快递的一则广告的标题是"无论包裹多大，世界依然很小"，正文如下：

UPS 明白，您的包裹是独一无二的。无论大小，我们都秉承一贯宗旨：为您准时而高效地送达，即使每天为世界各地多达 790 万的客户动用 152500 辆专车，超过 600 架飞机，我们依然对您的包裹的行踪了如指掌。这一切，都源于 UPS 的技术设备优势和专业精神。因此，正如世界各地的 UPS 客户一样，无论包裹大小，您均可将重任交托我们。

4. 对个体说话

通常，人们都是独自一人在读广告，而他又只会对一个品牌进行评估。使用复数名词和动词会降低人们对品牌特性或其他事项的关注程度，降低广告的个人色彩。因此，要大量地使用"你"或"您"，尽可能使用单数名词和动词。例如德国铁路公司的揽客广告，标题是"德国最好的冬季轮胎"，正文如下：

天气对铁路来说不是一个话题。因为我们在任何天气都照常行驶。我们的城际快车甚至每小时开出一列。216 次城际快车每天保证您准时、快捷、可靠地到达会议地点，再折返回家。因此请您忘掉天气预报，而专注于您的日程计划。

您可以把旅途时间利用起来，比如说浏览一下最近的会谈报告。或者考虑一下下次谈判的论点论据。或者做一些在办公室通常不得不放弃的事情：从容不迫地阅读晨报的经济报道。若想在途中打电话，没问题。每一列城际快车上都有一部投币电话。

时至中午，我们向您推荐我们的餐车。今天来一份醋焖牛肉和一瓶精酿啤酒，如何？

返程中，您坐在舒适的软席里伸开腿脚，尽情品味香浓的咖啡，列车女乘务员把空调温度调得更暖和一点，此时窗外降临的寒气全然影响不到您。

（以前的广告词是："度假别开汽车，来乘火车吧！"）

5. 延续读者的好奇心

为了使读者看完整个广告，正文就要不断地提供趣味性。一种办法是依赖修辞的多样性，发掘文字中的乐感，并尽力使文字生动有趣。玄特纳认为，一个优秀的撰稿员应该知道以例子代替形容词。他不会满足于"大众汽车、乐于爬坡"，而是代之以"山羊"的形象表达。

许多成功的广告都是采用举例子的形式来表现戏剧性。其作者不是撰稿员，而是生活本身。只有用戏剧化的手段表现证据，广泛使用"承诺风格"才能转化为咄咄逼人的"论证风格"。

玄特纳指出，"广告人和广告主常常害怕引用现场实例。原因很简单——太费力。他们得寻找恰当的例子，得征求参与者同意发表，图案和文案也得与例子协调一致。但是，他们为开发和通过平庸无聊的文案所花的精力还少吗？"下面是旅行者保险公司的一则经典广告的正文：

当我 28 岁时，我认为今生今世我很可能不会结婚了。我的个子太高，双手及两条腿的不对头常常妨碍了我。衣服穿在我身上，也从来没有像穿到别的女郎身上那样好看。似乎绝不可能有一位护花使者会骑着他的白马来把我带去。

可是终于有一个男人陪伴我了。爱维莱特并不是你在 16 岁时所梦想的那种练达世故的情人，而是一位羞怯并拙笨的人，也会手足无措。

他看上了我不自知的优点。我才开始感觉不虚此生。事实上我俩当时都是如此。很快地，我们互相融洽无间，我们如不在一起就有怅然若失的感觉。我们认为这可能就是小说上所写的那类爱情故事，以后我们就结婚了……（后来生活在

快乐的生活中,而她的丈夫死了,给她留下了保险金)

6. 调动读者的参与感

想方设法让读者参与到正文中去,从中自己寻找答案,是引起他们共鸣的一种有效的方式。

《文案发烧》的作者路克·苏立文谈到这种技巧时说:"运用构思时,作者不必将百分之百的想法告诉受众,只需控制在5%~40%,就可以这样让受众参与你整个传播过程。这就像作者投出一个球,让受众全神贯注接住一样。控制在5%~40%的范围很重要,如果保留太多,你会迷惑你的听众或读者,如果讲得太多,你会使他们很累、很烦。把握这中间的分寸是写稿子最花时间的地方。"例如下面的两则广告,具有异曲同工之妙。

(1)新加坡的一个关于牙齿健康的广告:

十四是十四
四十是四十
十四不是四十
四十不是十四
(如果没牙齿,看你怎么念!)
牙齿不珍惜,后悔来不及。
要重视你的牙齿。

(2)美之声清晰型无绳电话的广告正文:

板凳宽　扁担长
扁担没有板凳宽
板凳没有扁担长
扁担绑在板凳上
板凳不让扁担绑在板凳上
扁担偏要板凳绑在扁担上
(限在6秒内读完)
你说得清,我就听得明!

7. 提供充分而具体的事实

某个品牌也许会有一些令人难以相信的特点或功能,如果这些主张对品牌的市场定位非常关键，对读者非常有价值，那么，正文就必须（通过试验或证言）证明这个品牌的确与它自己提出的主张相符。事实可以激发欲望和创造信任。文案就像鱼饵一样，如果言之无物，没有鱼儿会上钩。

这就要求：不仅要有承诺，还要有充分的证据。如果你的承诺是"这种衬衫全世界的人都穿，大人物也不例外"，那么"这张照片是我出差到苏里拉雅（Surilaya）时拍的：该国的贸易兼渔业部长竟然也穿独角兽衬衫，简直让我目瞪口呆"，就是有说服力的证据。

用具体数据来证明，也是常用的一种方法。"满足一天对天然维生素C的需要（75毫克）"就比"含有丰富的维生素C"有效得多。

"最具说服力的证据极少是现成的，必须苦苦寻觅。而寻找证据正是撰稿员创造性工作的组成部分……证据不仅使广告更为可信，而且更为有趣。证据使广告戏剧化。最后，消费者之所以需要证据，是要为情感上的购买决策找一个理智上的理由。"例如雷诺车的一则广告，标题是"雷诺转的圈比其他的轿车都小"，正文如下：

轿车的转弯周长是以前保险杠上的一个点为基准测量的。

例如一辆"雷诺"王妃车可以在一个直径32英尺的圈里转弯（"雷诺"的4VS只需要30英尺。真是小甲壳虫）。它可以做非常小角度的掉头，在狭窄的私人车道上进退自如，可以穿过拥挤的车流，可以在其他车子的转圈圆周里转圈。

我们不知道有哪种车比它更容易操纵。后轮的驱动力将重量由前轮分散到后轮。停车时，只用一根手指就能转动方向盘。只用非常自然的力量就能轻松驾驶。

你的汽车销售商会证明给你看。他可能还会提到"雷诺"的其他天才之处：在冰面和雪面上不可思议的驱动力，使用普通汽油每加仑行驶多达40英里。想想看吧。

8. 强调关键的信息

在广告正文中，对品牌和体现创意概念的关键的信息，要通过强调，才能使读者产生深刻的印象。具体来说，可以有两种方式：

（1）文字的重复。就是重复品牌名称和"关键词"的方法。例如阿乐斯特药品的广告标题是："这一页的哪一部分令您打喷嚏？"图案上列出了很多种花草，正文如下：

有4000种不同的草类植物，还有更多的杂草和树木，全都在春夏之际受粉

广告文案一本通

（大型草类可以在 5 小时内制造 8 亿个花粉）。如果您得了枯草热，几乎不可避免地打喷嚏。如果您有点钱，您可以来一次海外旅行，如果您有 1.25 美元，可以服用阿乐斯特，这种新的锭剂专治过敏引起的咳嗽、打喷嚏、流眼泪、流鼻水、眼神恍惚等症状。阿乐斯特专为过敏症而制造，没有任何感冒药锭或胶囊能与之相比。阿乐斯特在密尔瓦基市问世，"止住了这个城市的连天喷嚏"。来吧，服用阿乐斯特。现在再看看这一页，做个深呼吸。瞧，您不再打喷嚏了。24 粒装，1.25 美元；48 粒装，2.25 美元。

在这个不到 300 字的广告中，6 次提到"打喷嚏"、5 次提到"过敏"、5 次提到"阿乐斯特"，这就是一种强调的文案技巧。

（2）详细列举。就是把一件小事情或例子渲染扩大，来强调其核心概念。例如梁新记牙刷公司"双十牌"刷子的报纸广告，标题是："万刷具备、一毛不拔"，正文如下：

双十牌驰名各刷。有帽刷、头刷、油刷、眉刷、牙刷、梳刷、衣刷、指甲刷、鞋刷、梳妆刷等。式样新颖，一毛不拔。各百货商店均有发售。

从头刷到脚。(广告口号)

9. 激发行动的欲望

杰出的广告人拉斯科尔谈到，"当人们问起那些强有力的文案的秘密是什么时，我们一再说明秘密就是对简单常识的天才运用……常识性文案具有立即引起注意的非凡品质……可靠、令人信服并有助于推销的广告，有一种说动人现在就干的特性。它们既不等待人也不等待'条件'"。

广告文案写作人员常常面临着这样的问题，一方面，要让别人来买某种产品；另一方面，他又不能过分地宣传产品以免引起人们的反感。

在广告中，"买"这个词是很少见的。有 20 个常见的词：试试、寻求、得到、拿、让/派人去、使用、召唤/获得、赶快、抓紧、快来/看见/给/记住/发现、服务/介绍/选择/期望。

一则针对德国旅游者的广告，就是一个范例。广告标题是"为什么隆美尔手下的优秀士兵经常离开部队开小差？"正文如下：

要知道，隆美尔部队纪律严明、责任感强，是一支模范部队。

然而，我们的梦幻海滩离他的酷热的沙漠营地只有几公里，实在是太诱人了：在温暖的非洲阳光的照耀下，沙滩洁白光亮，站在沙滩上可以听到海风吹拂棕榈树叶的沙沙响声。在摩尔人舒适的小白房子里,桌上插着举世闻名的玫瑰花,我们地道的法国大菜摆在玫瑰花周围,散发出可口的香味。许多个晚上,莫尔少校徒劳地呼唤着士兵,对此您不会再大惊小怪了吧?

今天,您不妨再到我们这里看看。这里变得更美丽、更迷人了。信不信由您!

法国大菜是我们厨师的拿手好戏之一。

关于法国人,国人的看法不尽相同。但一涉及法国菜谱及其烹调方式,一涉及法国人的生活及饮食乐趣,大家的意见完全一致——对此本国的厨师不能说自己没有责任。来,吃吧!

每杯烈酒便宜50%!

最近,我们的议会把许多酒店和酒吧老板感动得热泪盈眶:根据总统提议,议会通过法律,使高度烈酒的价格下降了50%。

来,干杯!

我们对德国国歌(第一段)的理解完全跟霍夫曼·冯·伐勒斯雷本完全一样。

当其他地方的人们误解"德国,德国,高于一切"的歌词时,我们却没有误解。直到今天,德国人仍是我们最受欢迎的客人。他们到我们这儿来,不是做客,而是朋友。

在我们的海滩上,您可以得到一切——当然油污、车胎、粪便、锈钉等除外……

只有极少数地中海国家避免了肆无忌惮的工业化的破坏。因此,我们这里几乎看不到油井。有点可惜对吧?但运油轮因此找不到理由接近我们干净的海滩边50海里以内的海域。我们也可以自豪地说,我们拥有地中海彼岸最美丽的海滩。

我们衷心欢迎您,欢迎您前来旅游:

——到哈马梅特来吧!这里有许多长满花草的小院,还有一个迷人的海滩。

——到蒙娜斯蒂尔来吧!非洲、阿拉伯和欧洲的文化在此汇合,您可以尽享奢侈。

——到杰士巴来吧!这是一个长满椰树的小岛,有一点南国情调。

——到乍尔济斯来吧!花园和椰树一直伸到海滩,其交界处是金黄色的沙丘。

——到撒哈拉来吧!作一次环沙漠旅行:在茫茫无际的沙海中,您能发现椰树荫蔽下的绿洲——世外桃源!加夫萨、加贝斯、突泽尔、多兹,还有科比利都是自成一体的魔幻世界,令人难以忘怀!

我们想说服20位不信真主的德国人。

为此，我们将从寄出回执的人中抽出 10 组，每组两人，到我们国家进行为期两周的旅游。我们的航空公司将用现代化的航机载您到达目的地。请您在回执中写出我们国家的名称（不是参与抽奖的条件）。别忘了写寄件人的地址。因为无论中奖与否，我们都会给您寄去一份小小的问候礼物。

所有大型旅行社的旅行计划表中都列有我们的名字，您不妨到您的旅行社验证一下。

因为我们是地中海彼岸最迷人、最美丽、最干净、最有异国情调、最丰富多彩的度假国家。离您只有 140 分钟的飞行时间。

这就是我们。信不信由您。

回执：我见过世面。您所在的国家是……
　　　我猜不出来。您能不能表达得清楚一点？
　　　抽奖，我当然要参加。

（六）正文写作的常见问题

李奥·贝纳曾以绿巨人豌豆为例，指出了文案人员可能出现的三种误区：

1. 用许多不证自明的事实作成一篇无趣味的自说自话

"如果你想要最好的豌豆，你就要绿巨人豌豆。绿巨人豌豆经过精心种植与装罐，保证使你最后对味道满意。因为它们是同类商品中最好的，所以这些大而嫩的豌豆在美国最畅销。今天就在你买东西的食品杂货店买一些吧。"

2. 用明显的夸大之词构成了夸张的狂想曲

"在蔬菜王国中的大颗绿宝石。你从来不会知道一颗豌豆能够像这样的——似露的甜蜜，像六月清晨那么新鲜并洋溢着丰富的豌豆的芬芳。这不是一般的豌豆，这是绿巨人豌豆，是蔬菜王国中的大绿宝石。意兴遄飞，把它端到烛光照射的餐桌上，如果你丈夫把你的手握得更紧一点也不足为奇。"

3. 炫耀才华，舞文弄墨

"这种豌豆计划永远中止蔬菜战争。绿巨人，它也不过和玉米粒那么大，剥豌豆的人能够剥下，他有一个保证豌豆永存于世的计划——豌豆在大地，善意充满人间。

根据他的计划，你只要取得一罐丰富的绿巨人豌豆就可以了。它们是如此的甜蜜与娇嫩，即使是家中最恨蔬菜的分子也会投降，也不会有人称之为'姑息'了。在你熟识的食品杂货店那里买一些，现在就买。"

除此之外，正文写作还经常出现下面的问题：
1. 空洞无物
使用一些笼统性的话语，没有提供具体而明确的事实。例如一则衬衫的广告正文：

"人重衣裳，衣重领袖。"富绅衬衫正是以领、袖两处挺括舒适，久洗无皱而与众不同。
人同此心，心同此理；身为男士者，自是希望跻身绅士一族；身为绅士者，则会希望成为气派、儒雅的富绅之士。而无论蓝领还是白领，款式齐备的富绅衬衫总能让他们各钟所爱，各显其神。
"蓝领白领富绅领"，当今时尚。

上面的文字力图证明该品牌的衬衫男士皆宜，却没有谈到衬衫具体的与众不同之处，因而无法让读者信服。
2. 与标题衔接得不自然
主要表现在，正文的开头没有进行适当的过渡，违反了读者的阅读习惯。例如一则广告的标题是"小白鼠吃了立邦漆！"这个有悬念的标题吸引人们关心小老鼠的安危。可是正文却是这样：

这只小白鼠是专供实验室做试验用的。
在按每公斤体重10.0克的剂量分别吃下立邦漆"美得丽"、"永得丽"、"丝得丽"和"三合一"之后，观察7天，小白鼠依然欢蹦乱跳、活泼可爱，均未出现任何中毒和死亡现象。
中国预防医学科学院环境监测所在做了上述独立试验后，得出结论：
立邦漆所测试的四种产品均属实际无毒级产品！
（以下略）

如果正文的开头用"没关系，实验证明，立邦漆是无毒的漆"之类的话恐怕会更好。另外，讲述使用"欢蹦乱跳、活泼可爱"的小老鼠的实验过程，是否会引起人们心理上的抵触，值得商榷。
3. 忽略读者的知识背景
"沟通只有当观众理解广告词时才会发生。观众有能力解释广告词。用沟通

广告文案一本通

的语言说,那就是最终的影响力。"在正文写作过程中,文案创作人员千万不要以为自己知道的,读者就知道,要考虑到读者的知识背景。例如 IBM 的一则广告,标题是:"鄂伦春族的朋友,当然,也可以利用网络,与分布各地的同事一起工作。"正文如下:

网络更大限度地提供人们相互交流的机会,是众所周知的事实。而更具积极意义的是:它突破人类时空的障碍。尤其拥有 Lotus Notes 这个网络世界里分工合作的新手段,让分布在不同地域的工作伙伴可随时交流意见,合作无间,彻底消除时空限制。

……现在,就让 Notes 为你的公司组织强大的后援部队,让世界各地的工作伙伴与您共同经历每一场苦战,分享每次精彩的剪报内容。当然,在 Notes 环境下,公司里的同人们仍然可以收发电子邮件,与远方的鄂伦春族朋友,继续愉悦往来。

IBM 以鄂伦春族使用网络,来表现 Notes 带来的通信手段的进步,本无可非议。可是,这种例子的使用只有在人们了解到这个民族曾经是以骑马狩猎为生,在大森林里过着原始生活的背景才更有说服力。要是能在正文的开头简单交代一下鄂伦春族过去交通与通信的闭塞就好了。

4. 幽默使用不当

在正文的写作中,幽默是一种很好的修辞方式,可以增加广告的趣味性。但是,需要注意的是,"强加的笑料给人的感觉通常是滑稽,而不是幽默。幽默与否,关键在于事情本身,而不在于有无笑话。笑话应当有的放矢,而不应当牵强附会"。例如一则洗洁精的广告,标题是"肥水不流他人田",正文如下:

美酒佳肴,鱼肉饭香,大大开胃之后,肥腻腻油乎乎的杯盘却令人锁眉咋舌,苦恼万分,幸亏有浪奇高富力洗洁精,对肥腻油渍毫不留情,洗碗洗碟,快捷妥当,从此肥水变瘦水,不再会有"肥水流入他人田",可谓道是无情却有情。

什么叫作"瘦水","肥水流入他人田"与洗洁精又有什么关系?人们不得而知。"道是无情却有情"的结论也显得牵强。

又如一则保健品的广告,标题是"亲爱的,你头上的茸呢?"正文是两只鹿的对话:

雄鹿:远东药业割去了。

雌鹿：人类也用鹿角打架吗？

雄鹿：不。他们用茸血配制"茸血补脑液"，专治人类的神经衰弱、失眠健忘、心悸气短等症状。我们茸血效果特别好，以前只能进贡皇上用的。

雌鹿：隔壁阿二总是不怀好意，以后怎么办？

雄鹿：放心，他的茸也给割掉了。

（以下谈药品的配料。略）

作者本来想以鹿的口吻叙述产品的功效，结果却是弄巧成拙。读后不仅让人觉得好笑，也容易产生一种人类如此残忍的感觉。

5. 正文不能解释标题

这就是我们经常说的"两张皮"，表现为整个文案逻辑上的混乱。例如一种戒烟药品的广告，标题是"吸烟不仅仅是危害健康"，正文如下：

近几十年来，已有数以千计的文献报道了吸烟对人体的危害。医学界一再告诫人们吸烟与癌症的发生和许多疾病有关，使许多吸烟者立志戒烟。××戒烟乐是从多种珍贵植物中提取有效成分，加以辅料制成的鼻吸剂，是一种效果显著、无毒的戒烟新药。该产品以药物交叉依赖性原理为理论根据，以烟草中依赖性尼古丁在人体的吸收、分布、代谢、消除的药代动力学为基础而设计的新药，为纯天然药物产品。戒烟者只需通过鼻吸其芳香气味即可达到戒烟目的。经各大医院临床研究证实，一般在5天内即能戒断，并且携带使用极为方便，使您轻轻松松地戒除烟瘾。

看完标题，人们本能地想知道，吸烟还有什么后果？可是正文除了指出吸烟危害健康以外，用大量的篇幅介绍产品的疗效，似乎忘记了标题提出的断言。与其这样，还不如换一个标题。

6. 缺乏真实性

这种问题主要出现在以日常生活中的真实人物的角度，来讲述产品或服务的功效的文案。本来想增强文案的可信度，但如果不谨慎处理的话，很容易出现纰漏，"露出鱼钩"。例如一种不粘锅的广告，标题是"王小姐 25 岁　记者　准妈妈"，正文如下：

嗨！不瞒你们，我是个贪玩的女孩。刚成家那会儿，妈妈爱，婆婆宠，哪用得着自己烧饭、做菜啊？可最近不同了，我们有了"爱情结晶"啦！这令我兴奋，也让我开始体会生活的责任……

于是，我们的家要像个家了，锅碗瓢盆……也该操持起来了。这锅，我选的是——杜邦特富龙不粘涂层炊具！

为什么？它方便啊！它那特有的涂层，硬是可以百油不侵，只要用沾有洗洁精的柔软织物轻轻一抹，锅底即刻干净如新，真如变魔术一般。

有人说不粘锅不能煮酸性食物？我倒是有些担心，可不用它吧，我又不习惯用铁锅了。后来还是我们的主任一语道破迷津。他说："烹饪我不懂，但要说这涂层的耐酸性，我这个学高分子生物出身的却很清楚。你想，它能用在强酸强碱的管道中，食物的酸性算什么呢？再说了，特富龙是一种化学性能非常稳定的物质，它的优点就是不和其他物质发生反应。"于是回到家后我从柜中取出心爱的有特富龙涂层的不粘锅，继续使用起来……

这个正文存在的明显问题就是，不符合生活常理。刚结婚时不自己做饭，怀孕以后反倒烧饭做菜了？是否应该选用"准妈妈"的视角，值得推敲。

四、广告口号的写作

在报刊广告文案中，除了标题和正文以外，还有两个重要的组成因素，即附文和广告口号。由于附文一般没有复杂的写作技巧，在此我们仅就广告口号的写作进行探讨。

（一）广告口号的由来

广告口号是由口号发展而来。口号原来只用于战争时期，唤起民众参加或支援战争，后来广泛运用到政治、宗教、艺术、商业等方面。

广告口号起源于美国。19世纪中期，为了避开报纸广告中禁止刊登炫耀性广告的限制，许多广告人开始使用简短的警句。这些不断重复的双词短句，有皇家发酵粉公司的"绝对纯真"，萨普里奥肥皂公司的"请使用萨普里奥"等。这些短句都是妇孺皆知的，而且促进了销售。很快，广告口号制作就成为了一种专业。受人欢迎的流行短句也为精美的口号要点提出了模式：它应该简洁恰当、质朴、难忘、朗朗上口，而且还应该包容一个有关被宣传产品的主题和中心思想。

多年来，许多杰出的广告口号成了经久不衰的名句。例如："滴滴香浓，意犹未尽"（麦斯韦尔咖啡）、"味道好极了"（雀巢咖啡）、"只融在口，不融在手"（M&M巧克力）、"钻石恒久远，一颗永流传"（De Beers）等。

有的广告口号不仅反映了当时的社会文化，甚至成为了人们生活的座右铭。例如铁达时表的广告口号"不在乎天长地久，只在乎曾经拥有"，就曾是许多年轻人爱情观的表白。

目前，大多数的广告仍然把广告口号作为文案的重要因素来对待。从广告口号服务的主体来看，可以分为：

1. 企业、团体的广告口号

"让我们做得更好。"（飞利浦）
"更远，更自由，和TOYOTA一起走。"（丰田）

2. 产品或服务的广告口号

"它漂在水面上。"（象牙香皂）
"人头马一开，好事自然来。"（人头马XO）

此外，广告口号还可用于其他形式的营销传播活动中。

（二）广告口号的作用

广告口号的作用在于，通过反复使用，可以提高受众的记忆度，协助广告为某一个品牌或组织树立形象、创造识别标志或明确定位。

好的广告口号可以为品牌或企业做到以下几点：

第一，广告口号是对该广告主或品牌的一句意味深长的描述，它可以成为品牌形象和个性的组成部分。"最高级的驾驶机器"（宝马汽车）就在建立和维护品牌形象和个性中发挥了很大的作用。一些经久不衰的广告口号，就像经常和人们打招呼，可以使人们保持对广告主或品牌的熟悉感，提升品牌的价值。

第二，如果品牌在一段时间内的发展一直都小心谨慎，而且前后连贯，那么，这条口号就可以充当品牌的简略标识，表明与品牌利益点相关的重要信息。耐克的"Just do it"（想做就做）口号就为耐克的众多广告战役以及其他促销活动提供了一个基本的主题。在这种情况下，口号就可以在企业实施整合营销传播的过程中发挥有利的作用。

第三，在促销活动的广告中，广告口号的目的是让广告最后再向消费者说一句有说服力的话，有助于紧扣广告的主题。例如，"星期六是吃回转寿司的日子"（中懋寿司店）、"要想皮肤好，早晚用大宝"（大宝SOD蜜）、"采乐治头皮屑，每周两次"（采乐洗发水）。

近些年，也有一些专业人士认为，没有必要设计广告口号了，"它只是塞在广告中的又一个元素，一个想引起别人注意的高呼。很难看到可以为广告带来新意的口号，它们通常是些废话"。

这种观点，其实是对广告口号创作的一种反思。因为当前绝大多数广告口号

· 153 ·

都是陈词滥调，是说给自己听的话。它们通常是一些比较浅显的双关语或诸如"进取是我们最重要的产品"这样没有什么实际意义的话。这种没有内涵的空话套话，消费者会觉得很无聊，还不如不写。

但是，即便是广告口号的反对者，也不得不承认出色的广告口号的确非常精彩，例如耐克的"想做就做"。这不是关于耐克公司和鞋的，而是强调一种价值观和生活态度的。

因此，问题的关键不在于是不是该有广告口号，而是怎样才能把它们写好。

(三) 广告口号的内容

依据广告口号选取的题材内容，大致可以分为以下几种类型：

1. 反映商品的性能好或服务水平高

"无上妙品，酒鬼酒。"（酒鬼酒）
"更少尾气排放，更多驾驶乐趣。"（宝马汽车）
"精于心，简于形。"（飞利浦）

2. 用吉祥如意的言词，博取消费者的好感

"人头马一开，好事自然来！"（人头马XO）
"生活如此多娇。"（肯德基快餐）
"江南福地，常来常熟。"（江苏常熟）

3. 讲述企业的历史或规模

"想得早，做得好，万燕VCD。"（万燕VCD）
"125年，汽车发明者。"（奔驰汽车）
"不是所有吉普都叫Jeep。"（克莱斯勒汽车）

4. 提醒人们更新观念

"学琴的孩子不会变坏。"（雅马哈钢琴）
"成长，只有一次。"（雀巢儿童奶粉）
"要刮别人的胡子，先把自己的刮干净。"（舒适牌手动剃须刀）

5. 反映企业的文化理念

"长天五彩路，美联四海情。"（美国联合航空公司）
"技术日产 人·车·生活。"（日产汽车）
"智慧人生，品味舍得。"（舍得酒）

6. 提出企业的发展目标

"智慧地球的解决之道。"（IBM）
"车之道，唯大众。"（大众汽车）
"推动世界。"（沃尔沃卡车）

7. 用鼓动性的话语，倡导人们行动

"Just do it."（耐克）
"怕上火，喝王老吉。"（王老吉凉茶）
"我就喜欢。"（麦当劳快餐）

8. 培养与消费者的感情

"慈母心，豆腐心。"（中华豆腐）
"LG，着重人，尊重人。"（LG电子）
"关爱牙齿，更关心你。"（益达无糖口香糖）

9. 张扬品牌的个性

"不走寻常路。"（美特斯·邦威）
"激情挑战梦想。"（青岛啤酒）

目前，广告口号的走向是，除了历史、规模、性能等企业自身的内容之外，诉求点几乎都集中在企业的理念，以及与消费者的关系上。

（四）广告口号写作要求

1. 富有内涵

有效的广告口号应该能够引起人们的情感参与和回味。

"热气腾腾,蒸蒸日上。"("三角牌"电饭锅。一方面形象地概括了煮饭的情景,另一方面也有一种积极向上的双关含义)

"男人是沉默的札幌啤酒。"(札幌啤酒由于口味较清淡,曾被认为是女性喝的啤酒。后来,该啤酒以充满男子气概的三船敏郎担任广告代言人,将日本传统男性坚毅的心声掌握得恰到好处)

2. 突出特点

必须结合广告主题,突出商品、服务或企业理念的独特之处。

"把营养和美味卷起来。"(康莱蛋酥卷。利用一个"卷"字,产生了一种动感)

"丝丝入扣。"(皮尔·卡丹。既展示了服装的制作精细,也暗示生产和服务环节的紧密衔接)

3. 新颖独特

广告口号最忌模仿,雷同的口号不仅损害企业形象,还等于给别的品牌做广告。

"喝孔府宴酒,做天下文章。"(孔府宴酒。利用了"李白斗酒诗百篇"等古代文人饮酒而激发灵感的传说,同时"天下"二字又暗含"修身齐家治国平天下"的人生追求)

有一个四川的饲料厂家,做了一个类似的口号:"喂川东饲料,养天下大猪。"这一口号虽然也能表现出企业的志向,但由于模仿的痕迹太浓,读后不禁令人笑出声来。

4. 通俗易懂

广告口号是宣传性的话语,针对的是一般大众,不能太深奥费解,要口语化。为此,经常会借用成语、俗语、歇后语。如"车到出前必有路,有路必有丰田车"。

5. 简洁凝练

广告口号一般在10个字以内,并且要朗朗上口,才容易记忆和流传。

例如,"滴滴香浓、意犹未尽!""味道好极了!"等人们熟知的广告口号都很简短。

如果需要涵盖复杂一些的内容,那么每句要短并形成节奏。

6. 号召性强

广告口号要有煽动性,以刺激人们的消费欲望。

"喝贝克,听自己的。"(贝克啤酒)
"淘!我喜欢。"(淘宝网)

7. 适应需求

广告口号虽然可以在较长时间内反复使用,但它毕竟是为市场营销服务的。随着市场环境、消费者心理和营销策略等因素的变化,广告口号也要适时进行更新。

例如博士伦隐形眼镜刚进入中国市场的时候,主要是针对那些眼睛近视,但又觉得戴眼镜影响美观的人。当时的广告口号是:

"博士伦美化您的眼睛,美化您的生活。"

后来,当其他一些厂家的隐形眼镜出现了磨眼睛、伤害眼角膜等情况时,针对人们的顾虑,博士伦的广告口号改为"戴博士伦,舒服极了",强调品牌的质量。最近,博士伦的广告口号又改为"完美视力,优质生活",强调"5重科技,5重舒服"。

(五)广告准口号

广告口号是宏观、长期、反复使用的,代表品牌形象或企业形象,一般不轻易变更。因此在特定的广告战役中,除了广告口号以外,还有一种广告口号的形式,一般把它叫作"广告准口号"。

广告准口号可以结合具体的广告目标,对广告口号进行适当的、有效的补充。不同于一般的广告口号,广告准口号比较灵活,与正文的衔接更为紧密。

一般来说,广告准口号常常是特定品牌的广告口号,不同于企业的广告口号。在一个拥有多种品牌的企业,通常以企业广告口号统领品牌的广告口号。

例如宝洁公司的一些护发用品曾经分别用过以下的广告口号:

"拥有健康,当然亮泽。"(潘婷)
"头屑去无踪,秀发更出众。"(海飞丝)
"头屑不再有,秀发更飘柔。"(飘柔)

而当时宝洁公司的广告口号是"世界优质产品,美化你的生活"。

丰田公司在中国推出威驰轿车以后，曾经在一个广告中出现了两个口号：

车到山前必有路，有路必有丰田车。（广告口号）
威驰新风，席卷汽车生活的新风。（广告准口号）

需要注意的是，写作广告准口号时，不仅不能与主题口号重复，还要对它进行具体的阐释与强化，并体现出一种整体的和谐风格。

五、图案配置与编排

在报刊广告中，除了广告文案以外，还有一个重要的表现要素，那就是图案，也叫作插图、图片。在第一章中，我们曾经讲到过文案写作人员的视觉化能力，也就是要掌握图案的配置和编排知识。

（一）图案在报刊广告中的地位

在报刊广告中，广告图案虽然不是必不可少，但是具有创意性的图案会给文字增色，却是业界公认的。

广告大师大卫·奥格威说过："大部分文案撰稿人构思的都是文字，而很少花时间来考虑广告插图的编排。然而，插图往往比文案占据更多的位置，它们在促销商品上应该起与文字同等重要的作用。"

具体来说，广告图案具有以下作用：

1. 吸引目标受众的注意

插图的一个根本任务是吸引并保持读者的兴趣，与特定的目标受众进行沟通，通常插图必须辅助广告的其他元素，以期获得预定的传播效果。

2. 凸显品牌

广告主往往用插图来表现品牌，通过这个方式达到凸显品牌的目的。逆光、低拍镜头和色彩变幻等这些视觉技术可以突出主体部分，表现质感。奥格威认为，如果广告没有什么特别的东西可讲，那么，就让包装充当插图的主角。

3. 表现产品的特点或利益点

即使印刷广告是静止的，它也可通过"动态"的场景，甚至通过一连串的插图来表现使用中的产品。广告可以通过使用产品前和使用后的对比或通过表现使用产品后的结果来展示使用这个产品的好处。

4. 营造气氛、感觉或树立形象

品牌形象是通过插图来反映的。与包装彼此烘托的插图、相关的品牌形象（如品牌标志）以及人们被激发起来的感情，这些都会在这个过程中发挥一定的作用。广告的"气氛"有助于品牌形象的迅速建立，而这些目的是否能达到，这要取决于插图在技术上实施的好坏,插图的灯光、色彩、色调以及肌理都会对品牌形象的树立产生巨大的影响。

5. 启发读者阅读正文

既然标题可以启发读者仔细观察插图,插图也可以启发读者阅读正文。插图可以引起读者的好奇心,激起他们的兴趣。为了满足自己的好奇心,读者有可能进一步阅读正文,以求搞清问题。

6. 为品牌创造预期的社会背景

广告主应该将自己的品牌与某一类社会环境联系起来,从而使它们与特定"类型"的人或特定的生活方式产生联系。营造预定的社会背景也许就是当代艺术指导最重要的一项功能。

路克·苏立文在《文案发烧》中写道:"假如你用一个好画面来吸引读者,他们就可能往下读你的正文。但是关键是尽可能用图案解决问题。随着大品牌日益国际化,图案将更加重要。视觉化比言语传达得更好、更快。"

尤其是现代社会,人们的生活节奏日益加快,受众希望以轻松方便的形式得到信息,广告的创作也应该适应"读图时代"的要求。

(二)广告图案与文案的关系

杰出的广告人乔治·路易斯曾经说过:"杰出的广告应有个可以让人容易记住的视觉印象,即一种有助记忆的图像,还有一些会在舌尖打转,令人忘不了的字眼(例如'牛哥很丑,可是皮很温柔')。假如你同时创造了视觉及语言的意象,那将会一加一等于三,而且强有力的意象能历经数十年仍然鲜活。"

在报刊广告中,如何发挥文案和图案各自的优点,是成功与否的关键。

玄特纳认为,"图片可以表现形象、演示过程、烘托气氛、煽动感情。但有一样它很难办到:让人行动。因此,呼吁、公告、命令不一定需要图片,但文字必不可少"。

实际上,报刊广告的创意很少是纯粹的图案创意或文案创意,它们大多是一个图文整体。所谓整体,是指二者之间相互补充,形成一种结构上的张力。这种张力是指二者并非互不相干,而是文案有一种意义,图案另有一种意义,相加起来产生第三种意义。

有的时候,创意体现在图案里。例如一则针对年轻人的住房储蓄广告:

标题:您不可能永远住在父母的房子里。
图案:一只袋鼠,袋里装着小袋鼠。

有的时候,创意则会体现在文案里。例如一则香水广告:

标题:"希望他更有男人味?自己先得有女人味。"
图案:一张年轻女人的脸。

澳大利亚的吉姆·艾奇逊在《卓越广告》一书中谈道:"如果广告的创意被体现在广告标题中的话,便意味着标题中会包含某种转折、某种诡计、某种改变或者某种令人震惊的因素,它将被赋予深刻内涵。因此,相应的视图部分就必须扮演一种有助理解的或是较直接的角色。反之亦然。如果广告的主旨被图片中某些有创造性的元素表达出来,图片将被赋予深刻内涵。因此,广告标题就必须绝对的直白,不带双关语,不做文字游戏,不加任何粉饰。词语甚至可以直接从产品的说明中引用。"

(三)报刊广告中使用图案的原则

(1)不是任何报刊广告文案一定需要图案,只有在其诉求力超过文字描述时才使用。许多有效的邮购广告就没有配置图案。

(2)广告图案不能离奇怪诞。怪诞或者独出心裁的图案不仅会分散人们对主题的注意,还会损害你的企业或品牌形象。

(3)图案要简洁。干扰越少越容易引人注意,庞杂的信息是吸引不了读者的。

(4)避免公式化的文字和图案对比。文字和图案之间的差别才是令人兴奋的,两者之间的差别要鲜明。

(5)激起读者的好奇心。在图案中注入故事诉求越多,读广告的人也就越多。

(6)照片比图画更能促销。照片能吸引更多的读者,传递更多的欲望诉求,能更好地让人记住,能更代表真实。

(7)图文相互配合,才会产生张力。在文字和图案之间构筑张力,但不能互相矛盾。

(8)充分考虑到所要投放的报刊的版面环境。这样才能巧妙地使本品牌的图案突出。

(四)广告图案的配置方式

与电视画面相比,图案是凝固的瞬间。要让读者从这一静止的图片中感觉到一种活力和动感,甚至可以联想到它的前后的状况或其他东西。从某种程度上来说,这是一件更难的事情。

一般来说,广告图案主要有下面几种配置方式:

1. 直接把产品展现出来

这种方式一般用很大的图案,使人注意到产品外观。当产品进入导入期,或是更换包装、标签时，这种方法显得特别重要。例如 MINI 汽车的一则广告：

标题：MINI，为人民服务。

2. 展示产品中特别需要强调的部分

这种方式一般通过商品的零部件或外观的细节来突出其与众不同之处。例如雪佛兰汽车的一则广告：

文案：目标更强。我们引领可替代能源技术，创造更强动力源泉。未来，为我而来。

3. 呈现自家产品与竞争品牌的差异点

如果产品中有改良或创新的地方，就可以强调这一独特的利益点。例如 SKAP 鞋的一则广告：

文案：足不出"护"。溯马可·波罗，行万水而恬然自"足"。扬帆舒适，护足千里。感受——防水、透气、减震、止滑。

4. 呈现出产品的实验情形
例如 Samsonite 箱包的一则广告：

文案：Cosmolite 系列。轻盈、坚韧。

5. 展示产品的生产过程
例如乐百氏纯净水的一则广告，强调"27 层过滤"。

6. 呈现出产品正在使用的状态
例如 Stren 钓鱼生产商的一则广告：

文案：世界上最可靠的钓鱼线。

7. 呈现出使用产品后的效果
例如，Cinch 清洁剂的一则广告：

标题：什么窗户？

8. 表现生产厂家或公司的代言人

例如，美国液体牛奶加工者咨询计划委员会的一则广告，以妇孺皆知的超人形象做代言人，展示"牛奶胡子"。

9. 表现产品或服务的使用者

例如，西门子的一则广告：

标题：以水点灯，生生不息100年。

10. 展示品牌标识

例如奥迪汽车的一则广告：

文案：时尚代言人。对于豪华轿车来说，优雅外观并非稀有，难得的是将时尚元素与创新科技兼收并蓄。奥迪系列车型就是如此完美，不热衷于潮流，却绝对引领时尚，在这个跳跃的都市里，无愧为最闪耀的时尚代言人。

11. 使用比喻性图案

例如现代公司维拉克斯汽车的一则广告：

文案：世上本没有路。

12. 对比性图案

例如，英特尔的一则广告：

标题：不同的艺术，同样的精彩。

13. 故事性广告的戏剧化

例如东芝洗衣机的一则广告：

文案：在东芝的世界里，没有如此的缠绕束缚。

14. 漫画式图案

例如淘宝网的一则广告：

文案：随时随地淘我喜欢。

（五）报刊广告的基本编排技巧

所谓编排，就是把文字、图案、符号等报刊广告的所有因素，按照重要程度做有效并且具有美感的布局。编排是版面设计的技巧。常见的编排方式，基本上有以下几种：

1. 标准型

这是广告最常见的布局方式。以引人注目的图片为主，其次则是大字的标题，然后是广告正文。最后是广告口号和附文。它以直线方式引导注意力贯穿整个广告，这是表现广告主张最清楚不过的方式。例如，空中客车的一则广告。

2. 文字主导型

不是没有图案就是图案只占很小的地方。这种布局一般都有较长的文字。例如，提倡普通话的一则公益广告。

3. 图案主导型

完全以图案为主导，只有很少的文案或没有文案。这种类型的布局很适用于顾客十分熟悉的产品。它是理想的提醒型广告及风格型广告。例如，本田汽车的一则广告。

4. 漫画型

是以漫画为主导来叙述一个故事。当然，产品永远是故事中的主角。例如 Samsonite 防水旅行箱的一则广告。

文案：乘机安全须知。Samsonite 旅行箱之坚固，值得你信赖。

不管采取什么样的编排方式，都要保证有一个视觉上的"中心点"，也就是突出的地方。不管这一中心点是在广告的什么位置，总要有一个合理的理由让人们先注意到它。

（六）广告文案的创意性编排

当竞争者争相运用视图时，一则以排版取胜的广告可以显得与众不同……排版上的创意可以将低预算的印刷广告变为具有高度可视性的出色广告。

报刊广告的创意性编排，是指充分发挥报刊作为平面媒体的空间表现力，结合产品或服务的特性，而创造的一种新型的编排形式。这种编排形式的优点是，不仅在视觉上更为醒目和突出，而且能够对读者的智力进行挑战，调动读者的参与感，引发他们思考。

1. 跨越版面式编排

就是把一个广告分拆登在几个版面的同一位置上，通过视线的连续性平行移动而产生一种特殊的效果。

· 163 ·

一位媒体策划师为大众汽车策划出一系列整版广告。创作员拿到了策划方案。他本来有理由表示不满：竞争对手连续登跨页广告，为什么我们只登整版广告？

然而他的反应正好相反。他仍觉得整版广告太大，于是他把整版广告分切开了，切出了6个1/6版广告，分别刊登在前后相连的6个版面的右上位置。于是我们欣赏到著名的大众汽车广告——汽车飞奔：一条笔直的大道上驶过一辆大众汽车，汽车越驶越远，最后一张广告上汽车变得非常小。每一张图片下写着越来越小的广告词——"它飞驰着——飞驰着——飞驰着——飞驰着——飞驰着——飞驰着。"

玄特纳评价说，在杂志中刊登电视动画广告，堪称广告经典。

2. 分割版面式编排

就是打破广告只是版面上配角的惯例，使广告成为版面的中心，其他的新闻或信息反倒成为广告的陪衬。

例如，无糖百事可乐的一则广告。一群蚂蚁从报纸的左上角到右下角沿着斜线爬行，经过版面中央的百事可乐罐时，全都绕着走。读者看后不仅感到奇怪，蚂蚁不是喜欢甜食吗？看完右下角的小字，恍然大悟，原来这是无糖的百事可乐。

3. 借景式编排

这种编排手法，就是巧妙地利用版面上的其他信息，通过画龙点睛式的广告词，使二者产生相关性，从而突出产品或服务的特色。

例如，摩托罗拉寻呼机的广告，虽然只在版面下方占据了1/4通栏的空间，但一句"由此以上如此丰富信息，摩托罗拉智囊迅捷100型寻呼机都能提供"，概括了该寻呼机可容纳大量信息的特色。

4. 文字图形化编辑

这种编排手法，可以通过字体或形状的变化及排列来达到一种突出的效果，是通过编排强调广告中心讯息的一种方法。

例如，一个动物保护组织的公益广告。

文案："每天30头象。为阻止猎杀，贡献一份力量吧。"

澳大利亚的Jim Aitchison在《卓越广告》一书中谈道，"中文是一种象形文字。特定的笔画组合揭示了某种图形的含义。因此中国的撰稿人不但可以在文字上作变化，还可以在文字中的图形上作变化，这样看来，中文无疑是排版类创意的完美元素了"。

第六章 网络广告文案写作

一、网络广告文案概述

世界上最早的互联网,起源于1968年美国国防部高级研究计划局(ARPA)主持研制的用于支持军事研究的计算机实验网ARPANET。ARPANET建网的初衷并不是要将其作为一个新兴媒体传播信息之用,而是旨在帮助那些为美国军方工作的研究人员通过计算机相互交换信息。它的设计与其目的实现均是基于这样一种主导思想:网络要能够经得住故障的考验而持续维持正常工作,当网络的一部分因受敌方攻击而失去作用时,网络的其他部分仍能维持正常通信。这就是美国科研人员研究互联网的宗旨。正是因为其目的单一,因而最初研制成的ARPA-NET,也就只有四台主机在联网运行。

到了1985年,在美国政府的帮助下,互联网开始被运用到民间的通信业中。美国国家科学基金(NSF)在这一年组建了第一个网络,并命名为NFSNET。伴着TCP/IP协议的成长,NFSNET在1986年建成后取代ARPANET成为Internet的主干网。他们把最后使用TCP/IP支持的NFSNET网叫作Internet,即当今世界最大的计算机互联网。

再往后,随着个人电脑的逐渐普及和互联网技术的发展,互联网将千家万户连接起来,形成全国以至全球大联网,并以其特有的交互性传播形式,被称为继报纸、广播、电视、杂志之后的"第五媒体"。就拿我们国内来讲,互联网已经成为仅在手机媒体之后的第二大传播媒体,据第20次中国互联网发展报告统计,我国的网民总数已高达4.57亿人。互联网的发展极大地改变着人们的生活,同时也对传统广告媒体产生着深远影响。

网络广告是指利用国际互联网这一载体通过图文或多媒体方式发布旨在推广产品、服务或站点的信息传播活动,是一种由广告主自行或者委托他人设计、制作,在网络上发布的有偿信息传播。网络广告是采用电子多媒体技术设计制作,利用通信网络作为广告发布平台并通过网络传播广告信息的媒体形式。其具体操作方式包括注册独立域名,建立公司主页,在各网络站点做各种尺寸的广告及图文链接，登录各大搜索引擎，在BBS电子公告板上直接发布广告信息，通过电子邮件给目标消费者发送广告信息，在提供博客服务的网站上开设公司博客等，它具有网络媒体所独具的互动性强的传播属性。

学术界一般认为，1994年10月14日，美国 *Hot Wired* 杂志网络版在其网站上发布的旗帜广告为世界上第一条网络广告。从此这一广告形式以其强大的生命力出现在广告传播活动中，同时也让网络开发商与服务商看到了一条前景光明的道路。继其之后，许多传统媒体如美国有线电视网（CNN）、《华尔街日报》、《纽约时报》等传统媒体，也纷纷建立自己的网站，并在刊登自由信息的同时，在互联网这一传播平台上经营广告。网络广告传播——这一新型的广告传播模式正式诞生。

1997年，我国网络广告业实现了零的突破，第一个商业性网络广告出现在1997年3月的Chinabyte上，这是一条Intel CPU的468×60像素动画旗帜广告。1999年7月，由中华网筹划并在上海召开的全国互联网广告营销会议则是我国第一次规模较大的网络广告营销沟通会。

迄今为止，中国的网络发展状况仍然是处于普及期和快速增长期的发展阶段。据最新的《2012年中国互联网调查报告》显示：截至2012年12月，我国网民规模达5.64亿，互联网普及率为42.1%，较2011年底提升3.8个百分点。网络广告收入的增长速度更是令人吃惊，据相关研究显示，2012年中国网络广告市场规模达753.1亿。

网络广告（Web Ads）是一种新兴的广告形式，它依托国际互联网并随着互联网的迅速普及逐渐为人们所熟悉。据美国著名传媒研究者霍金斯的定义，网络广告就是电子广告，即通过电子信息服务传播给消费者的广告。中国广告商情网（www.a.com.cn）将网络广告界定为在互联网上传播、发布的广告，其广告形式、收费模式等都与传统广告有所差别。实际上，网络广告就是以互联网为媒体发布和传播的商业广告，套用广告的一般定义，也可以说，网络广告是确定的广告主以付费的方式运用互联网媒体对公众进行劝说的一种信息传播活动。

由于网络的互动性和网民对于消息接收的自主性，使得网络信息泛滥、空间无限延伸，使得仅靠外在推动力较难长期地将某一消息置于最显眼的位置，即使做到了，也不等于就能受到关注。"因为各种消息的登记和优先程度都是由参与其中的每个网络使用者所共同赋予的，每个人都有机会决定将怎样的消息扼杀或者为延长它的传播渠道和时效做出自己的努力，甚至可以在他人获得的信息基础上加入自己新的创造，然后继续在网间流传，利用各种转载和链接，完成真正的互动传播。"

由于互联网是网络这一新媒体的总代称词，在实际的信息传播尤其是广告信息的传播实践中,往往商家或生产企业只是选定互联网中的某一具体传播平台来传播其广告信息,比如像博客、播客、BBS、富媒体、流媒体等,也就是说互联网就像一棵枝叶茂盛的大树,博客、BBS、富媒体等则是这棵大树上分出的一个个枝杈。因此,我们必须对这些枝杈有一个全面了解与把握,方才能够得心应手地为客户撰写各种广告文案,并取得预期广告传播效果,下面逐一作一番分析探讨。

(一)博客

博客(Blog)的原意是"航海日志",后指任何类型的流水记录。而 Weblog 是网络上的一种流水记录形式,简称"网络日志"。一个 Blog 是一个网页,由按照时间排列的日志组成,用户通过申请自己的站点后自主发表日志,也可以通过链接或直接输入地址阅读他人的日志。可见,博客是个人思想、观点、知识等信息通过互联网进行发布、传播和共享的一种媒体。

博客进入国内的时间不算太久,目前主要的中文博客网站有 blogcn、blogbus 等,而各大门户网站如新浪、搜狐、雅虎等也看准了这块巨大的蛋糕,纷纷进入这一市场,为更好地开发这一新平台的广告价值做好了铺垫。其他类型的还有诸如微软公司的 MSN Space、腾讯公司的 QQ 空间、百度公司的百度空间等。其中,MSN Space 和 QQ 空间将即时通信工具与博客联系起来,具有新颖别致的传播特色。这些博客大都注册简单、使用方便,模板丰富,因而用户数量也比较多,从而使更新、评论的氛围比较积极,形成了一种传播圈子和一定的气候,占据了国内博客受众群体的绝大多数。

由于博客的传播特征是以个人为中心的信息表达和传播,因而它具有自主性、个性化、分众化等特征。作为互联网的新锐势力,其发展速度和传播优势备受关注。特别是在注重分众传播、互动体验营销以及公关的后广告时代,博客所蕴含的广告传播价值被许多专家和业内人士所看好。

个人博客通常是指发表或张贴个人生活中的事情点滴和自己的兴趣爱好,并通过这种方式把个人的思想、知识以及新近获知的信息与他人分享、交流,同时又能通过跟帖和网络链接等方式结识到更多志趣相投的朋友。这就是说,博客实际上是一个用个性化的内容来聚敛人气的网络平台。

也许正是因为这些,其发展速度才极为神速。据中国互联网信息中心 2010 年网络发展状况统计报告显示,在中国的网民中,经常使用"博客"的已经占到 10.5%。艾瑞市场咨询的统计则显示,中国"博客"用户已由 2003 年的 20 万户增长至 2009 年的 1180 万户。

1. 个人博客与博客圈

作为单一的个人博客其本身并不具备成为一个广告投放平台所必备的要素,

因为这种散乱无序的单一性传播很难达到广告预期效果。但是各博客网站陆续推出博客圈等类似功能，使得在个人博客中表现出特定的个性化兴趣的人能够通过网络找到与己具有同一群体特征的博客使用者。这样形成的受众圈和资讯圈使得传播路径走向分众化，从而大大提高了广告投放的针对性。通过各种指标特征划分出来的各种自发群体被赋予了各种各样的标签，反映在消费需求上，在某一方面也具有相对应的共同特征，这样一来，不同的广告代理商就能根据产品的特征选择相关联的博客群体投放广告。

由于博客圈所具有的群集性特征，使得广告投放时人们不必再针对单个博客或某一个站点，而是把注意力上升到由这些特性所搭建的网络中的某一平台，即将所有具有某一有效特征的博客通过博客圈子网罗在内，直接到达目标受众，提高传播效率。

另外，由于博客与博客之间建立了便捷的链接，使得相关的信息具有高效率的扩散渠道。这种"多对多"传播所具有的发散性比"一对多"传播更有效率，对于广告商来说，更实际的意义在于能够减少广告费用的浪费。

2. 企业博客与"口碑营销"

随着博客的发展，越来越多的企业开始建立自己的企业博客，企业博客已经成为广为流行的企业网络营销工具。这是一种用较低成本即可建立品牌形象和推广新产品的一个新营销手段，目前已经引起了众多企业的关注，成为线上广告的一个重要补充。较之其他网络营销工具，博客具有更大的自主性，信息量更大，且发布更为灵活。企业通过这一媒体获得更为廉价、更为便捷、互动性更强的传播机会，可以更加广泛地对外发布广告信息，与潜在消费者进行直接有效的沟通，从而提高企业美誉度和产品知名度，或者在发生危机的时候，营造有利于企业的危机应对舆论。

近年来，十分热门的"口碑营销"类似于传播学理论中的"意见领袖"，在意见领袖或者亲朋好友的推荐下，某种信息的传播被自然地认为是更加人性化的运作，因而也就更加容易被信任。作为网络平台上的一种媒体，博客先天具有网络媒体不够权威的弱势，但与大众媒体相比其人性化优势无疑会使受众把对博客作者的信任延续到对在这一平台上发布信息的信任——包括广告。

（二）微博

微博网，即微型博客网站（Micro Blog）的简称，是一个基于用户关系的信息分享、传播以及获取平台，用户可以通过Web、WAP以及各种客户端组件个人社区。微博的另一个特点还在于这个"微"字，一般发布的消息只能是简短的一段话，每次只能发送140个左右的字符，并实现即时分享。它允许用户将自己的最新动态和想法以短信息的形式发送给手机和个性化网站群，而不仅仅是发送给个人。国际上最早最著名的微博当数美国的 Twitter，根据相关公开数据显示，截至 2010 年 1 月，该产品在全球已经拥有 7500 万注册用户。目前国内著名的微博有：唠叨网、嘀咕、摄雅图片微博、随心微博、Follow5、新浪微博、大围脖、叽歪、同学网、品品米、茶缸儿等。有人曾指出：在博客、微博两不误的作家和菜头眼里，微博客是信息日益碎片化的必然结果。在 BBS 发帖，在 Blog 写博，门槛其实都很高。但是，哪怕是一个没有受过严格中文训练的人，只要会发短信，也就能使用微博客。用它记载自己某一刻的心情，某一瞬间的感悟或者某一条可供分享和收藏的信息。奇妙的是，尽管信息已经高度碎片化，但是它们能自发组织，完成对某个事件的完整报道和传播，也能够记录一个普通人生活中所有的点滴，微博是希望得到关注的人或企业的一种表达方式。

（三）播客

近年来，不少视频网站或门户网站的视频频道纷纷出现，视频的剪辑与短片像文字和图片那样在网络上传播、蔓延着。于是，一种新的发布信息，尤其是个人发布信息的站点应运而生，这就是播客。

播客网站与博客相类似，大多都是个人根据自己的兴趣爱好和所能获得的资源，在个人申请的站点和所登录的页面中发布视频信息，这种视频文件往往赋有标签，或直接归入某种题材，便于人们在浩瀚的网络信息海洋中通过关键字进行检索。

目前，依赖个人制作上传的播客作品的质量往往是参差不齐，一般的播客内容大都是现成转载发布他人或公司已经制作完成的有特定取向的视频短片，但这并不妨碍播客成为广告投放的新平台。

近年来，随着宽带的普及和视频播客的兴起，传统意义上的文字博客市场成为过去。传播形式更加便捷，创作方式更加简易，加上数码终端产品价格的进一步下降，使得播客替代博客写作成为可能。

在播客上做广告的形式有如下几种：在视频缓冲期内播放某产品或服务的广告、在视频节目播放前插入广告、在视频内容中插入产品图片或文字等。其形式仍有待于进一步开发和拓展。播客本身承载的巨大信息量吸引着众多潜在消费者的目光。在新平台上投放广告可以利用其多媒体技术，为宣传产品和企业提供更多层次的选择。

1968 年，艺术大师安迪·沃霍尔留下了他最为著名的预言之一——"未来每个人都有成名 15 分钟的机会"。他当时认为，随着照相机和电视的普及，普通人成名的壁垒终将被打破，人们将此称为沃霍尔理论。

Web2.0 改变了这一成名游戏的规则，美国的《时代》周刊说，沃霍尔的预言将被改写，新的预言是，在互联网上，每个人都在自己的 15 人小圈子里闻名。

1. 富媒体

富媒体是 Rich Media 的中文翻译，它并不是某一种具体的互联网媒体形式，而是指具有动画、声音、视频和交互性的网络信息传播方法，它包含下列几种常见的形式或者组合：流媒体、声音以及 Flash、Jave、Javscript、Dhtml 等程序设计语言。富媒体可以应用于各种网络服务中，如网站设计、电子邮件、Banner、Button、弹出式广告、插播式广告等。

2. 流媒体

流媒体是指采用流式传输的方式在 Internet 播放的媒体格式。它是指商家用一个视频传送服务器把节目当成数据包发出，传送到网络上。用户通过解压设备对这些数据进行解压后，节目就会像发送前那样显示出来。从媒体的本质属性来看，流媒体实际指的是一种新的媒体传送方式，而非一种新的信息传播平台。

流媒体技术也称流式媒体技术，所谓流媒体技术就是把连续的影像和声音信息经过压缩处理后放在网站服务器，让用户一边下载一边观看、收听。该技术先在使用者端的计算机上创建一个缓冲区，在播放前预先下一段数据作为缓冲，在网络实际连线速度小于播放所耗的速度时，播放程序就会取用一小段缓冲区内的数据，这样可以避免播放的中断，也使得播放品质得以保证。

流媒体技术不是一种单一的技术，它是网络技术及音视频技术的有机结合。在运用流媒体技术时，音视频文件要采用相应的格式，不同格式的文件需要用不同的播放器软件来播放，流媒体技术为传统媒体在互联网上开辟更广阔的空间提供了可能，广播电视媒体节目的上网更为方便，听众、观众在网上点播节目更为简单，网上音视频直播也将得到广泛运用。

流媒体技术将过去传统媒体的"推"式传播，变为受众的"拉"式传播，受众不再是被动地接受来自广播电视的节目，而是在自己方便的时间来接收自己需要的信息。这将在一定程度上提高受众的地位，使他们在新闻传播中占有主动权，也使他们的需求对新闻媒体的活动产生更为直接的影响。

流媒体技术的广泛运用也将更进一步地模糊广播、电视与网络之间的界限，网络既是广播电视的辅助者与延伸者，也将成为它们的有力竞争者。利用流媒体技术，网络既可提供新的音视节目样式，也将形成新的经营方式，例如收费的点播服务。基于此，我们既要充分有效地发挥传统媒体的优势，也要充分利用网络媒体的特长，保持媒体间良好的竞争与合作，这无疑是未来网络的发展之路，当然，同样是未来传统媒体的发展之路。

3. 网络广告传播的优劣势

（1）优势。

①网络广告为多种形式，比如：横幅式、按钮式、弹出式或插入式、赞助

式、电子邮件式、游戏互动式等。

②新技术的运用。互动性能够减少受众对广告的反感，培养观看兴趣，从而实现广告信息的有效到达。此外，流媒体技术的发展也使得视频、声频相关文件能够在宽带网络中顺畅播出，使得视听结合的动感画面更好地诠释广告产品的特性，给受众留下更深刻的印象，这也是网络越来越有力地挑战传统媒体的优势所在。

③广告价格相对低廉。在传统媒体如电视、报纸、杂志上做广告的费用一直以来都是比较高的，而网络媒体的广告价格相对较低。对于一般企业而言，在广告预算并不充裕的情况下，这是一个可行性比较高的选择。

④广告效果可靠。与传统媒体相比，网络广告依靠浏览量、点击量等量化的数据反映广告到达情况，比起传统媒体来要明确和可信得多。

（2）劣势。

①广告监管问题。尽管有着非常多的优势，但网络广告的劣势也是较明显的。最受关注的应该是网络广告监管问题，由于网络立法滞后，许多新问题、新情况出现之后无法可依的事例层出不穷。

②网络的公信力。网络本身的公信力相对其他传统媒体来说较低，再加上无序、虚假信息在网上泛滥并且得不到很好地清除和遏制，使得这一公信力危机迟迟无法得到解决。对于网络广告来说，受上述因素影响，人们对网络广告的信任度自然不会比传统媒体高。而且网络活动的自主性使得网民和企业主的认同程度不高，点击率低，强制性措施等也会引起受众反感。

③影响力局限性。网络面向的受众人群毕竟只是集中在经济较为发达地区一定年龄层的人群中，从而无法达到传播影响力最大化的目标。

二、网络广告文案特点

1. 图文声画俱现

由于网络媒体本身具有视听觉同时再现的传播功能，因而受众通过互联网不仅可以清晰地看到各种各样的画面图片或影视内容，同时可以听到各种各样的声音，受众的两大主要信息接收器官的信息接收作用均可得到一个超强表现，并且可以通过互联网与产品营销方进行即时互动。因而，在网络上做广告就可取得一个与其他各大主流媒体均不一样的广告效果。进入21世纪以后，广告主越来越看好这一新媒体的巨大广告传播效应与传播潜力，纷纷将广告传播的中心移向这一新媒体。

2. 即时互动性

受众不仅能够主动选择广告内容，还可以与商家或生产企业直接讨论，并对产品提出建议、反馈、探讨相关情况。网络营销人员可以为特定目标顾客定做个性化的信息，以达到信息的集中与准确传输。

3. 形式多元化

由于宽带的普及、Flash技术的发展，网络广告越来越呈现出多媒体化的发展趋势，其中最具代表性的就是富媒体广告。富媒体广告能够综合利用Video、Audio、Java以及动画等组合而成的视听觉效果，除了提供在线视频的即时播放之外，内容本身还可以包括网页、图片、超链接等其他资源，与影音同步播出，大大丰富了网络媒体播放的内容与呈现效果。富媒体似乎从它一诞生就独具吸引力，它在形式多样的网络广告中非常醒目，影响力非常大，受众的点击率比传统网络广告高出好几倍。由于可以结合多种广告形式，使得媒体具有极强的形象表现力，为创意人员提供了很大的想象力发挥空间。富媒体的接触方式不仅能吸引访问者的有意注意力，同时可实现受众与广告的互动。而且富媒体广告能够在内容和地域上定向，通过侦测受众IP等方法，有针对性地发布广告，也便于广告主定向追踪客户的行为。

此外，将富媒体广告发挥得非常出色的代表性新媒体是近两年才兴起的第三代电子杂志。网络杂志内容广泛，涉及时尚娱乐、数码动漫、网游竞技等众多领域。新网络杂志强调互动性和多媒体，比如介绍音乐内容时，用户通过杂志可以看到歌词、动画，在线收听每首新歌、花絮，以及演唱会视频。在时尚类杂志中，读者可以一边听着美妙的背景音乐，一边360度旋转流行服饰，还可以通过视频窗口感受到时装秀的现场气氛，甚至可以直接与服装设计师进行互动。它并且能针对用户作阅读分析，得到最新信息反馈，从而为内容制作和广告投放提供参考。

4. 受众小众化

在21世纪，大众传播早已经变成"处处是中心，无处是边缘"，信息权利已经分散到了上亿台电脑中，电脑用户不仅接收信息，而且产生信息，它们成分散的中心——不仅仅是阅读、收听和收看的中心，而且也是生产信息和传播信息的中心。网络广告充分利用了这些分散的一个个分支中心，从而形成了独特的"长尾"力量。

综上所述，在这样的网络媒体中从事广告文案写作，就一定要准确把握各类分支媒体的传播特征，从而有针对性地撰写体裁各异的广告文案，将产品或其他商业信息准确有效地传播出去，取得预期广告效果。

三、网络广告文案撰写

1. 横幅式广告（Banner）

又叫"通栏"、"旗帜广告"，是目前全球网络广告的主要传播模式之一。具体是指网络媒体在页面中分割出一定尺寸的画面（视各媒体的版面规划而定）发布广告，因其像一面旗帜，故称为旗帜广告。最常用的广告尺寸是 468×60（或 80）像素、234×60 像素，以 JIF、JPG 等格式建立的图像文件，定位在网页中，同时还可使用 Java 等语言使其产生交互性，用 Shockwave 等插件工具增强其表现力。旗帜广告允许客户用极简练的语言、图片介绍企业的产品或宣传企业形象。为了吸引更多的浏览者注意并点选，旗帜广告通常利用多种多样的艺术形式进行处理，比如做成动画跳动效果，做成霓虹灯闪烁效果等。根据上述特点，横幅式广告文案撰写应尽可能地使用简洁的语言来做画面的解释或特别强调，不能以撰写大量文字的方式试图全面介绍产品，因为那样只能减弱受众的吸引力和注意力，使得所设想的广告传播效果无法实现。比如像广东珠海某企业为其产生的新产品"快乐行 MP3"所做的横幅式网络广告就是一个成功案例。该广告的受众注意中心点是由六个不同的画面组合而成的该产品各种性能展示，只是在最后一个画面出现的同时，在其下方配有一句广告文案"快乐行 MP3，不仅仅是价廉的概念"。这一简洁的广告语让受众在欣赏该产品功能展示广告画面的同时，明白其产品的质量正如同一个个画面所展示的那样新颖独特，得到一种使用它可给消费者的生活带来极大的快乐与方便的认同感。

2. 按钮式广告（Button）

按钮式广告也是网络广告中最早和最常见的一种形式，通常是一个链接着某公司的主页或站点的公司标志（Logo），将其定位在网页中，由网络浏览者主动点选。最常用的按钮广告尺寸有四种，即 125×125 像素（方形按钮）、120×90 像素、120×60 像素、88×31 像素，由于尺寸偏小，内容有限，表现手法也较简单。因而在文案撰写时一定要用标语式的语言来告诉受众一个中心诉求点，使得受众立刻明白这将是链接着一家生产什么产品的企业，从而决定是否进入其站点去详细浏览。

3. 插播式广告（Interstitial Ads）

插播式广告的主要特点是，广告主选择与自己产品相关的网站或栏目，在该网站或栏目出现之前插入一个新的浏览视窗显示广告，在访客登录网页时等待网页下载的空当出现于受众眼前。插播式广告主要分为两种，一种是弹出窗口（Pop - up），出现在该网站的页面上，另一种是背投广告（Pop - under），一般出现在该网站页面窗口之后，尺寸较大。插播式广告的文案撰写同样要根据媒体物的不同形式来灵活操作，弹出窗口式的插播广告文案则不能大幅介绍某产品的各种性能和其他好处，只能是使用极具引诱性的几个字将其产品介绍出去，从而以一种瞬间印象式的传播给受众留下较深的第一印象，等受众的第一印象将要消失时，他如果对这一产品有兴趣，就会再次点击，或者依据前面所得到的产品名称这一信息点击，去主动寻找更加详细的产品介绍广告。如果是撰写背投式广告文案，则可以用数个不同的广告语来组成一组产品性能的不同亮点介绍，从而使受众能够在较短的时间内获得该产品的较为详尽的信息，有一个较深的品牌印象。

4. 流媒体广告（New Media）

流媒体广告通常出现在网页的页面左侧或右侧，可以自由播放出多媒体技术制作的视频与声频相结合的 Flash 文件。播放画面可以悬浮于所打开的网站页面之上，流媒体广告信息丰富、形式多变，具有强烈的感染力。点击关闭按钮可以隐藏在页面一侧。流媒体广告的写作特点是：广告语短小精练，关键词直奔产品卖点，这样就可给受众留下极具视觉冲击力的第一印象，从而使得受众能将注意力主动集中到这一媒体中，自觉打开相应广告网，认真寻找相关更加详细的广告介绍。比如某书店的流媒体广告语是："走，看这本从未见过的书去！"什么书？还来了个从未见过，受众的好奇心理一下子便被激励起来，于是就开始主动去找寻关于这一广告的更加详尽信息，该书的销售量也就可想而知。再比如像下面这则国外流媒体广告案例亦有着相当的借鉴意义："某葡萄酒公司在 Twitter 上举办了 Twitter Taste Live，共有 5 款雨果葡萄酒分别提供给使用 Twitter 的葡萄酒爱好者品尝。"然后主办方确定一个时间，在 Twitter 上和葡萄酒爱好者进行互动交流，并用视频直播来辅助这次体验活动，加强了活动的直观性。在这里用 Twitter 的形式将品酒会现场搬到网上，只要 Twitter 用户将自己的想法以文字由网站、短信息等发送给订阅者和好友，双方就可及时反馈。与传统的线下体验营销相比，Twitter 体验方式可以使葡萄酒爱好者突破品酒时间、地域、人数的限制，全国甚至全球品酒成为可能，更重要的是来自不同地区的葡萄酒爱好者可进行实时沟通与更加深度的交流。

5. 赞助式广告（Sponsorships）

赞助式广告形式多样，有内容赞助、节目赞助、节目赞助、竞赛和推广式广告（Contests and Promotions）等。广告主可根据自己所感兴趣的网站内容或网站节目进行赞助，或者与网站一起合办他们认为受众感兴趣的时效性网站，如北京奥运会网站、上海世博会网站等，进行网上相关信息的及时发送传播或发布网上推广式广告。赞助式广告文案的写作特点是：应当充分利用这一机会为自己企业生产的产品做广告宣传，因而广告内容应当尽可能地详细，对于产品的性能、价格、售后服务等消费者最为关心的信息作一个详尽诉说，使得消费者得以了解产品的整个情况，从而很快就可下定购买决心。

6. 电子邮件广告（E‐mail）

广告主或广告代理机构通过各种途径搜集到目标消费者邮箱，将广告信息以邮件的形式用附件发送到受众的邮箱中。因为可以被无限复制，而且获取邮箱的费用较为低廉,因此广告成本较低,但由于各个邮箱服务提供商都带有垃圾邮件过滤功能,该广告的到达率并不算高。在这种情形下,电子邮件广告文案的撰写要把握以下原则:邮件主题一定要准确、鲜明、生动,同时将企业名称和亲切友好的问候语简要地附在邮件主题的最后,这样当邮件接收者从收件箱中看到该邮件时,尽管会感到突然与意外,乃至产生一丝不满或厌恶的感觉,但是他很快就可从邮件主题中的企业简称和亲切友好的问候语中将不满予以释放,进而打开该邮件。邮件主题的撰写如上所述,但是邮件内容则应是详尽周全,应当把该产品的所有情况都一一用分类法介绍给受众,在具体撰写时应采用应用文体,朴实周详地一一诉说,应杜绝使用华丽夸张的词汇,不要过多使用形容同和程度副词,要设法给受众造成一种货真价实的阅读感觉。

7. 互动游戏式广告(Interactive Games)

在一段页面游戏开始、中间、结束的时候,广告可随时出现。可以根据广告主的产品要求为之量身定做一个属于自己产品的互动游戏广告。其广告形式多样,例如:受众在欣赏完整圣诞节的互动游戏贺卡之后,广告会作为整个游戏贺卡的结束页面从而带给受众一种言犹未尽的欣赏美感。比如在游戏界面中的扑克牌背面设计赞助商的商标,融信息于乐趣中,使娱乐和广告这两者在受众的接受心理上得到平衡。

由于网络技术的飞速发展,网络广告的表现形式不断翻新。现在有很多大型网站除了使用常见的 Banner 和 Button 外,又有很多新形式被使用,如基于多媒体技术的飞行精灵、幻影跟随、鼠标跟随、浮动层广告、震动的 Button 和下拉式 Banner 等,这种传播模式的广告撰写要把握以下原则:所诉求的产品信息应尽量简洁明快,切不可将冗长的文案插入其中,以造成受众的阅读厌恶感。采用口号式广告语告知产品名称即可,不要对产品名称多次显示,以免受众误认为该产品是不是有名不副实之嫌。

8. 博客广告

有关博客的媒体属性已在前面作了介绍,这里只就其文案写作特点再作一番探讨,博客广告的写作特点主要是:普通人开设博客的目的并不是有意要为某一产品做广告宣传,而是想要把自己日常工作和生活中的所见所闻、所感所受与其他人一起分享,但是往往正是在这样的所见所闻过程中,会将博主所见或所使用的产品不经意地介绍给别人,比如像某人在自己博客中讲述的这段:"今天在南锣鼓巷有三大收获。一是吃到了正宗的老北京豌豆黄儿,透着一股刚蒸得捻烂的豌豆的清香,不像别处卖的甜得齁嘴。二是青海老酸奶,真好喝,醇极了,比我还'纯'。三是定做了一件衣服,我穿上玉树临风,见谁灭谁。"在这段博文中作者无意间介绍了老北京的"豌豆黄儿"、"青海老酸奶",使得看过这段文字的人立刻记住了这两个产品。

　　但是，企业家所开设的个人博客其目的和普通人的博客完全不同，因为企业家的博客有一个主要目的，就是要设法使得自己企业的信誉度和知名度，通过这样的媒体物得到一种别致的提升效应，从而拉近与消费者的情感距离，获得消费者的好感。因而，在具体操作过程中，企业家应当在博客撰写时运用情感诉求法介绍喜爱你以及喜爱你的企业、产品的那些人想要知道的你自己的相关情况。介绍的语气应尽量亲切，在一种娓娓道来的过程中不经意地把某一产品或商业信息传播出去，使受众在一种无意识状态下获得这一信息，比如像九阳集团总裁的博客中有这样一段博客："早上七点半起床，把昨天晚上浸好的豆子，倒进九阳豆浆机。我很好奇豆浆到底是怎么做成的，所以安静地在旁边盯着进行的全过程。先是加热，煮沸后稍冷却一下再开始打浆。会反复地打三次，然后再加热，再冷却再加热……"在这一段好似在谈自己早晨起来做早餐的过程中，为九阳豆浆机这一产品做了一次广告。但是这样的广告传播法受众却不会有反感或厌恶感，从而使得看过这段博客的人自然地记住了这一产品。

　　我们再来看一下李开复在他开的博客中写下的这段隐形广告文案："微软公司的视窗产品确实是改变人类历史的一项伟大产品。尤其是 1995 年 8 月 24 日，Windows 95 的发布轰动了整个世界。Windows 95 的出现带给使用者一个完整的图形化操作与使用概念，使人在电脑前的工作过程不那么枯燥乏味，使用电脑的经历也开始变得有趣。它的出现被认为是人类科技史上具有里程碑意义的事件。随后，微软在视窗的研发投入力度越来越大。到后来又研发出 Windows 98、Windows 2000、Windows XP，以及后来的 Windows Vista。我有幸参与了微软 Windows Vista 的研发工作。在这个过程中深深地感受到了，我们现在已经使用的微软产品方便、快捷而又智能，但是在科技研发过程中却充满了曲折和困难。尤其是微软的 Windows Vista 系统，从开始酝酿到最后的发布，用了整整 5 年的时间，其间甚至经历过一次完全的推翻重写，这个过程让微软视窗团队的每一个工程师都曾经充满沮丧和煎熬。也许，无论是历史还是科技，这种曲折都是前进的一个组成部分。2002 年初，我加入了 Windows Vista 的团队，组建了一个新部门，叫作自然互动服务部……"作者通过一种娓娓道来的语气，为微软公司做了一次免费广告宣传，使人在一种阅读美感中更加了解了微软公司研制出来的各种办公软件。

　　当然了，作为企业家所开设的博客来讲，其主要功能还是以宣传产品为主，但是这里的宣传则完全不同于通常的广告宣传，而是要在自己的博客里，详尽地解释消费者对于产品在使用过程中的不满和产品的某些缺陷给消费者造成不便或损失。只有用一种谦虚的态度和勇于承担责任的文案语言，才能获得消费者的认同，从而巩固消费者对于这一产品的信任。

9. 企业网站广告文案写作

企业家开设的网站其主要目的就是全面详尽地利用这一新媒体宣传、介绍自己的企业和所生产的各类产品，将企业形象与产品特征的详尽资料形象化地、全方位地展示在网络上，让那些已经购买或者说有意购买该企业所生产的产品的客户或消费者、其他受众对于这一企业与产品产生一个较为清晰、深刻的感觉印象，从而扩大企业与产品的社会影响力，提升企业与产品的形象地位。

基于这样的网络宣传定位，那么，企业网站的广告文案写作就需要把握以下要点：

①在网站的主页上分设数个不同的宣传类别，比如企业简介、某某产品专栏、生产工艺流程、该产品国际营销专区、国内营销专区、消费者之家、售后服务与投诉专区、科研与最新技术动态等。每一个类别在主页上分别用最能代表本栏目特色的 4~9 个字来作为栏目标题，使得受众能够一目了然地知道每一种类别的主要宣传内容，从而选择自己感兴趣的类别打开链接仔细阅读。

②在各类别主页中，文案撰写时其内容要详细全面，以该主页所要宣传的主打内容为宣传告知重点，采用应用文体写作方法来撰写广告文案。

③尽管是需要详细介绍，字数也不能太多，通常情况下分设 4~5 个版块，每一版块一般撰写 300 字左右为宜。

④在具体撰写时用产品说明书式或者是 SIS 策划案写作方式撰写主页的文案内容，这样就能给阅读者一种真诚诉求的心理感觉，这样的感觉可增加其信任，从而对该企业以及该产品逐渐形成一种品牌忠诚度，最终有一个实际购买行动。

第七章 电视广告文案写作

电视广告通过色彩鲜明且具有视觉美感的动态画面、流畅且真实的立体声响,直接生动地将广告产品的特点展现在电视受众的眼前,给受众如临其境之感。电视广告集艺术性、故事性、技术性、知识性、娱乐性为一体,因此,电视广告也被称为"迄今为止最打动人心的信息传播手段"。

电视广告是在电视产生之后逐渐兴起的,电视广告的出现适应了现代社会对光、电、声一体化的需求,同时也迎合了现代社会对于"视听双感"的审美追求。同时,电视广告的出现丰富了电视内容,增强了广告效果,也成为支撑电视台运营的经济基础。在电视广告不到百年的发展过程中,其创造的价值、产生的影响都是显而易见的。以中国为例,根据国家工商行政管理总局统计中心公布的数据显示,2012年中国电视广告的年收入为1042亿元。

电视广告文案与报纸广告、杂志广告和广播广告文案有很多相似之处,即都是通过文学创作增强广告效果。因此,广告文案要对广告语、广告词进行反复斟酌,将文字的魅力最大限度地展现出来。因为电视广告包含更多的声画语言要素,广告文案包括对场景、镜头、灯光、音响、人物的统筹规划和总体把握,所以电视广告文案撰写者必须是一个富有创新意识的"调度师",要将每一个广告画面与声音元素完美结合,最终电视广告文案创作的主体则是广告脚本创作。

一、电视广告文案概述

(一)电视广告发展史

1. 国外电视广告的发展历程

自19世纪末起,人们就开始研究如何用无线电传送声音和图像,这一系列研究实验为电视的产生奠定了科学基础。1936年英国广播公司在伦敦建立了第一个电视台,开始向受众播出黑白电视节目,世界电视事业由此诞生。此后,苏联和美国也相继建立电视台,播放各种电视节目,世界电视事业由此进入发展时期,并先后经历了黑白电视时期、彩色电视时期、卫星电视时期等几个发展阶段。

第七章　电视广告文案写作

电视广告并非与电视同步出现，但电视广告随着电视事业的发展先后经历了黑白电视广告时期和彩色电视广告时期。

（1）黑白电视广告时期。世界上第一条电视广告出现在美国纽约。1941年，纽约 WNBT 电视台在转播棒球比赛时，插播了布洛瓦手表广告，时长20秒，广告费仅为9美元。

在电视产生之初，归国家所有的电视台比重较大，作为官方媒体，这些电视台对于广告的数量和时间都有严格限制，有些电视台甚至不播放广告。因此早期电视广告数量比较少，以黑白电视广告居多，而且大部分只在商业电视台播出。

就电视广告的制作而言，早期电视广告制作简单粗糙，艺术性很弱。早期电视广告形式主要有以下几种：

①口播广告。由于当时技术条件的限制，录像设备并未出现，所以当时很多电视广告是现场直播形式的口播广告，制作手法相当简单。

②厂商冠名或赞助的电视节目。这种形式的广告意在打造某一产品生产商的知名度，随着电视节目收视率的增加其知名度会不断扩大。比如在美飞利浦·莫里斯烟草公司赞助了20世纪50年代最火的电视节目《我爱露西》，该烟草公司也随着这档电视节目的火爆而名声大噪。

③名人代言广告。早期电视广告中可以看到很多明星代言的例子，如保罗·伯根（Polly Bergen）为百事可乐做的代言广告即是一例。早期电视广告还出现了用卡通形象做代言的广告，如阿加西·皮克西就是一个经典的卡通代言形象，它对阿加西清洗剂的热卖功不可没。

（2）彩色电视广告时期。1954年，美国正式播出彩色电视信号节目，由此美国成为世界上第一个彩色电视节目播出国，这也成为世界电视史上浓墨重彩的一笔。1960年以后，日本、英国、法国、苏联、联邦德国也都相继出现彩色电视，人类从此进入彩色电视时代。

彩色电视为电视广告效果的发挥提供了更加广阔的平台，电视广告占据了大量的广告份额。从这一时期开始，国外电视广告呈现出百花争艳的局面，伴随着不同地域和民族特色，各国电视广告开始彰显自身独特的魅力。如法国的电视广告更多地将浪漫、时尚、唯美元素注入其中；美国的电视广告倾向于通过宏大的场景展现广告内容，广告主试图通过出人意料的方式达到不错的广告效果；韩国电视广告则将韩剧元素注入其中，更多地运用明星和戏剧情节展现广告标志物……

彩色电视的出现对广告文案创作也产生了很大影响。彩色电视通过贴近现实色彩的画面更详尽地展现了广告标志物的外观和特点，通过与画面相吻合的音响效果营造独特的氛围，让观众有身临其境之感。因此，彩色电视广告注重广告创意与视听结合的能力，对广告的视觉审美和听觉享受提出了更高要求，使得电视广告文案开始变得复杂化。电视广告文案不仅包括广告中的语言创意，还包括对广告场景的描述。此外，对声音和画面结合点的选择和融合，对灯光、特技、镜头等也都要进行详细说明。这种电视广告脚本的文案创作实际上更像是影视剧台本创作，它在电视广告创意和制作中发挥着越来越重要的作用。

2. 中国电视广告的发展历程

受到社会发展条件的限制，中国的电视广告比国外起步晚了近四十年。在发展过程中，由于受到意识形态方面的制约，中国电视广告曾经备受争议。进入20世纪90年代后，其发展势头才开始迅猛起来。时至今日，电视已成为重要的广告媒体之一，其广告收入、广告数量、广告门类都居广告业前列。

（1）电视广告的诞生及初期发展。

①诞生。1979年被中国的广告学者定义为"中国现代广告事业元年"。中国的电视广告自1979年崭露头角。1979年1月28日，上海电视台播出了"上海电视台即日起受理广告业务"的电视广告，并且播放了"我国大陆电视史上第一条商业广告"——参桂补酒广告。同年3月，上海电视台播出了第一条外商广告——瑞士雷达表广告。自此，中国的电视广告扬帆起航。

②初期发展。中国电视广告是在批评与褒扬的共同"呵护"下成长起来的。参桂补酒广告出现时，受众对其褒贬不一，在认识到其潜在的商业价值的同时，对其姓"资"还是姓"社"这一政治性问题存在很多争论。直至1981年中央电视台播放西铁城手表广告时，此种褒贬不一的局面仍在继续，中央电视台也在此广告之后被批判为"崇洋媚外"。

中国电视广告发展之初，对于明星代言广告也曾经有过很多争议，开中国明星代言广告之先河的是李默然和潘虹。1985年李默然为三九药业代言；1988年潘虹为霞飞日用化妆品代言。当时的部分国人甚至认为明星代言广告是赤裸裸的资本主义。但随着霞飞日化的崛起和"万家乐"电视广告等一批明星代言广告的成功，其商业价值逐渐被大多数人认可。

当商业电视广告正在接受公众多次"审判"之时，公益电视广告也开始蹒跚学步。1986年，贵阳市节水办和贵州电视台联合发布了我国第一个电视公益广告"节约用水"。与过去标语口号式的公益广告相比，这支电视公益广告将艺术元素融入公益之中，展现了节约用水的紧迫性和必要性，并引起强烈反响。但是，真正在中国电视广告史上起到里程碑意义的公益广告，则是中央电视台于1987年10月推出的《广而告之》栏目所播放的广告片。这一在中央台黄金时段推出的特殊栏目也就成为中国第一个真正意义上的电视公益广告栏目。从此，中国的电视公益广告概念深入人心，公益电视广告数量不断增长。据统计，"从

1987年至1995年，《广而告之》栏目发布了844公益广告"。

(2) 电视广告的繁荣。

进入20世纪90年代以后，随着广告市场环境的宽松，中国的电视广告开始进入一个飞速发展时期，电视广告的商业价值和社会价值日益显现。这一时期的电视广告有以下几个特点：

①电视广告数量激增，广告收入不断增加，广告收入成为电视台经济来源的稳定保障。1990年，中国电视广告的营业额仅为5.6亿元，至1997年，短短6年间，中国电视广告的营业额升至114.44亿元，增长20倍之多，足见中国电视广告业的强劲发展势头。

②电视广告质量参差不齐。这一时期涌现出许多脍炙人口的广告作品，如"南方黑芝麻糊·怀旧篇"、"孔府家酒·回家篇"、海南航空公司的"云篇"等。同时由于受到制作水平和广告利益关系的限制，一些粗制滥造的广告片被投放到市场，虚假广告也在逐年增加。

③国民的电视广告意识不断增强。这里所指的广告意识主要表现在两个方面：

A. 就产品的生产商而言，其广告意识不断增强。以中央电视台自1994年开始出现的广告招标会为例，每年参加招标会的广告商不计其数，而广告"标王"的价格也从1994年的3099万元增至1997年秦池酒厂夺标时的3.2亿元。

B. 受众对于广告的敏感性不断增加。在轮番的广告轰炸之后，受众对于广告的心理从原来的新奇、视听享受逐渐向躲避甚至反感方向转化。这很不利于电视广告效果的发挥。

(3) 新世纪的电视广告。

进入21世纪之后，中国电视广告的发展进入了多样化时代。这一时代不仅包括广告数量的巨大、广告产品和种类的多样，也包括电视广告诉求和广告元素的多样以及受众接受水平和审美情趣的多样。面对如此复杂的广告形势，中国电视广告的竞争更加激烈，甚至是恶性化发展。如何在激烈竞争的形势下，做出更加优秀的、符合广大受众审美和情感需求的电视广告则是这一时期电视广告发展的根本任务。

(二) 电视广告的传播特点

电视通常被认为是理想的广告媒体，因其声像一体化的特点可以让受众多角度、多方位地体会广告产品的魅力，同时也能展现广告作为一种艺术品的审美情趣和技术水准。电视广告的传播特点是依托电视这一媒体展开的，在其提供视听盛宴和模拟真实的视听效果背后，电视这一媒体也会给广告带来一定的劣势，上述情形形成了电视广告独特的传播特点。

1. 电视广告的优势

(1) 信息覆盖面广，传播效果强。

电视广告的这一优势是完全依托电视这一传播媒体而形成的，具体表现在以下几个方面：

①电视广告覆盖的地理范围比较广泛。电视作为传统主流媒体，其地理覆盖面积十分广阔。以中国为例，"截至2009年12月，全国4岁及以上的电视家庭人口数已达12.52亿，占全国4岁以上人口的97%"。这一强势的覆盖率为电视广告传播效果的发挥提供了保障。

此外，与报纸广告和广播广告相比，电视的广阔覆盖率冲破了时间和空间的限制，将广告信息快捷地传达给受众，进一步增强了其传播效果。

②电视广告覆盖面和受众到达范围比较广泛。受众覆盖范围广泛指电视广告可以深入受众的各个阶层中去，不受年龄、性别、职业、经济能力、社会地位、文化水平、生存环境等方面的制约。只要电视能覆盖的地方，电视广告就能将电视受众覆盖。这就大大增强了电视广告的影响力和传播效果。

(2) 视听结合，动态感强，冲击力大。

人类认识外部世界的首要感官就是视觉和听觉，广告要想达到最佳效果就需要对视觉和听觉进行双管齐下的"轰炸"，得到受众的最大关注。报纸广告、杂志广告和广播广告都作用于受众的单一感官，无法将动态、立体式的广告信息传达给受众。而电视广告视听结合、声画一体的特点增强了广告的动态感，在将信息和广告产品诉求、传达给受众的同时，也对产品特性和使用体验进行形象化说明。因此，电视广告旨在通过视听双渠道给受众带来视听冲击和享受，同时有效地作用于受众心理，使受众产生幻想体验，从而吸引潜在的消费群体，达到广告所想要的诉求目的。

此外，视听结合使电视广告融入了更多的表现元素，如字幕、图片、画外音、背景音乐、3D影像特技画面、动态图像等。

(3) 兼具艺术性、创新性和文化性。

①艺术性。由于电视广告是视听结合的艺术展现，因此，每一条电视广告的制作都是一件艺术品的创作过程。画面构图、场景设置、人物话语、音乐创作、音响配合、拍摄角度等都是艺术表现手法的多层次展示，此外，电视广告有着强烈的艺术感染力，每一条广告都是一个浓缩版的电影，都有一定的故事情节、艺术构思以及艺术内涵，如何用艺术手法给受众提供视听享受是电视广告成功与否的关键。

但是，与单纯的艺术品创作不同的是，电视广告在营造视听艺术的同时还要注意广告的真实性、实用性以及受众的理解能力和广告诉求点。这又给艺术创作加上了几重"桎梏"。因此，电视广告的艺术性并非单纯的唯美艺术，而是旨在显现广告诉求艺术和信息的真实性与实用性兼备的影视艺术。

②创新性。艺术创作过程本身就是一个要求不断创新的过程。既然电视广告自身兼备艺术性，那么对其创新性的要求就不言而喻。尤其在当今电视广告市场激烈竞争的背景下，电视广告的创新性影响着整个广告的创作水平和电视广告最终传播效果。只有创新、独树一帜的电视广告作品才能打动广大受众，因而电视广告的创新性对于广告文案的写作就提出了更严格的要求，从广告语的创作到电视广告中人物对白，以及整个电视广告脚本的创作都提出了高水平的考量，独创性和新颖性成为电视广告文案创作的难点。

③文化性。电视产品本身就是文化的一部分，因此电视广告理所应当地归属文化范畴，是人类精神文化和物质文化的交融品。从大量的广告作品中不难发现，每个国家制作的电视广告都有本国的独特文化表现，在电视广告创作中常常会将本国文化元素穿插其中，从而使电视广告具有独特的民族文化性。以韩国的电视广告为例，不少韩国电视广告充分显示了韩剧文化的特点。例如在为 Cass Beer 啤酒品牌做的电视广告中，就选择了尹恩惠、李民浩、Dara 等明星，将广告做成了 20 分钟的小短片，有完整的情节、时间并将啤酒品牌巧妙穿插其中，凸显了韩剧所创造的韩国文化对电视广告的影响。

2. 电视广告的劣势

（1）严格的广告时间限制影响广告效果的发挥。电视广告的时间一般分为以下几种：5 秒、10 秒、15 秒、30 秒、60 秒、90 秒、120 秒。在国外则有长达 30 分钟的广告系列片，国内的电视广告以 5 秒、15 秒和 30 秒居多。广告时间的严格限制会导致以下劣势：

①电视广告的完整性受到影响。电视广告对时间的限制会使广告诉求不完整，广告中镜头和场景之间的衔接不够连贯。视知觉感知规律表明："感知一个全景画面所包含的信息需要 8 秒钟左右的时间，感知一个中（近）景画面所包含的内容需要 2 秒钟时间。电视画面因交代环境、背景等的需要，全景、中近镜头的运用占整个镜头数的 75% 以上。"也就是说在 30 秒钟的电视广告中，最多只能出现 3 个左右的完整画面和 3 个中近景镜头；60 秒钟的电视广告中只能出现 7 个左右的完整画面。但是，在广告制作的实际情况中，完整的画面远比 7 个要多，所以电视广告的完整性也就不能得到保障。完整性和连贯性不够就有可能给受众造成理解方面的障碍，影响广告效果的发挥。

②广告稍纵即逝，不易给受众留下深刻印象。电视广告的时间限制使得受众没办法对电视广告进行深入思考。在经过广告短暂的"狂轰滥炸"之后，受众往往对广告记忆不深，这就严重影响了广告预期效果。与之相比较，受众在接触报纸广告时就会有更多的时间对广告进行思考。

(2) 插播方式影响广告效果发挥。电视广告一般都是以插播的形式出现。通常情况下在电视节目开始前或节目中间插播广告，比如在《新闻联播》开始前、体育比赛中场休息时等，这些时间点往往是受众精神集中、不希望被打断之时。因此，在这些时间段播放广告会让受众产生反感或抵触情绪，对广告的关注程度降低，从而影响广告传播效果。

(3) 广告制作程序复杂且广告成本高。由于现代制作技术的进步和创意的需要，广告片已经不是单纯地拍摄和后期剪辑。为了迎合受众的欣赏水平，凸显广告的亮点，常常需要采用特技效果。此外，电视广告讲究视听同构，广告制作要兼顾画面、场景和声音的配合，这就在实际上加大了广告制作的复杂程度。

电视广告的成本高主要表现在两个方面：广告段位价格高和制作经费高。其一，在所有广告媒体中，电视广告的成本是最高的。其原因是电视台的广告时段和日播放的广告数量都是有限制的，在广告数量剧增的情况下，广告段位的飙价之风就不易控制。越是有影响力的电视台，其广告费越贵。以中央电视台为例，"标王"盛行之时，秦池酒厂就曾经以3.2亿元人民币的价格购得黄金段位。其二，电视广告的制作费比较高。电视广告的制作需要涉及灯光、音响、美术、导演、演员、摄影、化妆等许多部门的通力配合，这些员工酬劳就是一笔不小的数字，再加上场景搭建或者租赁费、后期制作费等，使得广告的制作费用动辄以数十万元计算。

高昂的广告成本加大了广告投放的难度，同时高昂的广告成本容易导致广告市场的两极分化严重，所造成的结果是资金雄厚的企业过度追求广告投入，其广告片虽然场面宏大，但广告内容空洞，传播效果不强，广告投入与广告效益不成正比，实力小的企业不敢通过电视广告推广自己的产品。这两种结果都会导致更多的企业谈广告"色变"，这自然不利于电视广告的健康发展。

(三) 电视广告类型

电视广告的类型主要分为三种：传统电视广告、电视购物广告、整合营销传播中的电视广告。

1. 传统电视广告

传统电视广告指在电视媒体上播放的广告片。这种形式的广告自电视广告产生之日起一直延续至今，其影响力和传播效果明显。传统电视广告按广告时间可分为短广告和长广告两种。

(1) 短广告。短广告主要有以下几种时间段：5秒、10秒、15秒、30秒、60秒、90秒、120秒七种形式。

①5秒电视广告。5秒电视广告在黄金段位出现较多，其广告是在极短时间内强化受众对广告商品的认识和记忆。比如中央电视台《新闻联播》之后的1分

钟广告时段就全部是 5 秒钟广告作品。由于广告时间比较短暂，5 秒广告所包含的广告元素比较简单，本质上是一个带有视觉冲击力的画面并配以相应的广告语。因此，5 秒电视广告的文案创意会直接影响广告效果的发挥，而且此种电视广告文案需要很强的文字功底，必须通过文字的魅力吸引观众。

②10 秒和 15 秒的电视广告。这两种类型电视广告的特点是直接切入主题，通过创意和特色的广告诉求点迅速引起受众的兴趣，展现广告主体的独特卖点。这种类型的电视广告对广告创意的要求比较高，一般会通过明星介绍、设置悬念、描绘简单生活中的细节等手段达到广告诉求目的。比如姚明做的"没有买卖就没有杀害"电视公益广告，就是通过姚明的叙述和图片文字的配合来呼吁大众对野生动物保护的自觉意识。

③30~120 秒的电视广告。30~120 秒的广告片可以通过设置一个完整的故事情景从多角度展现广告所要表现的主题。这种类型的广告可以将多种电视广告元素运用其中，比如可以出现广告音乐、广告 3D 效果等，这种类型的电视广告意在向受众讲述一个有关商品的故事，或者是向受众提供一种前所未有的体验来吸引受众的关注。因此，在这类电视广告中，广告脚本文案就变得非常重要。在脚本文案中要对镜头、场景、人物、灯光、音响等进行详细说明，这类广告文案实际上更像是影视剧中的台本。这样的文案写作无疑对广告文案工作者的创意能力、策划能力、统筹广告各部分的能力都提出了更高的要求。

（2）长广告。长广告一般指 3~30 分钟的电视广告片。在美国这种电视广告片被称为"商业信息片"。这种电视广告实际上更类似于短小的影视作品。长广告通常不是直接表现广告商品，而是将广告商品植入剧情之中，使其变成整个剧情的引线或者其他不可忽视的因素，通过广告情节的逐步展开，表达制作商的广告诉求。这种电视广告能让人们在享受剧情的同时注意到其中的广告元素。这种长广告一般在国外比较常见，而且很多国外此类"商业信息片"会在全球各地播出，如韩国明星李孝利为三星 Anycall 手机拍摄的三个系列电视广告片"Any-club"、"Anystar"和"Any – motion"，福特汽车广告，柯达广告等。美国长广告主要生产商之一量子公司（Quantum）对长篇电视广告提出以下两个要求：①产品必须要有好的展示效果，并能被普遍理解；②必须跨越文化的樊篱。

长广告的广告文案实际上与影视剧的台本十分相似。撰写这类广告文案要在恰到好处时将广告产品穿插入剧情之中，将广告产品与剧情、人物、场景、灯光、音响、特写或中近景镜头等相结合，这要比影视剧编剧的创作要求更高。

2. 电视购物广告

电视购物广告实际上是长篇电视广告传播方式的延伸，但是与之不同的是大部分电视购物广告不需要完整的故事情节，广告诉求点比较单一，多数情况下集中在产品独特性能宣传或展示上。通常是通过电视购物广告播出后消费者打电话订购产品的多少来直接判定该广告的效果,受众信息接受的反馈比较及时。

电视购物广告的广告文案相对简单,因为其诉求点主要集中在产品的某方面性能上。通常情况下,广告文案可先从描述一个令人困扰不已的情况开始,然后再通过对广告产品性能和作用的描述为解决这一情况打开突破口,最后通过使用前后的效果或者使用者的证言来证明广告产品的功效,引起观众的注意,促使受众最终成为消费群体中的一员。

3. 整合营销传播中的电视广告

随着广告事业的发展,广告越来越多地和营销、公关等领域相结合,产生联动效应,尤其是在当前的信息化社会里,整合营销传播已经成为企业发展的重要战略构成。在整合营销大背景下,电视媒体不仅要开展公关、专题节目、文化导播等多种传播形式。同时更要利用电视这种图文并茂的传播工具,力图让电视广告演绎出一个个新花样。比如在影视剧中通过演员说出广告产品的品名、性质、功效等,通过电视台转播某一活动,在活动过程中做各种巧妙的广告宣传等。比如以一场电视转播的音乐会为例,广告商会利用电视媒体完成以下几个步骤:转播音乐会前后的签售;召开新闻发布会;电视台用专门时段转播某厂商赞助的音乐会;在转播音乐会中间插播电视广告片……在"用一个声音说话"的连环形式运作过程中达到某一商业广告诉求的最终目的。

整合营销传播中的电视广告实际上是将电视作为播放平台和媒体,通过转播多种活动的形式打造产品的知名度,当然播放电视广告片是其主要内容。从总体上看,这种新形式的电视广告会使广告色彩变得更加淡薄,但是广告效果和影响力则有增无减。

二、电视广告文案的特殊性

电视广告是一种以画面语言和声音符号为表现手段的广告传播形式,它主要由视觉要素和听觉要素构成。视觉要素包括演员、场景、道具、图形和字幕,听觉要素则包括有声语言、音效和音乐。电视广告的各种构成要素是广告创意的组成部分,而这一切都必须通过电视广告文案的写作体现出来,这就使得电视广告文案显现出有别于其他媒体广告文案的特殊性。

(一)特殊的性质和形式

电视广告文案是电视广告创意的文字表达,是体现广告主题、塑造广告形象、传播广告信息的语言文字部分,也是广告创意的具体表现。可以说,电视广告文案与报纸、杂志等平面媒体广告文案在性质上有明显区别,它并不是直接与受众见面,也不是广告作品的最终形式,它只不过是为导演进行再创作提供了一个详细的计划或说明，是形成电视广告作品的基础和前提。因此，文案设计的好坏直接影响到广告作品的质量和传播效果。

由于电视广告在写作过程中除了运用一般的语言文字符号外，还必须掌握影视语言，运用蒙太奇思维，按镜头顺序进行构思，这一点类似于电影文学剧本创作，因而又被称为电视广告脚本，但电视广告文案在形式上与报纸、杂志、广播等广告文案有很大的区别。电视广告脚本是在广告创意确定后，将画面和声音用语言文字的形式描述出来，它能将广告创意的基本内容、风格与特色准确地表达出来，充分调动人的想象力，从而在头脑中勾画出广告作品的概貌，同时，更重要的是它还为导演进行二次创作提供了一个文本依据。

（二）特殊的语言

我们通常把电视广告中的语言称为影视语言。电视广告的影视语言不仅是电视广告独特的信息传播方式，也是电视广告形象得以形成、体现必不可少的先决条件，是电视广告的基础和生命，影视语言常常决定着一则电视广告的成败。下面具体探讨一下影视语言的特点和结构。

1. 影视语言的特点

"影视语言是具象的、直观的，它总是以具体的形象来传情达意。影视语言又是运动的和现实的，摄像机客观地记录现实，具有'物质现实的复原'功能，因而影视画面的基本特征是'活动照相性'，可以使观众产生一种身临其境的现实感。影视语言更是民族的、世界的，不仅具有鲜明的民族性特征，而且是一门世界性语言，可以成为各国人民交流思想、沟通感情的工具。"

2. 影视语言的构成

影视语言由三部分构成："一是视觉部分，包括屏幕画面和字幕；二是听觉部分，包括有声语言、音乐和音响；三是文法句法——蒙太奇（Montage），即镜头剪辑技巧。"

三、电视广告文案表现类型

电视广告文案的具体表现类型丰富多样，如果从表现形式和方法的角度可将它们分为内心独白型、故事型、生活片段型、证言型、比喻型、卡通动画型等。

1. 内心独白型

在电视广告中有这样一种类型，广告中有人物呈现在画面上，他们之间的交谈从表面上看很像对话，但实际上却是一种内心独白。请看下面的例子：

美国 7-ELEVEN 24 小时连锁店电话广告文案

年轻人：清晨 4 点，整个城市好像只有那个角落，让人觉得明亮且温暖。

店员：我记得那天冷冷的，还在下雨，他站在那里喝咖啡，心情好像很坏。

年轻人：只不过喝他一杯咖啡而已，他就像老朋友一样陪我聊了好久。

店员：我只不过是问问他是不是工作不顺利，他就好像好久没跟人说过话一样，一说就说个不停。

年轻人：我好像第一次跟一个陌生人讲那么多话，也在这个角落里，第一次感觉到许多人竟然可以那么单纯、那么认真地活着。

店员：嘿，胡子刮刮吧！

店员：常来哦，别忘了这个方便的好邻居哦！

年轻人：那个早晨，觉得自己的脸那么清新，那个角落真的特别亮，特别温暖。

上面这则电视广告，讲述的是一个工作到深夜的年轻职员和 7-ELEVEN 24 小时连锁店一个店员之间发生在凌晨 4 点的故事。虽然这则广告分别揭示了两个人的内心世界，让人乍看起来，思路有点混乱，但仔细分析，我们便会发现，该广告在揭示主题方面并不是随心所欲的，而是集中在两人之间发生的，并且与广告的诉求点紧密关联的某一事件的回忆上。这种内心独白式的广告高明之处就在于，它通过两人的交叉回忆或陈述，把故事的发展过程描绘得头绪清楚、脉络分明，同时也塑造了个性鲜明的人物形象，广告的主要诉求点表达得十分突出。

2. 故事型

故事型的表现形式又称戏剧式文案，它充分利用电视广告适合感性诉求的优势，讲叙一个与产品密切相关的故事情节，通过剧情的展开，将产品的特性或品牌个性充分展现出来，故事型文案在整个电视广告中所占的比重最大，是电视广告中最常见的一种创作方式。它一般都会有开端、发展、高潮和结局，通过对情节的戏剧化描述，来渲染某种情绪，抒发某种情感，从而引起消费者的共鸣。这种形式的广告一般需要 30 秒以上的时间，其叙述的情节表面上又往往和产品或服务无关，因此观众只有看完广告才能恍然大悟。这种广告比较符合电视作为娱乐媒体的特性，能够让观众轻松自如地接受产品信息。比如像下面这则广告：

DISEL（迪塞尔）牛仔裤电视广告——"小镇篇"

清晨，在一个典型的西部小镇，健壮英俊的年轻牛仔穿戴整齐，与他美丽端庄的妻子吻别。同时，一个肮脏龌龊的丑陋男子睡觉醒来，把床单扔在旁边的肥胖女人身上，扬长而去。年轻英俊的牛仔出门后，帮助一位老妇人过马路，与此同时，丑陋的莽汉却抢了一个女孩手中的棒棒糖，将一只狗踢到一边。两人在街头狭路相逢，两人对视，一场决斗在所难免。看到年轻英俊的牛仔一脸的正气和自信，你一定以为胜利是属于他的。他们拔出枪对射，随着枪声响起，倒地身亡的却是年轻英俊的牛仔，而丑陋笨拙的莽汉正在挖着鼻孔得意地狞笑。

此时，出现品牌和广告语：迪塞尔牛仔裤，为了成功的生活准则。

这是一则长达 60 秒的故事型广告，好比一部微型电影，有些镜头甚至会让我们想起一部非常经典的美国西部片《正午》，但这也正是这则广告的成功之处。该广告有两条主线，一条是年轻英俊的牛仔，另一条是肮脏龌龊的莽汉，两位主角不论从外形上还是内心上都存在着巨大的反差。同时，广告采用平行蒙太奇的手法塑造这美与丑、善与恶的强烈对比，最后的结局出人意料，正义最终并没有战胜邪恶，不畏强暴、主持正义的英雄牛仔竟然败给了丑陋的莽汉，这种反常规的结局必定给观众的心理定式造成强烈的冲击和刺激，观众的心中一定充满了诸多疑惑，比如说，观众可能会想：难道这则广告在颂扬邪恶吗？或者说为什么最后不是英俊的牛仔战胜了邪恶的莽汉？但也正是这种后现代主义的表现手法，让观众体会到迪塞尔牛仔裤的与众不同之处，目标受众也会被其不拘一格、标新立异的风格所打动。

3. 生活片段型

这种类型的广告主要描写消费者日常生活中的小片段或小插曲，广告的切入点不是产品或服务，而是使用该类产品的消费者，它让观众觉得产品或服务已经成为人们日常生活中不可分割的一部分。采用这种表现方式时，真实性非常关键，要想达到良好的广告效果，就得让观众觉得广告不是为了推销商品或服务而故意去设计情节。因此，场景的搭配、人物的话语和商品出现的时机都要恰到好处。比如像下面的例子：

左岸咖啡馆电视广告

雨天篇：我喜欢雨天，雨天没有人，整个巴黎都是我的，这是五月的下雨天，我在左岸咖啡馆。

角落篇：我在这里找到一个角落，一个上午一杯 COFE OLLY，一如记忆里的模糊地带，这是春天里的最后一天，我在左岸咖啡馆。

左岸是由台湾统一公司推出的价格比较高的咖啡品牌，这则电视广告用充满了诗情画意和浪漫之都巴黎情调的画面，将左岸品牌塑造成充满人文色彩的高雅品牌。这两则电视广告以一个女孩在法国巴黎塞纳河左岸旅行的故事为立足点，用各种充满小资情调的生活片段，打动了左岸品牌的目标对象——喜爱文学、热衷幻想的17~22岁年龄段的女性。可以说，该广告为我们展现了生活中一个真实而又优雅动人的场景，让观众在收看的同时深深地沉浸在其中无法自拔，仿佛自己就是广告中的那个女孩，喝着咖啡，享受着生活的美好与快乐。此外，这种给观众切身体验的广告也很容易激起观众的购买欲。

4. 证言型

这一广告形式借助消费者对商品使用后的评价来说服潜在的消费者，证言型广告如果能使人信服，基本上都能达到预期的广告效果，因为它可以使人很快记住产品的功效、与其他产品的差异化特点以及给消费者带来的好处。证言型广告通常是采用名人证言或权威人士证言的方式，这样做的目的主要是基于两个方面：一是可以利用名人的威望和知名度来引起消费者对产品的关注；另一方面可利用名人和权威人士的公信力来证明产品的功效是真实的。但有一点必须强调的是，证言型广告一定要以真实的效果来说明，如果弄虚作假，不仅说服力大打折扣，而且会有虚假、违法广告的嫌疑。

隆力奇花露水电视广告"高秀敏篇"

高秀敏：隆力奇蛇胆花露水呀，它有奇效，起了痱子抹一抹啊，管用！蚊虫叮咬涂一涂，管用！

儿童：洗澡还要倒一倒。

旁白：隆力奇蛇胆花露水。

字幕：隆力奇花露水，轻松去痱痒，清凉过一夏。

高秀敏：花露水请认准隆力奇。

这则广告是一则非常成功的证言型电视广告，直到今天许许多多的消费者还在认同隆力奇牌花露水。高秀敏是中国电视观众特别喜爱的小品演员，她塑造了众多朴实的农村妇女形象，在广大的农村市场具有极高的知名度和影响力，而隆力奇的主要市场就是农村，选择高秀敏做代言人可以说是一个非常聪明的决策。在这则广告里，高秀敏用非常朴实、口语化的语言，以一种跟观众聊天的方式向大家介绍了隆力奇花露水的功效，让观众觉得真实、可信，不会让观众觉得有"托儿"的嫌疑，从而达到了广告的促销效果。

5. 比喻型

在电视广告文案中，还有一种在叙述故事的过程中以此意象比彼意象，达到烘托、突出主意象和广告诉求重点的类型，称为比喻式。事实证明，言外之意往往比言内之意更能令人折服，所以广告文案通过采用比喻的写作方式，让观众自己去体会商品的好处，从而达到更佳的广告效果。例如下面这则广告：

耐克"专业的体育精神"系列电视广告

乒乓球篇

撼人的音乐、蓝白调的背景，一个蒙着眼睛的运动员用手指转动篮球，走向一露天篮球架。接着，在清脆的音响效果下，我们看到两只手飞速控球，令人眼花缭乱，笨大的篮球、轻盈的乒乓球在运动员手中翻飞。但我们还是看不清运动员的脸。

字幕：除了乒乓球得心应手，中国人还有篮球。

篮球出现之后，我们才看到这个球员，拉开蒙眼头带，原来是中国篮球运动员。

最后字幕：阿的江。

五指山篇

蓝白黄调背景，一只黑色的手，朝镜头压下，耳边听到的是怪兽发出的背景音效。接着，我们看到这只手重重盖帽，一次接着一次，如大山压顶，这只手成了人们所说的"五指山"，而篮球在如此重压下终于变成碎片。

字幕：令人望而生畏的，不只是中国的珠穆朗玛峰。

这时，特写镜头慢慢移开，原来是中国篮球运动员。

最后字幕：王治郅。

这两条耐克所做的系列电视广告，每一则内容中都运用了比喻，而且每一篇的比喻都是通过两种方式来表现的：第一为视觉意象，如把乒乓球比作篮球，以五指山比喻运动员有力的大手；第二是画面中间的字幕，如"令人望而生畏的，不只是中国的珠穆朗玛峰"，就是将中国篮球运动员比作珠穆朗玛峰。

在这则广告中，撰稿人之所以要采用比喻式，其目的是为了使本体形象更加鲜明、更加生动，从而进一步让消费者牢记耐克公司"专业的体育精神"所显示出的卓越的品牌形象。可以说，也正是成功地在广告中运用比喻的方式，才让耐克公司抽象的产品理念和品牌形象得到烘托和强调。

6. 卡通动画型

就是利用虚拟的卡通人物，用拟人的方式在广告中进行表演的一种电视广告形式。利用动画手段常常可以节省大量的拍摄成本,并增强电视广告的趣味性,但需要注意的是,卡通形象能否对目标消费者产生一定的亲和力,是广告成功与否的关键。如果能够创造出具有象征意义的卡通形象,那么对于提升品牌形象还是很有价值的。我们知道,动画型广告形式节奏很快,表现时空宽广而又自由,同时还可以发挥无穷的想象力,它能把幻想与现实紧紧地交织在一起,把幻想的东西通过具体形象表现出来而且具有独特的感染力,当传达一些无法通过实景表现的内容或针对青少年、儿童目标市场做广告时,利用动画型广告就可能产生不错的广告效果。比如像下面的例子:

光明牛奶电视广告"招考篇"

旁白:到底光明的牛是怎样选出来的?
旁白:测体能、看外形、称体重、查视力、考智力!
广告语:百分百好牛,出百分百好奶!
字幕:好牛好奶100%。
旁白:不努力,成不了光明的牛!

光明牛奶的这则广告创意可谓别开生面,画面上可爱的卡通奶牛参加各种考试:测体能、看外形、称体重、查视力……这则广告用活泼、幽默的方式来告诉消费者,光明奶牛是经过层层把关、精心挑选出来的。虽然奶牛参加各种考试是夸张的、虚构的情节,但一头头可爱的牛像人一样做体检,活泼而可爱,充满童趣,如果用儿童的思维来考虑的话,每一头牛经过精细挑选也是符合逻辑、真实可信的。广告最后让观众在轻松的微笑中接受广告诉求:百分百好牛,出百分百好奶。

四、电视广告文案写作要点

电视广告在声音的写作上与广播广告极为相似,所有对广播广告写作的要求基本上都适用于电视广告,但由于电视广告是视听结合的艺术,因此在写电视广告文案时有其特殊的规律。

(一)讲究声画配合

电视广告是以视觉形象为主,通过视听结合的方式来传播广告内容。因此,电视广告脚本不仅要注意结构画面、描述声音,而且还应该注意声音和画面的互相配合,充分发挥二者的整合作用。

电视广告的声画关系从表现内容来看主要有:

第七章 电视广告文案写作

1. 声画同步

声画同步又称音画同步，声画合一。是指声音完全同步地解释画面，声音（包括配音）和画面形象保持同步进行的自然关系。在这类电视广告中，声源一般都出现在画面内，并且声音的进程与画面内容的变化是完全对应的。

爱立信手机形象广告"代沟篇"

父：你留在里面，想想你的错，想不好别出来。

母：吵什么？有话慢慢讲。

父：有什么好讲，他根本不听，都是给你宠坏的。

母：这有什么关系，儿子长大了，有自己的思想，小时候他也很喜欢跟你在一起，但现在他一看见你就跑。你了解他吗？你知道他想什么吗？一天到晚就是忙，你有关心过孩子吗？小时候，你不是希望爸爸能多抽时间跟你说话吗？你在外面不是很会交际吗？为什么回家就不懂跟儿子谈话？

字幕：沟通就是理解

电信沟通　心意沟通

这是爱立信企业形象广告中的一篇，它以白描的方式，朴实、直白地再现了真实家庭中的一幕，画中人物的对话与画面是同步的，母亲劝说父亲要理解儿子，注意沟通，就如经常发生在我们身边的故事一样，具有很强的现场感。这则广告可以说在声画同步上做得很成功。比如说，当画面中出现爸妈对话的同时，给观众呈现的就是二人在家里谈话的场景，而不是回忆小时候跟儿子在一起的情景，并且在广告最后出现"沟通就是理解　电信沟通　心意沟通"的字幕，这样就自然而然地传达了广告的真实诉求目的，取得了较好的广告效果。

2. 声画并行

在声画并行形式的电视广告中，声音和画面并行且各自独立发展，又相互呼应，声音从与画面不同的角度揭示主题，用来表现人物情绪状态或渲染环境。在一般情况下，声音和画面之间存在着某种象征关系，比如说广告片中出现人物心情激动、无法平静的场景时，音响经常是海浪拍岸的声音；当画面表现美丽的花朵，旁白则阐述某润肤霜的好处，两者尽管不统一，但在感觉上却有某种相似之处。

3. 声画对立

在声画对立形式的电视广告中，声音与画面的形象和情绪是完全相反的，声音与画面中的行为、视觉形象与声音形象等在内容上存在矛盾关系，并且广告试

图通过这种声画的对立,来达到一种幽默或讽刺的广告效果。看下面的例子:

(两辆玩具车相撞,车的两个小主人狭路相逢,两人互带敌意地对视几眼后,就开始对骂。)
甲:你怎么开车的,瞎了眼!
乙:怎么,想打架啊?
甲:什么,有种你再说一遍!
乙:来呀,我怕你呀!
甲:啊,你找死啊你!
字幕:耳濡目染,影响孩子成长。
　　　保护孩子的心灵,请谨言慎行。

这是由广州盛世长城广告公司创作的一则公益广告,电视画面表现的是两名儿童因为玩具车相撞而起争执,声音却是成人的声音,内容是我们司空见惯的成人吵架的语言,一种强烈的反差就在声画对立中产生了,整则广告创意很有新意,发人深省。人们在看完这则公益广告之后,不仅画面和声音会在受众的心里产生一定冲击,同时还会引起大家的共鸣,并且让人们去思考,去反思人们为什么会对中华民族优秀文化传统如此破坏,这种行为会给下一代人纯洁的心灵带去如何不良的影响,从而达到广告想要的宣传效果。

(二)重视电视广告解说词的构思和设计

(1)设法写好人物独白和对话。电视广告解说词的重要特征是偏重于"说",要求生活化、朴素、自然、流畅,体现口语化特征。比如下面这则葡萄酒广告:

男招待:您好,先生,您一个人?
先生:一个人。
男招待:您要什么?
先生:马莉科蒂。
男招待:对不起,我们没这种酒。
先生:酒?马莉科蒂很漂亮,她跟野小子跑了。
男招待:这个……
先生:你不要骂她,她还是很多情的。
男招待:好吧,来点儿修女,你也会很多情的。
先生:什么?来点儿修女?修女有什么用?她们只嫁给上帝。

男招待:"修女"是一种酒,"修女"牌葡萄酒,香醇可口。美酒美女,差不多嘛!

先生:"修女"牌葡萄酒?也好也好,但愿修女都像美酒那样讨人喜欢,感谢上帝!

这是外国的一则电视广告,这则广告围绕日常对话展开,通俗易懂,为一般观众所接受。设计者利用观众的猎奇心理,创造出某种疑问或期待(马莉科蒂小姐的故事),当观众们饶有兴趣地寻着线索猜测下去时,剧情又以一种误会("修女"与马莉科蒂的比较)陡转,来展开另一个情节,最后出人意料地为观众解开谜团(所谓的"修女"原来是"修女"牌葡萄酒),从而产生了戏剧性的效果。整个故事有冲突、发展、高潮和结局,构思巧妙,编排新颖,使人对此产品留下深刻的印象。

(2)重点写好解说词中的广告口号。要求尽量简短,具备容易记忆、流传和口语化等特点。

(3)以字幕出现的广告词语要体现书面语言和文学语言的特征,并符合电视画面构图的美学原则,要具备简洁和工整的特点。

(4)对于旁白或画外音解说,可以是娓娓道来的叙说,或者抒情味较浓的朗读形式,也可以是逻辑严密、夹叙夹议的论述。

(三)文案要简洁明了,要注意内容的非完整性

电视广告一定要留出空间让充满张力的画面去延伸,尽量不要有大量旁白在观众的耳边唠叨(片尾旁白例外)。正如瓦尔特·玄特纳所说:"若是给戏剧性画面撰写广告词,应当更加小心翼翼才是,画面越是跌宕起伏,广告词越是要有所收敛……其实,电视广告的规律是:画面越有戏剧性,广告词越显得画蛇添足。"

电视广告是画面和声音交替、重叠出现的,跳跃性比较强,广告文案无法脱离其他因素而单独存在,因此,要特别注意广告内容的非完整性,在写作文案时一定要围绕与画面因素的融合来进行构思。我们在选择电视广告文案的表现形式时,不仅要依据广告策略、广告信息内容、广告目标受众等情况而定,而且还要与时段的选择产生对应。一般来说,电视广告文案每秒不能超过2个字,如果在这么短的时间内还要严格区分正文、随文的话,那势必会将文案分割得支离破碎、杂乱无章。单纯从文案上看,电视广告文案的表述是不完整的,但这也正是电视广告文案不同于其他广告文案的地方。它的主要特点就在于,文案始终要服务于看和听,人们在观看电视广告的时候,不可能完全专注于屏幕上的文案,也不会像广播广告的听众那样将注意力集中到听觉上,观众往往是边看边听。因此，电视广告文案的作者一定要注意观众"边看边听"的特点，使文案创作适应电视画面的需要。比如，下面这则广告：

画面：（全景）一辆汽车在画面中急速奔驰，（背景音乐）有节奏的"滴答滴答"电子钟声。

广告词：我们的汽车在奔驰时，除了电子钟的声音，别的声音都听不到。

这是福特汽车的广告。单纯从画面上看，这一品牌汽车的质量究竟怎样，无法做出判断，而只有配合文案"别的什么声音都听不到"，只能听到电子钟有节奏的"滴答滴答"声，才能让消费者充分领会到这款汽车的平衡舒适和安全快速，仿佛我们自己正置身于这款汽车的行驶之中，这也正是该广告的高明之处。假如说，我们非要专注于内容的完整性，而不考虑内容与画面和声音的配合，那么广告的效果是很难达到的。因此，广告撰稿人在写作文案时一定要注意文案的简洁和内容的非完整性，只有这样，广告效果才能得到最大限度的发挥。

（四）注意时间限制

电视是时间媒体，所有的画面和声音必须在时间流程中展开，视觉和听觉这两个要素也是通过时间来构成变化和节奏的。目前，电视广告的各种常规时段有5秒、10秒、15秒、30秒、60秒等。因此，我们在进行广告文案创作时，要根据广告时段选择广告信息内容和表现形式。

5秒广告一般用来推出产品名称、广告口号和企业标志等，其目的通常是为了让观众记住品牌名称和广告语，从而提升企业或品牌的知名度，强化受众对广告主体特定形象的记忆。10秒和15秒电视广告由于信息容量有限，无法充分展开情节，因此只能对广告信息进行单一传播，主要强调诉求点和广告口号，以达到加深观众印象的目的。30秒广告是最常见的电视广告，可以展开一定的情节，也可以从多角度表现产品的功能和利益点。60秒广告可以表现更丰富的广告内容，尤其可用来进行情感上的沟通，以期引起消费者的共鸣。

由于电视广告刊播费昂贵，为了达到效果的最大化，广告创意必须简短，画面叙述要有时间概念，要考虑不同画面的长短以及节奏。一则30秒电视广告，一般以不超过12个画面为好，画外音和人物语言一般不能超过70个字，这就要求语言简短、精练，否则无法达到预期的广告效果。

（五）挖掘广告记忆点

电视媒体是以时间为维度来进行传播活动的，在电视媒体上播放的广告转瞬即逝，而且它的长度通常是30秒和15秒，在如此短暂的时间里，要清晰、准确地传达商品信息并使人记住该产品，是一件相当困难的事情，所以一则电视广告必须要有一个突出的记忆点。

在大多数情况下，人们记住的往往是在广告中反复强调、朗朗上口、易于传诵的广告语，比如说，"农夫山泉有点甜"、"一品黄山，天高云淡"等。因此，在写作电视广告时，我们要善于挖掘电视广告中的记忆点和闪光点。记忆点可以说处处都在，它可以是一句话，可以是一个画面，也可以是一个手势、一个情节、一段音乐……我们可以从产品、品牌、主题与创意中找到最适合产品的核心记忆点，这一核心记忆点最好与广告主题有着紧密的联系，而且必须简短，否则无法让人记住。电视广告片中的记忆点会让原本平淡的情节生动、丰满起来，如果能做到将记忆点与诉求重点相结合，则不但能给观众留下深刻的印象，还会清晰地达到广告诉求目的。

Sunday 1622 电视广告文案

（画外音）出手了，Sunday 终于出手了，Sunday 终于要在 IDD 市场出手了！Sunday 这招一出，恐怕死伤无数。全日无取巧划一价！

Sunday 1622

（字幕）全日无取巧划一价！Sunday 1622

这则电视广告将 Sunday 在电信市场开展新业务这一诉求重点非常形象化地比喻为"出手"，这就会在观众的头脑中形成一个很直观、很具体的形象，让观众在看完广告后就会记住它。在广告中设计者直接将"出手"演化为见人就打，画面上一名男子在路上见人就"出手"，不是捅肚子就是抢巴掌，整个广告的核心记忆点非常清晰、独特，"出手"的动作使人在轻松一笑中记住了 Sunday 开展的 IDD 业务。它与其他的 Sunday 广告一样，有点无厘头，有些新鲜，塑造出一种不同的生活态度，树立了独树一帜的品牌形象，取得了很好的效果。

本节主要探讨了电视广告文案写作规律和写作特点。综上所述，电视广告文案写作是各类广告文案中写作技巧最为丰富多样的一种文案写作方法。只有在掌握理论基点的基础上不断地进行写作实践训练，才能真正地掌握这一写作基本功。俗话说，"熟能生巧"，只有多写多练才能生出巧来，这其中当然离不开多看中外优秀广告文案稿本。

第八章 软文广告文案写作

一、软文广告概述

软文广告是在读图时代出现的,在一定意义上可以说是与广告的图像化趋势走向相反的一种新的广告样态。因此,在探讨软文广告文案的种类与特点之前,我们有必要先分析软文广告出现的背景,并且界定什么是软文广告。

(一)软文广告出现的社会背景

软文广告是用作广告的软性文章的简称。在软文广告产生之初,它是免费的。当时,一些媒体为了推动广告版面的销售,采取向购买了一定量广告版面的客户赠送广告的举措。这种作为赠品的广告,不同于一般意义上的平面广告,而是具有新闻的性质,是今天"软文广告"的前身。随着这种广告形式的发展和完善以及人们对它的逐步认可,如今的软文广告身价日益增高,有些报纸已经开始以版面大小来核算软文广告的费用。可以说,软文广告是唯一经历了从免费到有偿转变的广告形式。

在西方传播界,倒是有所谓的 Advertorial 传播方式,可以与"软文广告"类比。从字面看,Advertorial(付费文章)= Advertisement(广告)+ Editorial(社论/专文),比较贴近"软文广告"的概念实质。国外媒体通常会刊登在 Advertorial 内版面上注明"Advertisement",而国内多数媒体则没有这个习惯——但大致上还是可以把软文广告和 Advertorial 对应起来的。可见,软文广告这种媒体传播合作方式并非中国首创。

在我国,软文广告最早运用于保健品行业,"三株"、"红桃 K"等都在当时以极低的价格取得了攻城略地的效果。之后的"脑白金"更是将其发挥得淋漓尽致。史玉柱策划"脑白金"广告时,就以软文广告启动市场,试图在企业没有亮相、消费者还未产生戒心时,就将"脑白金体"这一概念植入消费者的脑海,为日后"脑白金"的推广打下良好的概念基础。诸如《人类可以长生不老吗?》、《两颗生物原子弹》、《本世纪两大震撼》、《一天不大便等于抽三包烟》、《女人四十,是花还是豆腐渣?》等一系列的软文广告被一些营销人士比喻成

"原子弹",认为它对"脑白金"的营销所产生的功效,比"脑白金"对消费者产生的功效大得多。

或许是从软文广告中尝到了甜头,继"脑白金"之后的产品,"黄金搭档"再次使用了软文广告策略。还有许多知名品牌是软文广告的忠实拥护者,如化妆品行业的"索芙特"、家电行业的"长虹"、通信行业的"诺基亚"等。目前,软文广告已在保健品、IT、房地产、家电等行业全面开花。我们可以从以下几个方面分析软文广告几乎在各个行业流行的原因:

1. 信息过剩与注意力的争夺是软文广告出现的大背景

今天我们已经迎来了信息传播过剩的时代,信息的海量堆积和渠道的无所不在使得信息对于人们而言不再稀缺,而变得日益易得。相反,倒是人们的注意力选择却成了市场追逐的稀缺资源。在这一大背景下,仅仅一般化地传播信息,已经很难在众多同质重复、等质等效的信息竞争中脱颖而出,显示出其被必选的价值来。

1997年,美国人托马斯·达文波特(Thomas H. Davenport)和约翰·贝克(John Beck)出版了《注意力经济》(*The Attention Economy*)一书,从此以后,"注意力经济"引起了人们的广泛关注。它是指当信息的供给超过需要(个人所能消化),注意力就会下降,因此,面对铺天盖地的资讯(来自网络、电视、广告、报纸、杂志等),一个人的"注意力"就立刻变成了稀有而珍贵的资源。

软文广告就在这一大背景下杀出重围,以其"新闻式"的标题以及翔实的资讯内容获得广告主的青睐和受众读者的喜爱,也因此成为广告主争夺受众眼球的利器。软文广告的真正价值在于,它可以使用各类文体大篇幅地表达,即"说得多,才能说清,才能卖得多"。我们读一篇声情并茂的文章或一篇论证充分的文章,会与看几句简单文字的感觉一样吗?答案肯定是"不一样"。

2. 软文广告与受众的沟通和互动效果得到广告主的首肯

20世纪70年代末至90年代初,是西方人所说的"消费者请注意"的年代。这段时期,整个市场以生产为导向,广告只要说出产品特性和特色,表明"我有多好"就能达到预期目标。然而,到了90年代中后期,广告只是说"我有多好"已经不能引起消费者的兴趣了。由于生产满足消费的能力大大增强,以消费者为导向的市场环境出现了。和以往相比,与消费者进行沟通(引起消费者注意)的难度大大提高,要将销售信息传达给受众就不得不在传播技巧上多下工夫。软文广告由于承载的内容比较多、成本比较低,而受到了很多企业的重视。很多企业都用这种方式与消费者进行长期的沟通,系统地向其讲解产品的知识和使用方式等与之密切相关的问题,对使消费者很好地了解产品的功效起了很大的作用。

软文广告改变了广告的技巧。它凭借集信息和娱乐为一体的文章改变了以往消费者被动接受广告信息的局面,极力吸引消费者主动了解产品、认识品牌。在"消费者请注意"的营销时代,软文广告在一定程度上推进了品牌与消费者的互动,这就是它受广告主青睐而日渐红火的重要原因。

3. 中国消费者对于广告的传统观念促使软文广告出现

在我国,人们普遍对广告有一种抵触情绪。这种情绪从根本上源自我国的农业文化。在我国古代,农业经济主导社会的发展,造就了大众自给自足的心态和稳重含蓄的集体审美取向。同时,面对商业的兴盛,既是出于鄙视,也是出于恐惧,人们将从商视为旁门左道,对商家的自卖自夸更是不屑一顾。虽然,时代的发展带来了观念的解放,但是历史文化所沉淀的审美意识却没有磨灭,人们依旧不喜欢外向直露的商家广告。可是,广告不能不做,改变的只能是广告的做法。于是,广告人开始尝试改变传统广告过于直白的个性,希望有一种广告能"润物细无声"。这时,软文广告便应运而生。

4. 传媒和技术的发展给软文广告的出现提供了技术支持

同时,随着近年来各种杂志的纷纷面世(据不完全统计,我国现有期刊8000多种,这其中包括很多专业杂志和行业杂志),杂志以其品种的多样以及丰富的版面同样给软文广告的发展提供了温床。

一般而言,一些信息量大的软文广告可以借助报纸的版面优势详细说明。众多的报纸品种(综合大报、机关报、群体报、行业报、企业报、晚报、文摘报、生活报和军报九大类)、众多的版面(如体育、财经、娱乐、要闻等)可以给广告主提供多样选择。广告主可以根据其本身的广告目的与范围结合本产品的特点有针对性地选择报纸和版面。如房地产广告可以选择本地区报纸的房地产版面或其他相关版面。实际上,许多软文广告在相应的专刊刊登,并在实际应用中取得了较好的效果。

(二)软文广告的定义

在分析了软文广告出现的社会经济背景后,我们再来给软文广告下定义。为了明确软文广告的定义,我们有必要对几个比较容易混淆的市场术语进行对比分析。我们首先来看看软文广告与软广告、新闻以及新闻性广告的区别。

1. 软文广告与软广告的区别

"软广告"是对"有偿新闻"和"广告新闻"等不规范新闻的形象称呼,因为这些新闻表面上是新闻,实质上却是广告,所以被称为"软广告"。有人曾对"有偿新闻"和"广告新闻"做出解释:"有偿新闻"指的是渴望从新闻报道中获益的新闻当事者或关联者,向新闻媒体机构交付一定费用,以换取其指定的新闻报道在媒体上发布,从而获取其所期望的收益。这种新闻报道以新闻的形式出现，而实际上是一种广告宣传。"广告新闻"指的是广告客户将广告诉求的内容予以转换，纳入新闻消息或通讯、特写一类的新闻形式之中，在有意让受众误认其为新闻或无法准确判定其为新闻抑或广告的情况下，在媒体上发布，以求获得以广告形式发布所不能获得的诉求效果。

明确"软广告"的含义后，我们不难从四个方面得出"软文广告"与"软广告"的区别。

首先，从经营行为看，"软广告"是新闻操作的不规范行为，如"有偿新闻"就是媒体非广告部门介入广告经营的行为，这类行为具有隐蔽性和欺骗性；而"软文广告"是属于广告经营的范畴的，同其他类型的广告一样，都是广告主付出一定代价，在报纸等平面媒体上发布的广告，具有公开性、公正性。

其次，从形式上看，由于"软广告"的外壳是新闻报道，因而都有"某记者报道"的新闻标识；而"软文广告"则有明确的广告标识（当然，仍有一些软文广告的广告标识不规范），如"广告"、"形象展示"等。

再次，从动机上看，"软广告"将广告变为新闻，以此获取消费者的信任，是一种误导；而"软文广告"强调的是广告的可读性，以此吸引消费者的注意，是一种引导。

最后，从作用上看，"软广告"将引起以下劣性连环反应：

（1）新闻产品质量的劣化造成新闻产品本身价值的减损；

（2）新闻产品价值的减损进而造成了其自身价格的减损；

（3）新闻产品价格的减损又造成媒介影响力和接受率的降低；

（4）媒介影响力的下降和接受率的降低又造成广告版面、时段价值与价值的减损。而"软文广告"作为一种独特的尝试，既体现广告的灵活性，也能为广告的创作积累经验。

2. 软文广告与新闻的区别

1994年10月27日第八届全国人民代表大会常务委员会第十次会议通过的《中华人民共和国广告法》明确定义了"广告"。本法中所称广告，是指商品经营者或者服务提供者承担费用，通过一定媒介和形式直接或者间接地介绍自己所推销的商品或者所提供的服务的商业广告。

新闻在《现代汉语词典》中的定义为"报社、通讯社、广播电台、电视台等报道的消息"。目前，权威理论普遍认为：新闻强调"新"、"真实客观"、"迅速传播"、"具有新闻价值"，是"时间的易碎品"；广告包含"明确的广告主"、"付费"、"非个体性传播"、"劝说的方式"、"以推销商品或服务为目的"等要素。

由此可见，新闻和广告的区别是明显的。新闻的立足点是社会公共利益的需求，广告的立足点是广告主自身利益的需求；新闻必须客观公正、平等告知，广告则是自我宣传、劝说诱导；新闻的取舍处理取决于新闻事实本身固有的新闻价值，广告只要广告主付费即可发布；新闻以满足人们的多层次、多方面的信息需要为目的，广告以实现广告主推销自己产品或服务的需要为目的；新闻是公益行为，广告是市场行为；新闻用语严谨、立论公允，要交代新闻来源、有五要素等，广告形式活泼多样，难免有夸大之语，通常篇幅较短、字体多变、图片较多；等等。

总之，新闻与广告只是在传播渠道上的交会，它们完全属于两种不同性质的信息，按照两种不同的规则传播。可见，一则信息是新闻就不是广告，是广告就不是新闻，不可二者皆是。作为广告的一种形式，软文广告是广告，不是新闻。

3. 软文广告与新闻性广告的区别

在传播实践中，新闻性广告大量存在。至今，"新闻性广告"也没有明确的定义。在《中国新闻实用大词典》中，只有这样的论述："国内外的一些报刊以新闻形式，将商业性广告内容发表在广告版上，按广告收费；或注明为广告，按广告收费的大块文（即买版面），应视为广告。"这里的"广告"其实是指"新闻性广告"。"新闻性广告"是广告商为达到促销目的，按照新闻形式撰写文案，在广告版面、时段或类似广告版面、时段上刊播的商业广告，是新闻介入广告创作后出现的异常形态。在2004年12月20日《中国经营报》41版下半部，有一篇用大标题刊出的题为《广东正道：从客户到伙伴的成功蜕变》的文章，以"访广州正道科技有限公司总经理曹能业"为副标题。乍一看，有通讯的样式，细看内容，却是该公司的广告。

"新闻性广告"是以类似典型报道的形式介绍有关企业及其负责人的业绩、经验、事迹，颇多溢美之言，标题往往使用"××侧记"、"××纪实"、"来自××的报告"、"××访谈"，甚至还有"答记者问"、"采访札记"等形式。

"新闻性广告"使受众误以为其是新闻，具有较强的欺骗性和诱导性，违反《中华人民共和国广告法》第四条"广告不得含有虚假的内容，不得欺骗和误导消费者"，也违反《关于禁止使用新闻形式进行企业形象广告宣传的通知》。新闻性广告往往夸大其词，而又采用新闻形式进行采写，严重违背了广告的"思想性原则"和"真实性原则"，是新闻的异常形态。

基于以上分析，我们可以给软文广告总结出这样一些特质：

（1）软文广告通常是由企业的市场策划人员或广告公司的文案人员来负责撰写。

（2）软文广告一般是以新闻报道式的口吻或文字的形式在媒体上发布的宣传其产品、活动或企业形象等的文字类广告。

(3) 软文广告一般以新闻稿的形式刊登，主要以文字为主。

(4) 软文广告是广告形式隐性化的具体表现。

由此我们可以这样说，软文广告是指由广告主按照版面或字数付费，以新闻报道式的口吻和主要以文字的形式在媒体（主要是平面媒体，比如报纸、杂志等）发布的传播其产品、品牌、活动或企业形象等的广告特征不明显的广告。

这里需要说明的是，以新闻报道式的口吻或文字的形式在媒体上发布不是纯粹的"新闻"，而是以新闻报道式的口吻来软化广告信息，达到吸引受众的目的。

广告的起源，起初是因为新闻报纸的产生，一群人为某些产品生产商撰写具有一定销售目的的介绍性文字，而后渐渐演变为今天的广告。而软文广告就是这样一种回归，通过新闻形式阐述产品、品牌、产品生产商的观点、信息等从而达到"广告"的目的。软文广告的本质是广告。它具备广告的基本要素，是一种独特的广告形式。

二、软文广告的分类

软文广告有偿化推动了软文广告创作质量的提高。软文广告不再只局限于单一的新闻风格，而是走向多样化。按照软文广告的撰写风格进行分类，可分为告知型、事件型、体验型和人文型。

1. 告知型

告知型的软文广告不同于告知型的直接广告。前者往往以消费者共同关注的问题或现象为切入点，导出所要宣传的产品并向消费者告知利益点。后者则从正面宣传产品和服务，直奔主题。

2. 事件型

这类软文广告肩负着公关的使命，借助新近发生的事件为品牌形象服务。它好比记者招待会上的发言人，既能得体地借助喜庆事件宣传和巩固品牌形象，又能及时应对突发的不利事件避免或减少损失。2002年媒体上出现了爱浪造假风波的有关报道。不久，《中国经营报》便刊登了题为《爱浪力造高品质音响制造平台》的广告。可以看出，爱浪正力图挽回造假风波中的形象损失。《中国经营报》还在2005年1月10日的B6版刊登了题为《尚扬媒介（中国）赢得箭牌口香糖中国媒介业务》的广告。这则广告借尚扬媒介（中国）赢得国际客户的业务展示了自己公司的实力，为典型事件型软文广告。详文如下：

尚扬媒介（中国）赢得箭牌口香糖中国媒介业务

箭牌口香糖中国公司目前改聘尚扬媒介（MEC）从2005年起负责其在中国

所有品牌的媒介策略和购买业务，业务总额高达数千万美元。

尚扬媒介这次能够赢得箭牌代理权，独有的渠道规划和执行工具（CP & I）——"导航者"（Navigator）起到了重要的作用。

对尚扬媒介新上任的首席执行官张敬鸾（Bertilla Teo）而言，这同样是个美好的开局，在此之前，张敬鸾为尚扬媒介新加坡公司董事总经理。张敬鸾的办公室设在上海，她同时负责北京和广东公司的业务，负责尚扬媒介在中国业务的拓展工作。

之前负责尚扬媒介香港业务的吴远棠（Dominic Ng）已调往广州出任董事总经理职务，负责管理箭牌业务。

尚扬媒介北亚区首席执行官 David Morgan 说："我们非常高兴能够获得箭牌在中国业务的媒介代理权。这确实是整个团队努力的成果，它充分证明了尚扬媒介依托 Group M. Trading 无与匹敌的媒介购买优势所拥有的实力（Group M. 负责 WPP 旗下所有中国媒介公司的购买业务）。尚扬媒介极富洞察力的战略思想是基于其特有的 CP&I 理念，这使尚扬媒介可以根据其最新获得的、特有的市场研究和学习成果，按客户的需求定制创意，并确定业务方向。"

作为尚扬媒介（中国）公司的首席执行官，张敬鸾以饱满的热情领导着她的团队。张敬鸾此前在新加坡公司的经营非常成功，享有很高的声誉。尚扬媒介将其从新加坡调到中国，清楚地表明公司认识到了投资中国的重要性。

除箭牌外，尚扬媒介（中国）目前服务的其他著名品牌还包括索尼、爱立信、宜家、戴姆勒—克莱斯勒、高乐高、人头马、新加坡航空以及中外运敦豪等，并在2004年以宜家的北京居民楼电梯改造项目赢得了中国唯一的戛纳广告节媒介金狮奖的提名和中国唯一的亚洲品牌营销绩效大奖的金奖。

3. 体验型

有些软文广告和前两类软文广告相比，让人感觉更具有亲和力，原因就在于这些广告或讲述消费者在使用产品时的体验，或通过推荐一些与产品有关的小贴士使消费者感受到来自品牌的关怀。这类软文广告就称为体验型软文广告。体验型的软文广告往往能给冷冰冰的品牌增加暖暖的人情味，减弱读者对广告的抵触情绪。尤其对科技含量高的产品而言，其消费者消费的不只是产品功能，还有产品所象征的品位和身份。体验型软文广告正好能为产品打造高贵的气质。

4. 人文型

顾名思义，人文型的软文广告是从世俗风情和文化层面上来展示产品或服务的形象。一方面，某些特定产品（如酒）、某些消费（如旅游），本身就蕴含着特定的风情和文化，适宜采用人文型的软文广告。另一方面，人文型的软文广告也迎合了大众的消费文化。现代公众是以"感性—理性"为轴心来设计自己的消费模式。文化恰恰是理智思考与情感依赖并存的载体，因而着眼于产品的文化层面的软文广告能和消费者进行更深入的沟通。

需要指出的是，这几种类型的软文广告之间并没有本质上的差别，只是在形式上有所不同。有的软文广告可能包含两种以上的风格。

按照软文广告本身的内容来区分，可以把软文广告分为产品类软文广告和企业形象类软文广告。这个区分主要是按照广告的广告对象（广告内容）来区分。需要说明的是，有时候产品类软文广告和形象类软文广告的界限并不是十分明显。有时候在一篇软文广告中，既有产品的介绍，也包含着企业形象的宣传。

产品类软文广告主要针对产品本身的信息进行传播。这类软文广告一般在食品、保健品、家电等行业运用得较多。因为，大量的信息必须通过详细的文字说明才能完整地表达清楚。如家电行业的"背投"、"等离子"、"数字高清"等概念性的说法就被相关生产厂家和企业在媒体上加以详细说明和介绍。中国移动为了让消费者接受"动感地带"业务，在各大媒体进行大规模的广告宣传，其中有硬性广告，但我们见到的更多的是软文广告，通过软文广告我们更多地了解并接受彩信、手机QQ、手机摄像等业务；媒体整天宣传健康空调、等离子电视、HDV、环保住宅等概念，正是这些新闻味很浓的软文广告直接或间接地影响了消费者的消费观念和消费意识，从而完成从非消费者到潜在消费者，再到事实消费者的转化。

三、软文广告的特点

软文广告自诞生之后，一直在持续不断地发展着，其自身也呈现出下列特点：

1. 诉求对象群体接受度高

在今天这样一个传播媒介高度发达的社会，现代企业、产品品牌、服务营销信息铺天盖地，电视、广播、杂志、报纸、网络，以及日常生活环境中，广告越来越多。特别是在所谓"厚报的时代"，报纸、杂志等印刷媒介都在整版整版地出售广告版面，以至于出现了一些杂志中广告比正文多的情景。在这种环境下，受众已经对那些一味标榜自己产品品质和企业业绩的硬广告熟视无睹，难以形成注意。作为一种新的广告形式，软文广告以其深度报道而又能够查证的优势，逐步受到大众的关注。例如，在"脑白金"营销活动中，软文广告运作功不可没。"脑白金"的第一轮软性文章，如新闻炒作篇有《两颗生物原子弹》等五篇；睡眠篇有《你会睡觉吗?》、《不睡觉，人只能活五天》、《美国睡得香，中国咋办?》、《宇航员服用的"脑白金"》；妇女篇有《女子四十，是花还是豆腐渣?》、

《女性大苦恼》;肠胃篇有《一天不大便等于抽三包烟》;资料篇有《年龄与脑白金体》等。在不同的报纸上刊发的软文广告文案反复强调了什么是"脑白金体"及"脑白金"对人体的重要作用。当人们在电视广告的狂轰滥炸之下,被这"脑白金"三个字弄得莫名其妙而又新鲜不已的时候,出现在报纸上的大量的软文广告文案,引起了消费者的注意,巧妙地弥补了电视广告的不足。

2. 对目标人群的渗透力较强

软文广告没有硬广告的那种"杀伤力",但它对目标受众有着较强的渗透力。一方面软文广告所具有的科普性、知识性、新闻性使读者愿意接受这些信息,并从中知晓一定的知识,让读者不知不觉地记住了该产品和品牌,读者就不会产生一种抵抗心理;另一方面软文广告是渐进式、润物细无声的,也就更容易被消费者接受。事实也证明,好的软文广告可以发挥事半功倍、四两拨千斤的作用。

3. 信息量大,适合详尽式的介绍与诱导

"软文"的真正价值在于,它可以使用各类文体大篇幅地表达,即"说得多,才能说清,才能卖得多"。目前许多保健品因要对消费者讲明功效原理以及一些使用方法等信息,而电视广告费用高、即时性强、时间短,无法表达得尽善尽美,只适合做形象宣传,起品牌提示作用。但软文广告以报纸、杂志、小册子等作为载体,就可以言无不尽,正好弥补了电视广告的不足,费用少,又可长久保存,让消费者反复阅读,清楚了解产品的功效、原理,因而受到了企业的大力推崇。

4. 成本较低

软文广告有相当一部分是按照字数收费的。这与电视以秒为单位计费以及平面媒体的以面积为单位计费相比就便宜很多。虽然有些报纸已经开始以版面大小来核算软文广告的费用,但总体而言,软文广告的千人成本还是很低。

归纳来看,与硬广告相比,软文广告文案具有一定的优势,如表8-1所示。

表8-1 硬广告与软文广告优劣比较表

类型	优点	缺点
硬广告 (以电视广告为例)	传播速度快,时效性强 涉及对象最为广泛 经常反复可以加深公众印象 有声有色,具有动态性	渗透力弱 商业味道浓,可信程度低,时性差 广告投入成本高,强迫性地说教,传递内容简单、时间短,如冰山一角
软文广告 (以报纸、杂志为例)	相对渗透力强 商业味道淡,可信程度高,时效性强 广告投入成本低,渐进式的叙述 消费者可以增长知识,扩大视野	传播速度慢 涉及对象范围相对狭窄、有限 加深公众印象方面相对较弱

从作用、受众信任度、有效性及成本四个方面，与电视广告相比较，软文广告也有自己明显的优势，如表8-2所示。

表8-2 电视广告与软文广告详细比较表

指标	电视广告	软文广告
作用	品牌形象提示，"冰山一角，昙花一现"，传播快、渗透性弱，诉求不充分	品牌内涵深层次阐释与演绎，内容丰富，诉求充分，传播慢、渗透性强
受众信任度	商业性强、可信度低，不易形成口碑	新闻性强，可信度高，易形成口碑
有效性	接触面广，接触时间短，稍纵即逝，不可传阅，时效性强	接触面较广，接触时间较长，可多人多次浏览传阅，时效性差
成本	电视广告总体成本高，千人成本相对较高	软文广告总体成本低，千人成本相对较低

四、软文广告文案写作

《论语》告诉我们，"工欲善其事，必先利其器"。本节主要说明软文广告文案写作的基本思路与技巧。运用得好，这些思路与技巧会令软文广告文案撰写者达到事半功倍的效果。

（一）软文广告写作的5W原则

作为广告的另一种表现形式，撰写软文广告同样要满足五个原则，我们称之为软文广告撰写的5W（Why，Who，What，When，Where）原则。这五项要素相辅相成，缺一不可。5W原则紧紧围绕广告运动核心创意概念而展开，换言之，它是由解析创意核心概念而来。

（1）为什么说（Why）：就是说要清楚为什么写这篇文案？软文广告必须符合产品的整体营销战略。是单独使用，还是和其他文案组成一个系列？在整个广告运动中这篇文案担负着什么样的任务？是前期概念宣传，还是直接推动销售，或是传达促销信息提高销量？

（2）对谁说（Who）：软文广告的目的就是要把你所要表达的信息传达给目标受众，因此对谁说就是锁定要传达的对象。通常发布软文广告，或者是为了新产品招商，或者是为了在终端进行产品推广、树立品牌形象，抑或二者兼顾，因此要锁定的对象不外乎两大类群体，一是经销商，二是目标消费者，然后根据这两类群体的不同利益点进行创作。对于终端目标消费者而言，需要我们前期做好详细、科学的市场调研。要对消费者进行透彻地研究，了解消费者的消费理念、消费习惯、媒体接受习惯、信息传播渠道等。

（3）说什么（What）：就是把你要表达的概念、核心思想或信息准确地说出来,主要是正文的内容。它必须符合产品的定位、企业的营销定位。例如,一篇以招商为主题的软文广告,诉求内容应围绕经销商最关注的市场容量、品牌竞争力、产品卖点、营销手段等方面的特色层次分明地表达出来。这是软文广告撰写最重要的一个方面。

(4) 何时说(When):即选择什么时候投放软文广告。虽然投放软文广告是一项长期不断的宣传策略,但事实上在投放时段的选择上还是有一定的技巧性。例如,新产品上市之前的软文广告,可对目标消费者和经销商起到预告的作用,能制造一定的悬念和神秘感,并为新产品正式上市起到良好的铺垫作用。新产品上市一个时期后的软文广告,不仅能强化消费者的记忆并促进其产生购买欲望,而且有利于经销商的终端推广,增强其销售信心。

(5) 何地说(Where):就是选择在什么样的媒体上投放,这是软文广告文案写作体系中不可或缺的一部分。每一种媒体都有自己的定位,有自己的特定阅读群体及特定的覆盖区域,这些因素在软文广告运作中都需要加以注意。如财经类、营销类媒体的读者群基本上为大大小小的商业人士或者正在寻找项目、准备进入商界的商业人士。因此,如果目的是为了招商或者扩大品牌影响力,那么在媒体选择上应当以财经类和行业类媒体为首选,如《销售与市场》、《商界》、《中国经营报》等。此外,一些网络媒体如"中国营销传播网"等更具有传统媒体无可比拟的优势,信息传播快而且广。

这五个原则是从策略层面上来说的,其中的"说什么"是我们要讨论的重点。

(二)软文广告撰写的基本程序

在明确了软文广告写作的基本原则后,我们需要了解和掌握的是软文广告写作前的预备工作。同其他广告文案的撰写一样,甚至比其他广告文案撰写的要求更高——软文广告撰写者必须要有非常扎实的文字功底、非凡的驾驭文字的能力、综合的文化修养和丰富的想象力以及敏锐的市场触觉和概念提炼能力。这些要求和素质的具备需要软文广告撰写者厚积薄发、日积月累,从理论中学习,在实践中锻炼,在写作中提升。

在具体的广告软文撰写中,撰写者必须吃透所服务的品牌、企业文化、企业的核心竞争力和产品卖点诉求、市场背景等。只有掌握了与行业相关联的知识和信息,才能从这一堆知识和信息中去粗取精,才能在主题明确的文案中旁征博引、触类旁通、文思泉涌、一挥而就。

撰写广告软文之前必须按以下四步理清自己的思路:

(1) 把握创意核心概念。这里的关键是根据整体广告战略的要求,准确把握创意核心概念,并且解析创意核心,找到核心概念对诉求对象的要求及其表现素材、格调等要素。

（2）了解消费者对软文广告的接受过程，明确推广概念主题。只有主题明确，才能有的放矢，达到预期的广告效应。

（3）须有新颖、富有创意的标题与销售推广文案。一个新颖、有创意的标题与销售推广文案具有同等的分量。一个能吸引人的标题需要花时间去好好琢磨。如果一下子找不到有穿透力的标题，在主题明确的情况下，也可以边写正文边考虑标题，或正文全部写完后再冠上满意的标题。总而言之，必须多花时间考虑标题。

（4）选择与文案相匹配的表现形式。要考虑用最好的形式去表现软文广告主题，最好有平面视觉传达效果的支持。

（三）软文广告文案标题创作要求

好的文案首先取决于标题的好与坏。标题是否新颖、有无创新、具不具备穿透力，对能否引起读者的兴趣、达到心灵的共鸣非常重要。好的软文标题应该符合以下几个方面的要求：

1. 震撼力

在软文标题中，运用能在瞬间使读者产生心灵震撼的词或短语，从而可以增强整体标题的震撼力和冲击力。由于软文广告在很大程度上是单纯依靠文字的力量来吸引读者和打动目标消费对象，所以对于文字的锤炼甚至比新闻标题的要求更高、更要剑走偏锋，需要将文字或词语自身的震撼力应用得更加淋漓尽致。例如，绝了、神了、妙、当心、警惕、特别告示、迫在眉睫等具有冲击力和震撼力的词语的应用，让人感觉好像在宣布一件分外重要的大事件一样，不能不引起人们的关注和阅读。

如何撰写富有吸引力的广告文案标题？标题中最有分量的两个词是"免费"和"新"，而其他会产生良好效果的字眼是：如何、突然、当今、宣布、引进、就在此地、最新到货、重大发展、改进、惊人、轰动一时、了不起、划时代、令人叹为观止、奇迹、魔力、奉献、快捷、简易、需求、挑战、奉劝、实情、比较、脸颊、从速、最后机会等。其实这些词很多人也都知道，但真正要用起来的时候却不那么得心应手，有时候甚至需要绞尽脑汁、冥思苦想，关键还是要靠平时生活当中多留心、多观察、多积累。

2. 诱惑力

人皆有好奇之心，如果我们在创作标题的时候，采用一种反问的语气，直接提出问题，制造悬念，就很容易引起消费者的注意。

在前回谈到广告标题的一般写作方法时，我们就谈到了"悬念式"和"疑问式"广告标题的写作。在软文广告标题中，为了增加对消费者的诱惑力，悬念式和疑问式的广告标题经常被运用。像"脑白金"的《人类可以长生不老?》之所以能在其初期市场启动中发挥重要的作用,标题的诱惑力不言而喻——长生不老是千百年来人类面临着"有生之涯"的恐惧和痛苦所追求的梦想,即便在科学昌明的现代,这个话题仍然具有强大的诱惑力和吸引力。该广告将长生不老与"脑白金"的功效结合起来,给人以强大的诱惑。

3. 神秘感

对于司空见惯、一目了然的东西,人们不一定有兴趣,而对一些披上神秘色彩的事物往往容易产生兴趣,特别是对一些被忽视或被遗忘的,甚至是一些闻所未闻的消息容易产生冲动。"生活在别处"是一个永恒的生活悖论和梦想追求,现代人热衷于旅游或者想象,我们对于异乡、异地和异人的传说、故事、习俗和神话能够保持那么大的兴趣关键就在于这些异乡、异地和异人对于我们而言有一种神秘感,所谓"距离产生美"的某种内在原因正是由于距离所产生的神秘感和人自身对于神秘感的不懈追求和高度敏感。与上面的诱惑力相对应的是,神秘感是产生诱惑力的一个重要的原因,是引起消费者注意的一个有效手段和方法。

"脑白金"之所以成功,风靡全国,其软文广告如《两颗生物原子弹》、《格林登太空》等这类普通人所未知又想知道的神秘趣闻功不可没;再如,金日心源素的《里根现象:美国人怎么了?》、《日本人认为:中国人厉害》、《黄日华给谁送礼》,无论是"里根现象"、"日本人",还是"黄日华",软文标题故意营造一种神秘感和悬念,激发消费者的好奇心。但需要指出的是,营造神秘感只是一种手段,相关事实、案例必须真实、可信,若为了营造神秘感而故意捏造、伪造,欺骗受众,夸大其词的广告最终会受到消费者的唾弃和法律的严厉制裁。

(四)软文广告文案撰写的方法

软文广告类似于新闻中的深度报道,围绕创意核心和主诉信息进行深度表达。软文广告文案的撰写方法多种多样,越有创意的撰写方法,越可能收到不同凡响的效果。常用的软文广告文案撰写方法有如下几种:

1. 情感渲染法

所谓情感渲染法,其实就是广告诉求中的感性诉求方法,它是现在软文广告文案撰写中使用得最多的方法,而且屡试不爽。特别是药品、保健品和补品类。可以作为情感象征和标识用来送礼的产品的软文广告,更是经常使用这一写法。

情感渲染法,大多以亲情、爱情、爱心、孝心为主线,先"动之以情",以感性诉求方式为主体,再"晓之以理",最终达到广告传播与诉求的良好效果。软文语言要言出由衷、流露真诚,要使广告的产品或者服务成为各种情感之间的象征、载体和桥梁,用优美的语言和故事来传达和赞美人性中的真、善、美及社会美德,然后再实事求是地推介相关产品的卖点,这样产品才可能为广大消费者所接受与认可,从而最终达到品牌形象建立和促进销售的目的。这种方法的主旨是找到产品卖点与情感主线的必然联系。

比如养生堂"龟鳖丸"的软文广告,就通过征文大赛等各种形式,让消费者参与进来,通过文章回忆自己在成长的过程中与父亲的点点滴滴(虽然平凡但能感动人心的往事与真情),从而水到渠成地表现养生堂"龟鳖丸"的"献给父亲的礼品",体现人间孝道的独特定位。在读者阅读其他父子或父女之间的真情故事的同时,作为表现孝道的"龟鳖丸"的主题信息就悄悄地融入到消费者的心中。

2. 标新立异法

软文不仅要执行创意核心,更要创造新的执行点子,标新立异地表现创意核心。没有创新的广告,无法得到消费者的注意,更不用说起到说服和打动消费者的目的。软文广告文案主要应用的传播符号要素是文字,没有图像的直观配合,为了达到传播和说服的目的,其必须根据具体的软文广告策略做到锋利、凝练、流畅,追求一种"语不惊人死不休"、标新立异的语言传播效果。这在一个广告过剩的时代显得尤为重要和关键。

这种方法注重软文文字的提炼和冲击力。首先,在软文标题上,多在谐音或者双关的关键字词上大做文章,先声夺人,既能给人留下非常深刻的印象,又能体现产品的功能及主要卖点,并且以心照不宣的形式,明确传达满足消费者需求的信息。如祛除青春痘的某产品的软文标题《战"痘"的青春》,就是一个有力的案例。其次,可以选择特定的时机,例如具有一定文化含义的节日或假日发布,刻意在软文的体裁、形式、措辞上标新立异,力求给人与众不同、耳目一新的感觉。比如,某保健品巧妙地在妇女节这个独特的节日发布软文广告,就是采用信件的形式来表现儿女对于母亲的感恩和孝心、回报和尊敬,完全跳出了一般的软文广告的格式,很能打动消费者的心灵。

但需要指出的是,现在很多软文广告的标题和内容为了达到"语不惊人死不休"的效果,无限夸大产品的功能和效果,有的甚至不惜恐吓消费者。殊不知,过分的恐惧和夸大只会引起消费者的反感。语出惊人固然重要,但广告内容的真实和产品的质量是最值得珍视的。

3. 权威部门或名人证言法

为了提高软文诉求的可信度和说服力,可以广泛引用和借助相关主管部门的权威发布来撰写软文广告,从而激发、引导消费者的购买欲望;或者在软文广告中,将之与品牌名人代言相结合,通过名人讲述代言的故事和广告产品的功效,往往会取得事半功倍的效果。

权威部门或名人证言法实际上是权威证明或名人证言在软文广告中的应用和

体现，目的都是为了增加广告的可信度和说服力。

4. 图文并茂法

谈到软文广告，我们总是习惯性地想到纯文字的广告。的确，文字是构成软文广告的重要因素，这也是软文广告之所以被称为软文广告的根本原因。但在现时的广告运作中并没有任何人强行规定文字和图片要素在软文广告中"不得兼容"。有不少软文就是因为篇幅冗长、字数多得惊人而消磨了读者的兴致和耐性。

在图像广告中，文字可以起到画龙点睛的作用；在软文广告中，图像可以起到将信息形象化、生动化和直观化的作用，让读者更易理解。所以，让文字与图像结合，就像给红花配上绿叶，可以增加广告的感染力和说服力。我们看到现在的很多大品牌比如诺基亚、中国移动等在进行软文广告的传播时，一般都配上简洁直观的图像或图片，这些图片不追求视觉的艺术性和感染力，大多是直接将产品或品牌形象的图片放在上面，本质上是为了配合文字来增加传播的效果和提高读者阅读的兴趣。

图文并茂法的一个变体，就是表文配合。在一则文案中，可以用图表对文字进行补充、深化。

5. 讲故事法

软文广告的独特优势在于大量传播产品、品牌、服务信息，进行主诉信息的深度传播。借助纯文字的软文广告，广告主可以让消费者对产品的方方面面有比较详细的了解和认知。然而，这只是一种理想状态。事实上，读者（包括广告产品和品牌的目标消费群体）很少会按照广告主的愿望去认真阅读枯燥的广告，因为读者阅读报纸不仅是为了获取新信息，也是为了娱乐。

在今天这样一个传播娱乐化、新闻娱乐化和媒介娱乐化的时代，教条、刻板和枯燥的传播形式和手段只会让读者和消费者避而远之。因此，为了提高软文广告的注意率、整合受众的注意力，我们需要将信息和娱乐在软文广告中进行巧妙联姻，让读者在享受娱乐和故事的同时接受产品的相关信息，从而达到"润物细无声"的效果。

正如新闻背后的故事是新闻一样，广告背后的故事也是广告，并且这种故事具有娱乐性，读者愿意去读。由于文字符号在展示故事情节、激发读者的想象力方面具有得天独厚的优势，如果充分运用此优势，展开一定的故事情节，即使软文里没有一处"王婆卖瓜"式的语句，也能取得良好的广告效果。如"脑白金"的软文广告《宇航员服用的"脑白金"》，就巧妙地应用了故事性和娱乐化的手段来提高受众的关注度。

另外，借助流行时尚元素也可以让广告娱乐起来。摩托罗拉在推出新款彩屏手机时，其软文广告将产品和时下流行的作家几米联系起来，让广告变得更加讨人喜欢。除此之外，还有许多的娱乐方式，等待我们去尝试。

6. 直陈利益法

指直接陈述消费者渴望得到的或者强烈关注的产品功能或品牌利益点。使用这种方法的前提是以受众为中心，在客观、全面地把握诉求对象的需求的基础上，表达销售主张，提出对消费者有感染力和冲击力的广告承诺。这样的软文广告才能产生切实的传播和市场效果。

例如，"记易宝"在《北京日报》上做的一则《三十岁也可以从头来》的软文广告，就是一个比较典型的例子。软文广告里男主人公所在的公司拓展了海外业务，学习英语给年过30的他带来很大压力。朋友给他介绍了"记易宝"数码教育电脑后，学习变得轻松了。在一次外国客户来电时，其他同事无法应付，他却勇敢地用英语和客户谈成了生意。或许这个故事并不新颖，但却道出不少中年人的工作体会，令读者感到十分亲切。这则软文广告如果一味站在"记易定"的角度进行自我炫耀和夸张，怎么能得到消费者的共鸣和认可呢？

在营销传播活动中，很多广告不受欢迎，其根本原因就在于这些广告只有广告主的"个人独白"或者"自娱自乐"，而缺少对于消费者的关爱和承诺，缺少与消费者沟通的基础。消费者关注广告不光是为了娱乐、为了消遣，其本质目的是为了解决自己的问题——无论是生理的、情感的，还是思想的、精神的。也有很多软文广告殚精竭虑地展示产品的好处、炫耀产品的功效、提高产品的价值，但留给消费者的印象却是"又在叫卖了！"软文广告给了广告主更多传播自己的产品或企业的信息和优点的空间，但这并不意味着它就成了广告主自我陶醉或自我表现的"呐喊"或者"发泄"。如果不从诉求对象的需要出发，不关心消费者的欲望，软文广告文案就难以达到沟通和说服的目的。从本质上说，软文广告文案是否得到关注和产生效果，取决于读者和消费者，而不是软文广告和广告主本身。这是在直接陈述利益点时必须牢记的。

第九章　长文案、短文案和系列广告文案

一、短文案及其写作

检视古往今来的广告文案，有的洋洋洒洒，动辄数千言，有的却惜墨如金，连标点符号也不超过10个。那么究竟是长文案好，还是短文案好？对这个问题，不同的人针对不同的商品，可能会得出不同的结论。

广告文案篇幅的长短、信息容量的大小，是由广告活动的目的、每一次发布的诉求目标、信息的复杂程度以及所租用的广告媒体的时间与空间条件的限制所决定的，当然也包括广告主对总体广告经费的投入预算的限制。仅从广告文案篇幅的长短不同来看，并无必要使之成为类别区分的一种依据。但是我们看到，如果我们在具备必要的媒体条件（时段及版位空间等）和经济条件（制作经费、媒介租用经费）的前提下，广告文案篇幅的长与短是和广告策略、广告表现以及媒介策略有着内在的联系的。

（一）广告文案的长短与广告的实施策略的联系

广告文案的长与短是相对而言的，短文案可以是一行字或一句口号；长文案则可以几千字之多。广告文案篇幅的长短与广告信息内容的多与少自然有着密切的关系。但是，一般来说，专业广告人和富有经验的广告主不会仅仅由于广告信息的原始资料较多，线索较复杂，就认定要选择短文案的形式。除此之外，还要更多地考虑广告的实施策略，它包括了广告的诉求策略、表现策略和媒介策略等方面。例如，一个企业试图澄清一个概念，或谋求向其目标市场及整体社会阐明企业的产业结构、产品种类、科技成果、社会贡献、经营理念等，使受众对企业的优势、商界地位及整体企业形象有一个较明晰的了解，那么用长篇看上去似乎不很像广告，而类似于报纸或杂志上的长篇大论，但却更易使读者注目阅览。

1996年，美国休斯公司为了纠正人们对该公司的模糊印象（因为这时它并不生产飞机），它要求其广告代理公司制作一则广告，使广大受众明确了解休斯公司是一家主要从事科研和开发，生产高科技电子产品的公司。于是一篇长达

第九章　长文案、短文案和系列广告文案

1000余字的题为《科学/视野》的印刷广告出现了。该长篇文案以多项具体的事实为基点，对丰富而令人惊异的经济效益和社会效益加以颂扬，并以细致、严谨而凝练的笔法对该公司的业绩和成就作了有条不紊的表述。详尽中透出自信、尊严和令人鼓舞的骄傲。该长篇文案自诞生以来传播至今，仍能吸引大量读者，在企业实态和整体形象的传播上，使更多的受众对休斯公司有了应有认知，广告起到了巨大的成效。

另外，美国大卫·奥格威为波多黎各新工业区撰写的招商广告（千余英文字）和为当时新型劳斯莱斯汽车作的广告（700英文字）以及在美国1915年刊登在《星期六晚间邮报》上的题为《出人头地的代价》（西奥多·麦克曼斯为凯迪拉克公司撰写）的广告（400余英文字），这些广告的诉求方向、策略不同，表现的方式也不同。有的重在明细、全面而严密的实情介绍与劝服；有的重在通过一种价值观念的深刻辨析来提升企业的形象等。但是，这些在广告历史上有代表性的长篇（或中长篇）文案有着一些明显的近似点或共同点，即追求透彻、精确、明细和完满的风格与效果，尤其是它们几乎都是通过必要、足量而有说服力的基本事实（包括文化历史的经典故事及人物典故）作为主要依托而展开广告的攻心战术的。所以这种较长的文案不但没有使人感到琐碎、乏味与厌烦，反而由于其具有实质性价值的内容和专业广告人的写作技艺及其非同一般的长篇幅给读者以不寻常的触动。

同时，在媒介的选择上，这些较长的文案为了能够赢得细致而充分的叙述和论证的广告效果，皆以报纸和杂志媒介作为广告的舞台，以确保拥有充裕的广告空间去从容地展现文字诉求的效力，并取得读者自由反复阅读及广泛传阅的理想效果。

广告文案篇幅长与短的选择和运用，绝不是从根本上判定一篇广告文案优劣与成败的标准，而应依据广告信息量——真正具有需求的、具有重要价值的信息的多与少，以及既定的广告诉求策略，表现手法（图文、版式、画面效果）与媒介所能提供的条件相合而加以确定。另外，如前文所述，从总体上看文案的长短与媒介时空的幅度是成正比的，这在媒介费用方面，也应予以考虑。

虽然，现代社会的生活节奏已明显加快，社会的总体信息量远远大于以往任何时期，各种住处的传媒系统及传播渠道也更加多样化和便捷化，各种信息受传者的需求与选择也呈现出更大的自主性和挑剔性。尤其是在广告领域里，信息传播的竞争往往更为激烈，但并不能由此得出一个简单的结论：认为长篇广告文案是没有人愿意看的，或认为它的传达效果肯定是欠佳的。事实恰恰不是这样，我们体察到优秀的、恰切的长篇广告文案能起到一般的短篇文案所无法达到的传达效果与震撼力。只要有必要，优秀的长篇文案完全可以与当今较普通的短篇文案类型相并存，互为对比，并依据广告诉求的策略要求和适应不同媒介的搭配组合而使它们各尽其职，相得益彰。除此之外，仅仅为了长而拉长或为了短而缩短的文案创意与文案都是不可取的。在此可以说，客观需要和实际效果是第一位的，而形式与方法是相对第二位的。

（二）如何创作短文案

对于长文案与短文案之间，很难有严格的鉴定。我们只能给予粗略的划分，对于通常的印刷媒体的广告文案，如果字数在百字左右或者以上的为长文案，而字数在三四十以内的称为短文案。

其实，对文案的形式，广告界向来都是兼容并蓄的，没有长短和体裁的优劣之分。但近年来却流行着一个趋势，即文案愈短愈好，大多数人以文案的简洁为追求，为什么呢？是因为媒体环境变了。奥格威的时代，大家不能上网，大部分人不能看电视，所以有耐心捧着形式、内容少得可怜的几份报纸仔细阅读。现在不同了，从"读"报纸开始变成"翻"报纸了，你要抓住他们的视线，就必须用尽量短的文字尽可能地冲击他们的阅读神经，所以，短文案就愈加成为了主流。记得20世纪的著名广告"Think Small"（甲壳虫汽车广告），大大的版面，小小的车子，简单的两个单词，却构成难以言说的视觉冲击力和广告影响力！如果非得要加这加那的，这个广告恐怕就成了一张汽车经销商的杂烩海报。

以精悍短小的文案传递广告信息，同样也是文案人员需要加以着力培育的一门基本素质。因为篇幅小，短文案并没有什么特别的形式要求，也不需要在文案的信息内容和写作结构上有过多的技巧。简单地说，短文案的写作形式尚需具备以下三个条件：

（1）紧扣诉求重点；
（2）紧扣创意概念；
（3）精练机智的文字。

二、长文案及其写作

（一）什么情况下广告写作需要使用长文案

虽然现在进入了所谓的读图时代，消费者对于文字阅读的兴趣好像越来越少，越来越没有耐心，因此文案大多讲究短小精悍、一语中的。但是，在很多时候，长文案也有长文案的优势和魅力。如果你的文案写得很有趣，不管是长还是短，都会取得很好的效果。有时候对于许多产品来说，长文案往往能够比短文案获得更好的效果。文案专家 Bob Bly 就曾经说过文案的长度由三个因素决定：

（1）产品：产品有更多的特色和好处，文案就要更长。
（2）受众：确定人们在购买产品之前能够得到他们所希望得到的信息，特别是对那些有足够时间的网上购物者。

（3）目的：目的是什么？推荐一个服务性产品不需要做细节的阐述，但是对那些以销售为目的的广告必须克服潜在买主可能产生的任何心理障碍。

长文案写作与短文案写作有哪些不同之处呢？主要表现为以下几点：

（1）长文案比短文案要包含更多的信息，因此在写作时对广告信息的组织变得更加困难。

（2）长文案需要读者花费更多时间，因此要比短文案具有更好的保持读者的耐心、吸引读者继续阅读的技巧。

（3）长文案正文的篇幅变长，因此需要文案撰稿人具有更强的把握文案的整体风格与结构、组织和驾驭文字的能力。

（二）长文案的特殊作用

长文案的作用是短文案所无法比拟的，它不但能传达更多、更有说服力的信息，而且可以最大限度地发挥广告中文字的魅力。长文案的特殊作用主要表现如下：

1. 以"重要信息"吸引读者

一般在报纸杂志上，大的版面的长文案往往可以向读者暗示广告内容非常重要，从而将读者的注意力吸引过来。这种心理暗示使得长文案在大的广告版面的配合下，往往能够起到先声夺人的效果，吸引消费者的强烈关注，从而发挥不少短文案难以起到的效果。

2. 更适合深度说服

一方面，对于感兴趣的东西或者与自身利益相关的事物，人们总是希望了解更多，广告如果成功地引起诉求对象的注意和兴趣，就应该继续围绕诉求对象的兴趣点提供更多有用的信息。

另一方面，结论总是要依靠充足的依据和合理的逻辑才能得出，如果广告仅仅告诉读者一个结论，很难令人信服，长文案更方便提供一个从原因到结果的完整思维过程。

3. 更有利于读者消化信息

《广告文案写作32秘诀》一书中，文案专家Chris O'Shea对长文案的作用表述如下："我爱长文案，抓住某个人3分钟的注意力一定比在30秒里闪过六个销售重点要好。长文案让我能够一层一层地构筑起一个理由充分的论证。顺利的话，就能把读者引向我跟他或她提起的这产品比别的任何产品都好的无可避免的结论。"

消费者通过对长文案的阅读，遵循读者逻辑思维的程序，可以充分了解到产品的特点和性能，理解广告所营造出的氛围。优秀的长文案总能让读者顺利地消化广告中传递的产品信息，从而起到销售的作用。因此，大卫·奥格威也说："你传达得越多，你卖得也越多。"

(三) 长文案写作的常见类型

1. 故事型长文案：简单信息的生动诉求

故事型广告一般都出现在电视、广播等媒体，其实好的平面广告文案，也能生动地叙述故事的发生和展开。故事型的长文案一般通过讲故事的方式来将产品的特性融入其中，并且通过故事的展开赋予商品一定的内在戏剧性，自然地将产品诉求点带出，从而使信息接受者在阅读故事的同时对产品信息留下深刻的印象。故事性内容可以增加文案的吸引力、趣味性，更重要的是可以让产品诉求重点自然地出现在故事中，令人信服地传达信息，避免生硬推销。

同时，故事型文案绝不能仅仅是讲故事，故事只是产品信息的载体。产品的信息才是故事诉求的重点，千万不能喧宾夺主，为讲故事而讲故事。如果读者仅仅记住了故事，忘掉了广告诉求的信息就得不偿失了。也要注意，长文案的故事不能无限制地讲下去，故事也不能太复杂、太悬疑，而是要在有限的文字内巧妙地将产品信息自然融入到故事的讲述过程中就可以了。具体可参见以下这则保德信人寿保险公司平面广告文案：

标题：智子，请好好照顾我们的孩子

正文：日航123航次波音747班机，在东京羽田机场跑道升空，飞往大阪。时间是1985年8月18日下午6点15分。机上载有524位机员、乘客以及他们的未来。

45分钟后，这班飞机在群马县的偏远山区坠毁，仅有4人生还，其余520人，成为空难记录里的统计数字。

这次空难有个发人深省的地方，那就是飞机先发生爆炸，在空中盘旋5分钟后才坠毁。任何人都可以想见当时机上的混乱情形：500多位活生生的人在这最后的5分钟里面，除了自己的安危还会想到什么？谷口先生给了我们答案。

在空难现场的一个沾有血迹的袋子里，智子女士发现了一张令人心酸的纸条。在别人惊慌失措、呼天抢地的时候，为人父、为人夫的谷口先生，写下给妻子的最后叮咛："智子，请好好照顾我们的孩子！"就像他要远行一样。

你为谷口先生难过吗？还是你为人生的无常而感叹？免除后顾之忧，坦然地面对人生，享受人生。这就是保德信117年前成立的原因。走在人生的道路上，没有恐惧，永远安心，如果你有保德信与你同行。

2. 产品剖析型长文案：提供丰富的产品信息

产品剖析型长文案写作过程中要把向受众阐明的事实、数据、材质特性及技

第九章 长文案、短文案和系列广告文案

术性能等逐项分条地加以交代，通过具体的原理和条件向读者详细讲解和说明事物的原理与必然效果，并通过解说排疑进行有目的的诱导与劝服。

同样也要注意，产品剖析型这类近似专业技术性的报告型文案，往往在其罗列的大量数据和事实的背后，是更多地体现着它们可以给消费者事业的方便与利益，而不是着眼于报告中的事物本身。著名广告人大卫·奥格威创作的题为《在时速60英里时，新型"劳斯莱斯"轿车的最大噪声来自车上的电子钟》的长篇文案即是典型之作。

案例：大卫·奥格威的劳斯莱斯广告文案

标题：在时速60英里时，新型"劳斯莱斯"轿车的最大噪声来自车上的电子钟

次标题："什么原因使得'劳斯莱斯'成为世界上最好的车子？"

一位知名的劳斯莱斯工程师说："说穿了，根本没有什么，真正的戏法——只不过是耐心地注意到细节。"

文案：

1. 行车技术主编报告："在时速60英里时，最大噪声是来自电子钟，引擎是出奇的寂静。三个消音装置把声音的频率在听觉上拔掉。"

2. 每个"劳斯莱斯"的引擎在安装前都先以最大气门开足7小时，而每辆车子都在各种不同的路面试车数百英里。

3. "劳斯莱斯"是为车主自己驾驶而设计的，它比国内制造的最大型车小18英寸。

4. 本车有机动方向盘、机动刹车及自动排挡，极易驾驶与停车。

5. 除驾驶速度之外，在车身与车盘之间，互相无金属之衔接。整个车身都加以封闭绝缘。

6. 完成的车子要在最后测验室经过一个星期的精密调整。在这里分别受到98种严酷的考验。例如：工程师们使用听诊器来注意听轮轴所发的低弱声音。

7. "劳斯莱斯"保用3年。已有了从东岸到西岸的经销网及零件站，在服务上不再有任何麻烦了。

8. 著名的"劳斯莱斯"引擎冷却器，除了"亨利·莱斯"在1933年去世时把红色的姓名第一个字母RR改为黑色外，从来没更改过。

9. 汽车车身之设计制造，在全部14层油漆完成之前，先涂5层底漆，然后每次都用人工磨光。

10. 移动在方向盘柱上的开关，你就能够调整减震器以适应道路状况（驾驶不觉疲劳，是本车显著的特点）。

11. 另外有后车窗除霜开关，控制着由 1360 条看不见的在玻璃中的热线网。备有两套通风系统，因而你坐在车内也可随意关闭全部车窗而调节空气以求舒适。

12. 座位垫面是由 8 头英国牛皮所制——足够制作 128 双软皮鞋。

13. 镶贴胡桃木的野餐桌可从仪器板下拉出，另外有两个在前座后面旋转出来。

14. 你也能有下列额外随意的选择：做浓咖啡（Espresso Coffee）的机械、电话自动记录器（Dictating Machine）、床、盥洗用冷热水、一支电刮胡刀等。

15. 你只要压一下驾驶者座下的橡板，就能使整个车盘加上润滑油。在仪器板上的计量器，指示出曲轴箱中机油的存量。

16. 汽油消耗量极低，因而不需要买特价汽油，是一种使人喜悦的经济车。

17. 具有两种不同传统的机动刹车——水力制动器与机械制动器。"劳斯莱斯"是非常安全的汽车——也是非常灵活的车子。可在时速 85 英里时安静地行驶。最高时速超过 100 英里。

18. "劳斯莱斯"的工程师定期访问以检修车主的汽车，并在服务时提出忠告。

19. "班特利"是"劳斯莱斯"所制造的。除了引擎冷却器之外，两车完全一样，是同一工厂中同一类工程师所制造。"班特利"因为其引擎冷却器制造较为简单，所以便宜 300 美元。对驾驶"劳斯莱斯"感觉没有信心的人士可买一辆"班特利"。

价格：本广告画面的车子——在主要港口岸边交货——13550 美元。

假如你想得到驾驶"劳斯莱斯"或"班特利"的愉快经验，请与我们的经销商接洽。他的名号写于本页的底端。

劳斯莱斯公司　　纽约洛克菲勒广场 10 号

3. 议论型长文案：鲜明观点的深入阐述

在许多企业和产品广告中，如果要传达某种特定的观念，不妨尝试议论型长文案，鲜明亮出自己的观点，并将它阐述充分。议论型长文案往往通过率先提出论点或问题，而后提出论据和展开必要的逻辑性议论或论证，最后得出一些发人深省的观念性结论及广告主的最终主张，以此征服消费者的心智。

议论型广告文案创作过程中需注意观念的提出和阐述两个方面，首先，观念的提出要有个性和影响力，不能四平八稳。没有鲜明特色的观点，往往流于空泛，成为没有说服力的口号。其次，观念的论述同样需要有说服力，提出有力的论据，通过层层递进，以深刻的逻辑和见解打动消费者，给人以理性思维的感召与雄辩。如果观念性内容缺乏深入阐述,犹如蜻蜓点水,同样难以在消费者的头脑中留下深刻印象。

案例:卡迪拉克汽车广告
标题:出人头地的代价
正文:在人类活动的每一个领域,得了第一的人必须长期生活在世人公正无私的裁判之中。无论是一个人还是一种产品,当他被授予了先进称号后,赶超和妒忌便会接踵而至。

在艺术界、文学界、音乐界和工业界,酬劳与惩罚总是一样的。报酬就是得到公认;而惩罚则是遭到反对和疯狂的诋毁。当一个人的工作得到世人的一致公认时,他也同时成了个别忌妒者攻击的目标;假如他的工作很平庸,就没有什么人去理会他;如果他有了杰作,那就有人喋喋不休地议论他。嫉妒,不会伸出带叉的舌头去诽谤一个只有平庸之才的画家。

无论是写作、画画,还是演戏、唱歌或从事制造业,只要你的作品没有打上杰作的印记,就不会有人力图赶超你、诽谤你。在一项重大成果或一部佳作已完成的很长一段时间里,失望和嫉妒的人仍会继续叫喊:"那是不可能的。"

外界人早已将惠斯勒(Whistler)称颂为最伟大的艺术大师之后,艺术领域中仍然流言纷纷,将自己的艺术大师说成是江湖骗子;当人们成群结队到音乐殿堂Bayreuth向瓦格纳(Wagner)顶礼膜拜时,而一小撮被他废黜或顶替的人却气势汹汹地叫嚷:"他根本就不是音乐家";当众人拥向河边观看轮船行驶之时,少数人仍坚持说富尔顿(Fulton)绝不可能造成轮船。

杰出人物遭到非议,就是因为他是杰出者,你要是力图赶上他,只能再次证明他是出色的;由于未能赶上或超过他,那些人就设法贬低他和损害他——但只能又一次证实他所努力想取代的事物的优越性。

这一切都没有什么新鲜,如同世界和人类的感情——嫉妒、恐惧、贪婪、野心以及赶超的欲望一样,历来就是如此,一切都徒劳无益。

如果杰出人物确实有其先进之处,他终究是一个杰出者。杰出的诗人、著名的画家、优秀工作者,每个人都会遭到攻击,但每个人最终也会拥有荣誉。不论反对的叫喊声多响亮,美好的或伟大的,总会流传于世,该存在的总是存在的。

4. 业务通讯型长文案:丰富信息的新闻式表述

人们喜欢新闻胜过喜欢广告,因此当广告需要传达丰富信息,而这些信息又与社会发展和公众生活密切相关时,可以借用新闻的表达方式,将文案写成新闻通讯。自然，这样的文案必须以客观公正的态度赢得读者的信任，而不能是直白的自我赞许。

案例：这世间你不能没有的三样东西——布鲁斯、芝华士、你自己

已经不记得了，到底是从什么时候开始的？反正都市人习惯了。

习惯了在镜子里看见自己，那个西装革履、笑容灼灼的自己。也在别人的瞳孔中寻找自己，成功向上或者努力成功向上的自己。

好像还挺满意，因为他们乐此不疲：为领带打得方不方、胡子刮得光不光而和镜子展开了一系列的深切会谈，最终达成一个双方满意的自我去面对世界了；他们也为别人眸光中的一线艳羡和妒恨而窃喜雀跃，这岂非是证明自己的最佳方式？

可是，内心也偶尔会闪过一丝疑惑吧，事情真的就是这样吗？

都市人执着于寻找自我又忙着实现自我，误以为镜中那个"某先生"，或者 ABCD 随便哪几个英文字母搭出来的名字就是自我，也陶醉于别人眼里那个"应该前途无量"的自我，却离真正的自我越来越远了。

那么，真正的自我又在哪里呢？信不信由你，必是要到夜阑人静时，在布鲁斯悠扬的旋律和芝华士醇洌的酒香中，才会慢慢现形。

布鲁斯有这样的魔力。因为它是生命力强劲的黑人的声音，是摇滚的根之所在，是西方世界里无所不在的音乐组成，更因为它本来就是一个游离于白人社会之外的民族寻找自我的方式：即便辛苦劳作已成为唯一的生存状态，即便生活赋予了他们更多的悲苦，却不能妨碍他们发掘生命的乐趣，找到真正的自我——坚韧朴实向往自由欢乐——并让布鲁斯作为这个自我的反映流传开来。

就算在美国大萧条和世界大战时，布鲁斯从密西西比河三角洲和德州农场走入城市走近白人，也没有让复杂的都市环境改变了淳朴野性的内涵；相反，作为一种音乐风格，布鲁斯以不变的单纯表现力，影响了整整几代音乐人，也是因为它的存在，诸多流行音乐才成为今天的格局：爵士继承了它的即兴自由，灵魂音乐和节奏蓝调展现它的色调和形式，摇滚则呐喊着它对自由生活的热爱和摆脱束缚的渴望。

有人说布鲁斯是最像"人的语言"的音乐，那也只是因为创造它的人们找到了最真实的自我。

而芝华士呢，这同样是一个民族寻找到自我之后的极致表达方式。是 15 世纪的苏格兰人，身着彩色格呢短裙、吹着嘹亮彻响风笛，生活于高纬度的山落间，身旁是山谷的清新空气和纯净无染的山涧泉水，如此贴近大自然，使他们懂得在山风泉眼中寻找自我——于是有了威士忌的产生。

像所有美好的事物一样,它有传说:公元5世纪,一些僧侣来到苏格兰高地传教。他们给当地人带来了《圣经》,也带来一种叫"生命之水"的液体,僧侣们叫它"阿爪维他",而苏格兰人不仅喜欢上了这种饮料,还用自己的语言称它"威士忌比西",后来演变为"威士忌",更开始学着酿造。这是威士忌这个名字的由来。

而不管传说怎样,苏格兰人确实是用大自然的惠赐创造这传世佳酿的:

土壤生长出的优质大麦、湿冷的气候、清澈的泉水、优质泥炭都是制造优质威士忌不可缺少的因素,神秘地左右着威士忌的品味。

应该相信的,那最后封存在橡木桶里的,一定不仅仅是醇烈的威士忌,还有苏格兰人对生命的理解和对大自然的感激吧!所以,没人能否认苏格兰拥有世界上品质最好的威士忌。

到今天,布鲁斯不朽了,芝华士传世了,但这些其实都不是重点。至少它们的造物主并不是为了不朽和传世才创造的,只是循着生活的本意去发现生命中真实的一切,并借由这种或那种方式把那个快乐的、悲痛的、感激的自己表达出来。

而今天的都市人恰恰忽略身边的乐趣和真实的感觉太久了,才会失落了自我。那么至少今夜不要,因为布鲁斯在,芝华士也在,所以就把音量扭到Max,再把厚厚的杯底也淹没,用他们寻找自我的方式去重新体验一遍自我吧。

让一种心领神会的感觉牵引着,把真正的自我从窒息的领带和无穷尽的工作压力中释放出来。至于这个自我是谁,重要吗?

你可以是密西西比河畔的黑人,用高而尖的鼻音和反复的哼唱来表现内心的真实情绪。

而当芝华士渐渐融进你的血液时,你又可以是15世纪的苏格兰人,第一批用粮食发酵蒸馏出的生命之水终于从橡木桶中启封了,将第一口劳动成果尝在嘴里时的惊喜也同样传递给了你。

你更可以是你自己,用你喜欢的任何姿势在自己的空间中存在着,不刻意寻求什么,只想听一听被嘈杂的世界掩盖已久的心跳声。

这就是布鲁斯芝华士带给你的启悟:抛开镜中的虚影和别人眼中的幻象,把自己还给你自己。至于自己是谁?能否不朽或传世?且别理会,最要紧的是,一个真正的自我正和布鲁斯芝华士一起,存在着,不是吗?

5. 知识型长文案:以有用资讯吸引阅读

人们对不了解的事物总是怀有好奇,适当提供知识是所有类型的长文案减弱消费者抵触、吸引阅读的有效手段。在一些特别目的的广告中,文案还原成可以纯粹提供知识性信息,迂回地达到广告目的。

案例:波旁酒文案

与顶级的加拿大威士忌相似,只是这瓶波旁酒是由肯塔基制造的。

很像肯塔基的骡子,古板、固执、爱踢人。

它来自肯塔基的一个仓库的三层楼,那是一个天堂。

如果叫它押韵的名字,那会是五弦琴协奏。

它不只是以肯塔基的小溪命名,它是由那溪水中的水制成的。

那是从肯塔基的一座山后流来的美丽小溪。

像孕育它的大山一样古老。

平滑、深沉,世间少有,像我们用来酿造的那条小溪一样。

从肯塔基的桶中直接手工装瓶、打封。

喝起来像看到肯塔基的落日。

它在古老的肯塔基故乡是一个橡木桶。

第一瓶波旁酒问世时别的波旁酒只有一半高。

第一瓶波旁酒问世时美国的历史才开始上演。

第一瓶波旁酒问世时美国的历史还只被当作时事事件。

第一瓶波旁酒问世时肯塔基还被称为西部。

比那些年轻而又傲慢的波旁酒更顺口。

1796年,我们的波旁酒是最好的"中央热力设备"。

我们的配方从1796年沿用至今,千万不要把它和冰镇薄荷酒等同视之。

写信来,我们将免费告诉你如何使用冰镇酒桶。

从1796年开始一直如此(未包括19世纪20年代那段暂时的不愉快)。

如果你一时想不起它的名字,请问问查斯特·亚瑟当总统时问世的第一瓶酒吧。

都110岁了,还天天被关着。

如果我们能够更"落伍"、更"陈旧",我们会想办法的。

我们"落伍"了吗?

遥远的过去吹来一阵疾风。

给父亲一些比他那条裤子还有用的东西。

第一瓶波旁酒面世时,告示板尚未面世。

这瓶特酿的波旁酒是由牛拉着开始铺货的。

上市50年才有冰块!

来一瓶用9年时间酿造而成的美酒。

听听它是怎么酿成的?
你有9年的时间吗?
藏在旧仓库的橡木桶里9年,我们的时间保证。
9年的时光已流逝,它刚刚面世。
漫长的9年在桶中,一瞬的光彩在杯中。
大陆漂移比这种酒的酿造还要快。
母系社会产生了威士忌,父系社会将它酿成波旁酒。
我们只能慢慢做,别无他法。
风儿雕刻山峰,时间雕刻波旁酒。
每个月的15号,我们会把编号1394-M的橡木桶向左旋转15度。
我想你应该知道。
年轮增加了,冰川融化了,而我们的波旁酒还在等。

(四) 长文案的写作技巧

1. 以明晰逻辑引导阅读

条理不清、内容缺乏组织的长文案很难具有可读性,而且文案中不同信息会相互干扰,重要的信息内容很可能在混乱的逻辑顺序中被次要信息所淹没。因此,在长文案写作过程中,首先要明确逻辑顺序,将信息内容以清晰的逻辑进行合理的组织,顺应消费者的接受心理,方有可能使得消费者耐心阅读下去。

2. 组织合理的结构

在长文案写作过程中,如果不分段落、不加小标题是非常危险的。没有任何提示的长文案只会使得受众无所适从,严重影响他们的阅读兴趣。因此,在结构处理上,长篇广告文案的正文部分常运用这样三种形式。

(1) 以自然段落展开。即在一整篇方案运用各自然段展开不同内容、不同方向的叙述,而且段落之间的起承转合也需特别注意。

(2) 分设小标题展开。即在一整篇文章中,虽有统一明确的诉求目标,但由于信息内容多样而丰富,所以采用彼此间有紧密联系,但在具体内容方向有差别的若干单元之前加设小标题,以便使长篇文案的文理更加清晰,逻辑更加分明,也使受众不易产生冗长和繁杂的感觉。

(3) 印刷(版式)空间的分割展开。虽然这种长篇文案在写作时是在一个主标题下不设小标题的整篇文案,但在印刷媒介上刊发时,却依据其内容信息的分项或表现方向的不同,而在空间的排列上使之以一定的条块形式分割开(或插入图形、相片等内容),使受众阅读时,产生明晰、便捷和轻松的效果。

标题：穿"哈撒韦"衬衫的男人

正文：美国人最后终于开始体会到买一套好的西装而被穿一件大量生产的廉价衬衫毁坏了整个效果，实在是一件愚蠢的事。因此在这个阶层的人群中，"哈撒韦"衬衫就开始流行了。

首先，"哈撒韦"衬衫耐穿性极长——这是多年的事了。其次，因为"哈撒韦"剪裁——低斜度及"为顾客定制的"衣领，使得您看起来更年轻、更高贵。整件衬衣不惜工本地剪裁，因而使您更为"舒适"。

下摆很长，可深入您的裤腰。纽扣是用珍珠母做成——非常大，也非常有男子气，甚至缝纫上也存在着一种南北战争前的高雅。

最重要的是"哈撒韦"使用从世界各角落进口的最有名的布匹来缝制他们的衬衫——从英国来的棉毛混纺的斜纹布，从苏格兰奥斯特拉德地方来的毛织波纹绸，从英属西印度群岛来的海岛棉，从印度来的手织绸，从英格兰曼彻斯特来的宽幅细毛布，从巴黎来的亚麻细布……在穿了这么完美风格的衬衫后，会使您得到众多的内心满足。

"哈撒韦"衬衫是缅因州的小城渥特威的一个小公司的虔诚的手艺人所缝制的。他们老老小小的在那里工作了已整整114年。您如果想在离您最近的店家买到"哈撒韦"衬衫，请写张明信片到"G.F. 哈撒韦"缅因州·渥特威城，即复。

3. 以长短句搭配控制节奏

长文案撰写过程中，连续使用一种句式会使得整个版面显得没有变化，影响受众接受心理。如果连续使用长句子，会使文案节奏过慢，显得沉闷；而连续使用短句子，会使得文案节奏过快，令读者感到紧张。为留住读者，文案写作时应该有意识地采用长短句子搭配，在简洁明快和舒缓从容之间交替互换，保持良好的阅读节奏感。如美国著名的撰稿人 David Abbott 为 Chivas Regal 芝华士而写的长文案。

案例：芝华士长文案

正文：

因为我已经认识了你一生

因为一辆红色 Rudge 自行车曾经使我成为街上最幸福的男孩

因为你允许我在草坪上玩蟋蟀

因为你的支票本在我的支持下总是很忙碌

因为我们的房子里总是充满书和笑声

因为你付出无数个星期六的早晨来看一个小男孩玩橄榄球
因为你坐在桌前工作而我躺在床上睡觉的无数个夜晚
因为你从不谈论鸟类和蜜蜂来使我难堪
因为我知道你的皮夹中有一张褪了色的关于我获得奖学金的剪报
因为你总是让我把鞋跟擦得和鞋尖一样亮
因为你已经38次记住了我的生日,甚至比38次更多
因为我们见面时你依然拥抱我
因为你依然为妈妈买花
因为你有比实际年龄更多的白发,而我知道是谁帮助它们生长出来
因为你是一位了不起的爸爸
因为你让我的妻子感到她是这个家庭的一员
因为我上一次请你吃饭时你还是想去麦当劳
因为在我需要时,你总会在我的身边
因为你允许我犯自己的错误,而从没有一次说"让我告诉你怎么做"
因为你依然假装只在阅读时才需要眼镜
因为我没有像我应该的那样经常说谢谢你
因为今天是父亲节
因为假如你不值得送 Chivas Regal 这样的礼物
还有谁值得

三、系列广告文案及其写作

发布广告的一个重要功能就是要引起人们对产品或者品牌的注意和持久的关注。但是,一个广告在浩如烟海的商业信息传播中,要引起人们的注意却是如此之难。要引发人们的兴趣,首先,广告要有精妙的创意,抓住读者的注意力资源;其次,也要有适当的重复,才能够引起人们的关注。但是,重复多了,也会引起受众的反感甚至厌恶。解决的策略之一,就是发布系列广告。

系列广告既能对广告的核心信息进行多角度和全方位的诉求,又因为它的变化性和创新性,满足受众的接受心理,获得较好的效果。因此,近年来系列广告创作成为广告文案写作的一个新的趋势,也成为文案人员必须要掌握的一个基本功。

(一)什么是系列广告

所谓系列广告是指基于广告核心创意基础之上,延伸出的主题和风格相同且在画面和文案上有所变化的一系列广告作品。系列广告通过不同的变化形式对核

心广告创意的表达可以形成一种合力与气势，使广告的诉求重点更加突出和鲜明，从而达到不一样的广告传播效果。如闻名世界的绝对伏特加系列，海王银得菲"喷嚏尴尬"系列，南国奥园"运动就在家门口"主题系列，以及百威啤酒不变的"蚂蚁"系列等。

系列广告与单一的一则广告相比具有创意的延续性、时空的扩展性、多种媒介项目的差异性，也正因为如此，它远比单一广告在品牌传播中的效果更持久、更有效。

（二）系列广告文案与单独广告文案的不同

单独广告文案与系列广告文案的传达形式既是广告文案刊播的两种投放形式，也是广告活动的实际需要与广告策略相结合的产物。所谓单独广告文案，是指传达一个主题及规定的文案内容，并用一种风格、画面创意（包括版式），作一次性刊播或反复刊播的独篇文案，或者在反复刊播时仅在版式上作些变动。这种单独文案基本上包含了该主题广告的全部内容和广告意图。

系列广告文案的产生与运用的目的在于：便于使广告主把一个广告目标下的若干个不同的诉求方向（及诉求要点），或是把一个广告主题通过若干个不同的诉求方向（及诉求要点），或是把一个广告主题通过几种不同的表达角度以及表现方式与风格加以渐次地表达，从而使广告呈现出强烈而鲜明的风格化和个性化，使之得到更为明细、全面而深入的表达。

系列广告文案的写作也具有与单篇广告文案写作不同的特点，主要表现在：

（1）单篇文案只需要考虑自身的完整性，而系列文案则需要考虑整个系列的完整性。

（2）单篇文案只需要考虑与已经发布过的广告的联系，而系列文案不但要考虑与已经发布过的广告的联系，还要考虑各个单篇之间的联系。

（3）单篇广告文案尽量地追求自身的完善，而系列文案则需要注重单篇之间的均衡。如果在系列广告中只有一个单篇"大出风头"，而其他单篇都难以企及，那么系列广告的力量也就无从发挥。

（三）系列广告的优势

1. 系列广告有利于提升品牌形象，增强品牌魅力

单一的广告要成功地树立品牌形象，需要有良好的创意、设计和制作，并且还需要有相当多的时间培养，提高广告的出现频率似乎是唯一的办法，但是消费者很容易就丧失新鲜感，再看就会生厌，再好的广告创意也会变得一文不值。于是广告主常常很轻易地就变换广告形象、广告风格和广告主题，常常用新的广告形象来代替已经成功了的并且还不断有使用价值的形象，结果是半途而废、前功尽弃，更重要的是浪费了大量的人力和物力。而系列广告就不同，其独特创意主

题和表现的"多样化"、"多元化",往往能起到事半功倍。

首先,系列广告的"主题"是富有创意的。一个好的创意主题可以诞生许多在风格上一致的广告系列,你无法掌握它会变成什么样子,但它留给人们的是更多的想象空间。我们来看看"哈姆莱特"系列广告:在一个电视广告中,主角把新女朋友逗得开怀大笑,她的手亲昵地摸到了他的头上,谁知竟然把他的假发扫到了盘子里。另一个广告更简单,先见到一个男人急急忙忙入野外的厕所大解,接着一只小狗从厕所里跑出来,嘴里叼着厕纸越跑越远,这时候郁闷的男人该如何自处?只好一笑来一支让你神怡的"哈姆莱特"雪茄。两支广告有一个统一的主题:人生难免有不如意,幸好还有"哈姆莱特"。如此简单的一句话,广大受众在欣然一笑之余还可以发挥自己的想象力,幽自己一默,笑对人生的同时也记住了"哈姆莱特"的品牌形象。

其次,系列广告能通过统一的主题、相似的风格从不同的角度,以不同的表现方法,通过不同的媒体,传达给品牌所定位的不同的广告人群。系列广告通过表现的多样、多元,通过广告的不断接触和想象的不断灌输使受众更容易理解和接受广告信息,从而使品牌形象得到不断的积累。以"找借口吃Church's炸鸡"为主题的系列广告,第一支描述老爷爷在家脱光衣服,让家人觉得他很尴尬,不让他坐下来共进晚餐,事实上老爷爷的诡计得逞了,他可以尝尝炸鸡的味道,正合他的口味。第二支描述小孩偷香烟抽,故意让父亲看到,父亲一怒之下不让他上桌吃饭,正合小孩之意——Church's炸鸡,正合他的口味。这个系列广告出于同一个主题,通过不同的故事主角,完全不同的两代人,针对不同的消费者定位来进行品牌传播。

最后,系列广告不仅有一个核心创意做坚强的后盾,同时还不断变换它的表现方法和表现形式,经常给消费者以新鲜感,同时又保持了以往广告的风格,这样就为积累品牌形象起到了重要的作用。

2. 系列广告有利于品牌文化的塑造与传播

广告不仅提供产品信息,同时也潜移默化地塑造一种品牌文化或者价值观念。文化的积淀、价值观念的形成不是一朝一夕的事情,很多系列广告的主体就带有文化的色彩和内涵,例如广州南国奥园"运动就在家门口"就在传播一种运动文化,一种运动的、健康的生活理念。同时又由于系列广告的多样化,使得系列广告在文化积淀方面发挥了独有的优势。系列广告的文化传播一般出现两种结果:

其一,文化渗透,这里最成功的例子莫过于伏特加系列广告。该系列超过数百张之多,而每一张广告正是从一个创意点出发,以伏特加瓶子外形为设计元素展开联想,努力把自己的酒瓶子定格在全世界各国各民族悠久、优秀、为人熟知的文化象征上，创造出了很多既突出这些国家地方特色的建筑、特产等特有的文化，又使伏特加的瓶子外形与其巧妙融为一体的成功案例，也打造了伏特加特有的品牌形象。

其二，通过系列广告的不断灌输和标新立异可以确立：一种新的文化内涵，可以塑造新的生活方式和价值观念，从而塑造独有的品牌个性。利用系列广告塑造品牌个性的例子很多，最具有代表性的是台湾意识形态广告公司的一系列惊世骇俗的作品，带点戏谑、调侃，又多了点哲学意味。它的一系列意识形态广告无论从风格上，还是从文案或者艺术表现上都保持着高度的统一。例如一春装上市广告"有了胸部之后，你还需要什么？脑袋，到服装店里培养气质，到书店展示服装……"画面描绘的是在书店的环境中，一个神色冷峻、看起来充满睿智的老年男子坐在椅子上，后面是穿着合适漂亮的女人在他周围迈着优雅的步伐走动，一种浓厚的文化氛围油然而生。旁白简单而又寓于哲理，冷调的画面处理，不同寻常的表现方式，独树一帜的画面构想，都给人留下了深刻的印象。又如中兴百货意识形态系列广告，表面看起来凌乱不堪，缺乏联系，内容也匪夷所思，服装千奇百怪，但它们有着内在的联系和统一的风格，有的通过别具一格的内心独白，时空的跳跃多变，以及广告表现的无逻辑性表现出现代人心理的复杂性，有的则完全表现人物潜意识的活动，用意向性的符号、图案表现人物的内心世界。中兴百货的系列广告并不是同一主题的，但是它仍然是一个系列，关于新装上市，关于服装折扣，关于企业形象，关于服装文化，关于消费观念等主题一起演绎了这个系列的广告。它们有着相同风格的创意表现，宣传的是同一风格的文化现象。正是由于这一独具个性的系列广告的表现，中兴百货塑造了自己特有的品牌个性，而其后现代主义的表现也确立了一种另类文化，独属于中兴百货的品牌文化。

3. 系列广告能让产品品牌的定位更加深入人心

作为从同一个主题发展成的系列广告有自己的定位，定位是在消费者有限的需求心理空间寻找一个有效的位置，要做好广告，首先要了解消费者，消费者是理性兼感性的，呐喊式的单一的广告已不足以吸引、打动他们。相反，循序渐进、潜移默化的主体灌输，一般能引起共鸣。感冒药市场竞争激烈，已经有各种定位的感冒药充斥了整个市场。感冒相当烦人，头痛、鼻塞、喷嚏。感冒并不可怕，可怕的是因为感冒而误了大事。"关键时刻"的感冒是消费者最敏感的，而"快"则是感冒药制胜的关键。于是，海王围绕"关键时刻，快、快、快"的主题展开了广告创意演绎。"剃头篇"、"求婚篇"、"中奖篇"等一系列电视广告在电视台播出，"关键时刻，怎能感冒"漫画专栏出来了，《虎口历险记》、《倒霉的小鸟》、《我怕女护士》等漫画广告让人看后忍俊不禁，"把你的喷嚏寄给我"

征集系列广告创意的活动开展了,同一主题的系列广告在不同的时空以不同的方式演绎着。海王把系列广告的魅力发挥到了极致,海王也因此一举成名。

4. 系列广告有利于保持品牌的青春与活力

品牌和产品一样,都有自己的生命周期,有的品牌风光两年就烟消云散,有的品牌历经百年仍然保持青春活力。一个品牌要保持青春有很多种方法:创造新的符号,改变品牌定位,也可以推出新产品,或者改变传播口号,或者更改品牌名称,又或者来一次有创意的新的整合营销包装,种种方法的目的无非是想品牌形象不老化,魅力不减弱。但是每一种方法都需要投入大量的人力物力,而且也并不是每一种方法都能成功,要承担一定的风险。

而系列广告同样可以使品牌保持青春活力,且它只需要一个核心的创意、一个统一的主题,就可以在不同的时期、不同的地点,针对不同的消费者采取不同的表现手法和表现方式,还可以延伸不同的创意表现。通过这样,系列广告可以经常给消费者以新鲜感,同时也能达到保持品牌青春的效果。例如畅销世界各地的可口可乐和百事可乐,它们有自己的定位,每年都根据这个不变的定位变换不同的广告词。几乎所有的长盛不衰的品牌,其品牌主张都在随着时代的变迁而不断地演化,可口可乐在一百多年的发展史上,它的品牌主张不断地以新的面貌出现,并给产品注入新的文化内涵,从最初的"请喝可口可乐"到 20 世纪 20 年代的"停一停,轻松一下"到 20 世纪 80 年代的"挡不住的感觉"到"活出真精彩",其品牌主张都把握着时代的脉搏,表达着社会和消费者的心声。

(四)系列广告的特征

(1)风格一致:一套系列广告中的所有作品的构图、色调、画面形象,以及文案的语气、句式、结构都具有鲜明的共性,整套广告呈现出统一的风格。

(2)表现变化:在一致的风格下,不同作品画面,文案的具体表现又有所差异,每一作品都具有自己的力量,有各自的诉求点,吸引受众的关注。

(3)内容关联:系列广告所有作品传达的信息都有密切关联,或是相同信息,或是并列性信息。

(4)刊播集中:系列广告的不同作品往往短时间内同时、相继、轮流刊播于同一个媒体,或者以相同形式同时发布于几个同类媒体。

(五)系列广告的策略

1. 形式系列策略

在一定时期内,有计划地发布数则广告,这些广告设计形式相同,但内容则有改变,这种广告手段便是形式系列策略。例如,在"力士"系列香皂的电视系列广告中,选用了三位香港女明星,以宣传三种适合不同肌肤的美容香皂。广告设计形式相同,但内容略有差别,在一段时间内连续在电视台播放,使消费者不断加深广告印象，增加了企业的知名度。

2. 主题系列策略

企业在发布广告时，依据每一时期目标市场的特点和市场营销策略的需要，不断变更广告主题，以适应不同广告对象的心理需求，这就是广告主题系列。

3. 功效系列策略

这是一种通过多则广告逐步深入强调商品功效的广告策略。这种策略或者在多则广告中，每一则广告强调一种功效，使消费者易于理解和记忆；或者结合市场形势变化，在不同时期突出宣传某一用途。

4. 产品系列策略

这种广告宣传策略，是为了适应厂商系列产品的经营要求而实施的。产品系列广告应密切结合系列产品的营销特点进行。系列产品具有种类多、声势大、连带性强等特点，在广告宣传中，在有限的时间和媒体容量里不可能全部列举。因此，可采用产品系列广告策略。

（六）系列广告文案的类型

表现不同信息的多则广告文案，可以较为全面地、多角度地表现广告信息，满足受众对广告信息深度了解的需求；而表现相同广告信息的多则广告文案，可以反复地体现广告信息而使广告得到有效的传播。一般来说，根据系列广告作品中广告文案所表现的信息内容之间的关系，可以把系列广告文案分为三种类型。

1. 信息并列的系列广告文案

信息并列的系列广告文案，可以多角度地、全面地传递广告信息，让受众从各个侧面了解到广告主欲告知的方方面面的广告信息。信息并列的系列广告文案，一般有两种表现。

一种是将广告主体的各个方面分解成不同的侧面，在每一则单个广告文案中表现其中的一个侧面，或者将同一品牌的不同系列产品做并列表现。广告受众在连续的阅读或接收的过程中，通过各个侧面信息了解到一个全面的广告主体或同一品牌的不同产品特征。这是单纯处于并列关系的系列广告文案。

另一种是在系列广告中的第一则广告文案里采用总括性的信息表现，而在以后的几则广告文案中，又分列出不同的侧面来表现，将后面多则广告所表现的信息总括在一定范围内。

2. 信息递进的系列广告文案

信息递进的系列广告文案，有的是对广告信息进一步地深入发掘，可以使受众一步步地、由浅入深地了解广告信息；有的是完整地反映企业、产品和服务在各个不同时期一步步的发展状况和现实存在，使受众能跟随着广告的系列表现了解广告主体的发展状况。这样受众对广告信息能有一个全面的了解，也使广告主和受众之间能够达到一种长时间的沟通,在沟通中受众对广告主体的有关情况产生兴趣。

3. 同一信息的系列广告文案

同一信息的系列广告文案,是根据广告主体的特征,进行同一信息诉求的不同表现形式的广告文案。这种表现,可以将一个广告信息进行反复的、不同角度的表现,使同一信息的诉求深入拓展,可以避免广告文案表现的空泛和乏味。

(七) 系列广告文案的构思方式

系列广告文案的主要构思方式分为横向开拓和纵向拓展两种不同的构思方式。

1. 横向拓展构思方式

横向拓展构思方式,就是运用横向拓展的思维方法对系列广告文案的主题表现、内容表现进行横向拓展的构思方式。

横向拓展构思方式,可以从广告主体的各个侧面、各个角度来进行,可以就同一种品牌的不同产品的横向表现来进行,也可以从一个信息点来进行放射性的横向拓展。

2. 纵向深入构思方式

纵向深入构思方式是一种与横向拓展构思方式在构思途径上完全相反的构思方式。它的主要特征是由一个信息源点入手,然后一步步向纵深方向发展。

这种构思方式在实际运用中,可根据广告中企业、产品或服务的发展情况进行一步步的深入展开,来传递广告信息。

3. 纵横配合构思方式

有的系列广告文案,在构思时,不仅仅用了横向拓展方式或纵向深入方式,而且两者配合运用。这两种方式的配合运用,可以使一则系列广告从广度和深度两方面对信息进行立体表现。

第十章　路牌、招贴、直接邮寄、售点广告文案写作

一、路牌广告文案写作

1. 路牌广告简介

路牌广告是在相对比较繁华、人流量和车流量多的街道（高速公路、城市公路、立交桥、公交站点、地铁、火车站、汽车站）、广场以及高大建筑的固定位置，通过安装一面或多面看板、柱面等发布信息，吸引过往行人注意的户外广告形式。

路牌广告主要借助于道路两旁人、车流量多的有利位置传播信息。我国经济的发展、人们生活水平的提高、消费理念的变化和闲暇时间的增多、交通运输业的发展、家庭汽车保有量的增加等因素，使得越来越多的人有机会走出家门，进行异地旅游、购物、看病、求学、经商，这些都扩大了人们的交往半径，催生了户外广告的数量、形式以及影响。户外广告业务量不断增多的另一个原因是户外广告费用相对便宜。它是广告主比较喜爱选择的媒体之一。它可以延伸报纸、广播、电视等大众传媒的影响，形成更广泛的记忆，加深对品牌特点的印象。路牌广告涉及许多行业和产品如：房地产业、保险业、药品、饮品、服装、汽车、酒类等；公益广告在路牌媒体上也有很多投放。路牌广告不仅在传播商品信息、企业形象、公益思想方面大显身手，且在塑造城市形象、促进文化建设、构建社会和谐方面也都有独特的作用，可以说路牌广告成为了城市的一张特殊名片，传播着关于该城市的文化特质。

由于户外广告针对的受众是繁华地段流动的车辆和行人，往往注目时间较短，一晃而过。受这个因素影响，路牌广告一般讲究尺幅较大、画面美观简练、文字简洁而且醒目易懂，能够长时间保存。广告追求视觉冲击力，适合运动中的人或车迅速看清楚、看明白。但它的影响范围相对有限。行人经过或坐车经过有可能仓促看到，无法细细体会。

2. 路牌广告文案写作

（1）适合路牌位置、适合广告策略。路牌广告信息重点需要依据广告策略，

针对具体的路段、位置来确定。高速路旁远离市区的路段，即使路牌广告面积大，文案信息也不宜过多，应该以疾驰的车能够看清为主要目的，字号要大、文案要简洁，主要突出品牌名称以及识别标志、广告语、联系方式这些最常规的信息。而市区内街道旁人流和车流速度相对较慢，广告信息受到的干扰相对也多，路牌广告可以巧妙创意，适当增加文字容量以增强人们的注意程度。

此外，路牌广告信息还要考虑在同一广告活动中，与其他媒体上投放的广告保持一致，与同期投放在其他媒体的广告相结合，从这些广告中抽取最重要信息表现在路牌上，延伸广告印象，形成长久记忆，共同完成对品牌的形象塑造的任务。

路牌广告信息不追求结构完整，其文案长短完全由所选的道路离行人的远近以及人流和车流速度的快慢来定。远则文案简练，以品牌名称为主；近则可以进行文案创意，适当长些；驻足时间长的比如车站点，文案可适当长；驻足时间短，则文案简练适中为主。像佳能公司在楼顶设置的户外广告牌只有"Canon"，对保持人们的品牌记忆起重要作用。近距离的路牌广告为提供更多信息创造了条件。以下是国外加西亚酒吧路牌广告的文案：

星期一，加西亚酒吧旁一块白色大字、酒红色底的路牌广告上写着："穿红衣服的安琪儿：加西亚酒吧一见。希望见到你——威廉。"

随后9个星期，人们在每个星期一都会看到一条新的信息写在路牌上，每一条都比上一条更浪漫、更迫不及待：

"穿红衣服的安琪儿：我仍在等待，加西亚酒吧，星期五，好吗？——威廉。"

"穿红衣服的安琪儿：为了这些路牌，我快一个子儿都没有啦，加西亚……求你啦！——威廉。"

又出现一块冠名弗兰克的路牌，警告威廉说他的安琪儿有越轨行为。

威廉则在路牌中称："穿红衣服的安琪儿：去他的弗兰克！我要不惜一切代价在加西亚见你。"正当人们议论纷纷的时候，又出现一块路牌：

"亲爱的威廉：我肯定是疯了，加西亚见，星期五，8：30——安琪儿。"那天晚上，加西亚酒吧爆满，酒吧不得不雇请了两名模特扮演威廉和安琪儿。威廉最终找到了他的安琪儿，他们在"红衣女郎"乐曲的伴奏下，跳起欢快的舞蹈。

最后一块路牌："安琪儿：谢谢周五加西亚一见，我高兴死了——爱你的，威廉。"

克劳利·韦伯广告公司策划制作的这几则路牌广告，以不同寻常的创意，调动了受众的好奇心，使该路牌广告信息——加西亚酒吧、威廉、安琪儿三个成为人们关注的焦点和议论的话题，在人们对虚构情节的猜测中，通过戏剧性方式，提高了加西亚酒吧的知名度。在广告费用不多的情况下，取得了空前的好效果。该路牌广告因为位置低、距离行人近，文案略长，产生了类似小小说式的效果，表达了完整的爱情故事：市井路牌上的爱情故事。可见，路牌广告虽然有自身的局限性，但经过人们的大胆想象和创意，依然可以收到好的效果。

（2）讲究创意吸引路人。人们往往是在走路、行车、闲逛时无意中看到路牌广告的，要想让人记住这则广告，形成印象，甚至购买产品，必须使画面、文案足够醒目、有吸引力。设置悬念、讲述故事、幽默等都是加深印象、提升吸引力的方法。

美国协和集团有限公司为天霸表、海霸表做的路牌广告，画面采用非常耀眼的蓝色：一位女郎撕开了蓝色幕布向外窥视，旁边一行简短、醒目的大字："挡不住的诱惑。"冲击力很强的色彩和吸引人的文案形成较强的感染力，给过路人留下很深的印象。这则路牌广告可以说是通过悬念方式加深印象的案例。

通过讲述故事吸引路人观看路牌广告信息并不是加西亚酒吧的独创，再比如：

中国福利彩票
扶老　助残　救孤　济困
济困，
四面重墙，
隔断了所有希望。
十字架凛然耸立，
人被束缚其上。
这个困字，
压弯过多少人的脊梁。
一根稻草，可以改变水中蚂蚁的命运，
济困，
原本就是为生命带来曙光，
不再让困苦中挣扎的生灵，
继续彷徨。

通过幽默风趣的方式展现路牌广告信息也可以收到吸引路人的效果。如巴黎一家百货公司门前的路牌广告上写道:

本公司店员待客温和,犹如为父欲嫁其女。

再如英国曼彻斯特街头有一幅鞋铺广告牌,上画一幅漫画,两个神色凝重的医务人员抬着担架匆匆而行,但担架上躺着的不是病人,而是一只"生病"的鞋子,标题写着:"鞋子病了?带它到我们的鞋医院来吧!"文案与画面相得益彰,让人看了之后忍俊不禁,印象非常深刻。

我国各地民俗丰富多样,地域文化各具特色,许多特色通过路牌广告进行了传播,如陕西十大怪路牌广告:

①面条像裤带
②锅盔像锅盖
③辣子是道菜
④泡馍大碗卖
⑤碗盆难分开
⑥帕帕头上戴
⑦房子半边盖
⑧姑娘不对外
⑨不坐蹲起来
⑩唱戏吼起来

(3)讲究编排方式吸引路人。路牌广告的文案要通过路牌背景画面的衬托才能凸显,因此,合理编排文案与画面这两方面对传播效果是十分关键的。构图简单、适当留白、色彩鲜艳、形成对比,再加上简洁的文案,能够帮助广告达到醒目引人的目的。少数建筑高处的路牌广告,背景采用白色,着意突出品牌名称。采用较大号的字体、选择人们视线所到的最佳位置也都是提高注意力的好办法。

二、招贴广告文案写作

1. 招贴概念及类型、特点简介

招贴又叫海报,是在户外路旁的墙面、裱板、牌坊等上面张贴的印刷广告样式。招贴一般制作精美、色彩鲜艳,有较强的视觉冲击力,给人留下关于产品、活动、服务乃至组织的深刻印象。

招贴作为一种平面静止性的户外媒体，面积大小有限，印刷效果好于报纸，比杂志面积要大，因此，视觉冲击力要比报纸杂志更强。相对于户外路牌，其保存时间较短。招贴因为成本低，张贴在人流量较多的区域，行人注目率高，对传播有关信息起到一定的作用。随着经济发展和对市容市貌的整顿，招贴数量已经减少，一般仅张贴在许可的范围内。

招贴根据传播的内容不同主要分为三种类型：第一类是文化活动性招贴。像文艺演出活动（电影）、体育赛事、学术讲座、展览活动、杂志宣传、音像制品等招贴。第二类是公益题材招贴。像婚恋家庭和谐、抗击地震灾害、抗击非典等主题的公益招贴。第三类是一般企业、产品招贴。比如在卖场里的手机、牙膏、酒类等产品招贴以及各类服务招贴。

以色列芭蕾舞团1997年访华演出《灰姑娘》时的招贴，画面为芭蕾舞和水晶鞋的照片，是一则文化活动招贴，优美的文案突出了这一高雅的艺术活动的感染力：

大型芭蕾舞剧

灰姑娘

以色列芭蕾舞团金秋北京特别奉献

童话，历史的情愫诉说人类的美好心愿
芭蕾，艺术的制作升华心中的纯真期盼
演出时间：1997年10月20～22日
演出地点：北展剧场
购票热线：64055512 64073532 68351383
咨询热线：6455510 64063325

海报

牛眼一睁　扫描三百名家苦乐人生
牛眼一眯　笑语四方才子成败沧桑

《牛眼看家》——著名笑星牛群摄影展在北京、天津、深圳等地巡回演出后，将于5月18日至23日在我市隆重展出。届时牛群将为观众现场签名留念。欢迎摄影爱好者和各界人士前往参观。

展出地址：××市文化展览馆
售票时间：即日起每天8:00～18:00

第十章 路牌、招贴、直接邮寄、售点广告文案写作

售票地点：市文化展览馆一楼大厅
联系人：×××
联系电话：××××××××

××市摄影家协会
××××年××月××日

招贴的特点：第一是简洁精粹性。招贴幅面不大，内容和画面都有概要且突出特点，让人很快了解信息重点。还有的招贴没有画面配合，完全是文字信息，如文化活动性招贴。文化活动类的招贴在内容上是对活动预先的广而告之和渲染烘托，写作时，文案简要、语言有感染力，字号要在较近距离内看清楚。招贴画面的视觉艺术效果也要求很高。公益题材招贴特别讲究创意精彩，形成很强的震撼力。商业性招贴广告文案要突出产品品牌名称和款型以及产品特点、广告语等信息。如耐克鞋招贴的文案：

标题：跑
文案：DON'T WALK（不要走）
画面右下角是耐克的标志：一个钩，背景红黑色模糊表现。

招贴的第二个特点是图文并茂、文图互补，在招贴中，文案起到解释画面、补充画面不足、点明主题的作用。2004年平安山东招贴赛一则获奖作品，画面上是一朵开放的芙蓉花，仔细看芙蓉花和花柄竟是由无数个"人"字拼接起来的。文案写道：

众志成城
平安暖溢

该招贴通过画面与文案的结合，表达了在构建平安社会的过程中，只有人人参与，人人贡献一份力量，社会的平安之花才能开出更美的主题。
另一则作品，画面上一把与吃西餐的叉子几乎一样的叉子，只是这只叉子其中的一个齿儿比其他齿儿长了一截，文案是：

超了一点，却很危险
平安山东　超载危险　超载危险

以上招贴作品的文案部分都很好地阐释了主题。

2. 招贴文案写作

招贴文案在写作中要把创意、内容安排与招贴的性质结合起来,才能达到最佳效果。招贴中的文娱活动类,在内容上特别强调写清楚主要事项,在此基础上追求创意巧妙。事项一般涉及以下方面:活动具体事项(活动主题或赛事的主体名称)、特点、活动时间、活动地点、活动的举办单位、发布招贴的时间以及联系人、咨询方式或售票(票价)等其他重要信息,如:

象棋比赛

运筹帷幄　决胜千里
××学院××——××学院××
两军对垒　扣人心弦

　　　　　　　　　　时间:××××年××月××日15时
　　　　　　　　　　地点:××大学体育馆
　　　　　　　　　　××学院学生会体育部
　　　　　　　　　　××××年××月××日

其他种类的招贴如公益主题或者商业招贴在内容上有些不同,更加讲究创意、突出产品或者企业特点。公益或商业招贴写作一般注意以下方面:

第一,讲究创意以增强吸引力。招贴文案是与创意紧密相关的,创意借助文案与画面得以传达。画面要有冲击力,文案同样要有吸引力。匈牙利招贴画家拉兹罗·索斯认为:"只有招贴的点、线、面、色彩和印刷形式都使人能在很短时间内对其了解,才是赶上时代的作品。这取决于招贴的设计构成与章法是否能为当今世界上的人们所接受,并是否符合人道观念。"不仅画面这样,文案也要求新颖吸引人,在尽可能短的时间让人理解。

为了达到增强吸引力的目标,文案可以采用数据诉求、幽默诉求、恐怖诉求等方式。如2004年世界环境日系列招贴之一,文案是(画面是一只标尺,标尺的刻度从10标到650,整个尺子几乎全部都是沙化的部分,只有尺子的右上角一点是代表海洋的蓝色):

标题:*海洋存亡,匹夫有责*
Wanted Seas and Oceans—Dead or Alive
2004年世界环境日

正文：据与会专家分析，土地沙化的成因主要是干旱、少雨、大风等自然因素，但人类不合理的开发建设活动是导致沙化不断扩大的主要原因。地中海是世界上最大的内海，也是世界上最脏的海。每年倒入地中海的废水达35亿立方米，固体垃圾1.3亿吨。最为严重的是临海18个国家58个石油港口装卸石油时给海水带来了严重石油污染，保护海洋，刻不容缓。

系列招贴之二（画面是一只大鸟，眼含热泪，鸟的羽毛隐约可见沙漠和海洋的比例，沙漠向海洋逼近），文案为：

据载地球诞生约46亿年，生物产生于约30亿年前，人类的出现只有二三百万年。作为万物之灵的人类，与动物植物相依为命。然而人类向自然界索取的自然资源越来越多……保护生物、保护海洋，保护我们的地球已经迫在眉睫。

2004年海洋存亡，匹夫有责

世界环境日

第二，简洁明了、点到为止。招贴本身尺幅不是太大，画面又占到较大的比例，所以提供给文案施展的空间并不大。文案要在这方寸之地显神功，就要做到少而精，或者将未画出的意思再加以表达。但简洁不是简陋，少不了名称、主题等重要信息。或者意思画出来了却没有强化主题，就来句点睛之笔。总之，文案和画面各司其职又和谐统一，达到最佳效果。词句上可以录用跳跃感强的、耐人寻味的表达。如全国婚姻家庭主题招贴赛一则作品，画面上两只非常苍老的手牵握在一起，文案采用了双关手法，该招贴用含蓄的语言将主题点到为止：

要做就做情场老手

这双手从年轻一直握到老……

大卫·奥格威在海报创意表现方面也谈过自己的体会，以下是他的认识：
（1）使用反常表现，使海报具有幽默性与冲击力。
（2）如果海报内容没有卓绝的创意，注定是失败的。
（3）海报应该具有在5秒钟内决定购买的力量。
（4）海报也要传达某种承诺。
（5）使用写实的文学的艺术技巧。
（6）海报的内容必须洋溢着人性和情感。
（7）不要放进3种以上的要素。
（8）不要写6句以上。
（9）要使离开海报大约17倍远的位置，也能阅读，就必须使用黑体字。

（10）让重要的要素突出。

（11）使用强烈的颜色，发挥最大限度的对照。

三、售点广告文案写作

1. 售点广告简介

售点广告又叫 POP 广告，POP 是 Point of Purchase（购买点）三个单词开头字母的缩写，也叫店面广告，是指购买现场周围、入口、内部所设置的广告。

售点广告根据摆放位置分为店内和店外广告两种。店内广告有悬挂式，如吊旗、吊牌、充气物广告、横幅、吉祥物、商品实物、音响设备；墙面式，如海报、广告牌、锦旗、广告宣传栏、电子广告显示屏；落地式，如商品陈列台、广告图片展示架、商品资料陈列台；柜台式，如在柜台货架上的电视录像、小型广告牌、广告宣传单、商品资料、价目表。店外广告主要有商店周围的条幅、广告灯箱、广告牌、霓虹灯广告、空飘器材广告、商店入口处的招牌、匾额、橱窗展示等。

根据广告目的的不同，售点广告分为形象广告和促销广告等。如某超市墙面上的冷酸灵牙齿的售点形象广告：清清亮亮的绿色作为整幅广告的背景色，然后有切成片的橘子，旁边一个盛了冰块的带吸管的玻璃杯。右下角的广告文案："冷热酸甜，想吃就吃。冷酸灵牙膏。"该广告长期置于超市墙面，起到提示品牌的作用，是一则品牌形象广告。超市中还有许多配合节日促销的售点广告，明确标示促销的产品以及价格变化。售点广告上实实在在的信息受到消费者的喜爱。

售点广告的作用。售点广告因为成本相对较低，制作简单，广泛分布在商场各个角落，对消费者购买产生不同程度的提示作用。它能起到延续大众传媒广告的印象，塑造气氛，提示品牌价格等信息，弥补销售点销售人员的不足的作用。

售点广告因为主要分布在售点，影响的受众数量有限。此外，售点信息的繁杂对售点广告创意提出更高的要求，如果没有满足消费者实际需要的信息和产品，广告就容易淹没在商场的信息海洋中。因此，实力不太雄厚的厂家要付出更大的代价才能达到效果。售点广告是否被采用较大程度上取决于零售商。

尽管存在某些不足，作为一种见效快的广告样式，售点广告仍然客观存在着。为了促进销售，售点广告需要从利益承诺到图形设计各个方面加大创意，使之更具有吸引力。

2. 售点广告文案写作

其一，根据广告目的的确定文案诉求重点。首先搞清售点放置广告的目的是塑造形象、提示购买，还是具体促销打折活动或者是其他，因为这些都影响到在售点广告文案的信息重点。如果是塑造形象、提示购买，则可以采取与电视、报纸广告中一致的广告画面与广告语。售点广告中的广告语与在电视、路牌广告中的广告语等内容及风格大体一致，可以达到整合营销传播的目的，形成视觉上的延伸和续接，提高识别率，加深对品牌的印象。财力雄厚的公司可以制作大幅的售点广告，形成很强的视觉冲击力。如果是促销打折广告，则主要写清打折程度、范围、具体价格、产品种类等信息，以便消费者及时购买。

其二，信息简要。在卖场信息海洋中，如果不注意广告构图与创意，信息很容易被人忽略。文案少而精的做法，既体现品牌名称、形象，又突出产品特点，反而使消费者印象深刻。比如当时农夫山泉的售点广告采用当时获奥运冠军的运动员刘璇做代言人，有很强的吸引力，广告语"农夫山泉有点甜"有再次提示购买的作用。

其三，用画面辅助吸引目光。采用与卖场主色调相区别的抢眼醒目的颜色以及较大的字号、熟悉的广告语和有创意的画面设计等都是提升广告冲击力的办法。如果文案使用手写体写出促销价格等信息，必须容易辨认。

四、直邮广告文案写作

1. 直邮广告

直邮广告，又叫作直接邮寄广告（Direct Mail Advertising，DM）。它是通过邮局或网络电子邮箱或利用专门人员直接向特定的广告对象寄送载有广告信息的印刷品或电子邮件的广告样式。直邮广告是经济发达国家广告主最青睐的一种广告样式，也是我国现阶段普遍使用的广告样式。

直邮广告表现形式有广告信函、明信片、征订单、商品价目表、产品说明书、宣传册、传单、商品目录等多种。现在许多出版社、房地产项目以及零售商等大量使用直邮广告传播产品信息。

直邮广告的突出特点是制作相对简单且富有人情味。它以指名方式送达目标对象手中，一般在称呼中加上对象的名字，有一种信件的私密化特点。这种交流方式可以使目标对象有被尊敬、被重视的感觉。除此之外，直邮广告还通常择取重要日子如某个节日邮寄资料、为人们提供参考信息。直邮广告有较高的到达率和阅读率。据专家统计，有80%的邮寄对象会打开看信息，命中率极高。直邮广告的对象具有较强的针对性。它往往是在市场研究之后针对商场会员或者有一定影响力的意见领袖等发出信息，这些人或者是潜在消费者，或者是舆论领袖，与广告信息有着某种联系，因而容易收到好的传播效果，比如产品购买量提升，或者某个信息获得广泛认知。另外，直邮广告的效果相对容易测量，避免了其他一些广告投放存在的风险。因为直邮广告投放不公开，所以不易为竞争对手觉察。

2. 直邮广告文案的写作

直邮广告的写作就像给朋友写一封信一样。

开头是问候语和简要的说明，问候语一般使用第二人称作称呼，如"我们专门从全国选出二百位人员来做访问，而您正是其中一位。请回答我们几个问题。"经调查，以上述开头赢得的回信率高达70%。总之，开头要写得自然、亲切，形成一个良好的交流氛围。

正文写作的内容主要有产品或某促销活动的具体介绍，给客户带来的好处（具体活动内容或价目表、征订优惠等事项），如果感兴趣，可以怎么做，最后是结束语。

正文要努力吸引人们的阅读兴趣。写法上可以使用设问引起人的注意，再配合数据、图片进一步说明。如果信息多、内容长可以采用加小标题的方式。为了增强说服力，可以寻找消费者进行推荐，当然前提是保证消费者是真实的。为了增强阅读的兴趣，可以把话说得幽默风趣，但要注意产品的选择以及幽默方式不能过火，否则，对方会产生反感。像药品就不能随便以幽默方式进行介绍。建立信息反馈机制，更能体现出商家的诚意并获得消费者好感。

语言表达要亲切自然，具有感染力。写信时写作者可以设想诉求对象就在面前，你是他的一个朋友，你耐心又自然地介绍某个产品的特点。宜采用具体、非专业的，简单明了、通俗易懂的语言进行介绍。以下是某婴儿电动推车直邮广告的文案：

亲爱的史密斯先生和琼斯女士：

你们曾经设想过使用不用推的婴儿车吗？

平均每对父母每个星期要用婴儿车推着孩子走超过5英里的路程，那么1年下来大约要走250英里。所以，当您买完东西或走完一段路回到家后感到筋疲力尽就一点也不奇怪了。现在你们的儿子快两岁了，要推着他走那么远的路，您会感到越来越累。

但靠他自己走很远的路还需要等一段时间。几年前，一个客户跟我们谈起过这个问题，给了我们灵感：为什么不给婴儿车加上发动机，让发动机来干这份苦差？

当然，问题没有这么简单。我们花了两年的时间开发、试制、反复测试。我们必须让你们和孩子们感到舒适；必须让电动推车具备父母们期望的所有婴儿推车的优点，如采用防水材料和结实的车轮、能折叠起来放在汽车里等；我们还必须测试发动机性能是否可靠，并实行两年保修。

但重要的是,我们必须确保它使用起来绝对安全,我们保证你们的儿子碰不到发动机的每个部件。我们还加装了安全制动阀,使你们的手在离开扶手时,发动机自动断开电源。我们请英国标准化研究院对我们的产品做了鉴定,结果他们未做任何更改就通过了鉴定。

最后,我们还想让推车美观。所以我们找到了一系列耐用、好看的可拆洗的防水纤维面料,共设计出五种不同款式。我们在扶手处加上柔软的泡沫塑料以增加舒适感。设计的全天候车轮使推车看上去和用起来一样的结实牢固。

随附的小册子展示了我们所有努力的结果。尽管您可能想,这么舒适、方便的电动车一定得花不少钱,但花179英镑买一辆质量好、能为您省许多力气的推车一点也不贵。

如果你们想了解更多的情况,就请给我们寄回明信片。我们将把详细的手册和资料(包括所有规格、所有面料的彩照)寄给你们。如果在3月31日前寄回明信片,你们就可以得到10英镑的抵用券,可以在4月底之前订货时使用。

我们盼望着你们的垂询!

您忠实的朋友

路易

企业管理部主任

该案例中亲切地称呼之后,用设问引起年轻父母的注意,引入所要解决的"怎样为年轻父母减轻劳累之苦"的问题,接下来依序介绍了产品研发过程以及对于安全问题的重视与鉴定,给人放心感。对美观拆洗问题也有考虑,最后讲到了消费者最关心的价格以及促销信息。该直邮广告中提供了实际有用的信息,是一则对消费者购物有参考价值的广告。

第十一章 组织形象、公共事务与公益广告文案写作

一、组织形象广告文案写作

在竞争激烈的市场经济条件下,企业等营利性组织为了提高经济效益,除了给生产的产品、提供的服务做广告外,还常常给自身做形象广告,用以提高知名度和美誉度,增进消费者对组织各个方面的了解和加深印象,也增加将来合作的机会。其他非营利性组织比如学校、医院甚至政府部门等也通过广告形式传播良好的形象,争取更多公众的好感与支持,促进相互合作和问题的解决。这些都属于组织形象广告。因为"形象既是组织无形资产的重要组成部分,又是公众对组织有形资产和无形资产做出的综合评价与认可,形象的好坏直接关系到组织的信誉、公众的态度,并且对组织的工作、环境和市场形成很大影响"。我国在争取国际舆论界支持、征得2008年奥运会主办权以及2010年上海世博会申办权的过程中,也设计、制作了一系列广告进行传播,树立了中国在世界人民心目中的良好形象。在金融危机等各个严峻时期,我国都曾用国家形象广告树立大国的良好形象,争取并获得了各界、各领域的支持与合作。可以说,组织形象广告已经成为组织对外竞争的必要手段和不能忽略的传播媒介,它以正面方式向公众输送信息,确实能够起到增进了解的作用。

(一)组织形象广告定义、特点及分类

组织形象广告是指组织通过向社会传递自身的经营哲学、特色成绩、一般事务的处理等基本情况,对重大事件与重要现象表达责任态度,引导公众形成有关组织定位与良好印象的广告样式。组织形象广告的特点表现如下:

第一,以树立良好形象为主要目的。无论选用何种媒体,广告的画面安排、文案运用以及台词设计(独白、对白、旁白等)都围绕这一目的来展开。选入的符号从不同角度形成对组织形象的搭建与合成。如《齐鲁晚报》在2004年改版后的竖1/4版形象广告,画面是以竹子为题的国画,文案是:

第十一章 组织形象、公共事务与公益广告文案写作

出乎其类 拔乎其萃

亲爱的读者，《齐鲁晚报》创刊十六年，一直是在您的瞩目下成长。从诞生济南到辐射全国，是为长"大"；从山东第一到世界百强，是为长"壮"；从下午出报到早晨出报，是为长"快"；从黑白印刷到彩色印刷，是为长"美"……如今，报纸又加长4厘米，当然是长"高"了！

所谓靓女之美，美在亭亭玉立；俊男之美，美在玉树临风；而《齐鲁晚报》之美，则在出乎其类，拔乎其萃。这是我们长期所坚持的。报纸长高也许只是形式，但却昭示着我们追求卓越并敢领风气之先的实力与能力、决心与信心！倘若亲爱的读者对此能认同，我们当感荣幸之至也。

报纸版面的变化并非为每个读者所了解，借助于这一事件，为了加深读者的印象和树立新的形象，用青青翠竹的有节、不断往上生长、有风骨，寓意《齐鲁晚报》追求"出乎其类，拔乎其萃"的办报理念和经营思想。同时，取古人"宁可食无肉，不可居无竹"的思想加以渲染，使得该形象广告给读者留下很深的印象。

此外，新闻报道也是形象广告中独特的一种。它是指用日常新闻报道的形式，平实地将组织的最新技术动态、最新发展状况介绍给公众，让人们通过这些新闻了解组织的情况，形成关于组织的形象认知。这种类型的形象广告，因为以新闻形式体现，因而给人真实可信、不带功利性的印象，易于获得消费者的认可。但这种类型的形象广告往往具有不完全操控性，对于树立良好形象有一定的风险。因为新闻事件是新近发生的、有报道价值和意义的事件，因此对于危机事件的报道不可避免，这些危机事件的报道对组织形象的塑造有风险性。组织处理危机及时，报道出来就是良好形象；处理不及时，报道出来就是给组织形象抹黑。可以说，对组织的每一次新闻报道都是对组织形象的一次传播构建。从最根本意义上说，良好的组织形象的塑造源自组织的良好管理和经营，但这种塑造并不是简单的传播。简言之，组织不能忽视一般新闻报道对于组织形象的塑造功能，并且要从自身做好，使负面报道达到最小最少。

第二，突出组织特色性。组织形象广告是为了加深公众的印象和认识，所以一般应着意突出特色或者是某个独特的理念或其他。像雀巢的企业形象广告，文案突出了其经营特色：

我们认为我们的成功应该归功于许多小事情

许多好主意是从某人想到一个小事情开始的。

如果你把每片小巧克力饼稍微做大一点点，请想象它们的滋味如何。

或者随着唤醒服务送上免费晨报和一杯热咖啡，对宾馆的客人会有多大影响。

对雀巢来说，那些小想法已经带来了一些大的成功。

像雀巢新的"收款台之宝"——超大的巧克力小饼。它正在烘焙类产品中取得应有的地位。

或者像我们的 Stouffer 度假宾馆。它由于豪华、舒适，并且有提供良好的个人服务的声誉，已经成为美国最受尊敬、好客的公司之一。

每一项成功事例都印证着雀巢只做最好的事情的承诺。并且每一项都证明了，有时，多想些小事情是获得大成功的最好办法。

这则文案表现了雀巢这一知名品牌成功的一个原因，就是把小事情做好。把小事情做好，是一种经营理念的体现，也是与其他公司理念相比十分独特的方面。文案还折射了该公司踏实、不好高骛远、不断创新、不断改良服务的特质。文案中列举的小细节很好地传播了组织的服务特色。再如，20 世纪 30 年代上海鹤鸣鞋帽店所做的漫画广告，画面上一只巨大的皮鞋，文案正文是一副对联：

天下第一厚皮

皮张之厚，无以复加；
利润之薄，无以复减。

该鞋帽店用幽默的创意方式，语言表达似贬实褒，巧妙地讲出了该店鞋子用料考究、质量上乘的特色，皮厚利薄的对比给人留下深刻印象，使人看后、听后忍俊不禁，大大提高了消费者的注意程度和记忆程度，也含蓄地传播了经营理念。

组织形象广告的分类：

按照组织是否营利，可以分为非营利性组织形象广告（国家、政府等的形象广告）和营利性组织形象广告（一般企业形象广告）两类。如新加坡政府的征兵平面广告是一则非营利性组织形象广告，文案是：

写下你生命中最重要的 10 件事

如果科威特的人民在伊拉克进犯前的 24 小时被问到同样的问题，
他们的答案可能会跟你的一样。

第十一章 组织形象、公共事务与公益广告文案写作

但是，24小时以后，当他们的国家被占领时，
这些人生中的重要大事还会那么重要吗？
历史一直在重复一项事实，
那就是，人从不知道自己拥有什么，直到失去所有。
我们在新加坡的人可能运气比较好。
邻国友善，又有强援，还有充实的国防武力。
说实在的，举目四顾，我们看不到什么国防威胁。
不过，扪心自问，这些难道只是运气吗？
当然不是。这是因为1967年起，国军就开始保护我们的自由，
是新加坡军队的付出，而非运气，
捍卫了我们的经济秩序、工作机会和生活形态。
我们得以生存繁荣，是人们为保持独立牺牲奉献的结果。
是因为人们了解他们的牺牲奉献是值得的。
因为除了你自己没有人会为我们的国家牺牲奉献。
广告语：新加坡，今日所有全非侥幸。

非营利性组织形象广告的目的不是推销产品，更多的是追求思想的认同与共鸣。这则征兵广告就是追求与公民在这一话题上的沟通，即对现有军队的付出给予认同，为了保卫祖国每个人都应贡献自己的力量。文案开头站在每个公民的角度对最重要的事（即人生的理想）进行了强调，又通过对伊拉克进犯科威特前后不同的时段进行了对比，凸显了和平对实现人生理想的重要意义，让每个公民意识到军队的重要性和为国家奉献（参军）的意义以及责任。该文案采用了第二人称为主的叙述视角，提醒人们思考自己对这一问题的认识与责任。广告语言务实、平易，但产生了强烈的感染力。

营利性组织形象广告是指以企业为主的形象广告。它的突出特点是借助各种方式，直接或间接地追求经济利益的获得。营利性组织形象广告主要分为以下四种类型：

第一种，组织概貌介绍类广告。一般用于企业刚刚建立时，或者已经建立了一段时间，但在行业竞争十分激烈的情况下，仍需与消费者保持联系，或者维系在消费者心中已有的良好印象，这三种时机可以考虑选择这种方式。它以实现公众对企业的认知和进一步了解为目的，内容侧重在介绍企业发展历史、产品特点以及主要经营项目等方面，特点是内容相对全面、信息量较为丰富，介绍方式较为正式。如美国《读者文摘》形象广告的文案是：

一流的业务

我们能在全球广泛地存在，根源在于我们的出版具有全世界的感染力，我们的杂志在世界各地以当地语言发行。

作为全世界最广泛阅读的杂志，《读者文摘》有39个版本，以15种语言出版，包括阿拉伯文、中文和朝鲜文。每个月世界上各个国家有超过1亿人阅读我们的原作及当地和国际版本的精选本。

《读者文摘》年销量4000万册，可以列为世界上最大的书籍出版商之一，并且我们还是最大的音乐制品出版商和全球销售商之一。

想成为一个成功的全球出版商，你必须了解当地市场、讲当地的语言、遵从当地人的生活习惯。这就是为什么《读者文摘》所有出版物都是全球畅销的原因。这也值得我们自豪。

我们通过杂志、书籍的出版发行及音像产品、旅游和金融业务，成为向全世界提供知识和娱乐方面的领先者。我们还直接或者通过《读者文摘》基金会大力支持向青年人提供艺术和文学学习机会的计划。

广告语：《读者文摘》，我们影响全球1亿人。

广告介绍了《读者文摘》在全球的业务范围以及杂志特色。该杂志以多种语言出版多种版本，注重研究当地的市场和语言以及生活习惯，业务范围广泛、发行量大，还致力于多项慈善事业。这些就是它的总体情况。

第二种，公关广告。企业借助对社会公益事业的关注与赞助，或通过发表对公益话题的看法以表达自身社会责任感等形式，传播本组织良好形象的广告样式。公关广告带有企业与公众融通关系的目的和性质，选择的时机一般是公益活动纪念日、社会重大事件、热点现象发生时。因为主题意义崇高、表现手法人情味浓、企业信息比较隐蔽的特点，公关广告易于获得好感并被人们接受。但同时一些企业因为本企业信息表现较少而不愿意投资制作公关广告，导致公关广告总体数量较少。农夫山泉曾经做过一则电视公关广告，画面是：

在一个破旧的乡村小学里，一群小学生在课间休息，可全校没有一个像样的体育设施供他们锻炼身体。学生们有的在跳绳，用的却是一根又粗又长的麻绳；有的在打乒乓球，球拍还是残缺的；仅有的一个篮球架还破损不堪……这时，画外音响起（配字幕）："两元一根的跳绳，20元一副的球拍，一个像样的篮球架……从现在起，每喝一瓶农夫山泉，你就为孩子们的渴望捐出一分钱。"标板上打出字样：农夫山泉"阳光工程"，到2008年将为20万孩子带来运动的欢乐。

第十一章　组织形象、公共事务与公益广告文案写作

整则广告采用新闻纪录片式的黑白色表现，通过对乡村小学真实场景的再现，表达了农夫山泉对乡村孩子和乡村教育的关心、支持。通过对这一公益主题的广告宣传，农夫山泉关心贫困山区孩子成长的形象在公众心中更加得到强化。

再如一则国外饼干生产企业制作的公关广告：

一对少年兄弟深情地对视着，哥哥按照流行的方法吃一口 OREO 饼干，弟弟也跟着吃一口饼干。镜头在哥哥关爱的眼神和弱智弟弟依赖的眼神间闪回，又回溯到兄弟俩相依相伴一起成长的片段，OREO 饼干也始终陪伴着他们，分享着小哥俩成长的艰难和欢乐。

这则公关广告，是 OREO 饼干生产企业在关怀弱智孩童主题上的一次表态。借助于哥哥照顾弱智弟弟的故事，表达了饼干生产企业对弱智人群关爱的良好形象。

第三种，写意类企业形象广告。它是以塑造企业良好的形象为目的，特别注重表现企业精神气韵而不是具体细节的一类企业广告。因为企业本身有些特点比如理念、文化等难以表现或本身比较抽象，做形象广告就要考虑运用比喻或其他艺术表现手法，借用感性诉求方式以及生动的形象来感染公众，使公众在欣赏优美画面感悟生活片段的同时对企业精神获得一种领悟。这种类型像绘画中的写意画，不用工笔画细节，而用轮廓表神韵的方式。不去一一介绍成绩、业务范围等，而是用生活场景做替身。这种广告样式能将抽象的企业理念形象化，增强企业的感性色彩和被理解的程度，进而提高知名度。如 2002 年广西电视台制作的形象宣传片，获得了莫比广告奖金奖。这三则广告分别为：

山篇

画面上：生机盎然的梯田，孕育着生生不息的希望。回眸远眺的少女，传递着质朴的生存状态。迎风展翅的雄鹰，寄予着"情眷沃土，志存九天"的志向。标版推出：中国广西电视台。

水篇

画面上：清澈的漓江水源远流长，美丽的新娘依依不舍自己的家乡，乡人对新娘的祝福像江水和群山一样地久天长。有着无私养育之恩的这片沃土和水乡真正是"天地无私，所以长久"。标版推出：中国广西电视台。

海篇

画面上:衣袂飘飘的少女望海观潮,追波逐浪,象征着电视台在改革浪潮中的追求:"追潮见辽阔,逐浪识惊涛,观海知天下。"标版推出:中国广西电视台。

该广告采用写意的手法,立足广西独特的自然景观和人文风貌,用雄鹰一样的视野、独特的山水风景、追潮的少女、特有的民俗表现"服务千家万户、追随时代前沿"的经营理念。因为这一理念比较抽象,广告创意将其形象化、视觉化处理,激发起观者的兴趣和共鸣。三则广告表现了广西电视台立足广西本土,心系八桂父老,胸怀凌云壮志,勇于搏击长空的豪情,也表现了它服务百姓、奉献社会,与百姓山水相依般源远流长的关系。广告还展现了广西电视台以开放的姿态站在时代的前沿,紧随时代脉搏,追随时代潮流,在信息的海洋上踏波冲浪的理想。

第四种,日常事务广告。它是指企业把在经营过程中遇到的日常事务公开刊播以使公众了解的广告类型,如招聘、招标、迁址等都是。这些事务是企业正常经营所必须面对的,对企业形象的宣传也起到重要作用。如某航空公司的招聘广告:

向上的运动

在联航,我们认为每个人都有同样的机遇去争取成功。

无论人们的种族与性别是什么,我们所寻找的最宝贵的素质是品质良好和要求上进,因为它们能使人向上。

在本航空公司,天空才是边际。

联合航空公司

借助这一事务广告,一个为员工提供发展平台、注重人品和上进心的公司形象树立在眼前。

(二)组织形象广告文案写作

1. 国家、政府等非营利组织形象广告写作

组织形象广告的创作应该与组织性质相匹配。有的非营利性组织掌握着国家或者地方的行政权力,如政府;有的在某个领域为百姓提供服务,如学校、医院等。这些非营利组织都有正规、严肃的特质和广泛的影响。为这类组织写作广

告，更讲究以理服人、用事实说话，在语气上不能居高临下、颐指气使；在内容上要实实在在、具体准确，多用有说服力的数据、人物、事件以及公众视角和细节。如香港廉政公署（ICAC）的电视广告文案：

足球赛篇

画面：激烈的足球比赛中，有球员故意推倒别人，拉别人球衣。这些都被教练看在眼里，犯规的球员被红牌罚下。

画外音：公平的竞赛，出现不择手段的人，会令你忍无可忍。廉政公署，始终坚守公正原则，维护公益，铲除破坏分子。香港，胜在有ICAC。

黑与白篇

由幻灯机打出黑色—白色的画面，当我们看到白色时，画外音男声说"黑色"。当看到黑色时，男声说"白色"。如此错误重复几次，画外音说：

如果香港市民不同ICAC合作，真理随时会被歪曲，贪污受贿都变成生活的一部分，这样的社会，又怎么能叫公平呢？

画面最后打出白色，一般群众的声音说"白色"。画外音旁白：

打击贪污，立即举报。香港，胜在有ICAC。

该广告借助黑白颠倒、足球赛中不遵守规则等实际生活场景表现主题，即支持廉政公署工作，坚持公正、坚持真理。非营利性组织因其特殊的严肃性，使广告往往流于空洞的说教，比较难以与公众很好地沟通。这两则广告借用生活场景表现，以具体代替抽象，于平常事中讲出了深意，取得了很好的说服效果。

2. 企业广告文案写作

组织概貌介绍类广告文案写作。这类广告写作内容一般涉及企业的名称、历史、经营理念、经营范围、成绩与贡献、技术力量甚至联系方式等全部或某几个方面。公众在看过之后，形成概貌认识。诉求方式通常采用正面、理性、直接诉求，广告风格平实朴素，易于获得人们的信任。如AVIS公司的平面广告，其文案为：

在出租车业AVIS只是第二，为什么你要租我们的车呢？

因为我们更努力。

（如果你不是最大的，你必须这么做。）

我们不会把脏乎乎的、烟灰缸里堆满烟头的、油箱半空的车租给顾客。也不会租出雨刷坏了、轮胎气压不足的车。甚至小到座椅调节器、加热和除霜装置，我们也一定让它保持正常。

　　显然，我们的一切努力都是为了追求完美，为了让你笑着开走一辆崭新的车，比如驾驶轻便、动力强劲的福特，并且知道当你开车旅行时，知道在德卢斯的哪家店铺可以买到烟熏牛肉、三明治。

　　为什么要这么做？

　　因为我们从不把你选择我们视为理所当然。

　　下一次租车时就来找我们。

　　我们这儿的手续非常简单。

　　该广告文案清晰地表现了AVIS公司的定位，谦虚的态度和不断进取的理念以及细节的展现赢得了许多人的好感与喜爱。下面是该公司的另一则广告文案：

　　AVIS公司辟有服务热线，你可以在任何地方打电话向我们求租。

　　假期中，你开车去你一直想去的地方。发生意外事件的可能性是非常小的，但是万一发生了，你会很高兴发现你的汽车是从AVIS公司租的。

　　在你的租赁卡上印着AVIS公司的热线电话号码，我们随时准备为你提供帮助，就是你刚刚把车钥匙锁在了车里，你也可以给我们打电话。"AVIS随时关心你。"这是个事实，同时自你从AVIS公司租赁汽车的那一刻起，你就会得到一张充满了各种方便提示的表格，包括挡风玻璃刮水器的开关在哪儿、遇到红灯能否右转、收音机的哪个电台播放当地的气象和交通消息。

　　因为你有比你租来的车更多的事情需要思考，所以我们帮你想它。通过AVIS公司包含49个步骤的控制程序表格，我们使所有的事情都能够按照事先的安排进行，这并没有什么值得奇怪的。

　　所以当我们说"我们比以往更加努力"的时候，就意味着我们在提供比我们的低标准多得多的服务。比不限里程要多得多，无论你开车走得多远。

　　"更加努力"也意味着，无论你走到哪里，我们都在你的左右。

　　所以，今天就打电话1-800-331-1212给AVIS或者给你的旅行社。

　　广告语：AVIS，我们比以往更加努力。

　　写意类企业形象广告的文案写作。有别于概貌介绍类企业广告理性有余、感性不足的特点，在写作中往往创意特别强调人情味，力求达到使公众将喜爱之情转移到企业上去的目的；或者借助于该广告，揭示企业关爱消费者的一面。像爱立信的企业形象电视广告，其文案为：

之一：父子篇

儿子：给您换个大的，看得清楚。遥控，坐哪里都没问题。妈不在了，一个人吃饭不能随便，给您买了微波炉，又方便……您腰不好，有时间就用它按摩，很舒服呢。爸，我走了，有事传呼我。

父亲：又不能在家吃饭了。

儿子：以后再说吧，哪儿不是吃饭。朋友多，天天都要应酬。爸，我走了。

父亲：……

儿子：我跟他们说了，今天哪儿都不去。爸，咱们先做饭，吃完饭再陪您杀两盘，很久没跟您下棋了。

字幕：沟通就是关怀。电信沟通，心意互通。

之二：健康篇

妻：张医生来电话了没有？化验结果怎么样？

夫：你知道了？

妻：快说呀，他来电话了没有？

夫：你没见我在等吗？

妻：这么大的事也不跟我说一声。

夫：说什么，也许没什么事呢。

妻：没事，没事，要是有事怎么办？你现在什么都不跟我说，以前你可不是这样，结婚这么多年，什么事不是互相商量，互相分担，现在这么大的事也不跟我说。

夫：有什么好说的，我自己也心烦呢。

妻：那我呢？我知道那事情以后，我的心情你知道吗？

字幕：沟通就是分担。电信沟通，心意互通。

之三：教师篇

女：张老师，您不用来接我，十几里山路，您身体不好，年纪又大，别来接我。我永远忘不了家乡的小学校，永远忘不了班主任张老师。我是我们村第一个大学生，没有张老师就没有今天的我。

工作，结婚，生孩子……越来越忙，一直没有时间去看看。后来，我为张老师装了部电话。这样，我又能经常听到老师熟悉的声音了。

孩子们：阿姨，阿姨……

字幕：沟通就是感激。电信沟通，心意互通。

之四：爱情篇

年轻矿工：都说我们这一行很难找对象，但我有一个非常好的女朋友……我们是通过别人介绍认识的，没见过面，她也从不寄照片给我，半年多了，我一直不知道她的样子。我的工作又脏又累，钱也赚的不多，但她说不介意，两个人之间重在了解，她注重好性格。

我认定她是世上最好的姑娘。我们终于约定了见面的时间、地点。她说她穿一件红衣裳，我不停地在猜，她究竟是什么样子。见面时，她跟我开了个玩笑，但我立刻猜到她的意思。多少女人里我也能认出她，这就是她。

字幕：沟通就是爱。电信沟通，心意互通。

该广告没有把信息重点放在产品本身，而是着重表现企业带给人的感受。这感受就是电信沟通不仅改变了人们的生活，也使人们之间更有人情味了。广告从深层揭示了在生活节奏加快、日益缺乏交流的现实环境下，爱立信公司致力于人与人的沟通，传递理解、爱和关怀，以人为本、永远把人看得最重要的企业形象。电视广告截取生活片段加以表现，处处体现企业与生活密不可分和浓浓的人情味。有了人情味，企业在公众眼里不再抽象，企业与公众更容易建立起融洽的关系。

企业公关类广告文案写作。企业公关广告一般借助公益思想表现公司对社会的责任感，在具体写作中，对公益事业的支持和具体做法一般占较大比例，企业的信息则自然带出。公关广告追求风格朴实、平易，避免自我吹嘘、自我拔高，这样才能真正赢得公众信任。如联想集团在 2010 年 11 月 18 日《南方周末》报所做的半版公关广告，其文案为：

飙爱心，创未来

爱心想法注入公益创业，全国十强尽显青春风采！

联想，让爱心更有力量！

联想集团以前瞻性的思维，坚持以创新的公益模式践行社会责任，让爱心更有力量。2007 年 12 月，联想集团启动公益创投计划，为草根公益组织提供资金和能力建设支持。在这年中，共支持了"山水自然"、"多背一公斤"等近 30 家公益组织发展壮大。

2009 年和 2010 年，联想集团以"飙爱心，创未来"为主题实施了两届青年公益创业计划。获得全国十强的每支团队都得到了联想集团提供的 10 万元创业资金,以及知名公益组织的实习机会,联想公益专家团跟踪指导和 NPI 公益组织发展中心的专业孵化等关键支持。

2010 联想青年公益创业计划自 4 月 15 日启动,在全国 120 多所高校举行了校园宣讲会,让 9 万多名在校大学生深入了解了公益创业的理念,共收到 18557 份公益创业计划书,超过 800 万的青年朋友通过网络关注并支持活动。

在三场全国决赛中,联想集团邀请了数十位公益专家、商界领袖和传媒精英担任评委,为创业团队指点迷津。在旅游卫视的爱心舞台上,27 支入围团队充分展现爱心和创意。经过项目展示和陈述、专家点评和考核,观众评审团和网友投票等环节,"你好营养"、"青年夕阳关怀中心"、"绿手指"等十支创业团队最终获胜。他们的创业计划致力于以创新的公益模式满足社会需求,分布在环保、教育、社区服务、扶贫等公益领域,充分体现了中国当代青年浓浓的爱心和无穷的创造力。

联想集团自实施公益创投计划以来,选拔和支持了近百支公益创业团队,他们已成为中国青年公益创业领域的杰出代表,在各个公益领域创造着巨大的社会价值。

联想集团愿当代青年人能够坚持梦想、脚踏实地、永不放弃,在公益创业之路上走得更久、更精彩!

2010 联想青年公益创业计划全国十强!

该广告详细介绍了联想集团这些年在资助草根公益组织方面的具体做法,包括每年活动的情况、所投入的资金数额、活动主题、活动机制以及所带来的影响。这样的公关广告既为自己树立了良好的形象,也为活动做了广告;既是一个阶段总结,又是新的号召。在今天中国公益事业特别需要人们关注和大学生就业十分困难的现实背景下,这些做法表达了一个成功企业所应尽的责任。

日常事务性企业广告文案写作。这一类型的广告文案写作,要注意写清楚、明白。无论是迁址、更名等都要写清楚、准确。如尼桑更名广告的文案:

尼桑是一家真正的处于变化之中的公司,是世界上最大的汽车制造商之一。人们通过它生产的 Datsun 牌小汽车和卡车了解它。它总在朝更好、更快的目标努力,总在争创第一。尼桑的技术发展已不仅仅局限于交通运输的范畴。在美国,人们形容它为"较大的变化"。尼桑一直致力于改进汽车的性能,这一点可以从其生产的令人敬畏的 Z 形车中得到证实,这种赛车开创了永争第一的比赛风格。

然而,尼桑并非不讲求经济实惠。它所生产的 Sentra 牌汽车因其实用、高效而迅速在美国进口量遥遥领先。

尼桑通过开发小型卡车和完善 King Cab 牌汽车重新阐释了卡车运输这一概念。但尼桑并不满足，而是始终在前进，在进步，在改进。今天，尼桑致力于开发新型、更高效的动力来源、无污染燃料、混合型发动机和电动汽车。目前，为达到全球范围内的一致，尼桑已经更改了其所有小汽车和卡车的名称。Datsun 现在将沿用母公司的名字尼桑。尼桑这家全球规模的公司将采取行动达到最后的发展。这就是为什么在美国人们面临着这样的选择：仅仅是交通运输，还是令人激动的"较大的变化"。

本消息由美国尼桑汽车公司提供，尼桑有限公司（日本）授权。

另外，日常事务类广告写作要尽量体现本企业的文化特色。一般事务性广告是公众了解企业的一个窗口。创意新颖的广告有助于树立企业的独特形象。尤其是招聘广告，从一个角度可以反映所在公司的文化特色，如美孚石油公司的招聘广告，其文案为（画面是一根打了死结的绳子）：

一个机会均等的公司

你将如何解决这一难题？
A. 演绎推理
B. 毅力与献身精神
C. 一把利剑
美孚石油公司，
我们喜爱富有创意的人才。

以上招聘广告呈现给公众的是该公司独特的人才观，那就是喜欢能解决实际难题的人才、有创意的人才。

二、公共事务广告文案写作

（一）公共事务的概念

公共事务从广义看，它可以被定义为组织的所有非商业化行为；从狭义上说，公共事务指的是组织涉及的政治活动及其与政府的关系。

（二）公共事务的内容

公共事务的主要内容包括：

（1）与政府的关系：包括与各级政府的关系。

（2）政治行动：包括加入政治行动委员会、政治教育、基层性团体活动。

(3) 企业责任：包括社区关系、慈善活动、社会责任活动、志愿行动。
(4) 议题管理。
(5) 传播沟通：包括信息发布、媒介关系。
(6) 国际事务：包括政治风险评估、监测国际社会政治发展。

（三）公共事务广告的概念

公共事务广告是指那些向社会公众发布的、以公共事务为内容、以社会或公众利益为取向，不以盈利为目的的广告。它的内涵和外延均相当丰富，从广告表现主题进行分类，大致可以将其分为两个板块：

1. 公共机构广告

它是指争取公众的理解、支持和必要的参与，同时也需要树立自身的形象，向公众传达主张的广告。

2. 公益广告

一些公共机构、公益性社会团体也需要通过广告向公众传达有教育意义和行为指导的信息的广告。这些广告具有社会公德建设、公众行为规劝、倡导良好观念的意义。

（四）公共事务广告文案写作的主要内容

公共事务广告中的公共机构广告主体是某一政府或社会团体组织，因各机构宣传主题各异，故大致可以分为形象类及主张和号召行动类两大类。

相比较而言，公益广告的内容更为宽泛，且会受到时间和空间的影响。一般来说，公益广告的主题包括：

(1) 人与人之间的关系。例如：尊老爱幼、诚实守信、无偿献血、帮助残疾人，等等。

(2) 人与社会的关系。例如：廉洁奉公、踊跃当兵、打击毒品、遵守交通规则，等等。

(3) 人与自然的关系。例如：保护动物、植树造林、节约用水，等等。

概括来说，公益广告的主题就是培养民众的公德心，倡导好的生活习惯、社会风气，并致力于和谐社会的建设。

（五）公共事务广告的信息传递基本方式

公共事务广告的目的主要有：倡导正确观念、引起受众对问题的重视、规劝行为等。因此在信息传递基本方式上，一般可以分为理性、感性以及理性与感性相结合三种形式。在具体的执行层面上，比较常用的方法包括：

1. 鲜明对比和强烈反差

以诉求对象了解的情况与不了解的情况做对比，以问题的表象和问题的本质做对比，以正确行动的结果和错误行动的结果做对比，制造强烈反差，并将对比与反差通过画面和文案直接展现给诉求对象。

2. 展示严重后果

对于可能带来严重后果的行动，展示后果的恐惧诉求是最直接、最有说服力的手法。这种手法可以广泛地用于禁烟广告、反毒品广告、环境保护广告、交通安全广告。

3. 联系诉求对象切身利益

人们总是更关心自己的切身利益，因此，以公共事务为内容的广告，最好能够和诉求对象的切身利益关联起来。

4. 充分激发同情心和道义感

这种手法最适合在慈善救助广告中使用。充分展示需要被救助者的悲惨境况，可以有效激发诉求对象的同情心和道义感，促使他们伸出援手。

三、公益广告文案写作

公益广告是一种特殊的广告形式。商业广告的目的是传播关于商品、企业、服务的信息，促进产品销售，公益广告则重在针对影响人类生存和长远发展的问题，特别是一些思想理念问题的表达观点。它一般采用委婉、艺术的说服方式，引发公众对该问题的注意、思考，借此引导人们采取正确的行动，在该问题上表达一份社会责任。

（一）公益广告的定义和特点

公益广告是指用艺术表现手法传播的、不以盈利为目的的，以促使公众观念态度转变、正确行为发生为最终目的，有益社会公众自身发展，同时有益社会发展的广告样式。

公益广告的特点有如下几个：

（1）非盈利性。公益广告以人与社会、人与自然和谐发展为宗旨，以社会保护与群体素养提升为目的，促进社会的发展。注重社会效益。与商业广告完全以盈利为出发点相比，公益广告则是非盈利性的。凡是从事公益广告的单位或个人，他的终极目标是公众的利益，而不是以盈利为目的。

有一点要说明的是，不以盈利为目的并不等于说从事公益广告是亏本的，而应是持平或有盈余的。只是从事公益广告的单位或个人对于盈余不得在所有者和管理者中分配，必须用于提高公益广告的质量和数量上。

（2）观念性。公益广告诉求的是观念，以某一观念的传播，促使公众启迪、自省、关注某一社会问题，以符合公德的社会行为为准则，规范行为并身体力行以形成社会良好风尚或支持某种社会事业。它传播的是精神形态的观念，而不是物质形态的商品。

(3) 受众的广泛性。公益广告面对的是社会公众。这表明,公益广告不同于商业广告,它不是为某个企业的产品树立形象、打造知名度,而是为社会大众谋利,为公众切身利益服务的广告。创作者是站在社会公众角度去创造启迪,而不是针对某一特殊群体。公益广告就是要针对社会公众的特点和心态,反映公众的意愿和呼声,反映公众普遍关注的社会问题。公益广告期待尽可能多的公众目光,受众的范围越大越好。

(4) 利他主义的自觉性。做公益广告的原动力是高度的社会责任感,谁做公益广告谁付费,公众可从中感知公共事业心。公益广告的费用由广告人自行、自愿承担,广告主有充分的自主权决定是否参与公益广告。公益广告表现了利他主义精神。它是与助人为乐的无私奉献相联系的,是人类的同情心、爱心、责任感等美德的彰显,是社会伦理道德走向和谐、个人智慧趋向成熟的标志。对于那些自愿资助公益广告的个人或团体,社会应给予鼓励和支持。

(二) 公益广告的作用

媒介实际就是宣传工具,它教给人们各种价值观念和行为准则,引导人们接受新的生活方式,使人们融入媒介制造的社会体制中。而在"制造认同"的过程中,公益广告是最现实、最直接、最具时效的途径。

长久以来,公益广告一直被用来作为解决不同社会问题,敦促社会公众以正确的观念和行为配合社会变革运动的手段之一,它是社会营销的有力工具。"社会营销"一词最早出现于1971年,当时是指运用市场营销的原理和技巧倡导某个社会运动、观念或行为。自那时起,该术语的意思逐渐演变为社会变革管理科学,具体指设计、实施和控制变革运动,实现在一个或几个目标接受群体中提高某种社会观念或实践的接受程度的目的。美国和日本的公益广告在社会营销中,对于实现社会营销的目的,即改变有害的观念和行为或者接受新的观念和行为,提高国民觉悟,帮助解决社会问题起到了显著效果。

(三) 公益广告文案的写作主题

(1) 政治政策类。这类公益广告一般是政党和政府发布的,为了宣传政党纲领、政治倾向,或者解释政府的方针、政策等而制作的。

(2) 节日类。节日类公益广告是指运用中外传统和现代节日作为切入点创作的广告。它利用节日元素作为载体,赋予公益广告内容。

(3) 社会文明类。这类公益广告主要倡导社会文明、道德新风,提高公民的个人素质。

(4) 健康类。健康类公益广告主要宣传健康问题的伦理原则和道德规范,以及应该采取的措施;呼吁人们爱护自己的身体,保持健康的心态,也尊重别人的健康;反对吸烟、预防疾病、防止性病传播等。

（5）社会焦点类公益广告。这类公益广告把目光集中在社会焦点问题。如下岗、打假、诚信、扫黄、打非、反毒、希望工程等。

（四）公益广告文案的诉求方式

（1）正面倡导型。正面倡导型是以正面引导的方式直接灌输公益观念。它不批评也不讽刺，而是引导受众接受一种思想意识、社会风气、生活方式。

（2）关心爱护型。关心爱护型是以真诚的关心爱护态度传播公益观念，以真情打动公众的心，唤起人们的同情，让大家都献出一份爱心，让所有的人都伸出援助之手，帮助那些需要帮助的人们。

（3）规劝说服型。规劝说服型是以劝说疏导方式宣传公益观念。对于那些有不良思想、不好行为的人进行劝说，使他们改掉不良行为和习惯，或者纠正落后、封建、不健康的思想观念。

（4）提醒警示型。提醒警示型是以提醒、告诫、警示的方式，善意而严肃地提出某种正确观念，引起当事人的重视。

（5）讽刺批评型。讽刺批评型是以各种讽刺批评方式对不良现象进行揭露和鞭笞，使这些不良现象得到改善。

（五）公益广告文案写作注意事项

（1）反映热点，明确主题。公益广告始终把焦点集中在人、社会、自然三大方面。要配合政府大政方针和社会当前的热点问题进行选题。

（2）揭示本质，剖析事理。公益广告要从深层次揭示事物的本质，说明事情的利害，让传播对象自己思考利弊，独立做出选择。

（3）艺术感染，震撼心灵。公益广告要运用一切艺术手段增强感染力，强化主题，使所传播的观念深入人心，并升华为价值理念。

（4）比喻含蓄，善意诱导。公益广告的目的是说服受众响应号召，积极参与，戒除不良，好学向上。公益广告应该语言含蓄，善意诱导，启发公众自觉参与和深刻思考。

（5）情感渗透，心灵沟通。公益广告要强化感情渗透，要进行心灵沟通，用感情和心灵感化传播对象，让他们改变态度。

（6）适度夸张，鞭辟入里。以讽刺批评为主的公益广告，可以运用适度夸张的手法，将问题或现象放大，让大家都能看清楚，认清问题本质，以便对症下药。

（7）轻松幽默，寓教于乐。公益广告不能完全说教，这样会让人产生逆反心理，影响说服效果。可以把公益广告做得有趣、奇特、轻松、好看，使公众发自内心地接受。

第十二章　不同行业内容广告文案写作

一、房地产行业广告文案

(一) 房地产行业特点

中国房地产业经过10年的磨砺,在经济发达的中心城市已逐渐成熟,进入了大牌时代、品牌时代。针对目标市场的生活形态、生活理念、生活方式进行有创意的沟通成为一种趋势,彰显差异、建立信心和价值感成为新一轮地产宣传的立脚点。

房地产市场基本可以分为三个部分:普通住宅;办公楼、写字楼、公寓;高级住宅、别墅等。进入2005年,房地产市场涨势迅猛,火爆惊人。在多种利益因素影响下,普通住宅需求量继续加大,相关配套设施不断完善,在清水房的基础上,推出了简装房、精装房,为迅速入住提供了便捷,小户型的热卖为房地产行业拓展了新的发展空间;商用写字楼的整体配置及物业服务不断完善,力求与国际接轨,以个人投资形式出现的酒店式公寓成为新的投资热点;随着经济发展与带动,消费者购买能力越来越强,别墅作为人生置业的终极梦想,市场状况空前高涨,专家预测,未来别墅市场呈高端化趋势。别墅、Townhouse、公馆层出不穷。作为现代社会的身份名片,别墅对消费者而言是更有深刻的自豪感与满足感,以及来自社会的认同。按照马斯洛"人的需求层次理论",在一个相对富裕的社会中,消费者价值一般与人的较高层次的需求如自尊、自我实现等有关。可以说,在市场定位与品牌挖掘的过程中,把握"消费者价值"是房地产广告成功与否的关键。消费者的需求和期望被满足的程度及因此建立的相对稳定的认识和信任,与消费者购买动机有强烈的关系。

基于房地产行业的特殊性,房地产广告具有以下特点:

1. 房地产广告信息暴露量较大

房地产广告信息一般包括项目信息、物业管理信息、促销信息等。仅项目信息就包括地段、环境、主题、配置、功能等诸多方面。欲把项目信息最大程度暴露，只能通过发布系列广告解决这个问题，每篇各有主题，独立成篇而又相辅相成。

2. 房地产广告注重宣传的阶段性

房地产广告投放量一般分为前置期、公开期、强销期、持续期、二次销售期，不同销售阶段需要不同的广告配合。房地产作为一种特殊商品，十分注重前期宣传，如果前期宣传火爆一方面可以吸纳大量预定款，另一方面可以为品牌积累无形资产。前期宣传又可分为三阶段：奠基期，一般使用报刊媒介进行前期知名度推广，报道奠基盛况等，工地户外围挡是此间唯一能够创造直接效益的媒体；建造期，这一阶段跟踪报道建设进程，对项目适时加以介绍，吸引目标消费者的持续关注；封顶期，以促销报道、节庆活动、优惠售房、礼品赠送为内容进行大规模宣传，同时推出概念，配合形象广告。现房的发售过程则更为丰富，可以利用杂志、户外、电视新闻专题、DM派单、楼书，以及售卖现场进行广告媒介整合，这一期间可以将项目实景作为宣传的重点，推出促销信息。尾房销售的广告则主要以大幅度优惠为主。

3. 房地产广告发布时机的选择性强

一般选择以下几个时机发布：一是项目工程进度有重大进展的时机，诸如工程开工、封顶、立面完成、交钥匙等时机；二是节假日期间，开展促销活动；三是每周四、周五发布广告往往效果最好，即房地产广告的"星期五现象"。

4. 发布的规律性较强

这里的规律性是由房地产推广的节奏性、阶段性和周期性决定的。在项目开盘初期往往是项目信息告知型广告，一般选择有影响力的平面媒介打开知名度，以最快的速度给消费者留下印象。然后是促销广告、形象广告，大型楼盘一般在销售期间持续在权威媒体发布形象广告，确立并维护自身的地位与档次。中小型楼盘更注重促销信息，即广告能够为其带来多少有效客户、销售多少房子等，因此常选择发行量大、费用少、版面固定、阅读人群广泛的报纸。

5. 房地产广告往往选择多种媒介相互配合使用的宣传模式

房地产广告必须把项目的位置、价格、付款方式、物业特点、开发商、销售地点和时间等信息理性地加以交代，所以，报刊成为房地产广告的首选媒介，电视次之。另外，需要与大量的楼书、DM配合使用，满足消费者深入了解项目的需求。户外广告也是不可或缺的广告媒介。

6. 房地产广告强调产生立竿见影的效果，高投入，高回报

一笔广告费少则几十万元，多则上百万元，必须在短期内获得一定数量的销售额。从表面上看，这种投入风险极大，但实际上宣传量加大形成了规模效应，反而降低了单位风险成本，如果房地产广告在宣传量上达不到一定的饱和度，就

无法在短期内造成直接刺激，无法大量成交。因此，房地产广告是强调规模效应的特殊广告形式。

7. "硬销"与"软销"相结合

所谓"硬销"是以地段、质量、价格、配套等"硬件因素"的理性认识为主脉的广告营销思路和方式，执行以销售、促销为主的营销主张，通过凸显、强化和深入传播"硬件因素"以达成目标受众对产品的注意、认知和认同，在短期内营造轰动效应、制造销售高潮和创造销量奇迹，其最大的营销利益可以缩短销售期。例如，"购房十年免费保修"就是一种"硬销"方式。

相对于"硬销"方式的，我们称为"软销"，是以情感、氛围、文化等"软件因素"感性认识为主脉的广告营销思路和方式，主张以品牌构建为主。从实际运用情况来看，在房地产广告营销策略上，大多倾向于"软销"，即便"软硬兼施"也侧重于"软销"。二者各有所长。"软销"的运用需要较长一段时间，必须经过日积月累，才能建立充分稳固的品牌认知，不断提升品牌知名度和企业美誉度，最终在目标受众心中建立品牌。在强大的品牌张力下销售产品，"软销"的运用要求开发商具有强大实力，有雄厚的人力、物力、财力，能够持续较大投入，并对销售期在时间上不苛刻。事实上，这些对于大多数中小型房地产开发商来说较难承担。

（二）房地产广告文案写作要点

在我国广告行业中，房地产广告占据着很大的市场份额，甚至在很多地区的广告市场上占据主导地位，其策划、运作、创意、制作等环节都具有很强的专业特性。房地产广告的创意与写作在承载房地产广告的生命和展示房地产广告魅力的职责同时，还作为房地产营销传播中的重要环节联系着房地产前期推广和中后期销售。现在很多房地产广告墨守成规、因循怠惰。消费者打开报纸翻开杂志时，看到的是同样脸谱化的画面、同样语气的文字、同样的版式设计……千篇一律的广告正在把消费者的阅读变得枯燥化。为了避免这一误区，在房地产广告文案写作过程中，我们要注意以下几个方面：

1. 定位差异化

房地产产品在自身领域内有着明显的层次和类型的区分，因此在房地产广告创作中，更应该强调"定位"的重要性。所谓"定位"就是通过市场调研、市场细分之后，对房地产项目进行市场定位和目标市场定位，其中市场定位包括项目定位、品质定位、客源定位、房型和面积定位、价格定位等。在了解和确定了房地产产品的市场定位和目标客户是谁之后，根据房地产产品的特性和目标客户的特性，界定广告创意的内容和形式，做到有的放矢。广告的主题决定项目的形象以及推广的思路。针对不同项目的特质，采用在不同阶段推出不同主题的基础上，始终给项目全局一个大的、保持不变的主题定位。定位往往反映一个新概念的推出，将它进行全新的注解，并根据项目的需要不断为其注入新的内涵和因素。

消费者购房的动机大致三种：居家、置业、投资。由于买房置业是人生一件大事，因此消费者购房时整体行为是理性的，深入分析消费者选择房产时考虑的因素，至少有十项：

（1）地理位置。
（2）升值潜力。
（3）交通状况。
（4）市政配套。
（5）生活配套。
（6）周边环境。
（7）建筑风格。
（8）物业服务。
（9）价格。
（10）户型。

以上也是房地产广告创作可以应用的诉求点。

一般常用的房地产广告定位，有配套定位、户型定位、物业定位、价格定位、个性定位、品质定位、文化定位等，但一定要切中市场，根据项目自身特色与消费群体的需求来选择。

（1）配套定位——引领消费，文案对小区的整体设计、规划要完整细致，将环境及配套银行、邮政、电信、学校、幼儿园、购物中心、交通等呈现给消费者，突出优势。硬件设施包括新材料、新工艺等。

（2）文化定位——卖的是一种生活方式。

（3）品质定位——人文氛围、好的邻居。

（4）价格定位——实实在在。价格在文案中作为主要卖点一定要清晰、实在。创意应用最平淡的直述，明明白白地介绍给消费者。

（5）风格定位——卖艺术氛围、卖生活梦想，实现广告中"虚"与"实"的有效结合。整体风格保持一致。

2. 选择恰当的表现形式

在确定了统一风格的基础上，形式应该力求新颖。包括整体的形式和具体媒体的设计和制作形式。

房地产广告的表现形式大体可以分为以下几种：

（1）硬广告。硬广告是广告的一般形式，具有广告的结构形式，诉求直接单一,目的明确。一般来讲,房地产销售过程硬广告是必不可少的。

对硬广告写作过程中有以下需要注意的地方:第一,凸显利益,"利益所在,关注所在"。每则广告要有明确的卖点,卖点突出。一般以突出一点为宜。例如:房型、地段、价位、投资是一些消费者比较关注的问题,在硬广告中应有所说明。第二,注重文字语言风格与版面设计风格的协调,图文并茂,相得益彰。第三,在附文中注意项目地址的明确性,不要任意夸大,注重细节的真实,从长远角度来看,树立良好的口碑终将化为企业品牌资产的积累。第四,一般来讲,房地产硬广告都是系列广告,需要在风格上保持"清晰、一致、持续",在细节上"求新、求异、求变",注重整体形象的一贯性,可以给人信任感。

(2)软广告。软广告又称"软文",是用新闻稿的形式来写广告文案。是配合硬广告而出现并运用的广告形式。它常常运用在房地产广告、汽车广告、药品广告中,是一种委婉表现广告功利性的广告形式。由于以新闻形式出现,容易博得消费者信任与关注,消费者往往不易觉察其意图。

撰写软广告有以下技巧:

①把握发布时机。软广告往往借新产品发布、新概念推出、评选获奖等为契机进行宣传。

②配合整体营销策略,有的放矢。软广告的发布不应游离整体策划,要配合整体宣传,这样才能软硬结合,浑然一体。

③配合新产品上市、促销攻关过程,软广告写作要确保数量,一般至少3篇。

④为确保权威性,尽可能列举相应权威机构公布的结果、权威人士证言。

⑤运用精确数字说话,有效利用数字对比,增强可信性和直观性。

⑥列举真实事例,加强新闻性。最好注明人物真实姓名、性别、住址、联系方式等。

⑦插入相关照片,图文并茂,生动可信。

⑧发掘软广告新形式,如通信、短信、知识百科、专家述评、读编往来、新品发布、试用感受等。

⑨注意排版格式。借鉴报纸的新闻版式,标题、字体、字号、线框、色彩等都要仔细斟酌,力求规范。

⑩确保标题出现品牌名称。

3. 创意信息化

广告创意是将一种市场思维和信息通过艺术语言表达出来的一个过程。我国房地产广告创意已经开始将对市场的考察研究和对卖点的提炼融入到房地产广告创意之中,其表现在强调对核心卖点和核心楼盘硬信息的提炼;强调核心卖点在文案和画面表现中的突出位置；强调楼盘硬信息在文案和画面表现中的有效传播。综观我国的房地产广告，其创意内容大致三类，即硬性信息、软性信息和感性信息。其中每一项中又包含四个类别。

(1) 硬性信息。

①强调地理位置的优越。当今社会，人们越来越强调生活的便利和交通的迅捷。所以，房地产楼盘所处的地段就往往成为房地产广告创意的切入点。

②强调周边景观特色，生态与自然是人们对居住环境的要求。房地产开发商对楼盘园林景观的规划和房地产广告创意人员对楼盘周围环境的挖掘到了不能再精细的地步。

③强调建筑名家的设计，为建筑品质提供实力保障。因为房地产产品才是消费者最终购买的目标，所以以建筑的品质为创意切入点也是很有效的。

④强调价格低廉、房地产产品的超值性。购买房地产产品往往是一项很大的投入，尤其对普通购房者来讲是人生的一件大事。因此，房地产创意以价格为突破口是很常用的。例如某房地产广告，标题为"贵族享受、平民价格"。

(2) 软性信息。

①强调企业集团实力与品牌。"品牌"的概念已经深入消费者心中，在房地产产业中，开发商的品牌优势可以为楼盘增值已经成为不争的事实。例如"万科"这一品牌在其许多广告中，"万科"这两个字已经作为创意在使用了。

②强调物业管理的优越。现代人购房不仅是购买住宅，更是在购买享受、购买服务。作为楼盘的"联体儿"，物业成为关系到人们居住体验的一个重要保证，房地产广告创意以其为切入点是符合消费者购买心理的。

③树立投资置业新观念。一般来说，购房者购房的目的一是居住，二是投资。所以把买房当作投资的这一部分人群是最容易被投资置业的新观念所打动的。

④强调名人推介效应。所谓名人为邻，彰显不凡。名人效应在房地产广告中大有用武之地。例如沈阳国奥现代城，以奥运冠军王楠在此购房为卖点进行了一系列营销活动。

(3) 感性信息。

①强调火爆的热销场面。这是创意人员针对消费者的从众心理制定的广告策略。

②进行入住业主访谈，真情实感娓娓道来。同为购房者，其经验会给消费者一种信任，更容易让消费者接受广告信息。

③凸显项目品牌个性，强调心灵交流沟通。这就是我们平时所说的"炒概念"，通过对房地产产品在精神层面的诠释来打动消费者的心灵。值得注意的是，

在创造概念时要避免滥用概念、虚构主题，不能完全脱离自身产品进行辞藻的堆砌。

④强调高雅生活品位。买房是为了提升生活的质量，从生活的角度来诠释房子，已经成为房产广告创意人员惯用的方法。

以上是房地产广告中较为常用的创意角度，也是房地产写作的创意来源。当然，生活是无限精彩与丰富的，只有更多地挖掘产品内涵，不断地提升观察生活、领悟生活的能力，才能探询到更多、更好的创意来源。

4. 语言个性化

语言是一种社会现象，随着社会的产生而产生，随着社会的发展而发展。社会生活中的新事物、新概念的出现，人的观念的更新都是经常发生的，随着这些变化的发生，社会生活就会不断地提出新的交际需求，语言必须随时对社会生活中的这些变化做出反应，才能使语言满足社会的需求。语言中与社会联系最直接的是词汇，词汇对社会发展的反映最灵敏，变化也最快。房地产行业在中国是发展势头最为迅猛的朝阳行业，与人们生活息息相关，因此，词汇的变化在房地产广告中表现得最为明显。社会生活中反映新事物、新概念、新观念的词语经常出现在房地产广告中，借此流传开来。

（1）新词语的来源。

①从外语里借用。房地产广告中出现的新词语，有很多是从外语"借"来的新词。具体地说，常见的"本案"，现在很多房地产的平面广告上都用"本案"两个字标明所宣传的楼盘。"本案"就是所在地的意思。现在常用于商品房标志地图上。在日本，凡广告上画了简单地图，指明该商场或商品房的地点，都在所在位置用明显标志注明"本案"两字。现已被商品房广告商引进。从日本借用的汉字词，不读日语读音而读汉字音。这也是从日语借词存在的一个便利条件。

从英语中借用的词更多，使用频率比较高的是 CBD 和 Townhouse。

所谓 CBD，是英文 Central Business District 的简称，最早产生于 20 世纪 20 年代的美国，由美国人伯吉斯提出，中文译为商务中心区或中央商务区。中央商务区在《现代汉语词典》（2002 年增补本）中的解释是"大城市中地理位置优越，汇集商贸、金融、证券、保险等机构，以互联网为纽带，集中进行商务活动的地区"。本来成为 CBD 有一定的要求，但是现在的人们都有一种浮夸的心理，所以很多城市都在建设 CBD，于是在很多地方的房地产广告中都有××楼盘位于"CBD 核心"的字样。比如某楼盘"经典生活"就有广告词："雄踞 CBD 民主广场珍稀位置，步行 500 米与天津街、人民路亲密接触。"CBD 成为房地产广告中的流行语。

Townhouse 是欧美国家的一种城市住宅形式,中文又叫联排别墅。起源于英国。"二战"以后西方国家由于工业化进程加速,大量的劳动力涌入城市,令城市日益拥挤,生活环境恶化,为了维持生活质量,一批志同道合的中产阶级开始在市郊建房,久而久之形成了 Town,这就是 Townhouse 的由来。

像 CBD、Townhouse 这两个词都有意译的汉语词,但是人们在平时使用中大多使用英语词,不经常使用"中央商务区"、"联排别墅",这一方面是因为英文读写比较方便,另一方面也是因为这些年外国文化大量进入中国,人们崇洋心理作祟,以洋为美。

②从方言中借用。普通话词汇以北方话的词汇为基础,但也从来不排除吸收其他方言中有表现力的词语。从方言中借用的主要是"南风"词语北上。吸收进来的"南风"词语并不能说一定有什么特别突出之处,但由于港台或粤方言地区的经济发展使之成了强势方言而很容易推广开来。

在房地产广告词中的"按揭",《现代汉语词典》的解释是一种购物的贷款方式,以所购房屋或物品为抵押向银行贷款,然后分期偿还。这个词源于粤语,先用于香港,"按"是抵押,"揭"是借贷。也有人说是"按"若干年份可以"揭"开住房这个盖子,就是指分期付款,多用于住房贷款,后来也逐步用于购置汽车及其他大型高额商品。

还有一个词"楼盘","楼盘"是兴建或出售的商品楼,包括单栋的住宅楼和成组的住宅楼群,起初也多用于香港地区。

③从其他行业借用。房地产广告中也有从其他行业中借用的,比如"开盘",这个词是从证券业借来的。"盘"来自算盘,旧时商店开门营业时店主喜欢将算盘珠拨得很响,以示生意兴旺,这就叫作"开盘"。现今证券交易将开市营业叫作"开盘",只是算盘已不再使用。房地产从证券业借用了这个"开盘"表示楼盘开始出售。

④利用原有构词材料构造新词。利用原有的构词材料构造新词是新词产生的重要途径。

有一个在广告词中泛滥的词"内部认购"。"认购"在《现代汉语词典》中的意思是应承购买(公债等)。现在用到房地产领域。所谓"内部认购",是指房地产商小规模、不公开地预售商品房,也可以叫作"内部职工认购"或"提前订购",是开发商在不具备预售资格前的一种变相销售方式。内部认购的商品房价格较低。每平方米比开盘后便宜一二百元,在价格的驱动下,有很多买房人士热衷于这种"内部认购"。而这种"内部认购"又可以加速开发商的资金周转,因此,现在的"内部认购"实质上已经成为了"外部认购"。这种行为是否合法有待确定,但到目前为止,"内部认购"这个词还活跃在房地产广告词中。

如果以后真的认定这种"内部认购"的行为为非法的话,"内部认购"这个词语在不久的将来也有消失的可能。"亲水住宅"、"东方威尼斯"也是用原有材料构造出的新词。从字面的意思理解就是"亲近水的住宅"、"东半球的水上名城",它们都是指建筑在水体周边的住宅,使人能够更加方便地接近自然水景。

⑤旧词新用。旧词新用主要分两种类型。一种是"旧词复活",另一种是"旧瓶装新酒",即赋予原词新的引申义,此种现象较为常见。

"高尚",原指人道德水平高;也指有意义的,不是低级趣味的。现在有了新意义,指住宅高雅时尚。于是有了"高尚住宅"、"时尚住宅区"。

"席位"在《现代汉语词典》中的解释是集会时个人或团体在会场上所占的座位。特指议会中的席位,表示当选的人数。现在"席位"这个词也能在房地产广告中经常见到。经常会看见某某楼盘"仅有少量尊贵席位"的字样。这里的"席位"很明显指的不是什么会场,更不是议会。这个"席位"应是从"座位"引申出的,意思上大致相当于位置。如果是商铺的房产广告,它指的就是铺位,如果是一般的单元房,它指的就是套房。

"公馆",始见于《礼记》,"公馆,君之舍也",诸侯将相的私邸豪宅。20世纪二三十年代,公馆融合中西建筑艺术,兴盛于上海,多建于城市核心地段,为身份显赫的达官贵人、将军名流的府邸。随着历史的积淀,公馆已成为一个时代豪华、尊贵与生活理想的标签,洋溢贵族文化气质。

"新贵",拥有财富,拥有最优裕生活方式;拥有品位,拥有体面的身份地位;拥有智慧、辉煌的事业追求,是令人仰慕的都市生活情调的代表。

"新贵生活",富有品位,善待生活,舒适怡人的家,成功但不张扬,轻松愉悦的生活方式。

"香榭丽舍",横贯巴黎东西的大干道,引申为巴黎商业中心,更是商业中心传统和现代的完美结合。在房地产开发中的使用则意味着奢靡豪华,指大园林、大景观。

"枫丹白露",法文原意"蓝色美泉",枫丹白露宫是法国皇家狩猎地。中文的枫丹白露由四个充满浓郁中国古典意味的诗词用字构成。同时构成森林、泉水、园林、宫殿的通感联想,寄托了某种人生态度、人生理想。如今,借鉴"枫丹白露"的皇家度假含义,屡屡被房地产中的别墅开发商借用。

"庄园",原是指欧洲人拥有的私人领地,里面种植葡萄、花卉或其他农作物。引申为一种田园牧歌式的生活,在房地产行业成为高级住宅的代名词。

"左岸",由塞纳河区分,将巴黎分为两岸,右岸凝聚着奢华宏大的文化象征;左岸则是贫穷作家与诗人的天堂,代表清贫的文化、年轻人的奋斗,是人文的气质。"左岸"在国内借用为一种符号,成为财富的象征,被房地产和咖啡馆所钟情。

"塞纳河",法国河流名。引申为精神概念的河,代表着从平民到精英的广泛认同、精神源泉。在房地产业中,被众多城中有河流流经的城市引用,并被河流沿岸房地产楼盘作为广告用语。

"威尼斯",意大利北部水城,商贸、艺术中心。引申概念意味着生活方式的亲水性,蕴含着海洋国度的涵养和文艺复兴的底蕴,意味着闲适环境和文化熏陶的双重生活,在房地产业常被引用为"东方威尼斯",指那些与水、河密切相关的城市。

(2) 新词的形式。

词的形式主要是字母词和固有词。房地产广告中出现的新词汇这两种都有。

①字母词。房地产广告中的字母词主要是纯字母词。纯字母词又分为缩写的和原形的。缩写的就像前面提到的CBD,原形的如上面提到的Tow nhouse。

②固有词。房地产广告中的新词汇里固有词占一大部分。固有词分为三种:缩略、派生、复合。

A. 缩略。由于社会生活节奏加快,当代的语言,无论是哪种语言,都出现大量的缩略语。在房地产广告中也不例外。比如"豪宅"就是"豪华的住宅"的缩略。"普豪"就是"普通豪宅"的缩略。还有现在出现的"五明设计",是指"明厨房、明餐厅、明卫生间、明客厅、明卧室",这是表述概括形式的简称。

B. 派生。派生法即词根加词缀的方法,也有两种。一种是词根在前词缀在后,比较典型的是"××版",经常有楼盘广告打出"绝版"户型、"豪华版"楼盘、"精装版"小户型等。"版"在《现代汉语词典》里有四个意思。第一个是上面有文字或图形的供印刷用的底子,从前用木板,现在用金属板。第二个是书籍排印一次为一版,一般可包括多次印刷。第三个是报纸的一面叫一版。第四个是筑土墙用的夹板。而在这里是样式、类型的意思。现在已经可以算是类词缀了。另一种是词缀在前词根在后,如类词缀"超",现在的人们浮夸心理已经到了一定程度,"好"还不够,一定要"超",什么都是"超一流"、"超豪华",楼盘的设计、装修也要"超水准","超"也演变成为一个类词缀了。

C. 复合。复合法造的词比较多。汉语词汇的一个特点就是广泛运用词根复合法构造新词。像"新锐标志","新锐"是新而有锐气。"新锐标志"从结构上说是偏正结构。就是"新锐的标志";还有"新盘",是指新近推向市场的商品房,也指设计风格较新的商品房。还有"复式住宅",是一种住宅结构,内部的局部空间分为上下两层,有楼梯相连。"复式住宅"以外还有"错层式住宅"、"跃层式住宅",都是指住宅结构。

(3) 词出现的原因。

①词汇的活跃性。词汇的活跃性是语言结构系统各要素中最易变化的一个要素，它总要随着社会的变化而变化，一旦社会上有新的事物出现，就要有相应的新词语出现。社会发展，出现了新的事物，因此有必要用一个新词来表达。

我国改革开放以来，社会生活发生了很多变化，新事物、新概念层出不穷，人们的思维成果也越来越复杂、精密，这些都会不断地对语言提出新的要求，推动其不断地丰富自己的语汇，不断地使自己的表达方式精确化、多样化，以适应社会发展的需要。这种情况首先明显反映到词汇上。随着"温饱"问题的解决，现代人对住宅的要求越来越高，不只要能住，还要住得好。住宅的绿化也成为买房的一个重要参考因素。但是，地皮是有限的。于是，出现了"屋顶花园"，它是建于房屋顶部的花园，多铺种小规模草坪，栽种花木或附有小型建筑，供人们休息、观赏，是城市立体绿化的组成部分，也称"空中花园"。

过去的人们，工作就是工作，住宅就是住宅。现在则不同，出现了"商住住宅"。它是一种住宅形式，居住者居住的同时又能从事商业活动，是 SOHO（Small Office Home Office）居家办公理念的一种延伸。它是住宅，又融入写字楼的许多硬件设施，具有良好的计算机网络功能，适合于小型公司及经常使用计算机网络的人群。

以前的楼盘大多比较零散，现在又出现了"社区"，是指城市里相对独立、配有成套生活服务设施的居民住宅区。现在的社区大都是封闭式的，配有保安等，居民的人身安全、财产安全更有保障。

②求新求变的心理。有一部分新词，它们的出现是为了迎合人们的某种心理。同时，潜在用户的"虚荣心"也成为房产从业人员、行销人员万众一心的标的。因此在房地产广告中往往将词语生疏化、陌生化、艰涩化、学术化。如"文澜尊邸"、"卧波苑自然演绎高贵湖畔豪宅卓然之境"。"邸"本为高级官员的住所，而"苑"则是养禽兽植林木的地方，旧时多指帝王的花园。

(4) 新词的规范。

新词的出现总是有它的原因，但是，新词出现后也需要加以规范。词语的规范就是要把那些符合语言发展规律的新成分、新用法肯定下来并加以推广，对那些不符合语言发展规律，且又难以被社会公众接受的成分和用法加以剔除。现在的房地产词语也有许多需要规范的问题。有的词缩略不当。如"尊极车位"中的"尊极"表义不明确。楼盘"汐岸国际"用大胆的广告语"生活不在家"和近期推出的"生活在选择"引起了很大的争议，成为人们关注的焦点话题。"生活不在家"广告语立意十分新颖，会马上吸引人们的注意力，但不足的地方反映在让人不好理解，如果不是通过电话咨询以及到现场参观，就单凭这句广告语一时很难让人理解。

但房地产广告语言的个性化是整个项目个性化品质的具体体现，应该说这是整个房地产行业发展中的一种积极的现象，房地产广告语代表了一种新的生活价值观和居住的设计思维，这种现象应该给予正确的引导和评价。对于房地产广告中的新词汇，根据词语的发展规律和词语社会功能的要求，应供社会公众参考，而后进行公开和广泛的讨论，听取各个方面的意见，在此基础上逐步产生能够为社会公众认可的规范词语，如条件比较成熟，就可以由某个权威机构提出具体的规范意见，再通过大众传媒等渠道向社会推行，以保障新的词语能够向着健康、完善的方向发展。

（5）相关法规。

写作房地产广告文案时，广告文案人员在掌握《广告法》等广告业法律法规外，还应对《产品质量法》、《反不正当竞争法》、《消费者权益保护法》等相关法律、法规有充分了解。除了遵守《广告法》中"真实、合法"、"不得含有虚假的内容，不得欺骗和误导消费者"等一般规则外，还应遵守房地产业有关的法律法规如《城市房地产管理法》、《城市房地产开发经营方案条例》、《房产销售管理办法》、《消费者权益保护法》、《房地产广告发布暂行规定》、《商品房销售管理办法》中的部分条款等。

目前房地产虚假广告文案问题严重，而房地产广告法规建设的亟待完善，也造成了表述困难。

例如对装修装饰的广告表述、投资项目的广告表述存在表述困难的问题。《广告发布规定》第十三条第二款规定："预售、预租商品房广告，不得涉及装修装饰内容。"按此条款的表述，预售项目不得提及装修装饰内容，但随着购房者要求的日益提高和市场竞争的日益激烈，一方面有关部门已提出今后将不再允许销售纯"毛坯房"，另一方面越来越多的项目从房屋档次和今后的装修扰民等问题考虑，在开发时已确定了房屋带精装（房价中已含有这部分装修的价值），这些房屋在预售时，如果不提及装修装饰内容，就无法说明房屋入住后的真实状态，也不能如实反映所售房屋的价值。但如果提及装修装饰内容，又与本条款冲突。

《广告发布规定》第十六条规定："房地产广告中不得出现融资或者变相融资的内容，不得含有升值或者投资回报的承诺。"这一条款主要是从金融管理和避免开发商对投资性购房者以虚假广告诓钱而制定的。但"不得含有升值或者投资回报的承诺"未作更详尽的规范和说明。随着经济水平和房产市场的发展，以投资为重点的公寓和商住项目出现并增多，开发商在对这类项目进行广告时，要既有投资性质说明，又不能做任何的回报承诺，很难操作。

(三) 房地产广告语写作方向

1. 海景概念

海洋以其博大的胸怀、壮观的景色给人类带来诱惑和渴望,人们对拥有海景居住环境有着强烈的欲望。现代工业文明破坏了原有的生态环境,人们厌倦了都市的摩天大楼和车马喧哗,渴望返璞归真,于是大海成了人们的好去处。深圳位于南海边,地理位置得天独厚,海景概念自然被地产商利用得淋漓尽致。

让你看海直到永远——海滨广场
华侨城顶级全海景花园——锦绣花园
21世纪智慧型海景豪宅——汇景豪苑
海景无限优美,居家赏心悦目——锦隆花园
深圳维多利亚式全海景高层豪宅——京光海景花园
醉人的海韵情怀,尊贵的欧陆风情——御海湾山庄
纯正欧美海岸度假景观,坐拥欧美海滨别墅,俯瞰大海超然人生——金海滩度假别墅
宽广花园环境,无限开阔海景——金海湾花园

2. 绿色健康概念

21世纪是绿色的世界,生命源于绿色,也必将走向自然。随着人们生活水平的提高,人类对生活的要求也越来越高,人们不仅要满足温饱的需求,还要追求一种绿色健康的生活。

大自然里的温馨家园——半岛苑
21世纪健康家园——汇锦名园
澳洲山庄,给您长寿20年——澳洲山庄
健康就在家门口——广州奥林匹克花园
阳光、沙滩、海浪、仙人掌,还有一片红树林——爱琴居
阳光灿烂的日子——中城康桥花园
市中心超规模度假式园林社区——云顶翠峰
都市里的田园度假村——中海怡翠山庄赛乐园
观山听雨翠雅居,明月无声入梦来——翠雅居
做个山里人,身体更健康——雍翠豪园

3. 智能生态概念

科技在发展,社会在进步,21世纪是智能化的时代。仿佛一夜之间,互联

网变得无处不在。生意场上,谁能领先一步,谁就能赢得商机无限。"呼机、手机、商务通,一个都不能少",这是一种快捷便利的竞争社会。试想,静坐家中,一杯清茗,轻轻一点,即刻与世界沟通。宽频上网,远程抄表,网上教育,闭路监控……让你足不出户,一切尽享安然轻松。

> 21世纪智能化生态家园——翠海花园
> 时空花园,天地中央——中央花园
> 都市人的生态家园——广地花园
> 21世纪生活概念空间
> 如诗如画的居住理想,现正优雅开放——丽江花园
> 10兆宽频,自由自在全在线,华强北智能商住公寓——阁林网苑

4. 地铁概念

地铁是一个城市最高效的交通工具,它是一个城市高度发达的标志,也是一个城市经济实力的象征。地铁的修建,能将城市土地的利用率大幅度提高,能够加速城区的建设,加快人们的生活节奏,缩短城郊的距离,减弱城郊的差异性。地铁沿线将成为人流、物流、资金流、信息流强度最大的地段。一般地铁的线路规划,总是将交通枢纽和城市黄金地带联系起来,诸多商业金融区、政治文化区和大型社区串联成紧密的黄金商业线。

> 地铁网络时代,繁华都市生活
> 地铁通到家门口——彩福大厦
> 东门真正地铁上盖大商场;势做东门平价铺王——新2000年广场
> 地铁上盖往来如风——富怡雅居
> 地铁——畅通无阻大干线——天安高尔夫海景花园
> 未来人流、物流、经济流汇聚之地,地铁上盖升值在即——保利城花园

5. 质量品质概念

"百年大计,质量为本",产品取胜市场的最根本是源于它内在的品质。对于房地产行业,不管是漂亮的楼盘外装,还是强大的广告宣传,软件背后是硬件,最重要的要素是楼盘建筑质量好,这是购房者最基本的要求,也是开发商最基本的市场行为。无论是知名开发商自我标榜的品牌效应,还是与中建三局、建厂局等国字号超强施工企业的捆绑营销,无非就是告诉客户楼盘的质量信得过,给客户以信心,值得购买。

享受源于品质,艺术尽在生活——艺术心殿
延续传奇品质,再创精品典范——鸿湾半岛
以艺术打造外型,以品质建构内涵;拥有品质便是一种高贵——天健名苑
再创深圳高尚家居典范——百仕达花园
给你一个五星级的家——碧桂园
超前30年的美丽家园——创世纪滨海花园
价值、超值,值得你去追捧——共和世家
保利品质,恒久魅力——保利花园

6. 公园概念

都市的上班一族每日都在钢筋大厦的牢笼里忙碌,梦想都市中有一块宁静的居处是大多数人的渴求。公园是公共的社会活动空间,是都市人休闲的好去处。放眼绿色生机,满目郁郁葱葱。傍晚时分,与亲密伴侣携手相约,或花前低语,或林中小憩;周末午后,携爱子或踢球嬉戏,或放飞风筝,怎不让人涌起家的温馨和甜蜜。

坐享中心区28万平方米绿色生态家园——城市绿洲花园
独占市中心区首席绿色特区皇岗公园——云顶翠峰
家住中山公园旁,连空气都甜——中山颐景
给你一个带公园的家——宝珠花园
三大公园环抱的家——桃源居
公园里的住宅典范——共和世家
醉人的海韵情怀,尊贵的欧陆风情——御海湾山庄
纯正欧美海岸度假景观,坐拥欧美海滨别墅,俯瞰大海超然人生——金海滩度假别墅
宽广花园环境,无限开阔海景——金海湾花园
轻柔海风,宁静家园——碧海天

7. 艺术教育概念

有人预言:21世纪是教育年。人类进步需要不断创新,不断汲取知识。教育提升人的素养,艺术提升人的内涵。从最初的扫除文盲到现在的本科、硕士文凭;从山村小学到名牌高校,我们要受到更高的教育才能掌握更多的知识。一切从小孩抓起,这是父母对孩子的责任,也是社会对一辈人的要求。敏锐的发展商早已意识到这一点,于是开发楼盘大打文化教育牌。众所周知,在商场经营中,

女人和小孩的钱是最好赚的,看起来,在房地产营销中,动动女人尤其是小孩的主意也是很有效的。

"豪"的概念全新演绎,"生活艺术"活现眼前——东海花园(第二期)

活到老、学到老,入住星海名城,就读北大附中(幼儿园、小学、中学),享受中国一流名校教育——星海名城

深圳国际幼儿园、高级小学、高级中学、深圳外国语小学等名校林立,成就品牌教育——翠海花园

滨海音乐家园——浪琴屿花园

孩子好,才是真的好——长安、长泰花园

8. 中心区概念

都市中心,世外桃源——天安高尔夫花园
中心区旁最大型绿色滨海社区——金海丽名居
市中心首席绿色家园——云顶翠峰
小的、好的,也要中心区的——彩天名苑
推开中银的窗户,放眼中心区的未来——中银大厦
到中心区商圈赚钱——彩福世纪商城

9. 山景、水景概念

"一窗山水,亲山、亲水、亲自然"——文伟阁
"一切,因水而永恒"——洛涛居
"东方破晓时,湖光山色现"——东湖大厦

二、酒业广告文案

在各个国家,酒都有同样的文化与历史象征意义。酒类广告文案往往以酒的生产历史作为创意出发点,除此之外,品牌、产地、历史、口味也是创意形成的方向,也有酒类广告文案将酒与受众的感受相联系,营造一种温馨、热烈、沉静、庄严的氛围。消费者的个性也常常在文案中体现。

文化、历史、时间、个性品位、情感寄托是酒类广告恒久不衰的主题。

(一)文化方向

在世界各个国家,酒都具有浓厚的文化象征意味,将文化内涵融入品牌,形

成文化上的品牌识别,能大大提高酒类品牌的品位。珠江云峰酒业推出的"小糊涂仙"酒,借"聪明"与"糊涂"反衬,将郑板桥"难得糊涂"的名言融入酒中,由于把握了消费者的心理,将一个没什么历史渊源的品牌运作得风生水起。

（二）历史方向

生产历史和贮存年代是消费者判定白酒和葡萄酒品质的重要标准。因此,历史也成为酒类广告的一个典型诉求点。泸州老窖公司拥有始建于明代万历年间（1573）的老窖池群,所以总是用"您品味的历史,430年,国窖1573"的历史定位来突出品牌传承的历史与文明。

（三）时间方向

将产品的创牌时间或酿造时间作为卖点,彰显产品生产过程的复杂和漫长,也是很好的表现。

案例：长城葡萄酒——表现10年的酿酒历程
3毫米的旅程,一颗好葡萄要走10年
3毫米,
瓶壁外面到里面的距离,
一颗葡萄到一瓶好酒之间的距离。
不是每颗葡萄,
都有资格踏上这3毫米的旅程。
它必是葡园中的贵族;
占据区区几平方公里的沙砾土地;
坡地的方位像为它精心计量过,
刚好能迎上远道而来的季风。
它小时候,没遇到一场霜冻和冷雨;
旺盛的青春期,碰上十几年最好的太阳;
临近成熟,没有雨水冲淡它酝酿已久的糖分;
甚至山雀也从未打它的主意。
摘了35年葡萄的老工人,
耐心地等到糖分和酸度完全平衡的一刻才把它摘下。

（四）消费者个性与品位方向

喝什么样的酒也代表着消费者的个性与品位,以及与消费者的身份、自我认同、社会地位密切相关,此时品牌就成为消费者自我表达的一种载体和媒介。酒业品牌还常常融入消费者的生活中,使品牌更加生活化。如青岛纯生啤酒的"鲜活滋味,激活人生"给人以奔放、舒畅和激扬的心情体验;云南印象酒业公司推出印象干红的广告口号为"有效沟通,印象干红",赋予品牌在人际交往中获得轻松、惬意的交流氛围,从而达到品牌诉求的效果。

三、餐饮业广告文案

对于现代人,外出就餐已经不是纯粹为了果腹,而是为了享受美食和体会一种与家庭氛围完全不同的氛围。美食、格调、气氛是餐饮服务广告的三大诉求重点。主要有以下八种方法:

(一)展示地方风味

有些人就餐就是去品尝独特的地方小吃,感受传统的地方风味,因此这类广告要以饮食的地方特色为主要诉求内容,吸引远方的客人来品尝。例如:

欧陆风情,诗韵醉人——欧陆风情酒店

(二)展示独特风格

对于外来的餐饮项目,如开设的全国各地的四川饭店等,广告文案要结合当地饮食习惯,并强力宣传自身风格和传统美味,以吸引当地消费者。例如:

正宗潮州菜,享誉大上海——沪上酒店
品一品,尝一尝,欢乐在东风——东风酒店
繁星点缀的江畔,火树银花鲤鱼门——鲤鱼门酒店
集传统名菜海派风味之精华,融中国烹饪现代美学于一体——海派大酒店

(三)展示老字号风格

对于本地餐饮行业,广告文案要以老字号等历史和文化因素来吸引当地人和外地人,为企业建立较好的信誉和形象,形成口碑效应,同时形成长期的习惯性消费。例如:

绘出民俗风情的新画卷,开创美食娱乐的新天地——民族酒店

(四)展示历史文化

还有的餐饮业广告以文化取胜,将历史名人或历史事件作为诉求点,形成核心竞争力。例如:

昔日帝王居，今日贵宾楼——南山宾馆·贵宾楼
京都东来顺，今日来天宫；独行涮羊肉，闻名美食——天宫酒店

（五）展示服务特点

有的饭店是以服务取胜，强调服务的全面周到、舒适实惠，物有所值。例如：

到深圳，住新兴，驾车来，免费停，真实惠——新兴大酒店

（六）迎合吉祥、炫耀心理

迎合人们心理，用好运、幸福、和睦等词汇来唤起顾客的好感，用尊贵、重要、自豪等词满足顾客的自我体现，让其体会到主人的感觉。

（七）激发情感向往

以人间亲情、友情、爱情、乡情为诉求内容，引起人们对情感的向往。

案例：兄弟大饭店
我们的心，永远记得故乡的口味。
一如我们的脸，总是重复读着故乡的书信。
我们的眼，永远辨得出故乡的口味。
一如我们的脸，总在梦里，对着故乡的亲人。
我们的嘴，永远熟悉故乡的口味。
一如我们的心，
总像流云，朝着故乡的方向，
我们的舌，永远恋着故乡的口味。
一如我们的心，
总在夜里，缅怀故乡的亲友。
4个月，4年或40年，转瞬消逝了，
或许，故乡的人、事、物，已不复往昔，
但是，熟悉的乡味与乡思，
依然扣人齿颊，怀念不已。
兄弟大饭店

（八）展示优美环境

以优美的环境为诉求内容，获得顾客的认同。

案例： 汤泉高尔夫凯泉度假酒店
标题：大隐于野，岁月增添价值——汤泉高尔夫凯泉度假酒店
正文：
人生有许多现代生活的抉择，
等待着决定。
"但千万别在城市里下决定。"
松下幸之助有次对着13000位松下同人说，
"应该到自然中去！"
雅致的生活，或许是摩天方厦里的斡旋帷幄，
或许是宝车名饰的簇缀荣显，
但一定是充分享受阳光、空气和水……
如果人类居住的现代化只能换来淡漠和冰冷，
那么它将一钱不值。
家是内心的归属，
而真诚的关怀和亲切，
是疲惫的心灵最好的抚慰。
或许会出现在新闻上，
或许相会在高峰论坛上，
就这样的不期而遇，
一个微笑，一声问好。
不同的世界观，
相近的学识，
汇聚成商战里的智慧河流。
高山，流水，飞鸟，叶落。
大自然的情致，
亦是人生的乐趣，
原来生活可以如此
从容。

四、食品业广告文案

食品广告有的以理性诉求为主，一般以介绍产品构成、功能为主，如保健食品、绿色食品等。此类食品广告在文案写作上一是尽量提供产品的权威认证，二是说明详尽、清楚、要点明晰，三是尽可能地运用真实案例来验证产品功效，说

理与实例相结合,有效打动消费者。

有的则采用感性的方式,做快乐、健康、生活化的表现,既让消费者产生情感共鸣,又能保持自我个性的感性特征,从而积极塑造产品的品牌形象。具体而言,在食品广告文案写作中,可以朝着以下方向进行文案的创作。

(一)快餐概念

广告要灌输快餐概念,说明快餐给繁忙的人们带来的便利和好处,强调产品的快餐节时、方便、随意等卖点。

如康师傅的广告文案:

平常演出总是挺忙,吃方便面那是经常的事。我总选择康师傅香辣牛肉面。哎呀,那份痛快的辣呀,就跟四川老家的一样。筋道的面条、香浓的味道,令人回味无穷。还有不同的辣味选择,嗯,都是同样的精彩。香喷喷、火辣辣,康师傅香辣牛肉面。

(二)强调文化

中国饮食文化对外来饮食者是很有吸引力的。外国饮食文化也逐渐进入中国,中国人对外来食品的异域口味也表现出较强的偏好。

案例:台湾黑松汽水"灵药篇"的系列平面广告文案
(一)爱情灵药
温柔心一颗,
倾听二钱,
敬重三分,
谅解四味,
不生气五两,
以汽水服送之。
不分次数,
多多益善。
广告语:用心让明天更新。
(二)工作灵药
热心一片,
谦虚二钱,
努力三分,
学习四味,

沟通五两，
以汽水服送，
遇困境加倍用之。
广告语：用心让明天更新。
（三）生活灵药
水一杯，
糖二三分，
气泡随意，
以欢喜心喝之，
不拘时候，
老少皆宜。
广告语：用心让明天更新。

（三）注重天然
现代人更关注个人健康和食品的美味。个人健康关系到食品的环保和营养，于是绿色食品受到消费者的青睐。人们追求纯天然和绿色，对纯天然食品趋之若鹜，对食品生产流程非常关注。

（四）口味诱惑
传统饮食文化讲究色、香、味、器、形。在广告文案中也要注意突出这些元素，以满足人们对食品的感官要求。

案例：南方黑芝麻糊电视广告文案
小时候，一听见芝麻糊的叫卖声，我就再也坐不住了。
一缕浓香，一缕温情。
南方黑芝麻糊。

（五）保健价值
现代人更关注个人健康和食品品质。广告文案要强调食品的低糖、低热、低脂、少盐，迎合人们对健康的要求。

（六）历史要素
人们在消费食品的同时也是在消费当地文化。针对这种心理，有些食品广告把食品所蕴含的文化和历史作为诉求主题。

（七）情感投入
广告中的感情投入关系到人们消费时的心理感受。因此，有些食品广告通过加入情感因素,给食品以附加价值。如月饼讲究团圆,面条讲究长寿,水饺意味着节庆等。

案例:月饼广告文案
中秋之月,
曾几何时,人们已不再把吃月饼当作解馋的享受。
然而,它像临近十五的月亮那样,
召唤着背井离乡的儿女,
催促着久别思念的亲人。
金秋月下尝一口,
团圆桌上献一盒,
甜了人心,亲了人意。

(八)流行时尚
随着社会进步和生活水平提高,人们更关注食品所体现出的流行时尚。

案例:"七喜"广告文案
标题:七喜(7UP)——非可乐
比可乐更胜一筹,
新鲜、纯净、爽口。
不含过多的糖分。
饮后没有异味。
具有可乐的一切优点,并且比它们更多。
七喜,非可乐,唯一的非可乐。
广告语:新的生活时尚的倡导者。

(九)营造生活化的氛围
如喜之郎果冻在广告中推荐"工作休闲来一个,游山玩水来一个,朋友聚会来一个,健身娱乐来一个",让人在这些快乐和喜悦的场合想起喜之郎,使消费者在产品的使用过程中能体会出一种良好的、令人惬意的生活气氛、生活情调、生活滋味和生活感受,从而获得一种精神满足,使品牌更加生活化。

案例:三叶葡萄干文案
标题:总会有惊喜的新点子

正文：
三叶葡萄干配上烧烧豆花里，好棒！好棒！
三叶葡萄干和着暖呼呼的汤圆吃，好喜欢！
三叶葡萄干自己一个人吃，好过瘾！
三叶葡萄干和朋友一起分享，好快乐！
千变万化的吃法，随心所欲的乐趣，
无论怎么吃，
三叶葡萄干都一样好吃。
吃三叶葡萄干，
你总会有更令人惊喜的新点子。
广告口号：简明人永远有新吃法。

五、医药业广告文案

医药广告是医院及药品企业在市场竞争中不可或缺的重要竞争手段，医药广告文案的质量直接关系到医药广告的效果，因此文案具有相当重要的地位和特殊的重要意义。成功的医药广告在文案写作上有这样几个方向可以展开创作：

（一）理性诉求

人们在购买药品的时候往往很理性地进行对比选择，确定最适合自己的药品和医疗单位。所以在写作医药广告时，一定要摆事实讲道理，从理论上简要地说明药品的性能和适应症状。

1. 药品信息型

通过摆事实、讲道理，展示药品的功能和特点，从理论上对消费者产生影响，激发他们的逻辑思维，达到说服的目的。

案例：排毒养颜胶囊的广告文案

健康人的脸色，一般是红润而富有光泽和弹性。但是，当毒素侵害人体，面部就会出现如痤疮、颜面色斑等症状，或是脸色苍白、枯黄、面色无华……想要拥有健康人的脸色，当然先要进行排毒调理。

排毒养颜胶囊，通解调补，专业排毒。一方面，通过通补结合、升降得宜的处方配伍，排出、解除体内毒素，调理人体紊乱的代谢；另一方面，通过调节机体状态平衡，使气血流畅、阴阳平衡，使皮肤血液增多，皮肤细胞活力增强。从而达到调内养外，促进身体健康平衡的目的。

脸色红润象征健康与魅力。

脸色好，人更好，生活更轻松！

现在开始，认准属于你的"专业排毒"品牌——排毒养颜胶囊。

2. 解除病痛型

如果广告从患者病情入手，引起患者对广告的兴趣，然后切入广告正题，介绍药品的功能，帮助患者解除病痛，就能获得患者的认同和接受。

案例：午后三点半，怎么办？

滴答……滴答……壁上的时钟毫不留情地走着，老张额头上的汗珠也越流越多，打电话四处求救兵，却均无结果，眼看三点半就快到了，怎么办？

对许多工商界人士而言，午后三点半是最敏感的时刻，调头寸、轧票子，急得团团转，真如热锅上的蚂蚁。

在工商业社会，由于处处讲究时效，分秒必争，锱铢必较，因此弄得人人紧张，无怪乎喊头痛的人也越来越多了。头痛有损健康，更阻碍事业，因为失眠、倦怠、注意力不集中、食欲不振、心神不宁等现象也常与头痛相伴而来，对您的为人做事都会产生不利的影响。

午后三点半如何过关？我们恕难给您一个满意的答复。

但是若您有了头痛的麻烦，我们却能给您提供一个绝佳的对策——

由必治妥大药厂精心研制的百服宁具有两大特色：

A 不含剧药（如比林系、咖啡因等），是不会危害人体的镇痛良药。

B 独具必治妥大药厂专利的 ADA 成分，能促进吸收，迅速渗入血液，发挥疗效，且对胃酸有缓冲效果。

百服宁治头痛效力快，是您的锦囊妙"剂"！百服宁保护您无痛、健康、快乐！

（二）感性诉求

医药广告越来越多地运用形象策略，利用树立良好的品牌形象来影响消费者，采用感性诉求方式与消费者进行有效的沟通，在感情上产生共鸣，让消费者感到广告是在真心实意地为他着想，是在为解除患者病痛而努力。

（三）企业形象

树立企业形象，让形象深入人心。消费者认同了企业形象，也会认同企业的医疗服务和产品。

案例：安利的广告文案

主标题：一个待人以诚的真实故事

副标题：得了全世界的钱也未必快乐，看着别人一天一天好起来，心里却有着无限的满足

正文：余先生夫妇加入安利已逾10年，是安利大家庭中的长辈，他们的长者风范温暖着每个人的心。最初，余太太加入安利当直销员，任职商行经理的余先生曾为此大表反对，认为不值得为那些"鸡毛蒜皮"的酬金而累坏了身子。但余太太的想法却不一样，她说加入安利不全为钱，能够帮助他人达成心中理想，才是最大报酬，目睹自己朋友的生活得以改善，心中的喜悦实在难以形容。他们待人以诚也赢得了别人的爱戴：有陌生的安利朋友在滂沱大雨中递上雨伞；有家在别处的直销员特意登上他们搭乘的班车，为的只是短短车程的片刻交流……这些种种，都丰富着余先生夫妇的人生，更叫他们立志坚守安利的事业，10年如一日，永不放弃。

广告语：接触真诚，同享丰盛。

第十三章　企业广告文案与策略

一、广告传播模式与广告策略

（一）拉斯韦尔的"5W"模式

拉斯韦尔认为，整个传播流程分五个部分，即"5W"，谁（Who），说什么（Say What），通过什么渠道（in Which Channel），对谁（to Whom），达到了什么效果（With What Effect），而且，这五个部分从功能到结果，是按顺序排列的，呈现出一个线性流程。

（二）广告传播的基本构成要素和环节

广告作为一种大众传播模式，同样也遵循传播模式的基本规则。一个基本的传播过程主要由以下要素和环节构成：

1. 传播者

（1）传播者的概念。传播者又称信源，即信息发出者。在广告传播中，传播者主要指广告信息的发出者，即广告主。

（2）传播者的含义。在广告传播中，传播者包含两个含义：一是各类型的企事业单位；二是市场中的各种产品。因此广告策略需要考虑两个方面：一是企事业单位的形象，即企业品牌形象；二是具体产品的特性。

2. 受传者

（1）受传者的概念。受传者又称信宿，即信息接受者。在广告传播中，受传者指的是广告受众，是指广告信息的接受者。

（2）受传者的含义。在广告传播中，受传者包括两层意思：一是指通过媒介接触广告信息的人群；二是指广告的诉求对象，即广告的目标受众，也称目标消费者。

目标消费者是广告传播策略中备受关注的一个概念，既是广告传播策略的起点，也是终极目标。从受传者这一环节来看，广告传播中最重要的就是明确"对谁说"，才能做到"有的放矢"，使传播的效果最大化。

要最有效地达到广告传播的目的，关键在于有多少目标消费者接收并认可所传达的信息。因此，了解消费者的行为和心理，包括深层的行为和心理，对于广告人来说异常重要，由此也衍生出营销。广告文案创意人员则希望通过"消费者洞察"，在创意表现中将消费者作为一个鲜活的、有个性的人进行把握。

3. 信息

在广告传播中，信息指的是广告主希望传达给受众各种内容。在了解我们需要对什么人说话之后，就要考虑跟他"说什么"才能最好地传达品牌信息，实现传播目的。

一般来说，一个广告信息有可能包括产品的各种信息，但是消费者的接收能力有限，因此你要尽量言简意赅，将广告信息集中在一点上，即"诉求重点"。同时，在众多广告信息当中，消费者最关心的是产品能给他带来什么利益，因此广告信息要重视"消费者利益"。

广告的传播策略必须从目标消费者的需求角度去制定。"说什么"的环节也是广告人为诉求对象制定传播策略，进行文案创意（传播上是一个编码的过程）到获得消费者认同（译码的过程）的关键。实现这一过程需要拥有共同的心理信息基础（共同符号准备），广告创意过程的"如何说"也包含其中。如何与诉求对象沟通品牌信息，则是从广告策略到创意表现的必由之路，也是整个广告创意部的工作重心。

4. 媒介

媒介即传播渠道。在现代广告传播中，媒介既指传统的大众传播媒介，如电视、报刊、广播等，也指新兴的传播媒介，如互联网、手机、户外路牌、楼宇电视。从整体的传播流程看来，传播者自身特点、传播对象差异、具体传播内容都会影响传播媒介的选择。选择不同的媒介或是媒介的组合，实现最佳传播效果，就是"媒介策略"的内容。技术的发展直接影响品牌传播的媒介策略选择，而媒介策略对广告文案创意的表现内容和风格有着重大的影响力，文案创作必须服从不同媒介的功能和类型。

5. 反馈

反馈是指受传者对接收到的信息的反应和回应。目标消费者接收到广告主所传达的产品信息以后，总会产生各种各样的反应，如何对这些效果进行有效的监控，是广告传播中重要的一环。一方面，广告策略应该考虑到消费者的反应，并制定相应的广告目标；另一方面，在传播过程中对消费者的反应实施监控，以便调整传播行为。也就是说，广告公司的策略系统往往包括广告效果的测试和市场效果反馈分析，除了获得数据的统计指标外，目标消费者对广告文案和整体创意表现的反应会给创意人员带来新的经验和灵感。

（三）广告战略与广告策略

1. 广告战略

广告战略是广告主对广告策略的宏观把握，它经过周密的调查研究，从战略的眼光出发为企业的长远利益谋划，为产品开拓市场着想。广告战略是在对企业内外部条件、市场、产品、消费者进行全面深入分析的基础上，配合企业整体营销目标而制定的长期的、全局性的广告指导方针。

2. 广告策略

广告策略是在广告信息传播过程中，为实现广告战略目标所采取的对策和应用的方法、手段。

3. 广告策略与广告战略的关系

广告策略与广告战略的关系体现在：广告战略是广告策略的指导，广告策略是广告战略的细分和措施。具体而言：

（1）广告战略是带有方向性的，而广告策略则是为实现战略目标而采取的手段和方法。

（2）广告战略是全局性的，而广告策略仅仅是一个组成部分，广告策略要服从广告战略。

（3）广告战略在一定时期内具有相对稳定性，而广告策略则具有更多的灵活性，广告策略是保证广告战略实现的基础。

（4）在具体的广告活动中，广告策略的表现形式是独特的，广告目标、诉求重点、媒介策略就属于具体的策略思考的范畴。

在诸多策划中，"表现策略"有特别的地位，它既必须长期配合品牌定位与品牌形象，具有战略性意义，又需要配合每一阶段的广告目标、诉求重点、媒介策略，限定具体作品的表现。因此，广告文案创意人执行"表现策略"，就必须对广告战略与策略有更全面的理解和思考。

（四）广告目标与市场目标

1. 广告目标

广告目标是广告战略要达到的目的，也是广告活动所要达到目的的具体表现。在广告活动中，不同的企业由于经营目标、竞争环境、营销手段、广告目的的不同，广告目标也会不同，但总体目标是相同的，即广告促进产品销售、建立品牌形象。广告目标服从于广告战略，广告战略服从于企业的营销战略，营销战略服从于企业的总体战略。

2. 市场目标

在广告公司正常的作业流程中，客户服务人员会最先接到客户的工作需求，这个需求往往站在市场营销的角度或迫于市场销售经营的压力或遇到了特别的市场问题,于是形成了一个市场目标。

3. 广告目标与市场目标的区别

(1) 两者看问题的角度不同,市场目标是企业预期的销售业绩,广告目标更多包含了与诉求对象沟通策略的指向性。

(2) 市场目标通常会使用类似以下的词语:增加市场份额、卖出多少吨、增加市场穿透力、吸收非用户,等等;广告目标则会使用下面字眼,诸如方便、放心、提升知名度、鼓励更多诉求对象尝试、加强品牌忠诚度,等等。

(五) 广告策略与广告文案创意人

广告文案创意人除了尽职做创意,还在整个广告活动中扮演着一个十分重要的连接角色。在广告策略与广告创意之间,广告文案创意担当着独特的重任:连接广告策略与广告创意。

广告创意从来都是服从于广告策略的,只有在广告策略的指导下才能进行有效的创意活动。许多成功的广告文案创意人其实也是广告策略高手。他们把相对抽象、整体性的广告策略具化成鲜活的创意概念,把广告策略中包含的意图通过文字的再创造释放出来。他们相信最好的广告创意一定是为品牌服务或解决市场问题的,而不是为了创意而创意。广告创意概念和广告执行出自广告策略,而不是广告策略出自广告创意概念和广告执行。很多时候,文案创意人会与策略人员共同完成消费者利益点和广告诉求重点这样的"精深"文字工作,并将其中的含义与创意部的美术人员分享,起到协助传递内部创意策略单的工作。广告文案创意人应该是一个策略家,要深谙策略之道才能顺利完成上述工作。事实上,也的确有广告文案人员转行去做广告策略的现实例子,逻辑和理性的因子常常与发散性创意碰撞,多元化、多层面思考模式始终活跃在广告文案创意人的思维里。

二、品牌传播策略与文案

(一) 产品与文案

产品是现代市场活动中最基本的元素,也是广告传播的基本起点,更是品牌建立的根基。

市场营销大师科特勒在《市场营销教程》中提出,"凡是能够提供给市场,以引起人们的注意、获取、使用或消费,从而满足某种欲望或需要的东西"都可以称为产品。科特勒认为产品不仅指有形商品,广义上还包括服务、人员、地方、组织、构思,或是这些实体的组合。概括来看,产品主要包括有形的现实产品和无形的各种服务。服务产品包括可供出售的行为、利益和满意,例如银行、宾馆、交通等。

任何一种产品都有生命周期,只是周期长短不同。产品处在不同的生命发展阶段，其工艺成熟程度、消费者的心理需求、市场竞争状况和市场营销策略等，都有不同的特点。这就被称为产品生命周期策略。因此，广告目标、诉求重点、媒介选择和广告策略也有所不同。

1. 产品的上市期和引入期

在这一阶段，以建立市场认知和鼓励尝试产品为目标，以告知为主要广告策略，突出新旧产品的差异，使消费者对新产品有所认识，产生兴趣和信任感。不断扩大知名度，促使最先使用者购买，争取更多的早期使用者，逐步扩大市场占有率。如何在已经拥挤不堪的媒体环境下崭露头角，是广告创意和文案执行的重要课题。

2. 产品的成长期后期和成熟期

在这一阶段，广告以巩固品牌和保证市场份额为目标，坚守已有的市场和扩大市场潜力，展开竞争性广告宣传，引导消费者认定品牌选购。广告的文案诉求必须具有强有力的说服力，突出本产品同其他品牌同类产品的差异性和优越性，巩固企业和产品的声誉，加深消费者对企业和产品的印象。广告的诉求对象则转化为更为广大的消费者群体，塑造鲜明独特的形象是这一阶段广告文案创意的重点追求。

3. 产品的饱和期和衰退期

这一时期的广告目标，重点放在维持产品市场上，采用延续市场的手段，保持产品的销售量或延缓销售量的下降。其主要做法是运用广告提醒消费者，以长期、间隔、定时发布广告的方法，及时唤起注意，巩固习惯性购买。诉求重点应该突出产品的售前和售后服务、保持企业荣誉、稳定产品的晚期使用者及坚守者。

（二）品牌核心价值

品牌核心价值是广告战略中的品牌远景，是品牌的"灵魂"，代表品牌的核心意义和承诺。广告策略便是要把品牌核心价值源源不断地传递给消费者。

品牌个性是品牌核心价值鲜活的形象表现，目标消费者认同品牌价值，往往首先认同的是品牌的鲜明个性。品牌的个性与人的个性一样，是可以做出明确描述的，甚至可以用图解的方式直观解释。广告公司的策略人员有义务将品牌的个性及其竞争品牌的个性进行分析比较，这样可以生动地描述出品牌的个性；广告文案创意人员则需要通过品牌个性更好地把握目标消费者的感受，理顺创作的思路，从而带来生动的创意灵感。

（三）品牌定位与文案创作

1. 品牌定位概述

品牌定位是品牌核心价值的现期表现，即根据当前目标消费者的需求、市场环境的考虑和竞争对手的特点，为品牌的利益点树立最相关、最独特、最有吸引力和说服力的论点，通过广告传播的各种创意表现形式，将品牌主张传递和"定位"在目标消费者的脑子里和心目中，以期影响他们的消费行为。

2. 品牌核心价值与品牌定位之间的区别与联系

品牌核心价值与品牌定位是两个既相互联系又有区别的概念，它们在品牌增值过程中起着各自不同的作用。

（1）品牌核心价值与品牌定位之间的区别。

①品牌核心价值是恒远的，是品牌的灵魂和核心，是消费者生活中长期需要的，失去它，生活就像是失去了什么。

②品牌定位是现期的，消费者会觉得它在某个方面做得比竞争对手要有独到之处，可以满足消费者某些特定的需求，也是消费者不断使用这个品牌的原因。

（2）品牌核心价值与品牌定位之间的联系。

不同时期的品牌定位可能由于市场的变化而改变，不同时期的品牌定位的叠加，为品牌的长远价值不断加分，成就品牌核心价值。

3. 品牌定位的方式

品牌定位的方式多种多样，实际上也是广告文案写作的基本方式和出发点，如何实现消费者心理上的"第一"印象，既是成功的品牌定位，也是成功的文案定位。常见的定位方式主要有以下几种：

（1）根据产品特点进行定位。

（2）根据产品所满足的需要及产品所提供的利益定位。

（3）根据使用场合及时机定位。

（4）根据目标消费者的特点定位。

（5）根据企业服务理念定位。

（6）根据营销策略定位。

（7）针对竞争状态定位。

（8）根据产品种类定位。

三、消费者策略与文案

（一）目标消费者与市场细分

1. 目标消费者的定义

企业通过市场细分，为特定的消费对象生产产品或提供服务。这些特定的消费者就是企业的目标消费者，也就是广告传播的诉求对象，简称为诉求对象。

从市场营销角度看，目标消费者被称为目标市场，原意指的是买卖双方进行交易的具体场所，而对于营销人员来说，指的是产品或服务的实际或潜在的购买者。由于这些购买者太多、太分散,并且他们的购买动机和购买习惯也各不相同,任何企业都不可能占有整个市场,也就是说,企业的产品不可能让所有消费者满意而达成购买。任何产品都只能根据自身特点满足特定的消费群体,在现有的消费和市场现状下,选定诉求对象,进行市场细分。

2. 市场细分

市场细分指把市场分割为不同质的消费者群体,这些群体拥有不同的需要、性格或行为,且可能需要单独的产品或营销组合,在广告传播上也显示出不同的特点。进行消费者的市场细分有许多依据,概括来说主要有以下几种:

(1) 地理特征细分。地理特征细分,是指把市场细分为不同的地理单位,如国家、地区、城市、乡村等。各地的人由于地理环境、气候条件、人口密度规模、文化传统等差异,形成不同的购买需求和购买习惯。

(2) 行为特征细分。行为特征细分,是指按照对产品的了解程度、态度、使用以及反映,把消费者分割成群体。从广告传播角度看,对潜在用户和经常用户,应采取不同的营销传播手段。从品牌的使用率角度,消费者使用产品的轻度、中度、重度,表现为偶尔、一般和经常使用的状态。广告传播的目的是如何持续吸引经常使用者,因为虽然经常用户只占市场的小部分,但消费的却是该产品的绝大部分。

(3) 人口特征细分。人口特征细分,指的是根据各种人口学的变量,如年龄、性别、家庭人口、家庭生命周期、收入、职业、教育程度、宗教、种族、民族、国籍等,把市场分割成群体。根据人口因素划分是细分消费者市场最常用的方法,一个重要的原因是,这些变量比其他变量更容易测量。

人口细分方法主要有:

①年龄及生命周期阶段;

②性别;

③收入。

(4) 消费心理细分。消费心理细分,是指按社会阶层、生活方式或个性特征,把消费者分成不同的群体。消费者的一般心态有追求新奇、科技、价廉、大众、流行等。在社会形态和消费行为越发复杂化的今天,性别、职业、年龄等所谓人口统计的标准,已经无法测定消费者的行动,针对新的社会形态,市场研究推出了新的消费者调查手段,针对消费者进行更为深刻的社会阶层分析、个性分析和生活形态分析。

(二) 目标消费者与诉求重点策略

1. 消费者利益

目标消费者有特定需求,广告应该以他们最关心的、最能引起他们兴趣的信息作为诉求重点。广告的诉求重点，也称传播主题，应该根据品牌定位、品牌形象、市场目标、广告目标来确定，并和消费者需求建立有效的关联。

消费者会在特定情况下购买或是消费某种类别的产品，并形成消费习惯。广告传播如何了解或是有意识地培养人们形成消费习惯，在广告传播中让消费者感受到消费这个品牌对其有好处，也就是给消费者一个合理的消费理由，即品牌的利益点，由于品牌利益点也是产品承诺给消费者的最终利益点，故此也称为消费者利益。寻找真正的消费者利益，让它成为广告的诉求重点，是广告传播成功的关键。

2. 品牌利益点

广告传播策略需要寻找目标消费者认同的品牌利益点，不同的人购买同一种产品的首要出发点可能是不同的，这其中有些是产品本身的特点，有些则是由于这些产品特点可以给消费者带来好处。每个人在产品中寻求的主要利益可能有所不同，但针对诉求对象，最吸引他的产品特点，应该是品牌可以提供的利益点，利益点指向产品特点与消费者的关联性。广告创意文案要表达的，应该是可以打动消费者的品牌利益点，而不单单是让消费者了解产品的特点，真正的消费者利益才是广告诉求重点的关键。

区别产品特点和品牌利益点，不仅为广告策略实现品牌区隔化打好基础，同时也给广告创意带来必要的表现切入点。产品特点回答"产品是什么"的问题，包括产品的功能或非功能特点，也包括给消费者的心理感受。品牌利益点说明"产品能做什么"，产品特点与消费者的相关性是什么。在广告表现中，品牌利益点往往是广告希望带给目标消费者的反应点，也就是广告诉求重点；产品特点则是支持诉求重点成立的产品支持点；品牌利益点是原因导致的结果，是广告传播追求的消费者感受。

（三）消费者参与理论与广告文案

消费者购买不同产品，由于产品类别、价格高低、个体重要性以及信息不对称等，参与度存在着高低差异性。消费者在购买过程中，依照其购买决策系统，分为感性消费与理性消费。

1. 高参与度理性消费与广告文案创意

（1）高参与度理性消费的代表：住房和汽车。

（2）文案创意关注的重点：

①读懂消费者。打消消费者的疑虑与担心，详细告诉他想要了解的信息。

②清楚精准地展示传播主张，将所有的利益点说尽，文案要具备强烈的逻辑性和专业性。

③由于需要详尽介绍产品，应该考虑容量大的媒体：网站、专题片，产品手

册；高参与度理性消费的目标消费者比较集中，可以考虑抓住目标，做直效营销。

④在所选媒体上组织好文案创意的信息体系，内容上既要简洁概括，又要细致入微。

2. 高参与度感性消费与广告文案创意

（1）高参与度感性消费的代表：高档珠宝等奢侈品。这个类别的广告传播倾向于视觉表现和情感诉求。

（2）文案创意的特征：

①广告创意风格必须强劲，要富有冲击力，内容要富于故事价值。

②如果是影视广告，音乐的作用非常重要。音乐的感染力是超越语言的。而在广告创意执行中，音乐同样属于文案创意的范畴。

③高参与度的消费者势必会花时间和精力去关注产品相关信息，同样可以考虑容量大的媒体：网站、专题片、产品手册，等等。但有别于高参与度理性消费的广告传播，营造感同身受的氛围在这个类别很重要。

④帮助潜在消费者进入产品体验层面。采用一些超越传统广告的传播方式。

3. 低参与度理性消费与广告文案创意

低参与度理性消费的代表：日常生活用品等那些人们不假思索、习惯性购买的产品。

总体说来，低参与度理性产品在广告传播中文案创意的注意点是：

①这类产品的广告传播最大的挑战是改变人们的旧习惯，树立新习惯。由于低参与度而产生的习惯性购买成为文案创意需要扭转的关键。

②价格和优惠往往是驱动因素。目前馈赠小礼品已经成为众多消费类品牌吸引消费者的重要手段，但消费者对此的反应也越发冷漠。因此礼品必须有吸引力。

③创造一个让消费者尝试的理由。关注消费者真正关心的利益点，找到一点可能吸引他改变习惯的尝试。

④考虑重新定位产品。分析产品，找出让品牌更强的利益点。

⑤列出让消费者"尝试一次"的方法，一旦尝试了，再列出"再次尝试"的方法继续前进。低参与度理性的消费，需要不断地寻找新的刺激消费者注意的原因，做到这一点，是此类产品的文案创意的成功之源。

4. 低参与度感性消费与广告文案创意

（1）低参与度感性消费的代表：电影、饮料等。

（2）文案创意的立足点。

①低参与度感性消费与消费者的心理冲动有着紧密关联。因此深入探究目标

消费者的心理，洞察他们购买的真正原因，对此类广告文案创意有着直接的参考价值。只要洞察出真正的消费者心理需求，并在广告文案创意中将之展示出来，往往能够事半功倍，引起消费者的共鸣。

②大画面，短文案。在吸引消费者作瞬间决定的促进上，画面比文字来得更直接、更有诱惑力。

③如果没有一个足够犀利的品牌个性，应该考虑重新定位。必要时广告文案创意人员应该与策略人员共同分析品牌，确立新的定位，让品牌的力量更强，足够给消费者一个尝试的诱惑。

④想办法让消费者"体验一下"产品。如食品免费试吃、电影新片预告等。味觉和视觉的直接感官刺激，是一种非常有效的方法。

⑤设法使用超越传统广告的方法，接触消费者。

四、广告策略与创意策略单的撰写

（一）创意策略单概述

在专业广告公司的运作过程中，广告策略是由广告策略部门在整合各种资源、经过分析研究和深思熟虑之后撰写而成的。广告策略的基本评判标准是：有深刻的市场和消费者洞察、有严谨的逻辑思考和对创意的发展具有微妙的启发。在广告公司内部作业环节中，用以指导广告创意活动的指引性策略，是一份被称为创意简报（Creative Brief）的创意策略单，这同样是由策略人员完成、需要被创意人员认同的，是广告整体传播策略的缩影。一如各种广告策略工具和思维模式彼此各异，不同公司的创意策略单格式也不尽相同。

（二）创意策略单中几个重要的策略考虑

1. 工作需求

创意策略单从工作的需求开始。工作需求包括一切与此项工作相关的精准材料，如预算、时间以及具体的工作要求等。

创意策略单中的工作需求，必须是一个具体的、清晰的工作计划。其中媒介策略也是需要包括在内的一项重要思考。

2. 广告传播背景

详细清楚地说明市场大小环境和广告传播背景。包括市场状况、竞争对手产品及广告等有价值的背景资料，也包括品牌自身的基本状况，品牌价值、品牌个性、品牌定位，产品的优劣势、功能、价格、通路等有关信息。

市场环境非常复杂的时候，广告公司的策略部门需要根据品牌面临的传播境况，深入广泛研究企业的微观环境和宏观环境，包括竞争对手的传播活动、政治环境、文化环境等方面。对这些环境进行研究是广告传播中策略分析的重要环节。

3. 确立广告传播目标

好的创意策略单在广告目标里,不仅仅强调产品偏好或消费者知名度的提升,更应该找出广告与消费者沟通的机会点,为广告创意指明大方向。

4. 诉求对象

在创意策略单中,以个体的、与产品相关的方式描述诉求对象,对广告创意非常重要描述诉求对象务必关注消费者内心,如果将这些心理因素在广告创意中表现出来,必然契合目标消费者心灵。在必要的时候,比如新客户和重要的提案,创意策略单里对诉求对象的描述可以从群体和个体两个方面进行,以增加创意人员对典型目标消费者的了解。

5. 消费者洞察

在创意策略单中,消费者洞察是至关紧要的一环,它挖掘消费者对产品或服务的真实心理需求。从广告传播角度看,消费者洞察是深入探讨消费者的心理需求,立足于消费者与被传播的产品或服务的主要利益点的关联,以及他们怎样看待该品牌或服务,他们的行为、信念、感受层面一些特别的东西,创意人员需要从创意策略单里看到一幅生动的诉求对象的心理效果图。

6. 诉求重点

创意策略单在此必须明确说明,期望消费者对广告的"反应"是什么。这是创意策略单中最精彩的部分,诉求重点代表一个出彩的传播主张,策略人员以特别的表达将广告策略最精华的广告传播主题跃然纸上,激发创意人员的创意灵思。这里所说的"反应"不是指消费者会采取什么样的行动,而是我们希望消费者从这次广告传播中获得的唯一想法、概念或是一种感觉,也就是给消费者感兴趣的一个与产品或服务相关的利益点。创意策略单在这一环节的最大问题是务必确保诉求重点是唯一的。说得越简要明了,直中要害,消费者接受的可能性越大。

7. 支持点

支持点与诉求重点有直接因果关系。支持点不能太多,一定要聚焦重点,因为所有的支持点都要放进广告里,使读者相信"诉求重点"的真实性。

8. 传播调性

广告传播的表现调性,也称广告的格调,指的是广告作品综合各种形象符号和语言符号所表现出来的整体氛围、风格和美感。广告传播调性是广告表现策略的重要体现。它出自策略阶段的有意设定,而不是来自文案创意人员的"艺术"创造。

9. 品牌特性

品牌特性可以体现为创意理念,也可以体现为有助广告表现的其他信息,比如图片或影像等，体现客户部和策略人员对广告创意表现和执行的建设。

10. 特别要求

特别要求即广告中必须有或不能有的内容。列出创意执行要注意的要点，如LOGO、颜色、客户的特别执行要求以及需要关注的法律法规等。

11. 相关部门签字认同

认同在广告公司的作业环节中起着举足轻重的作用，没有认同，就没有一个完美的广告创意表现。通常广告公司内部负责客户服务和策略发展的团队与创意部的相关人员，以及客户都需要签字认同创意策略单。因为这是一切创意的源泉和准绳，也是评判创意的重要原则。

第十四章 广告文案测试与提案简介

一、广告文案测试概述

(一) 广告文案测试的定义

广告测试是指广告文案或广告作品设计完后进行的正式投放前的预先评价,是对广告效果的初步测定。它包括对文案部分的测试以及对整个广告作品的测试。广告测试的目的是为了保证广告作品投放之后的效果。

(二) 广告文案测试的重要性

广告文案测试工作的重要性。广告测试工作是关系到广告能否产生效果的重要环节,同时又是较难操作的一个环节。尽管许多正规广告公司甚至广告主对此非常重视,制定了标准并设计了问卷,还进行细致的调查,努力保证广告文案与作品本身在大量投放之后会接触到目标消费者,但实际企业营销对这项业务还是投入不够。具体说来,广告测试的作用表现在以下一些方面:

其一,可以检验广告目标是否通过文案等得到了表现与突出。从广告目标确定到广告作品发布,这是一个艰苦的思考、创意的过程。经过许多人的共同努力,广告目标是否依然是表现的重点需要再次进行检验。通过测试,可以发现不足并及时予以纠正。

其二,可以节省企业费用,减少不必要的浪费。企业拿出一定的资金制作、发布广告,作为设计制作的公司要始终想着把企业投入的每一分钱花到应该花的地方。通过测试,会发现在创意、设计等方面是否做得比较合适,如设定的目标消费者能看到该广告,看到广告的人对广告信息有兴趣等。通过测试可以发现前期工作的不足,及时进行调整,避免更大的浪费。

其三,可以促进广告公司业务水平的提高。在广告公司的业务中不断进行策划、创意、文案表现、图形表现甚至投放媒体的测试,可以提醒广告公司理智地对待每一个客户,也能不断提高公司的业务水平。

尽管广告测试具有重要的价值,但实际中很多中、小型公司包括广告公司和企业都基于成本考虑,较少拿出时间、精力、金钱投入这块工作,再加上影响广告效果的因素很多以及本身难以测量的特点，使得广告效果测试不太受重视，推行起来也比较难。

二、广告文案测试分类与标准

1. 广告文案测试的分类

广告文案测试根据测试时间不同分为事前、事中、事后测试三种。事前测试是指广告或广告文案投放媒体前通过评估优缺点的方式进行的测试。事中测试是指广告文案或广告投放中进行的评估，主要看重点信息被了解、记忆的程度，如果发现有问题可以及时进行修改。事后测试是指广告投放之后进行的评估，主要看广告有什么效果。

根据对宏观和微观层面产生的影响的不同，广告文案测试分为广告心理效果、经济效果与社会效益测试三种。"广告心理效果是指广告呈现后使受众产生的各种心理效应，包括感知觉、记忆、思维、情绪情感及态度、动机、行为等诸多心理特征方面所受的影响。"经济效果主要是指广告发布后带来的产品销售额以及市场占有率的变化。社会效益主要是指广告发布后对于社会风气、社会文化等的影响。比如"将爱进行到底洗脚篇"这则广告，通过儿子看到妈妈给奶奶接水洗脚来模仿妈妈，为妈妈接水洗脚的场景，生动地表现了孝敬的含义，获得了众多人的好感，并在当时掀起了一股关爱父母、为老人洗脚的热潮。一些学校布置的作文题目就是回家先给父母洗脚，然后再写一篇作文，这则广告引发了广泛的社会讨论。这个例子就是广告引发社会效益的最好说明。

2. 影响广告文案测试的因素和广告文案测试的标准

广告文案测试效果是否准确与可信是测试中十分关键的一个问题。影响测试效果的因素主要有以下一些：广告侧重完成的目标、测试的方法，被选择来测试的人员是否具有一定的代表性和客观性，被测试者有无偏见或者受到暗示；测试是否在一种自然环境而不是强迫中进行。

广告文案测试就是对广告文案或整个广告作品进行评价，而评价都有一定的标准。只有围绕某个主题、附上标准，才能使进行的广告测试有据可循，并对以后工作有借鉴作用。人们在评价广告效果时，往往是看该广告实现或完成广告目标的程度。而广告效果客观存在着延迟性、持续性以及累积性的特点，测试的目标不同，标准也不一样。文案可以调查清晰和准确程度，也可以调查文案的吸引力，或者创意的效果、主题是否突出以及文案与画面是否匹配等。总之，要根据目标具体设计标准。

广告文案测试的程序是首先明确广告目标，根据广告目标确定标准，细化测试内容，设计出问卷，选取有代表性的对象进行调查测试，最后根据收集的资料整理分析出最后的测试结果，形成报告并为决策提供参考。

三、广告测试的方法

随着广告业的不断发展和对广告研究的深入，人们对广告测试工作也越来越重视，有关广告测试的仪器、方法也不断地被介绍进来。广告测试方法主要有以下几种：

意见测试法。是指将做好的广告作品选取目标消费者或者相关专家等为对象征求意见并修正广告作品的测试方法。因为消费者不同，其阅历、生活环境与方式、文化背景、喜好、媒体接触、审美等一系列信息都有差别，同一个广告作品在他们之中的反应也不一样，有的作品被消费者接受，有的作品则不被消费者喜欢，有的还会影响到产品的进一步销售。像福建福州与台湾合资的东南汽车公司在推出菱帅一款汽车过程中，曾经制作了5条影视广告，就是因为消费者的审美差异等原因，使得这5条广告在测试中没有获得消费者认可，最终从内容到风格都做了修改。修改后的广告将传播重点定位在"科技在手，操之在我"，突出了产品优势，又满足了消费者的心理需求，最终被消费者接受，并对产品销售起到促进作用。专家也是对广告敏感和专业的人士，测试时可以参考他们的意见，但要注意测试所选的专家确实具有一定的代表性，同时对专家意见要客观接受和处理。在具体操作中，可以视当时情况进行评分测试、比较排序测试。

组群测试法。是通过一次提供一组约5～10则广告的形式，将被测试的广告与其他广告混在一起，让受试者依次接收，然后回忆广告，根据受试者对重要信息点的了解和记忆情况测试广告效果的方法。

仪器测试法。是指运用研究心理学以及生理学的相关仪器帮助收集相关信息，了解人们对于广告文案或作品的认知情况的测试方法。不足之处是这些仪器与做法费用较高，而且需要专门人员操作。仪器测试法主要有以下五种：

第一，视向测定器测试法。是通过视向测定器记录被测试者观看广告的视线移动顺序和在某一位置驻留时间长短来测试广告效果的方法。通过测试可以了解广告的易读性，信息顺序是否符合策划者的意图、画面中最突出和吸引人的部分是什么。这种测试法有一定的科学依据，但只能用作参考，不能完全反映真实情况，比如驻留时间长并不一定是被测试者感兴趣，也可能是内容令人费解等。

第二，皮肤电流反射器测试法。是通过皮肤电流反射器了解被测试者情绪变化和反应从而了解广告效果和刺激强度的方法。主要用于广播、电视广告测试。该仪器主要运用情绪起伏能够引发汗腺分泌这一事实来进行。这种方法的缺点是不能区分情感是积极的还是消极的，必须辅以其他方法进行全面分析。

第三，记忆鼓仪器测试法。是用记忆鼓来研究一定时间段内人们对广告的记忆程度的测试方法。具体是看完一则广告后，立即测验观看者对广告的记忆，评估品牌名称、广告主名称、文案主要内容等易于记忆的程度。该方法往往与被测试者当时的精神状态以及记忆力等有关。

第四，瞬间显露器测试法。是利用瞬间显露器测试观看者对广告各要素的注目程度的疗法。该仪器通过电源的不断刺激，在短时间内（1/2秒或1/10秒）呈现并测定广告各要素受到注目的程度和具体内容以及顺序。这种方法一般用于测试广告主题传达的程度，也可以测试各种构图的位置效果，从而决定平面广告结构各部分（如标题、正文等）的最佳位置，以达到最佳传播效果。

第五，瞳孔计测试法。是运用瞳孔计测试广告作品效果的方法。它利用的原理是瞳孔在遇到黑暗、感兴趣的事物时会张大，遇到光亮时会缩小。通过瞳孔的伸缩变化研究这种变化与观看者兴趣反应之间的关系。

随着研究技术和水平的不断提高以及人们对广告效果调查的日益重视，将有越来越多的新型测试仪器被引进和采用。

1. 广告的事前测试

广告的事前测试涉及创意、作品以及媒体组合三个方面。

关于创意的事前测试，主要是检测广告表现的构思和设计方案定位是否准确，主题是否鲜明突出、有冲击力，能否激起消费者的购买欲望。事前测试的方法主要有两种，其一是专家小组评定法。即由专业水准较高的广告专家、心理学家、市场营销专家、企业营销主管等组成的专家小组，从多个角度对广告创意进行评定。缺点是可能带有主观性。其二是实验法和现场访谈法。即选取有代表性的消费者进行调查访谈，了解意见，检测出广告创意是否能被消费者接受。实验法必须严格控制实验条件。现场访谈法则能较好地了解消费者的心态，与实际消费情景更为接近。上述两种方法具有互补性，需要结合使用。

关于广告作品的事前测试方法，一般有以下五种：

第一，评分法。由消费者对广告作品的各要素逐项进行评分，从而比较、确定较好的作品。

第二，比较排序法。向消费者呈现备选的作品，要求消费者对这些作品在某种要素上的程度进行排序，从而通过反复比较选出好作品。

第三，淘汰法。一次呈现多件备选作品，要求消费者根据某种选择标准每次淘汰最差的作品，经过多次淘汰，最后保留的是效果较好的作品。或者两两配对呈现广告作品，比较后淘汰其中较差的，然后补充另一件作品与保留的配对，再进行比较，如此反复比较、淘汰、补充，最后也能获得优选结果。

第四，形容词选择法。列出许多形容词，让消费者在观看广告后，根据感觉选择自己认为能描述广告各方面的形容词。然后，对于消费者的选词结果进行统计,如果多数人的选词体现了广告设计意图,就表明广告较为正确地表达了创意。

第五,态度量表法(又叫问卷法)。通过书面或问卷访谈方式了解消费者对广告作品的态度,包括对广告的注意、理解、记忆、兴趣水平、评价、意见、可信度、说服力、情绪情感倾向、购买意图等。

媒体组合以及时空组合就是要用最少的投入获得不同媒体的最佳传播效果,避免资金浪费。媒体组合等事前测试方法主要是档案分析法。就是把搜集、查阅的媒体以及广告公司积累的相关资料加以分析,结合具体的广告目标,针对媒体和产品特点,分析目标消费者媒体接触习惯等,计算媒体最佳组合形式和时空组合的有关成本、效益,以便测试出是否是最佳决策。

2. 广告的事中测试

事中测试主要有以下三种方法:

其一,销售区域测试法。由广告主预先选出有代表性的实验市场和控制市场,二者在地区大小、地理位置、人口组成、经济文化发展、购买力、消费观念、销售渠道、媒体效力等方面都有相似性,在实验市场发布广告,控制市场则不投放广告。经过一段时间的考察,比较各区域广告活动前后销售情况的变化及实验市场与控制市场的差异,借以判断广告效果的大小。这种测试方法主要用于周转期短的产品,如时令、流行商品。

其二,回函测试法。是指在广告中夹杂邮寄调查卡、产品清单、回信参与抽奖等内容,让消费者根据自己的意见填写回函,根据回函数量和内容确定广告效果的测试方法。这种测试方式受费用以及回收和统计影响,实行起来有一定的难度。

其三,分割测评法。将同一份报纸或杂志分开印刷,在同一日期、同一版位、同一面积、一半刊物刊印 A 广告,另一半刊印 B 广告。将印有不同广告的报刊在两个比较区域发行或混在一起发行,随机发给读者。根据回函率以及读者反应测评哪个广告效果更好。这种测试方法成本较高,还要注意区分回函者是看了哪一个广告回函的。

3. 广告的事后测试

在广告活动结束后,一般测评广告销售效果以及广告心理效果。其中,广告销售效果可以用以下四种方法进行。

其一,销售额增长比值法。公式为:

广告效益 = 销售额增长量/广告费增长量

所得数值越高,表明广告效果越好。

其二,广告费用比值法。公式为:

广告费比例 = 广告费用/销售额 × 100%

比值小，说明企业以较小的广告费用代价取得了较大的销售收入，表明广告效果好。

其三，增长率比值法。公式为：

增长率比值 = 销售额增长率/广告费增长率

比值大于 1，说明销售额增长率快于广告费增长率。比值越大于 1，广告效果就越好。

其四，四分测评法。是根据对广告有无认知、有无购买商品的标准将消费者分成四种类型并分别计算广告吸引力及相关效果的方法。

广告心理效果测评也是广告结束后测评的重要方面。它是指在消费者观看广告之后，通过问卷、电话访谈、小组访谈等方式了解其在认知、情感、意向方面的反应和改变。分为认知测评、回忆测评、态度测评三种方法。

第一，认知测评。主要测试消费者对广告商品、品牌、企业名称、标志等的认知程度。分注目率（是否看到）、阅读率（了解名称、标识信息所占的比例）、精读率（详细了解内容、浏览比例在 50% 以上的消费者所占的比例）三种不同层次。

广告阅读效率 = 媒体受众数量 × 各类读者百分比/所付广告费用

第二，回忆测评。用于检测消费者对广告的理解和记忆，即了解消费者对商品、标识、创意的理解、记忆和联想的情况。可以采用自由回忆或者提示回忆两种方式进行。

第三，态度测评。通过问卷、访谈、投射测验等方式调查消费者对产品的喜好程度、品牌倾向性、信任程度、购买动机等。投射测验指提供给被调查者不完整或模糊的广告相关材料，要求被调查者解释说明该材料以便发现真实态度以及深层动机的方式。这种方法需要经验丰富的专家来进行，整个过程也需要进行严密设计、严格控制才能获得结果。

此外值得注意的是，事后或事中测试还包括广告社会效果的测定，主要是看广告文案或整个广告作品所引发的对于整个社会风气、社会价值观、消费观的影响。因为广告不仅有传递信息的功能，还有教化社会的作用。"广告业界还缺乏一种意识，即一切传播都是相互作用的，而且从潜在意义上说都是一种教育。""将爱进行到底洗脚篇"、农夫山泉的"每喝一瓶农夫山泉矿泉水，就为失学孩子积攒一分钱"以及众多的公益广告，或者从知识改变命运，或者从关爱艾滋病人，或者从关爱环境、关爱残疾人，或者从杜绝吸毒等方面给人们以警示、启迪，让人们更加珍视生命、爱护环境、关爱他人。这样的广告必然会起到净化心灵、净化环境的积极作用。而另一些不顾及公众感受、缺乏社会责任感的广告正如鲍德里亚所说:"广告的窍门和战略性价值就在于此:通过它激起每个人对物化社会的神话产生欲望。"继而再"温柔地对你进行掠夺"。广告作品如果不顾及这种客观存在的教化作用,对那些没有形成批评力和判断力的孩子来说就必然会产生误导。不仅如此,在广告狂轰滥炸的熏陶中成长起来的公民,会可能变得物质至上,以物质作为衡量人价值的唯一标准,或者在性等敏感问题上变得毫无顾忌,甚至游戏人生,忽视自身的健全成长。当广告的教化作用以负面形式体现时,一方面会受到公众的道德谴责,另一方面对品牌形象塑造也毫无益处。因此,广告的社会效果是测试工作不能忽视的方面。

在测定广告效果方面,还有一些心理学的理论与方法不断被运用到广告实践之中。应该承认,广告效果的引发是一个综合作用的结果,没有绝对的一种方法是非常标准、非常完美的。在实践中,既要重视广告效果的测试,也要注意批判、全面、理智地看待广告效果研究所引发的问题,把广告测试作为评价广告效果的参考,为社会奉献更多高质量、高品位的广告作品,也使企业的广告行为具有更强的针对性和效力。

四、广告提案简介

(一) 广告提案的概念

提案是广告公司业务中非常重要而且关键的一个环节。它是广告公司将拟好的广告策划方案或具体的广告作品通过视听辅助技术向客户讲解、说明并回答客户提问以求客户认可并通过的过程。

提案的前提是广告公司对于客户的这笔业务已经有了一定的准备和研究,或者在一定的期限内提出了理想的解决方案,现在要征求客户的同意与认可,争取拍摄制作或广告发布。

通过提案可以明确解决方案,使广告目标更加具体、突出,可以发现广告制作、发布前存在的一些问题并及时纠正,防止广告费用的浪费以及信息重点不明晰造成的传播困境。通过比稿性提案,可以采用效果相对更好、更有说服力的方案,争取在营销传播中发挥更大作用。

(二) 广告提案的种类

广告提案按需求不同,可以分为以下几类:

(1) 广告公司介绍提案:公司介绍提案是公司和新客户的第一次接触,重在展示公司的业绩及经营理念,为以后的合作打下基础。

(2) 广告比稿提案:比稿提案是赢取客户的提案。

(3) 广告个案提案:个案提案是客户希望完成一个阶段性任务的提案。

(4) 新产品上市提案:这种提案是帮助客户扩大经营和摆脱困难的提案。

(5)广告年度计划提案:这种提案是主动留住客户的提案,要展示的是对客户的全面了解和充分的信心。

提案的种类不同,写作方面要求也不同。突出的重点不同,对一些问题保留余地也不同。

(三)广告提案的准备

为了提高提案成功的概率,通常要做最充分的准备。一般从以下几方面着手进行。首先,熟悉方案的重点和每一个细节。从对问题的调查与分析到策略的制定,到多种方案的比较,从对行业特点的分析到对竞争对手的分析把握,从大的框架到小的细节表现,凡是相关的信息都要熟悉并把握重点。还要理清广告主的问题要害、意图和喜好。其次,整理出讲解思路与要点之间的先后顺序以及所使用的具体材料。根据提供的时间长短,确定讲解思路、内容与重点。保证在要求的时间内表述清楚、讲出重点,令广告主信服。最后,是答疑问题的准备。就像答辩一样,预先设想一些广告主可能提出的问题,提前准备好最佳答案。

当上述三个方面都做了充分准备之后,接下来就是演练问题。根据整理的讲稿和PPT文件,将其中的要点用自己的话讲述出来。多演练几遍,直到熟练并且看上去充满自信为止。还要与提案的人员一起演练,达到配合默契。提案时间长度要符合要求,不要太长或者太短。

在具体提案中,要提前确定好相互配合的人员,准备好需要的相关设备。提案一开始就争取快速抓住在场人员的注意力,比如可以用幽默的方式拉近彼此的距离并很快转入正题,采用适当的语音语调、适当的停顿、重读等方式,配以专业的表达和数据,用有感染力的语言讲解并回答问题。在眼神交流方面多与能够拍板的人员进行沟通交流,以求达到最佳提案效果。

(四)广告提案的写作内容

(1)广告提案的主题。明确广告活动的主旨,也就是领会广告活动的内核,明确自己要干什么。是希望目标市场成员从广告提案中得到最重要的单一观点;还是打算突出产品的特征;还是说明用户可以从这些特征中得到好处。

(2)相关背景及市场调研情况介绍。包括形势的分析与问题的界定;广告战略的调查;创意概念的调查等。这部分的关键是调查结果的解释与汇报。

(3)广告策略的汇报。包括概念和过程,确定的广告目标、广告计划、广告战略与创意的组合。

(4)媒介策划方案。其中包括受众目标;媒介分布目标;增强到达率、频次和持续性等媒介策划的艺术;媒介组合因素;在媒介决策中具有影响力的因素;媒介战略陈述;选择媒介载体的标准;媒介排期的方法以及媒介的排期。

(5)广告效果的事前评估。广告事前测试的方法介绍和成果汇总。

（6）相关费用的预算。包括市场调查费用，创意表现、制作的费用，媒介实施的费用等。

（五）广告提案的表现形式

广告提案一般采用多媒体的表现形式，将所有提案的内容作成幻灯片或Powrpoint。这样可以最大限度地满足提案在表现方面的需求，可以把文字、图片、设计稿、影像等内容都直观地表现出来。使客户对提案的内容有清晰的了解。另外，要保持客户对提案持续的兴趣的话，必须要有变化。视觉资料能使提案的过程发生变化，视觉拥有最大的传达能力，大约是听觉的30倍。

（六）广告提案的注意问题

无论是何种项目的广告提案，都向提案人员提出了挑战，同时也给他们创造了特殊的创作条件，无论是哪种提案，都必须与其广告策略相匹配，与各种表现形式的能力相匹配。在创作各种提案的过程中，我们还应该避免提案写作中的一些常见的错误。

（1）避免使用笼统和含义不明确的词汇。比如说某辆汽车很时髦不如说它具有明快、流线型的线条。避免使用模棱两可的词汇。

（2）提案言简意赅很重要，采用短句，简单明了地突出某一主要观点。广告提案必须在限定的时间内完成，因为客户很容易产生厌烦情绪。一旦客户产生厌烦情绪，提案往往会失去应有的效果。所以提案要避免啰唆。时间长度最好能控制在接受者疲倦之前结束，准备的内容量最好比预定的时间少一些，在70%～80%最恰当，接受者的注意力在最初的10分钟时最高，过后便急速下降，30分钟后下降至谷底，至最后5分钟急速上升，所以提案的时间一般控制在45分钟为最佳。总之，要主题突出，语言简练，高度概括；另外字体要统一。全案不超过三种字体，大小不宜变化太多。

（3）要避免缺乏新意的词汇，使用大家都惯用的词汇只会对广告提案构成威胁，陈腐的提案甚至会让客户觉得自己的企业形象乏味、过时。要为客户的特质而写作，永远让客户"意想不到"。有些词汇虽然很流行，但要尽量学着不用。亮丽、令人惊讶的词汇和句子会让客户感觉良好，从而愿意继续往下看。

（4）为创意而创意。有些提案人员完全陶醉于某个聪明的点子而不顾其他。广告提案首先要完成自己的根本任务：传递销售信息。然而，过于古怪的提案或风趣好玩但偏离了主要销售主题的提案会导致整个广告提案活动失败。

（5）多用图表和图片。图表易于解释复杂问题，方便理解，图片可增加可看性，同时展示我们的创作和创造力，幽默的小插图可以使提案更轻松。

参考文献

[1] 许传宏等. 广告文案 [M]. 上海：上海人民美术出版社，2008.
[2] 崔晓文，李连壁. 广告文案 [M]. 北京：清华大学出版社，2011.
[3] 严三九. 广告文案 [M]. 北京：中国建筑工业出版社，2008.
[4] 杨先顺，陈韵博，谷虹. 广告文案写作原理与技巧 [M]. 广州：暨南大学出版社，2009.
[5] 郭有献. 广告文案写作教程 [M]. 北京：中国人民大学出版社，2011.
[6] 张衬. 广告文案写作 [M]. 郑州：郑州大学出版社，2010.
[7] 丁柏铨. 广告文案写作教程 [M]. 上海：复旦大学出版社，2005.
[8] 岳海翔. 广告文案写作要领与范文 [M]. 北京：中国言实出版社，2009.
[9] 周渡. 广告文案写作教程 [M]. 北京：对外经济贸易大学出版社，2012.
[10] 华图教育. 广告文案（广告师）考试要点及预测试卷 [M]. 北京：北京理工大学出版社，2013.
[11] 黄玉波. 广告文案写作 [M]. 长沙：中南大学出版社，2011.
[12] 蔡学平，孙吉，刘冰，刘颖惠. 广告文案创作与评析 [M]. 长沙：中南大学出版社，2013.
[13] 崔银河. 广告文案写作 [M]. 北京：中国传媒大学出版社，2011.
[14] 甲鲁平. 广告文案写作 [M]. 北京：化学工业出版社，2011.
[15] 魏超. 广告文案写作教程 [M]. 北京：企业管理出版社，2011.
[16] 初广志. 广告文案写作 [M]. 北京：高等教育出版社，2011.
[17] 全国广告专业技术人员职业水平考试参考教材编审委员会. 广告文案（广告师）[M]. 北京：中国工商出版社，2011.
[18] 郑建鹏等. 广告创意与文案 [M]. 北京：中国传媒大学出版社，2010.